CB134106

# Revista de Direito Tributário

# 103

MALHEIROS EDITORES

# Revista de Direito Tributário


Publicada sob os auspícios do
**Instituto Geraldo Ataliba — IDEPE — Instituto Internacional de Direito Público e Empresarial**
**Presidente**: Prof. Aires Barreto

ISS 0102-7956





*REVISTA DE DIREITO TRIBUTÁRIO*
publicação trimestral de
MALHEIROS EDITORES LTDA.
Rua Paes de Araújo, 29, 17º andar – conj. 171
CEP: 04531-940 – São Paulo, SP
Tel. (11) 3078-7205
Fax. (11) 3168-5495
Diretor Responsável: Álvaro Malheiros
Diretora: Suzana Fleury Malheiros

Assinaturas e comercialização:
CATAVENTO DISTRIBUIDORA
DE LIVROS S.A.
Rua Conselheiro Ramalho, 928
CEP 01325-000 – São Paulo – SP
Tel. (11) 3289-0811 – Fax. (11) 3251-3756
Supervisão Gráfica: Vânia Lúcia Amato
Composição: *Scripta*
Impressão: Paym Gráfica e Editora Ltda.

# SUMÁRIO

## *CADERNOS DE DIREITO TRIBUTÁRIO*

LA JUSTICIA EN LOS JUEGOS .......... 7

– Gregorio Robles

O PREÂMBULO E A PRESCRITIVIDADE CONSTITUTIVA DOS TEXTOS JURÍDICOS .......... 29

– Paulo de Barros Carvalho

ABUSO DE PODER ECONÔMICO: INCORPORAÇÃO OU FUSÃO DE EMPRESAS E DOMINAÇÃO DE MERCADO .......... 42

– Eduardo Marcial Ferreira Jardin

*LUCROS CESSANTES*: SUA INTRIBUTABILIDADE POR MEIO DE IMPOSTO SOBRE A RENDA .......... 52

– Roque Antonio Carrazza

RESPONSABILIDADE SOLIDÁRIA E O LANÇAMENTO FISCAL .......... 66

– Marcos Vinicius Neder

MORALIDADE E TRIBUTAÇÃO .......... 78

– Ricardo Lobo Torres

MORA E A DENÚNCIA ESPONTÂNEA NO DIREITO TRIBUTÁRIO .......... 91

– Robson Maia Lins

ORDEM ECONÔMICA E TRIBUTAÇÃO .......... 105

– Tácio Lacerda Gama

NORMA JURÍDICA, REGRA E PRINCÍPIOS .......... 126

– Rafael Pandolfo

OS PROBLEMAS DA "SOLIDARIEDADE SOCIAL" NO DIREITO TRIBUTÁRIO .......... 134

– Cristiano Carvalho

ANÁLISE CRÍTICA À VEDAÇÃO AO APROVEITAMENTO DE CRÉDITOS NO SIMPLES NACIONAL .......... 150

– Guilherme Adolfo Mendes

## *ESTUDOS E COMENTÁRIOS*

O ATUAL REGIME DO IPI SOBRE OS CIGARROS ........ 171

– Oswaldo Othon de Pontes Saraiva Filho

APONTAMENTOS SOBRE A RELAÇÃO DO DIREITO TRIBUTÁRIO COM O DIREITO CIVIL ........ 188

– Vanessa Rahal Canado

O IMPOSTO DE RENDA E A INDENIZAÇÃO POR DANOS MORAIS ........ 207

– Joseh Antonio de Oliveira Távora

ICMS-IMPORTAÇÃO – DA SUJEIÇÃO ATIVA NO ICMS-IMPORTAÇÃO – APLICAÇÃO DA MOLDURA INTERPRETATIVA DE KELSEN ........ 224

– Argos Campos Ribeiro Simões

O IPTU PROGRESSIVO NO TEMPO COMO AGENTE INDUTOR DA MUDANÇA DE COMPORTAMENTO DOS AGENTES ECONÔMICOS ........ 239

– Marli Teresinha Deon Sette e Jorge Madeira Nogueira

# Revista de Direito Tributário

CADERNOS DE DIREITO TRIBUTÁRIO

**Fundador:** Rubens Gomes de Sousa (†)

CADERNOS DE DIREITO TRIBUTÁRIO

# LA JUSTICIA EN LOS JUEGOS

Gregorio Robles*
Catedrático de Filosofía del Derecho en la Universidad de las Islas Baleares (Palma de Mallorca, España). Profesor de Derecho de la Unión Europea en la Universidad Pontificia de Salamanca, *campus* Madrid

## – I –

En mi libro *Las Reglas del Derecho y las Reglas de los Juegos* (Palma de Mallorca, 2ª ed., 1984; México, 1988) se compara al derecho con los juegos desde el punto de vista de la estructura formal o lógico-lingüística. Se excluyen otras perspectivas, tal como la que tiene en cuenta el aspecto de la estrategia (éste es el punto de vista de la llamada "teoría de juegos") o la que se plantea la observación de la realidad del juego, es decir, los comportamientos reales que tienen lugar al jugar. El libro citado adopta, por consiguiente, una perspectiva epistemológica singular que es preciso tener en cuenta para no generar malentendidos. Quien busque en él otra cosa necesariamente se decepcionará.

Se parte de la idea de que tanto los ordenamientos jurídicos como los diversos juegos constituyen ámbitos óntico-prácticos (a diferencia de la moral, que es un ámbito meramente práctico). Esto quiere decir que mientras que la moral sólo establece deberes, y por eso se trata de un ámbito meramente práctico, el derecho establece otros aspectos, especialmente de carácter institucional y procedimental, y lo mismo sucede en los juegos. Quiere decir asimismo que en los juegos y en el derecho se crean nuevos entes, mientras que en la moral no sucede esto. Así, por ejemplo, el ordenamiento jurídico español corresponde a un ente, que es el Estado español. El ordenamiento jurídico comunitario conlleva la creación de entes tales como las Comunidades Europeas y la Unión Europea. En la moral no sucede tal cosa, ya que en ella no hallamos aspectos institucionales ni procedimentales, ni nuevos entes creados por las normas. La moral se limita a establecer deberes morales.

En el libro mencionado se propone un modelo de normas cuyos tipos se diferencian por dos aspectos distintos pero conectados: su función interna y su expresión

* E-mail: *gregoriorobles@yahoo.es*. Su último libro se titula *Pluralismo Jurídico y Relaciones Intersistémicas. Ensayo de Teoría Comunicacional del Derecho*, Pamplona, Editorial Thomson-Civitas, 2007.

lingüística. La función interna de las normas del derecho consiste o bien en regular la acción directamente o bien en regular la acción indirectamente. Su función básica es regular, dirigir, orientar la acción de determinados seres humanos. Pero dicha función puede hacerse de manera directa (inmediata) o indirecta (mediata).

Un ejemplo de norma directa de la acción es la norma que establece el deber de pagar la deuda. "Tú, deudor, debes pagar la deuda en el plazo convenido". Se trata en este caso de una norma directa porque contempla una acción, la de pagar. Otro ejemplo: una norma que diga que el propietario puede usar la cosa y enajenarla. También es una norma directa de la acción, la cual consiste en este caso en usar y enajenar la cosa. A diferencia de la anterior, que es una norma de deber (deóntica) en este último caso estamos ante una norma de poder (potestativa). Ambas tienen en común que se refieren directamente a la acción.

Pero, como digo, no todas las normas del derecho son directas respecto de la acción. Las hay también indirectas, que son aquellas que se limitan a establecer elementos previos a la acción misma. Así, por ejemplo, la norma que dice "es mayor de edad el mayor de 18 años" no puede ser considerada como una norma directa de la acción, ya que no se puede ni se debe hacer nada para ser mayor de edad para el derecho. Se trata en tal caso de una norma indirecta de la acción, lo cual quiere decir que se limita a establecer un requisito o condición de carácter personal para que después sean posibles jurídicamente determinadas acciones relevantes para el derecho. Así, en el ejemplo mencionado nos encontramos ante una norma que establece un presupuesto de edad para votar en las elecciones, para vender inmuebles sin permiso del tutor, para poder obtener el permiso de conducir, etc.

Estas consideraciones son aplicables asimismo a las reglas de los juegos. Aquí no me voy a detener especialmente en este asunto, que he tratado con amplitud en el libro mencionado. Pero supongo que sí son convenientes ciertas pinceladas.

Las reglas de los juegos también regulan las acciones de los jugadores, y asimismo lo hacen de dos maneras: de manera directa y de manera indirecta. Por ejemplo, lo hace de manera directa la regla que establece cómo se tiene que mover una ficha en el ajedrez, es decir, la regla del procedimiento para mover la ficha. También es una regla directa del juego la que prescribe el deber de los ajedrecistas de no meter ruido o, en general, de no distraer la atención del adversario. En el primer caso nos encontramos ante una regla de procedimiento; en el segundo, ante una regla que establece un deber. Son reglas diferentes pero tienen en común que regulan directamente la acción.

En todos los juegos nos encontramos también con reglas indirectas de la acción. Así, si nos referimos al ajedrez, la regla que establece cómo es el tablero, o quiénes son los jugadores. Al determinar el espacio de juego y los sujetos del mismo no se regula ninguna acción de modo directo, sino que simplemente se están poniendo unas condiciones previas para jugar, esto es, para realizar acciones de juego. Vemos, por tanto, que tanto en el derecho como en los juegos las funciones de las normas son diferentes y se agrupan en estos dos grandes géneros: normas directas y normas indirectas de la acción. En la moral no sucede esto. La moral está compuesta por normas directas de la acción, y más concretamente por normas directas de deber.

La distinta funcionalidad que cumplen tanto las normas jurídicas como las reglas de los juegos necesariamente se ha de reflejar en su configuración lingüística. No podía ser de otra manera. El texto jurídico y el texto lúdico reflejan en el modo de expresión de sus normas esas diversas funciones. Por eso, como ya he dicho antes, el segundo criterio diferenciador entre las normas es su diferente expresividad lingüística, su distinta manera de aparecer como texto.

Es preciso además que haga otra advertencia importante para que el lector sitúe el planteamiento del libro mencionado (y de paso, de este breve escrito) en el más amplio de la teoría del derecho. Puesto que los desarrollos que he publicado los he bautizado con el nombre de teoría comunicacional del derecho, me veo obligado aquí a decir cuatro generalidades sobre dicha teoría.

En el marco de la concepción de la teoría comunicacional del derecho, el mencionado Ensayo hay que situarlo en uno de sus niveles: concretamente, en el de la teoría formal (o sintaxis).

La teoría comunicacional del derecho divide su tarea en tres grandes capítulos, cada uno de los cuales considera el texto jurídico en una perspectiva diferente. Esos tres niveles de análisis son: la teoría formal, la teoría de las decisiones y la teoría de la dogmática jurídica. Corresponden respectivamente, en una concepción semiótica, a la sintaxis, a la pragmática y a la semántica.

La teoría formal sería la sintaxis del derecho: investiga los elementos básicos de todo ordenamiento jurídico y sus relaciones recíprocas, o sea, la estructura formal del derecho y las funciones formales de sus diversos elementos dentro del sistema.

La teoría de las decisiones jurídicas se propone indagar, como pragmática del lenguaje de los juristas, los diversos actos de lenguaje que generan las normas y los demás elementos del ordenamiento jurídico. El acto de habla más relevante es el del poder constituyente al establecer la constitución. A partir de dicha decisión, que crea o constituye el orden jurídico, se van generando los componentes intrasistémicos por medio de decisiones intrasistémicas. El torrente de decisiones generadoras del ordenamiento jurídico introduce contenidos concretos en las normas y en las instituciones, contenidos que tienen que ver por lo general con la idea de justicia.

La decisión constituyente es extrasistémica por su propia naturaleza: en efecto, es dicha decisión la que genera la constitución y, por tanto, el ordenamiento jurídico. Antes de ella, no existe nada (jurídicamente hablando) o existe otro ordenamiento diferente; pero en ninguno de estos dos casos existe el ordenamiento que ella genera.

Supongamos que la situación en que se encuentra un poder constituyente fuera la ideal, esto es, que dicho poder no tuviera obstáculo alguno (de carácter social, económico, étnico, religioso, etc.) para llevar al texto constitucional los principios de justicia que estimase como los mejores. Se trataría, obviamente, de una situación que nunca se ha producido en la realidad de los hechos, pues en la vida siempre sucede que el poder constituyente se ve limitado, más o menos, por esos factores. Aun así, supongamos esa situación ideal. Además, supongamos que no sólo se dan unas condiciones externas perfectas sino que, asimismo, el poder constituyente está formado por una sola persona, dotada de las mejores cualidades intelectuales y morales. Este hombre (o mujer) no sólo sería un superdotado en cuanto a su inteligencia sino también una persona adornada con las mejores prendas de la virtud: generoso, valiente, amante de su patria, desprendido, humilde, sincero, ecuánime, y no sometido a ninguna de las pasiones. Tendríamos entonces el poder constituyente ideal, el cual formaría parte de la situación ideal para redactar una constitución en un texto. Esa persona excepcional, libre de ataduras y en unas circunstancias absolutamente idóneas, redactaría un texto constitucional de acuerdo con sus ideas de justicia que, no cabe la menor duda, serían las mejores posibles. Su teoría de la justicia no sólo estaría bien construida en cuanto a claridad y coherencia, sino que además acertaría a la hora de determinar con precisión los diversos contenidos que reclama esa palabra tan usada, justicia.

Pues bien, aunque los teóricos del derecho no tengamos las cualidades personales de ese héroe casi sobrehumano, y aunque nuestras circunstancias dejen de ser idóneas a veces hasta límites insospechados, estando como estamos sometidos a un contexto social y político muy concreto, lo cierto es que cuando nos ponemos a reflexionar sobre la justicia en el fondo nos planteamos lo mismo que se plantearía nuestro héroe en las condiciones óptimas señaladas. ¿Qué puede ser la teoría de la justicia sino una reflexión sobre los ideales de una sociedad perfecta realizada por alguien que al hacerlo pretende actuar con aquellas cualidades egregias?

Somos conscientes de que una sociedad perfecta no existirá jamás. Pero ello no debe ser obstáculo para la licitud de la pregunta. La teoría de la justicia plantea la cuestión de un ideal y tiene pleno derecho a que se le conteste. Cada autor que se hace esta pregunta sobre los ideales que componen la justicia, independientemente de las sociedades concretas, actúa como si fuera un constituyente perfecto en una circunstancia perfecta. Eso no significa en absoluto que piense que son reales esas circunstancias. Más bien lo contrario, si es algo realista pensará que él no es ningún héroe, sino más bien del común, y que además las circunstancias en las que vive y a las que tiene que dar respuesta la constitución que redacte no son precisamente las mejores.

Todo esto quiere decir que la teoría de la justicia, en su acepción más especulativa y libre, tiene su lugar, dentro del marco de la teoría comunicacional del derecho, en el plano de la decisión constituyente, que es el que corresponde al momento en que hay que plantear el problema de una sociedad justa, y darle una solución.

El documento constitucional encarnará entonces, de un modo más o menos fiel a las pretensiones del poder constituyente, ese conjunto de principios de justicia que se requieren para una sociedad justa. La fidelidad del documento a la idea de justicia dependerá obviamente de la maestría del constituyente a la hora de redactarlo.

Una vez establecida la constitución las decisiones que se produzcan a su amparo, decisiones del más diverso género, pero sobre todo las legislativas y las judiciales (me refiero sólo a estos dos tipos, aparte de ser los principales, con objeto de simplificar), irán concretando los principios de justicia para ir acercándolos a la realidad de la vida y a los casos. Eso quiere decir que la decisión que genera la ley va precedida de una deliberación, más o menos profunda, sobre el mejor modo de aplicar los contenidos de justicia de la constitución y, al mismo tiempo, añade a dichos contenidos elementos de su propia cosecha. El legislador, al concretar en la ley la justicia encarnada en los preceptos constitucionales, interpreta la constitución y dota de concreción a sus preceptos. Aunque la ley sigue siendo un tipo de norma que se caracteriza por su generalidad y abstracción, supone un paso "hacia abajo" en el proceso de comunicación normativa, esto es, hacia la realidad de la vida. Por tanto, una teoría de la legislación deberá hacerse cargo no sólo de los aspectos formales (como por ejemplo los requisitos del lenguaje legal o las exigencias del procedimiento legislativo) sino asimismo de los aspectos materiales que el acto legislativo conlleva; dicho en otras palabras: la teoría de la legislación debe abordar el problema de la justicia dentro del marco constitucional. Está limitada por éste pero esos límites son lo suficientemente amplios como para que la teoría de la justicia se extienda a ese nivel.

Lo mismo sucede con la decisión judicial y, en general, con todas aquellas decisiones que concretan el derecho en su relación con los casos que plantea la vida. Los funcionarios, actúen individual o colegiadamente, se sitúan en ese nivel de contacto con la realidad. Para simplificar me referiré ta-n sólo al juez.

La tarea de éste es concretar el derecho en el caso. En la sentencia que dicte vienen a confluir todos los preceptos del ordenamiento jurídico que estime relevantes, preceptos que la mayor parte de las veces serán generales y ambiguos. De ahí el esfuerzo del juez para "decir el derecho" en el caso concreto que tiene que resolver, un esfuerzo en el cual tratará de aplicar las normas del ordenamiento jurídico no sólo en sus aspectos formales sino también en sus aspectos materiales. Deber del juez es hacer justicia en el caso que se le plantea. Esa justicia no es la suya propia, como persona particular, sino que debe llevar a lo concreto la justicia del ordenamiento. Ahora bien, el ordenamiento le permite un cierto margen para que ejerza su libre apreciación de hechos y normas. Es ese margen, por estrecho que sea, lo que hace que la teoría de la decisión judicial no pueda reducirse tampoco al análisis de los elementos formales, sino que tenga que abordar el problema de la justicia judicial.

Por último, tenemos la semántica jurídica, o sea, la teoría de la dogmática jurídica. Su objetivo es reflexionar sobre los significados que tienen las normas concretas de un ordenamiento jurídico determinado. El texto jurídico que es un ordenamiento se compone de multitud de normas concretas. Estas normas son producto de decisiones y, al mismo tiempo, forman unidades orgánicas más amplias, a las que es usual denominar instituciones. Por ejemplo, los artículos del Código Civil que contemplan la evicción y la obligación de saneamiento en el contrato de compraventa sólo tienen pleno sentido en relación con el conjunto de las normas jurídicas que regulan dicho contrato. Aquellos artículos sólo serán plenamente comprensibles si se les lee en conexión con el resto que regula lo que llamamos la institución de la compraventa. No podremos entender de verdad el texto parcial relativo a la evicción y al saneamiento si no lo conectamos con los textos que, junto a éstos, configuran la institución jurídica que se trate. Para la teoría comunicacional del derecho las instituciones tienen, al igual que las normas, carácter o naturaleza textual. Una institución es como si dijéramos un pequeño ordenamiento dentro del ordenamiento jurídico completo. Ha sido creada por una o varias decisiones (en el ejemplo, de carácter legislativo) y está compuesta por una pluralidad de normas.

La dogmática jurídica tiene como misión construir el sistema que refleja y completa el ordenamiento jurídico. O, para ser más exactos, un ordenamiento jurídico concreto. No es una ciencia general sino idiográfica, ya que su objeto de estudio es una realidad histórica singular, a saber, un ordenamiento jurídico.

Pues bien, en el sistema construido por la dogmática se exponen de forma ordenada los significados de los textos parciales que componen el texto total del ordenamiento. Al llevar a efecto esta tarea es de sustancial importancia extraer las ideas de justicia que se encuentran insitas en dicho texto total. En otras palabras, la dogmática jurídica presenta de la manera más coherente que le sea posible la justicia intrasistémica, es decir, la justicia que ha acabado informando el ordenamiento y las diversas instituciones que lo componen (y, por tanto, también las normas jurídicas en que esas instituciones vienen expresadas en los textos jurídicos).

Las explicaciones anteriores nos sirven para aclarar que mientras el *Ensayo* mencionado antes se centra exclusivamente en la sintaxis o teoría formal, y que por consiguiente se dejan de lado conscientemente todos los aspectos relativos a lo que suele llamarse el mundo de los valores o, utilizando una terminología más tradicional, de la axiología, el presente trabajo se propone algo muy diferente.

En efecto, en este trabajo me propongo presentar con brevedad algunos rasgos de un asunto que bien pueden dar pie para la construcción de una teoría de la justicia aplicable al mundo jurídico. O, al menos, a alguno de sus aspectos. En concreto, me propongo reflexionar sobre las reglas de los juegos desde el punto de vista de la teoría de la decisión (pragmática), en su conexión con la teoría de la dogmática (semántica). Dicho de una manera más sencilla: lo que pretendo en este estudio es reflexionar sobre las ideas de justicia que han debido de inspirar la creación de determinados juegos, así como sobre la manera en que dichas ideas se han trasladado a las reglas de esos juegos. Creo que ese puede ser un buen punto de partida para pensar sobre la justicia en el derecho.

No estoy diciendo que una reflexión sobre la justicia en los juegos sería equivalente a una filosofía jurídica de la justicia, sino tan sólo que aquella puede constituir un punto de partida, humilde si se quiere, pero no por eso desechable, para abordar esta última.

Respecto de los juegos nadie se ha tomado la molestia de aplicar el esquema tripartito señalado (sintaxis, pragmática y semántica), pero eso no quiere decir que no sea posible. Por el contrario, cualquier juego puede ser objeto de estos tres niveles de análisis. El Ensayo mencionado adopta la perspectiva sintáctica y por esa razón queda fuera de su consideración todo lo relativo a la justicia. Ahora nos proponemos otra cosa, que es investigar desde la perspectiva pragmática y semántica las ideas de justicia que los juegos incorporan a sus reglas. Y en esa tarea no perderemos nunca nuestro interés por ver relacionados al derecho y a los juegos.

## – II –

Ya el uso normal del lenguaje cotidiano nos sugiere la comparación entre el derecho y los juegos en su relación con la justicia.

La palabra "justicia" y los términos derivados de ella ("justo", "injusto") y otras que se usan en el lenguaje de los juristas (como "imparcialidad", "error", "juego limpio", y su contrario "juego sucio", "fraude", "trampa", "falta", etc.) son moneda común también en el lenguaje de los juegos. Esto no es nada extraño pues en todas las modalidades de la vida social son usuales expresiones similares. Aunque el derecho y el juego representan formas distintas de convivencia, ambos tiene en común que son precisamente maneras del convivir; y por eso también son sistemas de comunicación social.

La contraposición más llamativa y a veces más dolorosa, que se presenta tanto en el derecho como en los juegos, es la que enfrenta la realidad, bien sea del derecho bien sea del juego, con la justicia. ¿Qué seguidor de un equipo no ha tenido la dolorosa experiencia de verle perder después de haber hecho más méritos que el contrario, habiendo exclamado por ello: "¡qué resultado más injusto!"? Y a la inversa, ¿quién no ha saboreado la miel, algo amarga, de un partido mal jugado pero con resultado favorable debido a la suerte o a los errores de los árbitros?

Una muestra de este sentimiento la ofrece la consabida frase que repiten los hinchas de unos colores: "lo importante es ganar, aunque sea en el último minuto y de penalti injusto". Todos tenemos la experiencia de que ganar un partido es algo muy diferente de haber merecido el triunfo.

Los niños, desde muy temprana edad, aprenden a separar estos dos conceptos, que en la vida tampoco van unidos: el éxito y la justicia. Una cosa, en efecto, es ganar, y otra bien distinta es ganar justamente, es decir, mereciendo el triunfo. En la vida sucede efectivamente así, y me temo que con mayor frecuencia que en algunos juegos: no siempre quien gana tiene razón. En determinados contextos es más que probable que quien gana sea el que menos razón tiene. Aparte de por otros motivos, es muy conveniente e incluso necesario, diría yo, que los niños jueguen para que adquieran conciencia temprana de esa diferencia. El juego se eleva así a la categoría de escuela para la vida. Tiene una importante función educativa. De ahí también que sea necesario imbuir en los niños, además de la diferencia conceptual aludida, el aprecio profundo por la justicia.

"Saber ganar" y "saber perder", como aspectos concretos del valor de la "deportividad" y de la "ecuanimidad", son actitudes y valores que, si se aprenden y se asimilan en la infancia, serán fácilmente trasladables a la vida real. Pues entra dentro de la madurez ética el actuar en nuestra vida con esa actitud de deportividad y ese valor de ecuanimidad, los cuales no han de permitir que nos veamos a nosotros mismos mejor de lo que somos, ni a los demás peor.

En las contiendas que las personas tenemos en la vida sucede en efecto que unas veces perdemos y otras resultamos vencedores. Y también entonces hay que saber ganar y hay que saber perder. La actitud de deportividad y el valor de la ecuanimidad son perfectamente trasladables a la vida real del derecho. Todos los abogados saben que unas veces ganarán los pleitos y que otras los perderán. Mal abogado es aquel que hace un problema excesivo de una cosa o de la otra. Tiene el deber de defender los intereses de su cliente dentro del derecho y ha de hacerlo con la máxima diligencia e inteligencia de que sea capaz. Pero una vez que ha cumplido con ese deber de manera satisfactoria, no puede atormentarse por haber perdido el litigio, ni tampoco entusiasmarse demasiado por haberlo ganado. Su actitud en este aspecto ha de ser parecida a la de quien juega y acepta los diversos resultados con espíritu tranquilo. Un buen jugador es aquel que se muestra sereno en todas las situaciones, y lo mismo hay que decir de las personas en cuanto sean sujetos de la realidad jurídica.

Podemos preguntarnos: ¿Cuál puede ser la razón de esta coincidencia en el uso del lenguaje cuando nos referimos a los juegos y cuando hablamos del derecho? ¿Acaso el derecho es un juego? ¿Está permitido que para estudiar el derecho hagamos uso de aquellos rasgos que parecen similares a los del juego? O dicho de otra manera: ¿Hasta qué punto es lícita la comparación entre el derecho y los juegos? ¿Cuáles son los límites de esta comparación?

Desde luego, el derecho no es un juego, aunque ciertamente tiene algo de juego. Que no es un juego en el sentido habitual que atribuimos a esta palabra, es algo de lo que el común de los mortales tenemos una evidencia inmediata. Sabemos muy bien que cuando suscribimos un contrato hipotecario no estamos jugando, pero por otra parte también sabemos que "nos la estamos jugando", ya que si no devuelvo el dinero en los plazos convenidos me quedaré sin la casa que he hipotecado. Lo mismo sucede con cualquiera de los actos jurídicos que realizamos con más o menos frecuencia, aunque en algunos de ellos no nos juguemos nada importante (por ejemplo, si compramos un bañador para ir a la piscina).

El derecho no es un juego porque pertenece a la vida real, esto es, a la vida social que las personas vivimos como una realidad continua, mientras que los juegos son como paréntesis que abrimos en nuestra existencia real para, por un rato, separarnos de ella y vivir otra cosa, que sabemos que no tiene la existencia real de la vida auténtica y que por eso nos distrae, nos divierte. Distracción y diversión son dos términos que indican muy claramente el sentido antropológico de los juegos: éstos nos sacan de nuestra vida real, nos conducen durante un rato a una existencia artificial en la cual no somos lo que realmente somos sino otra cosa distinta: jugadores o, más ampliamente, "actores", representantes de un papel en un contexto temporal y espacial determinados.

Hay que separar los juegos que imitan la vida de aquellos que no la imitan. Entre los primeros, son característicos muchos juegos de los niños, como "policías y ladrones", "indios y vaqueros", "papás y mamás" y similares. Entre los segundos, tenemos la lotería, el parchís o el fútbol, por poner sólo algunos ejemplos. Las representaciones teatrales se asemejan a los primeros, a los juegos de los niños que imitan la vida. Dichas representaciones, en efecto, intentan reproducir la vida misma, con sus pesares y alegrías, y si la transforman o retuercen algo, o más que algo (como en el esperpento), es para poner más claramente de manifiesto lo grotesco, absurdo o injusto de ciertas situaciones de la vida real.

He dicho que el derecho no es un juego pero que, sin embargo, tiene algo de juego. ¿Qué puede querer decir esto? Creo que quiere decir que entre el derecho o, para ser más exactos, entre los ordenamientos jurídicos y los juegos encontramos algunas similitudes o analogías. Entre otras posibles, hay dos similitudes que saltan a la vista a quien quiera verlas.

La primera es que tanto un ordenamiento jurídico como un juego constituyen sistemas de reglas o normas que regulan acciones humanas. A este aspecto de la cuestión dediqué el libro mencionado antes.

La segunda es que tanto el derecho como el juego generan situaciones susceptibles de ser calificadas valorativamente. Esto es, tanto en un ámbito como en otro nos encontramos con situaciones más o menos generales y más o menos concretas de las que podemos decir que son justas o injustas, moralmente aceptables o moralmente rechazables, así como también indiferentes desde el punto de vista de la ética. Esas situaciones, como digo, tienen un carácter general o concreto. La generalidad puede afectar a todo un sistema jurídico, a todo un juego. Así, de la misma manera que es censurable sin matices una tiranía absoluta y por tanto también su sistema jurídico, asimismo es rechazable un juego como la "ruleta rusa" o como un partido de fútbol en el que un equipo estuviera formado por once hombres en plenas facultades físicas y el equipo rival estuviera compuesto por once hombres en silla de ruedas. La cuestión está, obviamente, en saber por qué.

Sin normas no hay ordenamiento jurídico. Sin reglas no hay juego. Creo que es ésta una verdad incontrovertible.

En el límite, un ordenamiento jurídico puede reducirse a una única norma ("es deber jurídico obedecer siempre a X"), y lo mismo puede suceder con un juego que se rija por una sola regla (por ejemplo, el jugar con el bolígrafo dándole vueltas). No hace falta haber estudiado derecho para saber que no existen ordenamientos jurídicos tan simples, y también sabe todo el mundo que la mayoría de los juegos son conjuntos de reglas algo más complejos que el dar vueltas al bolígrafo. Así, quien está aprendiendo a jugar al ajedrez es muy consciente enseguida de que sus reglas no pueden reducirse a una sola, sino que conforman un conjunto algo complejo, ya que a cada tipo de ficha le corresponde un procedimiento diferente para moverla.

En general, las reglas de los juegos, comparadas con las del derecho, son muy escasas en número y sencillas de comprender. Si no fuera así, el juego más que una diversión sería una pesadilla. En todo caso, podemos afirmar que tanto el derecho como el juego son realidades cuya faceta primaria son las normas. Ese es su primer punto en común. Derecho y juego son sistemas de normas, es decir, de proposiciones lingüísticas cuya función inmanente es dirigir u orientar la acción humana.

Si la norma constituye el elemento regulador, lo regulado es la acción. Tanto en el derecho como en el juego las acciones de las personas conforman la materia básica objeto de regulación de las normas. Ahí tenemos, pues, dos elementos esenciales comunes al derecho y al juego. Pero también son esos elementos comunes a la moral, ya que todo sistema moral se compone de normas y tiene como función básica dirigir u orientar las acciones humanas. Sin embargo, derecho y juegos tienen algunos aspectos en común que son inexistentes en la moral o al menos discutible que se den en ella. Así, los procedimientos, los plazos, los elementos espaciales, el aparato institucional como los jueces o los árbitros, las competencias atribuibles a los sujetos, la determinación de los sujetos mismos, en suma, todos aquellos elementos que no se reducen al establecimiento de deberes u obligaciones. Ahora no me voy a detener en estos aspectos pues ya los abordé en el libro de 1984, y a él me remito. Simplemente me limito a subrayar la idea de que en muchos aspectos el derecho se parece más a los juegos que a la moral.

Estamos acostumbrados a preguntarnos sobre la justicia o injusticia de las normas jurídicas de un ordenamiento jurídico. Incluso un ordenamiento jurídico en su conjunto puede ser objeto de esa valoración. ¿Hacemos lo mismo con las reglas de los juegos? ¿Son las reglas de los juegos valorables en términos de justicia? Ya hemos visto antes que en nuestro uso del lenguaje de hecho empleamos en numerosas ocasiones juicios de valor sobre los juegos o, para ser, más exactos sobre aspectos de los juegos: sobre el resultado, sobre la limpieza del juego, sobre la imparcialidad del árbitro, etc. Pero podemos preguntarnos además sobre la justicia o injusticia de un juego determinado, lo que viene a ser lo mismo que plantearnos la cuestión de si las reglas del juego son justas y si, además, las condiciones en que se juega son las apropiadas.

## – III –

Lo primero que hay que tener claro para contestar a esta pregunta es que tan sólo tiene sentido plantearla si los jugadores son libres para jugar o no.

Si a mí, por la razón que sea, me obligan a jugar a un determinado juego (por ejemplo, diciéndome que matarán a una persona si no lo hago), es evidente que por mucho que acepte las reglas del juego, para jugar en ese caso concreto, dicha aceptación está sometida a un acto coactivo, no es voluntaria. A partir de ese momento, mi participación en el juego no es producto de mi libertad sino de la fuerza que se ejerce sobre mí. No critico las reglas del juego en sí mismas sino el hecho de que me obliguen por la fuerza a cumplirlas, porque es un juego que yo no he elegido. Si juego forzado, estaré jugando, no cabe duda, pero la situación no puede ser calificada de justa, porque todo juego que merezca ese nombre supone la libertad de los participantes.

La libertad es una condición absolutamente necesaria para que el juego se desarrolle. Si no tengo libertad para jugar o no jugar, si se me impone el jugar con una fuerza externa o con una amenaza que afecta a mi ánimo de manera decisiva, aunque respete las reglas y realice acciones de juego, en verdad no estaré jugando. Sin libertad el juego deja de serlo. La libertad se erige así en valor básico y condicionante.

Por eso también cuando se juega por obligación jurídica, como sucede con el deporte profesional, no se está ante un simple juego, sino ante algo diferente (en realidad el derecho se superpone en este caso al juego). En efecto, los jugadores profesionales, además de ser jugadores, son algo muy distinto a esto: son profesionales. Si ser jugador es un concepto lúdico, ser profesional es un concepto jurídico. La profesión en este caso consiste en jugar, o sea, en participar en las acciones de juego que se le encomienden. Dicha profesión está, como todas las profesiones, sometida a normas jurídicas. ¿Tienen libertad los jugadores profesionales? En un aspecto sí y en otro no. Sí tienen libertad en el sentido de que ellos han elegido libremente (al menos eso se supone) el ser profesionales de un determinado juego. Eso quiere decir, obviamente, que tienen libertad para decidir si van a ser jugadores profesionales o no. Ahora bien, una vez que han decidido serlo y que han firmado un contrato, su libertad total inicial se ve limitada por las normas jurídicas que regulan el juego profesional de que se trate y, además, por el contrato concreto que haya suscrito con club o sociedad. La libertad está pues en el inicio del juego, y también en el inicio del juego profesional, aunque luego se vea limitada voluntariamente por los términos del contrato. Por tanto, la libertad es la condición previa del juego justo.

La libertad supone la aceptación de las reglas del juego. Esta aceptación es global. Pueden parecerme absurdas o inconvenientes algunas reglas concretas, incluso puedo estar en desacuerdo con la mayoría de ellas. Pero si acepto jugar a un juego tendré que aceptar las reglas que lo componen y someterme lealmente a ellas, aunque pueda criticar sus contenidos. Soy libre de aceptar las reglas o no, y por tanto de jugar al juego correspondiente, pero una vez tomada la decisión de jugar no sería correcto por mi parte tratar de sacar ventaja prescindiendo de algunas de ellas. Doy por sentado que las reglas de ese juego en su conjunto son justas o al menos tolerables. Si no fuera así, no habría dado mi consentimiento para jugar puesto que nadie me ha obligado. Si he prestado mi consentimiento para poder participar en la acción de juego es porque acepto la justicia *intrasistémica* del conjunto de reglas lúdicas.

La libertad se erige de este modo en el presupuesto básico de la justicia en el juego. Si no soy libre para jugar, sino que tengo que hacerlo forzado, se genera una situación en la cual el juego deja de lado su "esencia": el ser diversión o distracción con respecto a la vida real. En efecto, al verme forzado a jugar, el juego pasa a formar parte de mi vida real. Es entonces algo que me afecta absolutamente en serio, y que no puedo interpretar como un paréntesis en mi vida. Si de que yo juegue depende la existencia de otra persona, o el sustento de mi familia, es evidente que el juego pierde su carácter esencialmente lúdico para transformarse en otra cosa.

Esto nos plantea algunos problemas en relación con la libertad humana. La libertad puede ser limitada o anulada por condiciones meramente externas, pero también por situaciones de carácter interno.

Si me veo obligado a jugar a un determinado juego porque, si no lo hago, corre peligro la vida de una persona allegada, no puede dudarse de que en esa situación concreta mi libertad se ve muy mermada. Es más que probable que yo me decida a jugar a ese juego a pesar de que no tenga ninguna gana de hacerlo. Incluso puede suceder que me repugne profundamente jugar. Pero en la circunstancia de coacción a la que me veo sometido no me queda otra alternativa.

Se ha dicho: *coactus tamen voluit*, el coaccionado también quiere, también tiene voluntad. Lo cual es cierto, pues en la situación que describo yo querré jugar, sin ninguna duda, y querré jugar porque sé que si no lo hago la vida de la persona amada corre peligro. Es más, si yo no quisiera jugar, difícilmente nadie podría conseguir el que yo jugara efectivamente, pues jugar implica la realización de movimientos concretos, cada uno de los cuales exige la voluntariedad. La coacción no excluye la voluntad, sino que simplemente la condiciona, dirige a la voluntad en una dirección determinada.

No hay libertad cuando ese condicionamiento es fuerte, o sea, cuando es de tal intensidad que el individuo que lo padece no puede soportarlo. Al ser cada individuo diferente, también ha de ser distinta la intensidad que ha de ejercerse para poder afirmar la existencia de un condicionamiento fuerte. Por ello, habrá que distinguir de intensidades en los condicionamientos para lo cual será preciso un estudio psicológico.

Eso nos lleva al aspecto interno de la coacción. En efecto, la coacción puede provenir de una pulsión psíquica que el individuo tenga. Tal es el caso, por ejemplo, de las personas denominadas ludópatas. Nadie les fuerza a jugar. Por tanto, no son objeto de una coacción externa que les quite libertad. Pero no por eso son libres, al haber dentro de ellas una fuerza que les impulsa irresistiblemente hacia el juego. Sin embargo, en este caso no podemos hablar de coacción propiamente dicha, pues la coacción en su sentido más propio sólo puede provenir de fuera del individuo que la padece. No cabe duda, sin embargo, de que la fuerza interna que impulsa al ludópata le restringe su libertad, incluso de una manera posiblemente más contundente y decisiva que la coacción en sentido propio, esto es, la externa.

Si en el supuesto de coacción externa no se dan las condiciones para que haya libertad, tampoco se dan en el supuesto de pulsión interna. El ludópata juega, pero lo hace con un sentido profundamente diferente de la persona que no padece esa enfermedad. La diferencia estriba en que, en su caso, el juego no constituye una distracción sin más, sino que forma parte esencial de su vida real. El paréntesis en la vida real que conlleva el juego llega a ser en su caso tan grande que no puede ser ya considerado un paréntesis.

Podemos decir que, en caso de coacción externa o de pulsión interna, la libertad del individuo que padece cualquiera de ellas, o ambas, está en peligro; propiamente, no es una libertad verdadera. Ni el amenazado ni el ludópata juegan en el sentido genuino que tiene la palabra "jugar". Esto hay que entenderlo en sus justos términos. Esos individuos no juegan en el mismo sentido que lo hace una persona que no está sometida ni a la coacción externa ni a la pulsión interna. La persona libre de amenazas y de pulsiones juega de verdad; la que no lo está libre de amenazas o de pulsiones, realiza las acciones de juego de acuerdo con las reglas del juego, pero le falta el componente esencial; la libertad psíquica constituye el punto de partida. Sin ella no hay juego propiamente dicho. En otras palabras, desde un punto de vista estrictamente formal la persona sin libertad puede realizar acciones de juego, pero desde una perspectiva que considere a la persona en su integridad lo que hace, no es jugar, sino cumplir las exigencias imperiosas de una necesidad psíquica.

## – IV –

El jugador adopta un punto de vista interno, completamente distinto al punto de vista del espectador, que es externo, ya que contempla el juego desde fuera y no participa en él. Aunque el espectador tome partido por un equipo u otro, su posición es siempre exterior al juego. Ambos, jugador y espectador, están capacitados sin embargo para enjuiciar las acciones de juego. Sin embargo, entre jugador y espectador hay un abismo, pues al primero le afectan las reglas de un modo muy directo, mientras que al segundo no. No es lo mismo valorar las reglas del juego cuando hay que obedecerlas y realizar las acciones de acuerdo con lo que dichas reglas establecen, que cuando esto no es así. El jugador se halla comprometido con las reglas mientras que el espectador, no.

En el juego, cada jugador actúa como si hubiese hecho un pacto con los demás jugadores. Aunque en la realidad de los hechos no haya suscrito tal pacto, hay que entender que el juego lo lleva implícito. Se trata de un pacto basado en la confianza y en la reciprocidad que puede ser expresado en los siguientes términos: "yo acepto las reglas de este juego y vosotros, jugadores, las aceptáis también".

La aceptación de las reglas del juego supone el sometimiento voluntario a las mismas. Por esta razón el pacto también puede formularse de esta manera, similar a la anterior: "Yo me someto lealmente a lo establecido en las reglas y de igual manera lo hacéis vosotros, compañeros de juego". El sometimiento ha de ser libre y leal.

Junto a la libertad en la aceptación es, en efecto, esencial la lealtad en la intención. Si alguien aceptara externamente las reglas del juego, pero sólo con la pretensión de valerse de ellas cuando le favorezcan, pero no cuando puedan favorecer a otro u otros jugadores, es evidente que dicho individuo habrá aceptado falsamente las reglas. La lealtad en el jugar es una condición ineludible que se traduce en la intención de no hacer trampas y de no utilizar torticeramente las reglas para conseguir ventajas.

Libertad y lealtad son así dos conceptos básicos, dos requisitos esenciales, para que el juego y las reglas que lo componen puedan ser calificados de justos.

Si comparamos el juego con el derecho vemos inmediatamente que lo que estamos diciendo respecto del primero es aplicable también al segundo. Al igual que el juego presupone la libertad de jugar o no jugar, un orden social justo requiere el respeto a la libertad. Bien es cierto que en la vida social la libertad es susceptible de alcanzar grados diversos.

Las tiranías son aquellos sistemas político-jurídicos que ni siquiera admiten la libertad más básica de todas, que es la de poder irse del país. Si a una persona no se le permite salir de un determinado territorio estará en una situación parecida a quien se ve forzado a jugar sin quererlo. En ambos casos, el individuo se verá sometido por la fuerza a unas normas que él desearía evitar a toda costa. Esta libertad esencial es la libertad de movimiento, entendiendo aquí por movimiento el que hace que un individuo pueda salir de un determinado territorio.

Se tiene la costumbre de llamar dictaduras a las tiranías, pero hay una notable diferencia entre ellas. Mientras que las dictaduras limitan a los individuos que las padecen sus libertades políticas básicas (como la libertad de expresión, de reunión, de asociación, etc.), las tiranías se caracterizan porque no se contentan con suprimir las libertades políticas mencionadas, sino que además no dejan a las personas moverse libremente, lo que implica que para éstas su propio país se convierte en una cárcel de la que no pueden salir. Esta situación es similar a jugar a un juego forzado a ello. En ambos casos los individuos no han prestado su consentimiento, no han reconocido libremente la obligatoriedad de las reglas, sino que por circunstancias externas se ven obligados a seguirlas.

Tanto en el juego como en el derecho el consentimiento es implícito y se presupone. No hace falta expresarlo en palabras. Basta sencillamente con no expresar lo contrario, es decir, con no expresar o que no se quiere jugar a un juego determinado o que no se quiere seguir obedeciendo las leyes de un Estado concreto. Si a pesar de su declaración en contra una persona sigue jugando sin que nadie le obligue, es claro que sus hechos contradicen a lo declarado: sus acciones demuestran que en la realidad acepta el conjunto de las reglas del juego. Algo similar sucede en el caso de un ordenamiento jurídico, aunque aquí la situación es bastante más compleja. Una persona a la que le desagrade profundamente un orden jurídico ha de tener la oportunidad de irse a vivir a otro país. Sin embargo, si un individuo declara ese desagrado pero sigue viviendo en el país contra el cual lanza sus diatribas es evidente que sus hechos demuestran que, por la razón que sea, prefiere seguir viviendo en ese país.

Esa libertad básica para jugar a un juego o no jugar ha de completarse con otras libertades, las que el propio juego proporciona. Todo juego consiste en un conjunto de reglas que regulan las acciones de juego, directa o indirectamente. Pero las reglas no determinan la acción de un modo absoluto sino que permiten normalmente varias opciones entre las que el jugador elige. Además, las reglas de procedimiento lo que hacen es determinar en qué consisten las acciones de juego, de modo que sólo gracias a ellas es posible jugar. Desde este punto de vista, los procedimientos no sólo no son la negación de la libertad sino su requisito necesario. Pues sin procedimiento no sería posible la acción de juego y por tanto tampoco la libertad.

Esas libertades intrasistémicas están también presentes en todos los ordenamientos jurídicos. En éstos los procedimientos establecen los requisitos necesarios para la validez de los actos y de las normas. Pero el procedimiento suele permitir diversas modalidades de la acción, y también suele presentar aspectos que no ha previsto y deja así al sujeto en libertad en lo que se refiere a dichos aspectos. Y asimismo, los procedimientos jurídicos permiten el desarrollo de la libertad de las personas, ya que si no hubiese dichos procedimientos tampoco existirían las posibilidades de ponerlos en práctica. Dicho en otras palabras: sin procedimientos jurídicos no sabríamos en qué consisten los actos o las acciones jurídicas, y tampoco podríamos ejercer la libertad, pues ésta no es otra cosa que la posibilidad de actuar jurídicamente, es decir, de utilizar procedimientos establecidos por las normas jurídicas.

## – V –

El pacto de que hemos hablado exige lealtad a lo pactado. La lealtad en el juego consiste en aceptar limpiamente sus reglas, o sea, en tener la intención de no infringirlas, y en caso de infringirlas, someterse a las sanciones previstas. Las personas no somos por lo general ni héroes ni santos, pero sí podemos ser leales en el sentido de aceptar las reglas y asimismo las consecuencias de nuestras transgresiones. Esta actitud supone obviamente que estamos dispuestos en general a cumplir las normas y que, por consiguiente, comprendemos que las trampas en el juego son condenables. Supone además el hacernos responsables de nuestros actos. La lealtad y la responsabilidad son actitudes que van unidas.

Ahora bien, podemos preguntarnos: ¿Acaso el juego no permite muchas veces determinadas trampas o determinados engaños? En realidad una trampa permitida por las reglas no es propiamente una trampa, exactamente igual que un engaño que las normas no contemplen como tal no debe de ser considerado un engaño.

En los juegos de cartas es muy frecuente que los jugadores intenten engañar a los demás para ganar la partida. Ese tipo de engaños es perfectamente lícito. Así sucede cuando un jugador se marca un farol, con el propósito de hacer creer que posee en ese momento unas cartas que en realidad no posee. Si consigue su propósito, esto es, engañar a los adversarios, es muy probable que gane la partida. El engaño en este caso no es un verdadero engaño. ¿Por qué razón? Porque se trata de algo permitido por las reglas. No hay ninguna regla que, en los diversos juegos de cartas, prohíba que los jugadores intenten engañar de esta forma. Otra cosa muy distinta es que el engaño sea de otro género. Supongamos que un jugador juega con las cartas marcadas. En tal caso estamos ante una práctica que tiende a engañar pero que, a diferencia del caso anterior, está prohibida por las reglas del juego. Lo mismo sucede si un jugador utiliza una doble baraja, también con la intención de engañar a sus adversarios. Llegamos a la conclusión de que en los juegos hay engaños y trampas permitidos y los hay también no permitidos, o sea, prohibidos. Los primeros no pueden ser considerados como actos ilícitos. En sentido estricto, no son ni verdaderos engaños ni verdaderas trampas. Sólo son verdaderos engaños y verdaderas trampas aquellos actos que las reglas establecen como tales. Es más, puede decirse que los engaños y las trampas permitidas non sólo no son engaños ni trampas propiamente dichos, sino que constituyen la "salsa" del juego. ¿Qué sería del tahúr si no pudiera marcarse faroles? ¿Y qué del jugador de fútbol que lanza un penalti si no se le permitiera "engañar" al portero?

En el derecho sucede algo parecido. Las normas jurídicas prohíben por lo general los engaños y las trampas, pero no todos. Veamos algunos ejemplos.

El propietario de una finca que quiere venderla puede ser consciente de que, al pedir por ella a un posible comprador una determinada cantidad, no se ajusta al precio del mercado sino que su propuesta es bastante superior. Aun así, lo hace tratando de obtener el máximo beneficio, y para ello alaba las cualidades de la finca: su situación, sus vistas, la calidad del terreno, la nobleza de las construcciones, etc. Está en su perfecto derecho de actuar así y de tratar de esa manera de convencer a un posible comprador. Si éste resulta tan ingenuo que acepta el precio sin más debate, el vendedor habrá hecho un excelente negocio, y aquel no podrá reclamar después cuando se entere de que las fincas colindantes se venden por bastante menos dinero. ¿Acaso no había podido enterarse antes? También puede suceder que el comprador acceda a comprar la finca por motivos no estrictamente económicos, sino de otro género (p.ej., la finca fue de su familia) y por esa causa el precio no sea para él el factor más relevante.

Otros ejemplos, quizás más ilustrativos de que el derecho permite cierto "engaño", los vemos constantemente en los anuncios publicitarios. En la televisión puede comprobarse cada día las exageraciones que se usan para exaltar las cualidades de los productos anunciados. Sin embargo, no se los considera engaños serios, pues todo el mundo sabe o debe saber que dichas exageraciones son, más que nada, una forma de hablar. Cuando oímos al anunciante que tal cerveza "es la mejor del mundo", somos perfectamente conscientes de que esta frase tan rimbombante hay que tomarla como una manera permitida de presentar un producto y que no hay tomarla al pie de la letra.

Pero la permisión del engaño puede ir más lejos. Así sucede en el proceso penal, en el cual al acusado le es lícito mentir: tal cosa es lo que pasa cuando, siendo el acusado el autor de un delito, niega rotundamente haberlo cometido. Obviamente, la presunción de inocencia reclama este principio penal de que nadie está jurídicamente obligado a declararse culpable.

Todo esto quiere decir que para el derecho, al igual que en el juego, sólo es engaño aquello que las normas jurídicas establecen como tal. Eso se puede establecer de diversos modos, siendo lo más usual que se haga bien por medio de la ley o bien por medio de la jurisprudencia de los tribunales. Todos los demás engaños que las personas puedan realizar, y que no estén prohibidos por las normas jurídicas, no serán engaños en su sentido jurídico. En el lenguaje jurídico las cosas no son exactamente igual que en el lenguaje normal. Cuando alguien no dice la verdad en un anuncio publicitario o se declara inocente siendo culpable, desde la perspectiva jurídica no comete un acto ilícito.

Por tanto, el concepto de buena fe, tan aludido en el mundo de las normas del derecho así como en la práctica jurídica ordinaria, no puede significar lo mismo en el plano jurídico que en otro diferente. La buena fe y su contrario, la mala fe, para el derecho, son conceptos jurídicos, cuyo alcance sólo puede precisarse en relación con un ordenamiento jurídico concreto. No hay un concepto abstracto, general, de la buena o de la mala fe. A este respecto, los ordenamientos pueden diferir entre sí. Para unos la exigencia de la buena fe puede ser más estricta que para otros. Lo que a primera vista puede ser considerado como una noción moral, deja de serlo si se tiene en cuenta que su contenido concreto no puede saberse sin referencia a las normas del ordenamiento, sobre todo a las sentencias de los jueces, que son las que, caso a caso, irán dibujando sus perfiles.

Hay deslealtad cuando no se respetan las reglas del juego de modo sistemático, o se las respetan sólo para obtener determinadas ventajas, pero no en caso contrario, es decir, cuando el respeto a las reglas puede muy probablemente ocasionar una pérdida o desventaja.

Similar a la situación de deslealtad en los juegos es la de un grupo terrorista que se aprovecha de las ventajas que le ofrece la democracia y al mismo tiempo lucha frontalmente contra este sistema político-jurídico. Un sistema democrático es parecido a un juego al que nadie está obligado a jugar, ya que puedes irte a otro país que te guste más, y porque permite una gran flexibilidad de posiciones del juego político, de tal modo que sólo son rígidas las reglas procedimentales. Y de la misma manera que a un jugador sistemáticamente desleal hay que echarlo del juego, así se ha de proceder con los grupos terroristas: si ellos mismos se sitúan, no sólo al margen del sistema, sino en su más contundente posición contra el sistema, no tiene sentido mantenerlos dentro, del mismo modo que carece de sentido mantener dentro del organismo a un parásito mortal para el conjunto. Estamos hablando de una deslealtad que ha de ser absoluta, lo que supone una actitud de rechazo activo contra el sistema democrático con acciones brutales.

Esta idea se ha expresado muchas veces diciendo que no debe haber libertad para los enemigos de la libertad. Un sistema político-jurídico que permite el libre juego de las diversas posiciones políticas está perfectamente legitimado para exigir lealtad a sus normas de funcionamiento democrático.

Cuando un jugador se sitúa fuera del sistema del juego, por ejemplo porque juega con doble baraja, porque hace trampas de otro género, porque se dopa para tener mayor capacidad de resistencia o porque arremete físicamente a sus adversarios de una manera muy agresiva, se le saca de la partida o del partido, e incluso se le puede llegar a sancionar, por ejemplo prohibiendo que juegue en los siguientes encuentros. En un caso extremo, podría incluso privársele al jugador infractor de participar en el futuro en cualquier competición. Este "sacar fuera" es bastante sencillo en el caso de los juegos. Pero ¿qué puede significar ese "sacar fuera" en el caso del terrorista que ha puesto bombas, que ha asesinado con el tiro en la nuca?

Hace años (no tantos) todos los sistemas jurídicos daban una respuesta contundente a este tipo de acciones: la pena de muerte. Hoy día, sin embargo, en la mayoría de los países civilizados se ha impuesto la idea humanista: no hay individuo, por muy detestables y dañinos que sean sus actos, que no merezca otra oportunidad. Y además del argumento humanista se esgrime este otro: los jueces se equivocan, nunca se puede estar absolutamente seguro de la culpabilidad de un sujeto, ni siquiera cuando éste confiesa ser autor del crimen; por tanto, ante esa situación de posible error, el Estado no debe imponer nunca la pena capital.

¿Qué hacer entonces? No queda otra solución sino la que se aplica: la cárcel. Bien es verdad que las penas para quien se sitúa como "enemigo" irreconciliable del Estado democrático, y además sus acciones responden a un plan organizado por un grupo terrorista, deberían ser notablemente más graves que para el delincuente que actúa en solitario. Pero además de esta medida penitenciaria, el derecho puede "sacar fuera" del sistema a los grupos terroristas impidiendo su entrada en las instituciones democráticas. Ya que no aceptan el juego de la libertad democrática, por lo menos que no se beneficien de él.

En España tenemos la triste experiencia de que grupos terroristas se benefician del sistema democrático introduciendo sus "brazos políticos" en las instituciones. Hacen así un "doble juego", de modo similar al jugador que maneja dos barajas. Este doble juego se concreta en una doble actividad: por una parte actúan violentamente contra el sistema, y por otra, participan en éste, con el consiguiente beneficio político y económico. Esta actitud expresa un considerable cinismo, cuya única respuesta debe ser "sacar fuera" a quien juega a ese "doble juego".

En suma, el principio de libertad y el principio de lealtad constituyen los dos pilares básicos tanto para el juego como para que funcione medianamente bien una sociedad democrática.

## – VI –

Hasta ahora hemos hablado de los juegos en general y hemos hecho alguna referencia a su similitud con el derecho. Ahora bien, es obvio que hay muchas clases de juegos. Quizás puede afirmarse que su variedad es muy superior a la variedad tipológica de ordenamientos jurídicos, aunque no estoy muy seguro de poder aseverar esto contundentemente.

Téngase en cuenta, en efecto, que cuando hablamos de derecho con esta palabra nos estamos refiriendo a un conjunto bastante variado: a los ordenamientos jurídicos de los actuales Estados de Occidente, a los ordenamientos propios de los demás Estados que hoy existen en el mundo, a los ordenamientos medievales, al derecho romano clásico, al derecho de las comunidades humanas primitivas... Si todos ellos pertenecen a lo que denominamos derecho, será porque tienen algunos caracteres comunes, pero es innegable su enorme variedad fenomenológica.

Con los juegos sucede algo parecido. Lo mismo llamamos "juego" al solitario de cartas, esto es, al que juega una sola persona, a los juegos de competición y a las diversas formas de apuestas.

Como rasgo general puede afirmarse que en el derecho casi siempre se contemplan situaciones en que intervienen dos o más personas. De ahí lo que tradicionalmente se ha llamado la bilateralidad o alteridad del derecho. Por el contrario, en el concepto "juego" caben también, como ya hemos señalado, aquellos cuyo sujeto es una sola persona, sin que su acción vaya referida a ninguna otra.

Sin embargo, en el derecho también es posible encontrar actos unipersonales con significación jurídica. Por ejemplo, quien renuncia a un derecho subjetivo no precisa, para su renuncia, de la presencia de ninguna otra persona. Se trata en efecto de un acto eminentemente individual cuyo efecto no tiene por qué afectar a nadie en concreto. Bien es verdad, sin embargo, que la mayoría de las veces la renuncia de un derecho puede repercutir sobre otras personas.

Si dejamos a un lado los juegos de los niños que representan situaciones de la vida real (como el juego de "policías y ladrones") y también las piezas teatrales, y algunos otros juegos, podemos destacar cuatro tipos: los juegos de puro azar, los de cartas, los de fichas, y aquellos en que los jugadores se mueven en el espacio físico del juego. A estos últimos los podemos llamar juegos deportivos (si bien al ajedrez, que es un juego de fichas, se le suele considerar asimismo como juego deportivo). Ejemplo de juego de azar es la lotería en cualquiera de sus formas; del de cartas, el póquer; del de fichas, el ajedrez; del cuarto tipo, el fútbol.

## – VII –

Casi en todos ellos interviene la suerte. Digo "casi" porque no sucede en todos ellos. Así, en el ajedrez, al no haber elemento alguno que determine un factor de azar, como no sean aspectos meramente externos al propio juego (un dolor de cabeza, una preocupación, etc.), todo está a la vista y predeterminado procedimentalmente, el azar no tiene papel alguno que cumplir. Por esa razón no es posible que quien pierda una partida de ajedrez lo atribuya a la suerte favorable del contrario o a la desfavorable suya. En el ajedrez la suerte está excluida, al menos la suerte prevista como parte del juego. En la inmensa mayoría de los juegos la suerte tiene un papel más o menos relevante, unas veces por sí misma de manera independiente, en cuyo caso es el factor decisivo o único, otras veces en combinación con las habilidades de los jugadores. Éste es un rasgo característico de la mayoría de los juegos, el presentar una mezcla de los factores de habilidad y de los propios de la suerte, y de ahí le viene al juego ese halo de incertidumbre constante, de tensión contenida hasta el último momento.

Esto es también característica constante de la vida humana. En la vida de cada uno cada individuo es protagonista, pero al mismo tiempo la vida juega con todos nosotros en un baile en el que no dominamos más que algunos compases, siendo la música en su conjunto, una música que no conocemos de antemano, la que nos lleva, la que guía nuestros pasos. Sucede como en los juegos en que se combinan habilidad y azar. La vida es una mezcla de decisión personal y suerte imprevisible, de libertad de elección y de destino no elegido. De ahí que la vida esté presidida también por la sensación de incertidumbre, de duda, de zozobra y también incluso de miedo. Hay, sin embargo, una diferencia esencial con el juego: que sabemos cómo acaba.

La suerte es, pues, un factor esencial en muchos juegos y también en la vida humana, y por tanto asimismo en el derecho, puesto que éste no es sino vida humana en sociedad, articulada en textos y concretada en actos.

Nos podemos preguntar ahora: ¿qué relación hay entre la suerte y la justicia?, ¿puede hablarse de suerte justa y de suerte injusta?

Desde luego, quien participa en el juego de la lotería da por bueno el principio de que la suerte es justa. En esto no se diferencia la lotería de los demás juegos, en los cuales también se da por bueno el resultado siempre y cuando se respeten las reglas del juego. Quien apuesta en la lotería a un número o a varios, sabe que todo depende de un bombo del cual salen mecánicamente unas bolas con sus respectivos números, que son aquellos que van siendo premiados. El resto de los números, o sea, la inmensa mayoría, queda sin premio. La justicia de la lotería es la justicia de la suerte. Ésta, en ese juego, es ciega, no hace acepción de personas, no tiene que ponderar las cualidades personales de los jugadores ni sus actos. Simplemente se ha acordado que el procedimiento de distribución de los premios sea de una determinada manera y esa regla procedimental ha sido aceptada por los jugadores.

La lotería representa en este sentido el modelo de justicia procedimental. Se confía en un procedimiento que no tiene otro sustento que sí mismo; se parte de la idea de que el procedimiento del azar por sí mismo es idóneo para distribuir premios, y eso sucede así porque no se trata de dar a cada uno lo suyo en cuanto que sea lo merecido por esa persona, sino de dar a cada uno lo que le toque en virtud del capricho de la suerte. La justicia de la suerte es, pues, consecuencia de la aceptación de las reglas de procedimiento. Nadie está obligado a jugar a la lotería, pero si juega sabe que sus méritos personales, sus actos, sus deseos, son tan indiferentes como los del resto de los mortales. En ese sentido, el resultado de la lotería es justo. Y eso incluso cuando ocurra que el premio o premios principales caigan en las manos de gente adinerada, que por otra parte es la que más capacidad económica tiene para jugar a más números y en este aspecto el punto de partida del rico es desigual con respecto al pobre.

Ahora bien, la lotería hace abstracción de esas desigualdades sociales o económicas, y se limita a aplicar el procedimiento del sorteo. Se trata obviamente de una justicia intrasistémica, ya que no contempla los contextos sociales en que tiene lugar. Desde la perspectiva extrasistémica la lotería se manifiesta, por consiguiente, como un juego injusto, ya que no tiene en cuenta la realidad socio-económica y en general la realidad humana circundante.

Estamos, por consiguiente, ante un fenómeno bifronte, que puede ser enjuiciado en su dualidad de distinta manera. En un sentido la lotería es justa, pero en el otro, no. Es justa si la consideramos exclusivamente en sí misma, esto es, sin referencia al mundo real de la vida. Pero deja de serlo si la contemplamos en conexión con éste. Esto es lo que quiere decir el dualismo justicia intrasistémica, justicia extrasistémica. Detengámonos un poco en este punto.

Desde el punto de vista interno a la lotería, o a cualquier otro juego de azar, la justicia equivale a la justicia del procedimiento. Éste es obviamente un elemento estrictamente interno al juego. Sintetizando, puede decirse que el procedimiento es el juego, y el juego es el procedimiento. Si el procedimiento es justo, también lo será el juego. En la lotería todos los participantes son considerados estrictamente iguales. Las oportunidades de ganar un premio dependen de la suerte. Aumentarán en la medida en que se tenga más números o boletos. Pero esto no constituye una discriminación desde el punto de vista interno, ya que en principio los participantes son libres para adquirir más o menos boletos. El procedimiento trata de igual forma a todos. Por eso, nadie puede quejarse de que el juego sea injusto. Su justicia intrasistémica está garantizada desde el momento en que el procedimiento no discrimina, es decir, no introduce diferencias entre los potenciales participantes.

Las cosas son muy diferentes desde el punto de vista de la justicia extrasistémica, o sea, desde una perspectiva que contempla al juego, no en sí mismo, como un todo separado del resto de la realidad, sino como un componente más de ésta. Desde ese ángulo, la "igualdad formal" del procedimiento es interpretada como una "desigualdad material", ya que en la realidad de la vida quien tiene mayor capacidad económica puede adquirir más boletos que quien tiene menos capacidad económica. De esta forma, los económicamente potentes tienen la posibilidad de adquirir mayor número de boletos que los económicamente débiles, y, en consecuencia tienen mayor probabilidad de que les toque algún premio. Aunque la suerte es caprichosa, las probabilidades son obviamente mayores si el número de boletos adquiridos es mayor.

En el derecho sucede algo parecido, pero de manera más compleja. Los requisitos formales pueden ser los mismos para los individuos que aspiran a algo, pero con frecuencia sus "posiciones sociales" son profundamente diferentes. Por esta razón, un ordenamiento será tanto más justo cuanto más haga para que las posiciones sociales de los individuos no interfieran.

La historia nos muestra cantidad de reyes, gobernantes y políticos que han sido desastrosos para las sociedades donde han ejercido su poder. Incluso en los sistemas democráticos tenemos algunos ejemplos. ¿No sería acaso mejor que la suerte designara si no a todos los cargos, sí a buena parte de ellos? ¿Qué necesidad tenemos en el mundo académico en meternos cada dos por tres en la jungla de unas elecciones a rector, a decano, a director de departamento, etc., cuando la inmensa mayoría de los miembros de la comunidad universitaria, por no decir todos, están habilitados para ejercer esas funciones? Sabido es que en la antigua Grecia algunos cargos eran elegidos por sorteo, al considerarse que todo ciudadano poseía los dones de la justicia y de la política, otorgado por Zeus a los humanos (aunque, eso sí, sólo a los griegos, no a los esclavos ni a los metecos, ni tampoco a las mujeres), según el famoso relato de Protágoras de Abdera.

Una forma de hacer que la suerte se distribuya y de esa manera se haga más justa incluso desde el punto de vista extrasistémico es el método de la rotación anual. En una facultad universitaria en que el decano rote cada año entre determinado tipo de profesores (por ejemplo, funcionarios y contratados permanentes con dedicación exclusiva; o cualquier otro criterio) se consigue que los posibles grupúsculos de poder no consoliden sus posiciones. En una comunidad de vecinos en la que cada año cambia el presidente es razonable pensar que los conflictos disminuirán ostensiblemente, al menos los que generan la lucha por el "poder". En la formación de los tribunales para los concursos a cátedra lo lógico sería este sistema de rotación combinado con el sorteo. Por medio de la rotación la suerte se iguala y por decirlo así en cierto modo se difumina, pues nadie queda en principio excluido.

Estos procedimientos de sorteo o rotación son válidos si se dan entre personas que son básicamente iguales en el aspecto que se considera relevante. En la lotería dicho aspecto relevante viene definido por los boletos: todos los boletos tienen el mismo valor y la misma probabilidad de ganar premios. Se trata de una igualdad numérica, aritmética, de modo que las diferencias personales de los sujetos que juegan no presentan modificación alguna de las oportunidades de ganar. Todo depende de la suerte, y el procedimiento iguala los boletos. Que un jugador tenga mayores oportunidades que otro para ganar, dependerá exclusivamente de que adquiera más boletos. Pero esta es una cuestión que en sí misma es extra-lúdica.

Lo mismo sucede con la rotación. La igualdad requiere que se rote entre personas que sean iguales en el aspecto relevante. Por ello, el problema se traslada aquí a la tarea de determinar cuál sea dicho aspecto. Por ejemplo, en una facultad universitaria puede establecerse que el aspecto relevante para ser decano sea el que las personas que hayan de rotar sean catedráticos. Pero también puede establecerse un criterio que incluya a los adjuntos; otro que incluya a todos los profesores, también a los ayudante; e incluso puede discutirse si incluir a los estudiantes y al personal administrativo y laboral. El procedimiento de rotación por sí solo no puede especificar dicho criterio, sino que le tiene que ser dado por una decisión "extrasistémica". Una vez determinado dicho criterio, habrá que decidir asimismo cuál va a ser el criterio que presida el orden de la rotación (antigüedad, orden alfabético, sorteo, etc.). El primero de los criterios determina el grupo de personas que serán objeto del procedimiento de rotación, mientras que el segundo criterio especifica un aspecto procedimental de la rotación misma.

## – VIII –

Antes he dicho que en el ajedrez la suerte no tiene un papel dentro del juego, aunque pueda tenerla en relación con las circunstancias personales de los jugadores. Si un jugador tiene una preocupación grave, por ejemplo, debido a que un familiar está gravemente enfermo o debido a que tiene un hijo rebelde que le da muchos quebraderos de cabeza, seguramente dirá que tiene mala suerte porque justamente en ese día que le embarga la preocupación tiene que enfrentarse a un rival difícil en una competición muy reñida. Ahora bien, dejando al lado esas circunstancias externas que pueden afectar a la concentración de los jugadores, si se considera únicamente los caracteres del juego del ajedrez, no será posible aplicar la palabra suerte entre jugadores acostumbrados a jugar a ese juego. Sí es posible su aplicación entre jugadores escasamente entrenados, que mueven las fichas un poco al buen tuntún, sin tener una estrategia estudiada, Para los auténticos jugadores de ajedrez éste excluye la suerte. Quien gana la partida es que ha jugado mejor. Quien gana varias partidas seguidas es que, obviamente, es mejor jugador que el que las pierde. En el ajedrez las reglas establecen los elementos espacio-temporales, las competencias y los procedimientos para jugar, así como los procedimientos para "comer" y los requisitos del triunfo o de las tablas. Este juego está compuesto por reglas indirectas de la acción y por reglas directas pero únicamente de naturaleza procedimental. Los deberes propiamente no existen, como no sea el de no meter ruido o no molestar al contrario de cualquier otra forma. En el juego del ajedrez, en sí mismo considerado, no hay deberes propiamente dichos. Por esa razón no puede decirse que en él se dé el "juego sucio", ni tampoco correspondientemente el "juego limpio".

No sucede lo mismo en los juegos en los que las personas se encuentran en el terreno de juego. A diferencia del ajedrez, en que los jugadores están fuera del tablero y mueven las fichas sobre él, en el fútbol y en general en los juegos deportivos de competición los jugadores sólo pueden jugar en el terreno de juego de una forma conviviente. Luchan unos con otros para obtener el éxito y lo hacen en una contigüidad física que permite la colisión corporal, intencional o no. Eso sucede en el fútbol, en el baloncesto, en el rugby, etc. En otros juegos deportivos, por el contrario, eso no sucede al estar los equipos separados, cada uno en su zona de campo; así, por ejemplo, en el tenis o en el balón-mano. En estos últimos la colisión corporal con motivo del juego es prácticamente imposible. Si sucede, será *con ocasión* del juego pero no dentro de la acción misma de juego. En ese aspecto se parecen al ajedrez. Me interesa centrarme sobre todo en los otros juegos, aquellos en los que los jugadores realizan su acción mezclados en el terreno de juego por lo que es posible el contacto físico y por tanto la agresión, como pasa en el fútbol.

En el fútbol se da el juego limpio y el juego sucio. ¿Por qué? Por la proximidad física de los jugadores que desarrollan su actividad en el mismo terreno de juego y acuden presurosos a por el balón para hacerse con él. Esto ocasiona choques, a veces inevitables. Pero otras veces intencionados. La zancadilla y las diversas formas de obstaculizar al contrario (hacer la cama, carga antirreglamentaria, etc.), además de la agresión directa más potente (codazo, puñetazo, y las demás formas de juego peligroso) son otras tantas formas de juego sucio. El juego sucio está prohibido y sancionado, y la prohibición se expresa mediante reglas deónticas, es decir, reglas que establecen los deberes de conducta deportiva. Estas reglas que establecen los deberes de jugar limpiamente están presididas por un valor: la deportividad, o sea, el respeto a la acción del contrario y a su integridad física. Hay asimismo otros deberes en el fútbol que no tienen que ver con la agresividad, pero sí con la deportividad. Así, se tiene el deber de no dejarse caer simulando una falta inexistente, el deber de no perder el tiempo cuando el resultado nos es favorable, el deber de no hacer gestos despectivos o decir palabras inapropiadas, etc. Todos estos deberes son manifestación del valor de la deportividad, la cual a su vez es el reflejo de la lealtad a las reglas del juego y al espíritu general que ha de presidir la acción de los jugadores en un juego deportivo de competición.

Donde hay una competición hay también competencia; pero también puede haber competencia allí donde no hay una competición. Ésta implica comúnmente una serie de actos, mientras que la mera competencia puede darse en una partida. La competencia se da en muchos juegos y también se da en la vida. Los equipos de fútbol compiten entre sí para conquistar el trofeo de la liga nacional, o la copa del Rey. Los ajedrecistas participan en competiciones sumamente intensas y apasionantes. Cuando jugamos al parchís en casa deseamos ganar a los compañeros de juego. Dos personas desean el mismo puesto de trabajo. Varias empresas se disputan el mercado. Varios profesores concursan para una plaza en la Universidad. Cuando hay competencia ¿bastan la regla de libertad de entrar en el juego y la de lealtad a las normas del juego o es preciso algo más?

Si hemos de competir, es más que razonable que lo hagamos en igualdad de condiciones y que, además, quienes hayan de decidir en caso de perplejidad, duda o conflicto, sean imparciales. Aquí nos hallamos entonces ante dos principios básicos que se añaden al de libertad y al de lealtad. Se trata del principio de igualdad y del de imparcialidad.

Para que las reglas de un juego merezcan el calificativo de justas han de garantizar la igualdad formal de los jugadores. En el ajedrez esa igualdad se manifiesta en que los dos jugadores disponen de idéntico equipo de fichas y que sus jugadas se van alternando a lo largo del juego. No habría igualdad formal si un jugador dispusiera de más fichas que otro, o si pudiera mover más veces. En el fútbol la igualdad formal se manifiesta en el número igual de jugadores por ambas partes, reglamentariamente once contra once. Etc.

Ahora bien, hay que preguntarse ¿realmente las reglas de los juegos se han de limitar exclusivamente a establecer y garantizar una igualdad meramente formal? ¿No sucede que de hecho hay muchos juegos que se guían asimismo por la igualdad material, al menos en determinados aspectos? No puede dudarse que existen juegos que única y exclusivamente contemplan la igualdad formal, como sucede en los de mero azar. En la lotería es indiferente que los jugadores sean fuertes o débiles, hombres o mujeres o niños, inteligentes o no, sabios o necios, de derechas o de izquierdas. La suerte en efecto iguala a todo el mundo, las personas son medidas por un mismo rasero. En este sentido la suerte se parece a la muerte.

Pero la mayor parte de los juegos tienen en consideración aspectos materiales a la hora de medir la igualdad, esto es, características de los jugadores y otras circunstancias. Así, por ejemplo, no es aceptable que en el ajedrez haya competiciones entre superdotados y personas de escaso nivel de inteligencia; ni que haya partidos de fútbol entre personas físicamente enteras y discapacitados. Se trata de personas en todos los casos, pero sus condiciones concretas alteran de manera notoria la igualdad. Así, puede decirse que los juegos garantizar la igualdad formal y desechan las desigualdades materiales graves. No así las desigualdades materiales menores, pues de otro modo sería imposible todo juego, ya que las personas son diferentes entre sí e incluso una misma persona atraviesa constantemente por fases que la hacen distinta para el juego en cuestión.

En el Estado social de derecho se ha seguido la misma pauta: no se eliminan las desigualdades materiales menores aunque sí las mayores. La igualdad absoluta en todos los aspectos de la vida de las personas es imposible.

Por último, para que el juego pueda ser calificado como justo en cuanto se pone en práctica, esto es, en la acción de juego, es preciso que los árbitros sean imparciales. El árbitro tiene la función de dirigir el juego para que en él los jugadores respeten escrupulosamente las reglas. Esto se concreta en cada juego de manera diferente en cuanto a las competencias que se atribuyen a los árbitros. Incluso éstos pueden ser sustituidos por los mismos jugadores siempre y cuando se pongan de acuerdo para dirigir por consenso el juego. En cualquier caso, el árbitro ha de ser imparcial, o sea, no ha de inclinarse a favorecer a ninguna de las partes en el juego. La imparcialidad es una garantía de la igualdad que se caracteriza porque hace protagonista a los sujetos que deciden, y no a los jugadores. Las decisiones que dirigen y sancionan el juego garantizan, cuando hay imparcialidad, que el juego sea limpio, que no haya trampas y que se cumplan las reglas. Cabe el error, como en todo lo humano, pero el error podrá subsanarse cuando hay una instancia superior a la que acudir. No es preciso subrayar que en el derecho la imparcialidad de los órganos de decisión constituye un pilar básico para poder calificar a un sistema jurídico como justo.

Como una manifestación del "juego limpio", en el derecho moderno se regula la competencia entre las empresas. En primer lugar, con la finalidad de que la competencia exista realmente, ya que se la considera un bien social (la competencia hace que bajen los precios y aumente la calidad de los productos). Y en segundo lugar, con la finalidad de que sea una competencia leal. Sin embargo, hay aspectos de la vida social que no conocen, al menos de un modo directo, una regulación similar. Por ejemplo, la competencia en el ámbito profesional. En este ámbito inciden normas de derecho laboral, administrativo e incluso penal (p.ej. en relación al *mobing*), pero no hay una regulación específica.

****

En estas breves reflexiones no he pretendido otra cosa que presentar muy por encima algunas líneas de un asunto que debe ser tratado más en profundidad para construir una teoría de la justicia. Por supuesto, el derecho no es un juego, y su grado de complejidad es incomparablemente mayor que el de los juegos, por lo menos de los que yo conozco. Pero tomar como punto de partida del análisis filosófico lo que nos es más cercano y simple, es un buen comienzo para recorrer un camino enrevesado y lleno de obstáculos. En este sentido, no tiene por qué haber inconveniente para que una teoría de la justicia en la sociedad humana comience por la idea de justicia en la sociedad más elemental, el juego.

CADERNOS DE DIREITO TRIBUTÁRIO

# O PREÂMBULO E A PRESCRITIVIDADE CONSTITUTIVA DOS TEXTOS JURÍDICOS

Paulo de Barros Carvalho
Professor Titular de Direito Tributário da PUC/SP e da USP

*1. Filosofia "do" Direito e Filosofia "no" Direito. 2. Interpretação e semiótica do direito: texto e contexto. 3. Construção de sentido e interpretação do direito. 4. O direito como linguagem empregada na função pragmática de regular condutas. 5. A prescritividade do direito no Preâmbulo da Constituição. 6. O perfil do preâmbulo no direito positivo brasileiro. 7. Retórica e Preâmbulo. 8. Preâmbulo, ementa e exposição de motivos. 9. Súmula dominante e Súmula vinculante. 10. O preâmbulo como feixe de marcas da enunciação, meio eficaz de acesso ao quadro axiológico que presidiu a edição do Texto Constitucional. 11. Comandos de sobrenível – Prescrições sobre prescrições.*

## *1. Filosofia "do" Direito e Filosofia "no" Direito*

Parece-me útil distinguir "Filosofia do Direito" de "Filosofia no Direito", como tem feito Tércio Sampaio Ferraz Júnior. A primeira locução, utilizada para significar o conjunto de reflexões acerca do jurídico, corpo de ponderações de quem olha, de cima e por fora, textos de direito positivo historicamente dados, compondo proposições crítico-avaliativas. A segunda, como o emprego de categorias que se prestam às meditações filosóficas, todavia inseridas *nos* textos da Dogmática, isto é, vindas por dentro, penetrando as construções mesmas da Ciência. São enunciados extrajurídicos, não necessariamente filosóficos, lingüísticos ou não, mas que potencializam o trabalho do cientista do direito em sentido estrito, na medida em que são introduzidos no discurso para aumentar sua capacidade cognoscente, ao provocar novos meios de aproximação com o objeto que se pretende conhecer.

Não há nessa nota qualquer espírito emulativo, para apontar esta ou aquela proposta metodológica como a melhor: podem conviver, ambas, harmonicamente, outorgando maior rendimento ao trabalho expositivo.

O exemplo sempre foi expediente fundamental para iluminar o conhecimento. Nesse sentido, o estudo das "fontes do direito" ficou engrandecido com as categorias lingüísticas de *enunciação, enunciação-enunciada, enunciado e enunciado-enunciado*. Da mesma forma, os elementos pragmáticos *relato* e *cometimento*, empregados para a especulação teórica sobre a norma jurídica, fortaleceram a mensagem cognoscitiva, propiciando condições mais cômodas para a compreensão das unidades normativas.

Construções desse tipo estimulam o emprego da "Filosofia no Direito", tendo em vista expandir o conhecimento e dar mais consistência ao saber jurídico.

## 2. *Interpretação e semiótica do direito: texto e contexto*

Tendo o signo *status* lógico de relação que se estabelece entre o suporte físico, a significação e o significado, para utilizar a terminologia adotada por E. Husserl, pode dizer-se que toda linguagem, como conjunto sígnico que é, também oferece esses três ângulos de análise, ou seja, compõe-se de um substrato material, de natureza física, que lhe sirva de suporte, uma dimensão ideal na representação que se forma na mente dos falantes (plano de significação) e o campo dos significados, vale dizer, dos objetos referidos pelos signos e com os quais eles mantêm relação semântica. Nessa conformação, o texto (tomado aqui em sentido estrito) ocupa o tópico de suporte físico, base material para produzir a representação na consciência do homem (significação) e, também, termo da relação semântica com os objetos significados. O texto é o ponto de partida para a formação das significações e, ao mesmo tempo, para a referência aos entes significados, perfazendo aquela estrutura triádica ou trilateral que é própria das unidades sígnicas. Nele, texto, as manifestações subjetivas ganham objetividade, tornando-se intersubjetivas. Em qualquer sistema de signos, o esforço de decodificação tomará por base o texto e o desenvolvimento hermenêutico fixará nessa instância material todo o apoio de suas construções.

Na linguagem escrita, ainda que as palavras possam ser decompostas em *semas* e *sememas*, continuam sendo as unidades significativas e se dispõem em seqüências que formam as associações sintagmáticas (sintagmas verbais e nominais). As associações paradigmáticas, fluindo num eixo de estruturas ausentes, já pertencem ao domínio do contexto porque não têm natureza material. Surge logo uma distinção que há de ser feita: texto no sentido estrito e texto em acepção ampla. *Stricto sensu*, o texto se restringe ao plano dos enunciados enquanto suporte de significação, de caráter eminentemente físico, expresso na seqüência material do eixo sintagmático. Mas não há texto sem contexto, pois a compreensão da mensagem pressupõe necessariamente uma série de associações que poderíamos referir como idiomáticas e extra-idiomáticas. Neste sentido, aliás, a implicitude é constitutiva do próprio texto. Haverá, portanto, um contexto de linguagem envolvendo imediatamente o texto, como as associações do eixo paradigmático, e outro, de índole não idiomáticas, contornando os dois primeiros. Desse modo, podemos mencionar o texto segundo um ponto de vista interno, elegendo como foco temático a organização que faz dele uma totalidade de sentido – operando como objeto de significação no fato comunicacional que se dá entre emissor e receptor da mensagem – e outro corte metodológico que centraliza suas atenções no texto enquanto instrumento da comunicação entre dois sujeitos, tomado agora como objeto cultural e, por conseguinte, inserido no processo histórico-social, onde atuam determinadas formações ideológicas. Fala-se, portanto, numa análise interna, recaindo sobre os procedimentos e mecanismos que armam sua estrutura, e numa análise externa, envolvendo a circunstância histórica e sociológica em que o texto foi produzido.

Ora, se fixarmos o texto na sua dimensão estritamente material – que é, aliás, a acepção básica, como aquilo que foi tecido, circunscrevendo nosso interesse ao conjunto dos produtos dos atos de enunciação, o que importa ingressar na esquematização estrutural em que se manifesta –, poderemos compreender a razão pela qual os enunciados lingüísticos não contêm, em si mesmos, significações. São objetos percebidos pelos nossos órgãos sensoriais que, a partir de tais percepções ensejam, intrasubjetivamente, as correspondentes significações. *São estímulos que desencadeiam em nós produções de sentido.* Vê-se, desde agora, que não é correta a proposição segundo a qual, dos enunciados prescritivos do direito posto, extraímos o conteúdo, o sentido e o alcance dos comandos jurídicos. Impossível seria retirar conteúdos de significação de entidades meramente físicas. De tais enunciados *partimos*, isto sim, para a *construção* das significações, dos sentidos, no processo conhecido como "interpretação".

Observando esse mesmo rigor, adverte Umberto Eco:[1] "É mister, porém, estabelecermos aqui uma diferença entre a mensagem como forma significante e a mensagem como sistema de significados. A mensagem como forma significante é a configuração gráfica ou acústica 'I vitelli dei romani sono belli', que pode subsistir mesmo se não for recebida, ou se for recebida por um japonês que não conheça o código da língua italiana. Ao contrário, a mensagem como sistema de significados é a forma significante que o destinatário, baseado em códigos determinados, preenche de sentido".

Para os efeitos que pretendemos, importa discernir o texto, enquanto instância material, expresso em marcas de tinta sobre o papel ou mediante sons (fonemas), com sua natureza eminentemente física, do plano do conteúdo, do contexto, seja o idiomático, seja o contexto extra-idiomático.

### *3. Construção de sentido e interpretação do direito*

Dentre os muitos traços que lhe são peculiares, o direito oferece o dado da linguagem como seu integrante constitutivo. A linguagem não só fala do objeto (Ciência do Direito) como participa de sua constituição (direito positivo). Se é verdade que não há fenômeno jurídico sem prescrições escritas ou não escritas, também é certo que não podemos cogitar de manifestação do direito sem linguagem, idiomática ou não, que lhe sirva de veículo de expressão.

Dessa maneira, o procedimento de quem se põe diante do direito com pretensões cognoscitivas há de ser orientado pela compreensão desses textos prescritivos. A partir do (*i*) contato com a literalidade textual, vale dizer, com o plano dos significantes ou com o chamado plano da expressão, ali onde estão as estruturas morfológicas e gramaticais, (*ii*) o intérprete constrói os conteúdos significativos e (*iii*) ordena-os na forma estrutural de normas jurídicas, articulando essas entidades para formar um (*iv*) domínio, cujos vínculos de coordenação e de subordinação aparecem no momento mesmo da organização dessas regras de direito como sistema. Se retivermos a idéia de que o direito carrega sempre esses quatro planos: o das formulações literais, o de suas significações enquanto enunciados prescritivos e o das normas jurídicas, como unidades de sentido obtidas mediante o grupamento de significações que obedecem a determinado esquema formal (implicação), dentro de estrutura hierarquizada e coordenada segundo a lógica sistêmica do direito posto; e se pensarmos que todo nosso empenho se dirige para construir essas normas a partir de um estrato de linguagem, não será difícil verificar a gama imensa de obstáculos que se levantam no percurso gerativo de sentido ou, em termos mais simples, na trajetória da interpretação.

A tarefa do exegeta dos textos jurídico-positivos, ainda que possa parecer facilitada pela eventual coincidência da mensagem prescritiva com a seqüência das fórmulas gráficas utilizadas pelo legislador (no direito escrito), oferece ingentes dificuldades, se a proposta for a de um exame mais sério e atilado. E, sendo o direito um objeto da cultura, invariavelmente penetrado por valores, teremos, de um lado, as estimativas, sempre cambiantes em função da ideologia de quem interpreta; de ou-

1. *A Estrutura Ausente*, São Paulo, Perspectiva, 1976, p. 42.

tro, os intrincados problemas que cercam a metalinguagem, também inçada de dúvidas sintáticas e de problemas de ordem semântica e pragmática.

A lei, vista de certo ângulo, representa o texto, na sua dimensão de veículo de prescrições jurídicas. Constituição, emenda constitucional, lei complementar, lei ordinária, medida provisória, resoluções, decretos, sentenças, acórdãos, contratos, manifestações unilaterais de vontade e atos administrativos, enquanto suportes materiais de linguagem prescritiva, pertencem à plataforma da expressão dos textos imperativos e, como tais, são veículos introdutórios de normas jurídicas, constituindo a base empírica do conhecimento do direito posto.

Já a norma jurídica é juízo implicacional construído pelo intérprete em função da experiência no trato com esses suportes comunicacionais. Por isso, não há que confundir norma, como complexo de significações enunciativas, unificadas em forma lógica determinada (estrutura implicacional), com a expressão literal desses enunciados, ou mesmo os conteúdos de sentido que tais enunciados apresentem quando isoladamente considerados. O plano dos significantes (plano de expressão) é o veículo que manifesta, graficamente (no direito escrito), a mensagem expedida pelo autor. Na sua implexa totalidade, constitui o sistema morfológico e gramatical do direito posto, conjunto de frases prescritivas introduzidas por fatos jurídicos que a ordenação positiva para tanto credencia.

Com propósitos analíticos, entretanto, podemos isolar frase por frase, enunciado por enunciado, compondo um domínio de significações, antes de agrupar os conteúdos segundo fórmulas moleculares caracterizadas pelo conectivo implicacional. Nesse momento intermediário, estaremos diante daquilo que poderíamos chamar de sistema de significações proposicionais. Agora, num patamar mais elevado de elaboração, juntaremos significações, algumas no tópico de antecedente, outras no lugar sintático de conseqüente, tudo para constituir as entidades mínimas e irredutíveis (com o perdão do pleonasmo) de manifestação do deôntico, com sentido completo, uma vez que as frases prescritivas, insularmente tomadas, são também portadoras de sentido. Formaremos, desse modo, as unidades normativas, regras ou normas jurídicas que, articuladas em relações de coordenação e de subordinação, acabarão compondo a forma superior do sistema normativo.

Colho o ensejo para reiterar que os quatro sistemas a que me referi são constitutivos do texto, entendida a palavra na sua mais ampla dimensão semântica. Nunca é demais insistir que as divisões em subsistemas respondem a cortes metódicos que os objetivos da investigação analítica impõem ao espírito do pesquisador. Com efeito, a norma jurídica é uma estrutura categorial construída, epistemologicamente, pelo intérprete, a partir das significações que a leitura do texto do direito positivo desperta em seu espírito. É por isso que, quase sempre, não coincidem com os sentidos imediatos dos enunciados em que o legislador distribui a matéria no corpo físico da lei. Advém daí que, na maioria das vezes, a leitura de um único artigo seja insuficiente para a compreensão da regra jurídica. E quando isso acontece o exegeta se vê na contingência de consultar outros preceitos do mesmo diploma e até a sair dele, fazendo incursões pelo sistema.

### *4. O direito como linguagem empregada na função pragmática de regular condutas*

Sob certo aspecto, torna-se até confortável transitar pelo texto do direito, dado que os enunciados prescritivos – suas unidades – encontram-se soltos, derramados por todo o conjunto, nas mais variadas estruturas frásicas. A forma da linguagem, o texto em sentido estrito, ainda que importante, não será decisiva, principalmente no tema que nos toca no presente estudo

– o Preâmbulo da Carta Maior – porque o predomínio é da função em que esta linguagem é tomada e, para o subsistema do direito positivo, estará sempre voltada para a regulação das condutas intersubjetivas. A prescritividade do ordenamento jurídico reside no modo como tal linguagem é empregada, a despeito da composição sintático-gramatical que presidir seu revestimento. Os enunciados do direito positivo não são expressões de atos de objetivação cognoscente. Não pretendem reproduzir o real-social, descrevendo-lhe os aspectos. Longe disso, o vetor semântico que os liga ao "mundo da vida" contém, invariavelmente, um *dever-ser*, assim no estado neutro, sem modalização, ou operando por intermédio dos functores *obrigatório*, *proibido* ou *permitido*, com o que se exaure o campo material das possíveis condutas interpessoais.

O dever-ser, freqüentemente, comparece disfarçado na forma apofântica, como se o legislador estivesse singelamente descrevendo situações da vida social ou eventos da natureza, a ela relacionados: a existência da pessoa natural termina com a morte... (art. 6º do CC/2002). A capacidade tributária passiva independe: I – da capacidade civil das pessoas naturais... (art. 126 do CTN). Em outros momentos, porém, os modalizadores deônticos vêm à tona, expressando-se, ostensivamente, na linguagem do direito posto, com o que denunciam, de forma evidente, sua função prescritiva: O tutor, antes de assumir a tutela, "é obrigado" a especializar, em hipoteca legal, que será inscrita, os imóveis necessários, para acautelar, sob a sua administração, os bens do menor (art. 1.745 do CC/2002). O contribuinte do ITR entregará "obrigatoriamente" em cada ano, o Documento de Informação e Apuração do ITR-DIAT, correspondente a cada imóvel, observadas datas e condições fixadas pela Secretaria da Receita Federal (art. 8º da Lei n. 9.393, de 19.12.1996).

Enquanto se movimenta entre os enunciados, para compreendê-los na sua individualidade, o intérprete dos textos jurídicos deve saber que manipula frases prescritivas, orientadas para o setor dos comportamentos estabelecidos entre sujeitos de direito. É preciso, contudo, considerá-las na forma em que se apresentam, para que seja possível, posteriormente, congregá-las e convertê-las em unidades normativas, em que o sentido completo da mensagem deôntica venha a aparecer com toda a força de sua juridicidade. E esse "considerá-las na forma em que se apresentam" implica, muitas vezes, a utilização da Lógica Apofântica, com o modelo clássico "S é P". Nesse intervalo, a tomada de consciência sobre a prescritividade é importante, mas o exegeta não deve se preocupar, ainda, com os cânones da Lógica Deôntico-jurídica, porque o momento da pesquisa requer, tão-somente, a compreensão isolada de enunciados que, quase sempre, se oferecem em arranjos de forma alética.

### *5. A prescritividade do direito no Preâmbulo da Constituição*

Situação que salta aos olhos no tocante à prescritividade do direito está justamente na figura do preâmbulo. Percebo que, embora revista caracteres próprios, sua existência está intimamente envolvida na totalidade do sistema jurídico-normativo, portando, desta maneira, idêntico teor prescritivo ao das estruturas deônticas inseridas mediante artigos, parágrafos, incisos e alíneas, distribuídas na extensão do diploma. Assim, ao enunciar:

> Nós, representantes do povo brasileiro, reunidos em Assembléia Nacional Constituinte para instituir um Estado Democrático, destinado a assegurar o exercício dos direitos sociais e individuais, a liberdade, a segurança, o bem-estar, o desenvolvimento, a igualdade e a justiça como valores supremos de uma sociedade fraterna, pluralista e sem preconceitos, fundada na harmonia social e comprometida, na ordem interna e internacional, com a solução pacífica das controvérsias, promulgamos, sob a proteção

de Deus, a seguinte CONSTITUIÇÃO DA REPÚBLICA FEDERATIVA DO BRASIL,

o constituinte insere nos domínios do direito posto, proposições de ordem introdutória, expondo os motivos e anunciando, em tom prescritivo, o quadro sobre o qual deve o exegeta manter sua interpretação da mensagem constitucional.

Este, contudo, não tem sido o entendimento da Suprema Corte. Acolhendo a tese da *irrelevância jurídica do preâmbulo*, afirmou o Eminente Min. Carlos Velloso ser o referido texto enunciado estranho ao território jurídico, isto é, *não se situa no âmbito do Direito, mas no domínio da política, refletindo posição ideológica do constituinte.*[2] E, em abono desse matiz, concluiu: *Não contém o preâmbulo, portanto, relevância jurídica.*[3]

Ora, em posição que se opõe pelo vértice, com o respeito e a admiração que o ilustre magistrado sem dúvida alguma merece, creio que suas asserções não devam prevalecer com a força dogmática que delas se pretende extrair. No subdomínio das significações dos enunciados, cumprem as cláusulas do preâmbulo papel prescritivo da mais elevada importância, impregnando, em função de sua hierarquia e pelo próprio efeito da derivação lógica que desencadeiam, todas as unidades normativas do direito infraconstitucional. É o que se vê no caso da "segurança", do "bem-estar", do "desenvolvimento", anunciados no preâmbulo como valores supremos a serem perseguidos por uma sociedade que se apresenta por "fraterna, pluralista e sem preconceitos". Na amplitude dessa providência, vários são os enunciados de forte carga axiológica aduzidos no Preâmbulo, todos eles partes constitutivas das formulações proposicionais disciplinadoras de condutas intersubjetivas, bastando lembrar que alguns desses magnos princípios, manipulados pelos juristas, pertencem à subclasse dos implícitos, como os primados da justiça, da segurança jurídica e da certeza do direito, que não são retomados expressamente no texto da Constituição, mas que, é certo, hão de repercutir com intensidade controlada em todas as normas do ordenamento. Esclareço logo que tal implicitude diz respeito ao corpo articulado de preceitos, pois na declaração preambular encontram-se literalmente mencionados.

É intuitivo crer que a geração de sentido de uma oração prescritiva qualquer já pressupõe a atinência a esses enunciados que funcionam como se fora um *texto implícito*, ou melhor, um *contexto* a ser levado em conta no ato mesmo da atividade interpretativa das formulações legais. De fato, a circunstância de figurarem expressamente na organização do corpo textual, ou separadamente da distribuição em livros, seções, capítulos, artigos, parágrafos, incisos e alíneas, tal condição não modifica o *quantum* de prescritividade que o Preâmbulo ostenta, pois, de todo modo, funciona como vetor valorativo, penetrando as demais regras do sistema e impregnando-lhes, fortemente, em sua dimensão semântica. Por isso mesmo é colocado no altiplano da Constituição. De lá, no lugar preciso de onde começam todos os processos de positivação das normas jurídicas, irradiam-se aqueles primados para os vários escalões da ordem legislada, até atingir as regras terminais do sistema, timbrando os preceitos que ferem diretamente as condutas em interferência intersubjetiva, com a força axiológica dos mandamentos constitucionalmente consagrados.

## *6. O perfil do preâmbulo no direito positivo brasileiro*

A Lei Complementar n. 95, de 26 de fevereiro de 1998, dispõe sobre a elaboração, redação, alteração e consolidação das leis, conforme determina o parágrafo único do art. 59 da Constituição da República, e

2. STF, Tribunal Pleno, ADI 2.076-5-Acre, rel. Ministro Carlos Velloso (voto Ministro Carlos Velloso, p. 226).

3. Idem, ibidem.

estabelece normas para a consolidação dos atos normativos que menciona. E, logo no art. 3º, alude, impositivamente, às três partes básicas que compõem o estatuto:

> I – parte preliminar, compreendendo a epígrafe, a ementa, o preâmbulo, o enunciado do objeto e a indicação do âmbito de aplicação das disposições normativas;
>
> II – parte normativa, compreendendo o texto das normas de conteúdo substantivo relacionadas com a matéria regulada;
>
> III – parte final, compreendendo as disposições pertinentes às medidas necessárias à implementação das normas de conteúdo substantivo, às disposições transitórias, se for o caso, a cláusula de vigência e a cláusula de revogação, quando couber.

Quer isso expressar que a lei tem de conter essas três porções de linguagem, todas elas integrantes da compostura do enunciado posto pelo legislador. Tais menções distam de ser peças optativas ou ornamentais que o autor do documento escolha segundo as inclinações de sua vontade ou ao interesse de simplificar o esquema textual. Não. A referida Lei é bem clara ao estabelecer conteúdo prescritivo a cada um daqueles incisos, deixando patente o *animus* imperativo das providências. E pouco importa lembrar que o legislador somente utilizou a palavra *normativa* na segunda parte. Ressalta à mais pura obviedade que tanto o inciso I, quanto o III assumem caráter indissociável do II, formando um bloco de intenso e forte calibre deôntico. Ora se Preâmbulo é parte da lei, aplicando-se com toda a força, como ficou sobejamente demonstrado na citação do art. 3º da Lei Complementar n. 95, encaixa-se com muita propriedade o que sobre a Constituição disse Ruy Barbosa:

"Não há, numa Constituição, cláusulas a que se deve atribuir meramente o valor material de conselhos, avisos ou lições. Todas têm a força imperativa de regras, ditadas pela soberania nacional ou popular aos seus órgãos. Muitas, porém, não revestem dos meios de ação essenciais ao seu exercício os direitos, que outorgam, ou os encargos, que impõem: estabelecem competências, atribuições, poderes, cujo uso tem de aguardar que a legislatura, segundo o seu critério, os habilite a se exercerem."[4]

## 7. *Retórica e Preâmbulo*

Outro argumento evocado por aqueles que desconsideram o preâmbulo como base constitutiva de direitos e deveres está no entendê-lo como *texto meramente retórico*, constituindo-se de enunciados que colaboram no convencimento, na persuasão dos jurisdicionados do texto da Constituição da República, sem contudo integrá-lo.

Acontece que o caráter retórico, como aspecto pragmático da linguagem, é indissociável de toda comunicação que se pretenda, de algum modo, persuasiva, não incorrendo, com esta afirmativa, no mau vezo de atribuir somente a ela o dado registro. Sim, porque toda a função lingüística exige o timbre retórico, sem o qual a mensagem não se transmite do enunciador ao enunciatário. Enganam-se aqueles que admitem a retórica apenas como expediente da função persuasiva, estruturada para facilitar o convencimento de quem recebe o impacto da enunciação. Inexiste a "não-retórica", de tal sorte que a contra-retórica é retórica também. Resta saber qual a intensidade e os limites de sua utilização nos diversos tipos de linguagem.

Em comentários ligeiros, os recursos a serem utilizados pelo cientista, em todo trabalho exegético de descrição, variam segundo a região ôntica do objeto a ser conhecido. Há um tipo de veemência recomendado para a região dos entes físico-naturais; outro para a dos ideais e ainda outro para a dos culturais, levando-se em conta, neste setor, a multiplicidade imensa das manifestações objetais. Tudo para

4. Ruy Barbosa, *Comentários à Constituição Federal Brasileiro*, São Paulo, Saraiva, p. 489.

advertir, de maneira incisiva, que não é qualquer torneio retórico que convém ao discurso da Ciência do Direito ou mesmo daquel'outros produzidos com o objetivo de convencer a autoridade competente ou o juiz de direito nos respectivos autos. Por outro lado, é impossível estipular o espaço de variação da possibilidade retórica no recinto do jurídico, mesmo porque um é o do direito posto, outro o da dogmática. Simplesmente isso. Caberá à intuição, tomada aqui como órgão, aliás o mais poderoso instrumento cognoscitivo, a chamada "ciência direta", sugerir os critérios de avaliação do *quantum* de argumentação retórica que deve ser empregada na construção do discurso científico, evitando, por todo o modo, a logomaquia e tantas extravagâncias que rondam e ameaçam a pena de quem escreve.

Com estas modulações, pretendo deixar claro que a lógica da linguagem persuasiva ou da linguagem que prepara a decisão é a lógica da argumentação, isto é, uma lógica da interpretação para decidir ou lógica dialógica orientada para a decisão. Sobre a Teoria da Argumentação, Tércio Sampaio Ferraz Jr.[5] tece importantes considerações que merecem detida reflexão. Assinalando que a lógica retórica se ocupa da argumentação como tipo específico de raciocínio, correspondendo a procedimentos quase lógicos, que não obedecem ao rigor exigido pelos sistemas formais, passa a estudar, um a um, os mais conhecidos modelos de procedimento, no âmbito da argumentação jurídica, sem intuito classificatório.

Revela-se de forma clara que a estrutura sintática da linguagem jurídica, num processo de decisão judicial ou administrativa, subordina-se a valores lógicos outros que não os do discurso descritivo (verdadeiro/falso) ou prescritivo (válido/não-válido) ou ainda o da linguagem das perguntas (pertinentes/impertinentes). Os sujeitos participantes desenvolvem seus esforços no sentido de obter um fim determinado: o convencimento de quem tem o poder de decidir. E no próprio ato decisório, estará a justificativa, pela argumentação, em termos de mostrar que assim o decidiu, isto é, positivou a regra, para atender a princípios de justiça, de coerência, de segurança, de respeito à ordem jurídica vigente, entre tantos outros que poderiam ser aqui enunciados.

5. Tércio Sampaio Ferraz Júnior, *Introdução ao Estudo de Direito: Técnica, Decisão, Dominação*, 3ª ed., São Paulo, Atlas, 2001, pp. 330-331.

## *8. Preâmbulo, ementa e exposição de motivos*

Preâmbulo, ementa e exposição de motivos cumprem, de certo modo, o mesmo objetivo: fixam dêiticos de conteúdo que identificam aspectos relevantes da substância discursiva. Assumem o papel de *enunciação enunciada* e permitem o ingresso do receptor da mensagem no teor do que nela foi transmitido. As figuras são muito próximas, consubstanciando algo relevante a respeito da matéria objeto do ato de vontade do legislador, seja ele Poder Legislativo (lei), Poder Judiciário (sentença ou acórdão), Poder executivo (decreto) ou Setor Privado (contrato). A diferença fica por conta do critério mais acentuadamente axiológico do preâmbulo, em face do caráter sumular, compendial da ementa e da inclinação preponderantemente histórica e explicativa da exposição de motivos. O tom prescritivo, todavia, está igualmente presente nas três figuras, porquanto quem legisla não está credenciado a manifestar-se de outra maneira que não seja a ordenadora de condutas. Ainda que o autor empregue meios sintáticos que sugiram a forma de relato descritivo, como é comum, sua função é, fundamentalmente, disciplinadora de comportamentos intersubjetivos. Direi que o preâmbulo tende mais para o lado dos valores que a mensagem normativa pretende implantar, ressaltada por isso mesmo sua tonalidade retórica; ao passo que a ementa visa, antes de tudo, a resumir o produto legislado, extratando-o, reduzindo-o à sua expressão mais simples. Já a exposição de motivos costuma dar ênfase ao clima histórico-institucional em que o diploma foi produzido, discutindo, muitas vezes, as teses em confronto na circunstância da elaboração, para justificar (dar os motivos) a eleição de determinada tendência dogmática. Sua extensão é maior do que as das duas primeiras categorias, funcionando também como introdução no espírito do tema sobre o qual dispõe o estatuto. A exposição de motivos, constando da enunciação-enunciada, manifesta-se mais próxima ao processo de enunciação do "ato de fala" jurídico, enquanto o preâmbulo e a ementa nos remetem à enunciação-enunciada, porém mais inclinadas ao enunciado do que, propriamente, ao processo de enunciação.

Vale acrescentar que o descompasso entre a ementa e o conteúdo do documento normativo dá ensejo a embargos de declaração, mais um argumento que reafirma a índole de sua prescritividade.

### *9. Súmula dominante e Súmula vinculante*

Se preâmbulo, ementa e exposição de motivos são momentos interiores ao estatuto normativo, a Súmula é algo a ele externo. No subsolo do direito posto, seguindo a linha de pensamento de que a realidade jurídica é composta só e somente só de normas, isto é, constitui-se, por essência, de linguagem prescritiva de condutas, vamos encontrar a Súmula da jurisprudência dominante apresentando-se aos olhos do sistema positivo como veículo de autonomia apenas formal, porquanto seu conteúdo revela mecanismo de caráter unificador e sistematizante das unidades que já compõem o ordenamento. Não põe direito novo, como as sentenças e os acórdãos. Seu caráter é sistematizador daquilo que já existe. Porém, não é possível, mesmo assim, deixar de reconhecer-lhe natureza prescritiva, traço peculiar da linguagem empregada na função de comando, como certamente é o *modus* próprio do jurídico. Trata-se de providência que seleciona, que organiza, outorgando foros de uniformidade aos julgados sobre certas matérias, ao mesmo tempo em que aponta, com firmeza e determinação, a direção da conduta, segundo o quadro das expectativas normativas do sistema. Ao tomar a iniciativa do procedimento sumular, o Tribunal exercita competência específica, como o faz com relação aos acórdãos e demais provimentos de seu domínio de atribuições constitucionais, promovendo o compêndio, o resumo, o extrato daquilo que já está no âmbito de uma classe de julgados.

Com efeito, pensemos que as manifestações que os Tribunais Superiores proferem em tom de Súmula tornam-se diretrizes decisórias para aquel'outros que lhes são hierarquicamente inferiores, ao mesmo tempo em que a sociedade as acolhe como expressão eloqüente do direito que há de ser cumprido no plano das relações intersubjetivas. Além disso, a construção dos conteúdos sumulares se faz gradativamente, pela reiteração de julgamentos acumulados nos horizontes da mais legítima experiência jurídica. É a consolidação do trabalho judicante, produzindo o direito vivo, testado e compassadamente aplicado na composição de litígios sobre certos e determinados objetos do comportamento social.

Sobre o papel da Súmula ordinária no direito brasileiro, instituída em 1963, ao tempo do Eminente Ministro Victor Nunes Leal, quando passou a constar do Regimento Interno do Supremo Tribunal Federal, nada melhor do que as palavras contidas em acórdão daquela Egrégia Corte, publicado no *DJ* de 24.5.2005, no AI-AgR 179.560-RJ, da 1ª turma, sendo relator o Ilustre Ministro Celso de Mello:

> *A Súmula da Jurisprudência Predominante do Supremo Tribunal*
>
> (...).
>
> A formulação sumular, que não se qualifica como pauta vinculante de julgamento, há de ser entendida, consideradas

as múltiplas funções que lhe são inerentes – função de estabilidade do sistema, função de segurança jurídica, função de orientação jurisprudencial, função de simplificação da atividade processual e função de previsibilidade decisória, *v.g.* (*RDA* 78/453-459, *RDA* 145/1-20), como resultado paradigmático a ser autonomamente observado, sem caráter impositivo, pelos magistrados e demais Tribunais judiciários nas decisões que venham a proferir.

Por outros torneios, eis o sentido do texto exarado pelo E. Supremo Tribunal Federal no fragmento trasladado para esta peça. E tudo quanto se disse a respeito daquela Elevada Corte se aplica às Súmulas de consolidação de jurisprudência do Superior Tribunal de Justiça que, na mesma proporção, persegue as funções de estabilidade do sistema, de segurança jurídica, de orientação jurisprudencial, de simplificação da atividade processual e de previsibilidade decisória, uma vez que na amplitude de sua missão constitucional está o dever de uniformizar a interpretação das leis federais. Apesar de sua vocação sintetizadora, vê-se que não há como equiparar a súmula à classe de que tratamos, vale dizer, dos preâmbulos, das ementas e das exposições de motivos.

O momento epistemológico pede ajeitar-se aqui também alguns comentários acerca da súmula vinculante. Do mesmo modo que a súmula dominante, a de caráter vinculante é também norma externa aos atos que a constituem, isto é, em termos formais, é veículo normativo autônomo às normas que a instituem (decisões e julgados do Tribunal Superior). Em planos materiais, contudo, seu conteúdo vincula-se àqueles, uma vez que a Súmula justamente os unifica e sistematiza para fins de composição do ordenamento. Também aqui, não põe direito novo, mas funciona como providência necessária na organização e celeridade dos julgados do Poder Judiciário.

Em comentários ligeiros, entende-se por súmula vinculante o nome dado a determinado procedimento normativo, que, seguindo a seqüência de atos exigida pelo art. 103-A da CF (incluído na Constituição da República pela EC n. 45/2004), traz como resultado norma produzida pelo STF com efeito vinculante. Veja redação do Texto Constitucional:

> O Supremo Tribunal Federal poderá, de ofício ou por provocação, mediante decisão de dois terços dos seus membros, após reiteradas decisões sobre matéria constitucional, aprovar súmula que, a partir de sua publicação na imprensa oficial, terá efeito vinculante em relação aos demais órgãos do Poder Judiciário e à administração pública direta e indireta, nas esferas federal, estadual e municipal, bem como proceder à sua revisão ou cancelamento, na forma estabelecida em lei.

A discussão, levantada pelo dispositivo, diz muito mais à qualidade vinculante do efeito do decisório do que do próprio procedimento em si, que se encontra prescrito com hialina clareza na Carta Magna. Posto isto, que é *efeito vinculante*? Qual a força de eficácia jurídica que se deve atribuir a esta expressão? Firmemos que a norma expedida pelo STF, para fins de uniformizar jurisprudência reiterada, em caráter vinculante, amarra, conforme texto constitucional, os *órgãos do Poder Judiciário e a administração pública direta e indireta, nas esferas federal, estadual e municipal*. Logo, uma vez expedida e publicada na imprensa oficial, a vigência da súmula é imediata e são obrigados (o) a respeitá-la, ao proferir suas próprias decisões, os juízes e tribunais, em sua totalidade, incluindo-se as Turmas do próprio STF, no plano do Poder Judiciário; e, no âmbito executivo, a administração pública, direta ou indireta, em suas esferas federal, estadual e municipal. Note-se que a CF/1988 nada diz quanto ao Poder legislativo, que, deste modo, encontra-se fora do campo de abrangência normativa e vinculante da Súmula.

Em resumo, à diferença dos procedimentos ordinários sumulares, a Súmula vinculante tem duas conseqüências no universo jurídico: (*i*) é imperativa, uma vez que o STF impõe, em planos semânticos, um sentido determinado a uma dada norma, sentido este que deve ser acolhido de forma obrigatória pelos sujeitos de direitos enunciados no art. 103-A; e (*ii*) é coercível, tendo em vista que a sua inobservância autoriza o jurisdicionado a ingressar com reclamação, no próprio STF, sem prejuízo de futuras e eventuais sanções que podem ser previstas em lei. Eis que a condição de ser vinculante comparece aqui como elemento interior a essas Súmulas, com o caráter de predicado interno (não vindo de fora). Trata-se daquilo que a distancia das chamadas Súmulas dominantes.

### *10. O preâmbulo como feixe de marcas da enunciação, meio eficaz de acesso ao quadro axiológico que presidiu a edição do Texto Constitucional*

Deixando de lado os argumentos trazidos pela teoria da irrelevância, mencionadas páginas atrás, quero insistir que o Preâmbulo constitucional é portador de carga prescritiva como qualquer outra porção do direito posto. Distingue-se, porém, pela hierarquia. É a palavra do legislador constituinte que remete à própria instância da enunciação do Texto Maior, anunciando valores que funcionam como verdadeiros dêiticos para localizar, no tempo e no espaço, o momento e o lugar cultural em que se implantou a Constituição de 1988.

Não sobeja lembrar, quanto ao âmbito de compreensão deste cenário exegético, aquelas palavras que empreguei no prefácio do sugestivo livro do Professor José Souto Maior Borges, *Ciência Feliz*, onde lembrei que as construções do espírito permitem à criatura humana não simplesmente *existir*, que é manter-se dentro dos limites físicos da natureza, sendo abrangido pelo espaço, mas, sobretudo, *viver*, que é abranger o tempo, rompendo com aquilo que nos parece ser a ordem natural das coisas, para expandir-se livremente no infinito, onde podem fluir todos os sonhos e são acolhidas as nossas aspirações e devaneios.

Efetivamente, o homem vai além do universo físico; transcende sua própria existência para alcançar o impossível, o inefável. Encontra-se sempre em eterna busca: a procura de algo que o ultrapassa. Neste sentido, o que o homem tem de material, como ser vivente, é-lhe muito pouco. Oferece apenas o apoio físico indispensável para as aventuras do espírito.

Basta examinar uma obra de arte qualquer: seu valor estético não descansa na base empírica que recebe o impacto do desenho e das tintas que lhe são aplicadas, mas no desempenho do artista que, na genialidade de seus traços e na combinação inusitada das cores, deixa marcas no objeto. São as marcas da enunciação no enunciado, como índices da criação artística e modo de objetivação do belo. Vêem-se, neste exemplo, os transportes do espírito humano sobrepujando as limitações da materialidade da vida, naquela síntese do ser com o dever ser, presente em toda composição do objeto da cultura.

Quero lembrar, também, que tais objetos acontecem no curso da história, arrastando consigo os dados que o passado vai acumulando. Lourival Vilanova, a propósito, refletindo sobre a porção de historicidade que os acontecimentos sociais carregam, declara com linguagem penetrante e expressiva: "Os entes históricos são assim: num ponto do tempo, repousam todos os pontos antecedentes, que se fazem presentes sem perderem seu modo de ser pretéritos. Confluem todos para o presente, que se converte em ponto de intersecção do que já se foi com o que está por vir. Com isso, o tecido histórico vai se constituindo ponto por ponto, tornando-se cada vez mais espesso, mais resistente, mais denso".

Transmitindo essas meditações para o quadro das unidades textuais, da mesma forma que uma obra de arte, todo texto – componente do universo físico que é – transcende sua própria existência, permitindo ao intérprete alcançar o impossível: aquela camada do ideal com que o espírito humano lida com tanta naturalidade. Em toda escolha lexical, em toda combinação frásica, há um pouco de quem os executa – o ser humano – sendo depositado no corpo do material com que trabalha, as marcas de suas crenças e ideologias, suas esperanças e frustrações. E, ao ser retomado pelo exegeta, o homem volta a expandir-se livremente, eternizando-se. Nasce e renasce em todo ato de enunciação, fazendo-se presente e onipresente.

Para não perder o fio da meada e retornando à linha de raciocínio da qual partimos, quero dizer que o Preâmbulo da Constituição é um admirável exemplo de matéria textual pronta para propiciar ao espírito humano suas excursões no mundo de seus sonhos, aspirações, traumas e necessidades, realizando-o ao deixar traços das crenças e ideologias que ficaram gravadas, a ferro e fogo, na Constituinte de 1988. Nessa trajetória, pode dizer-se que o Preâmbulo expandiu o espírito de uma *sociedade fraterna, pluralista e sem preconceitos, fundada na harmonia social*. E com tais exortações fixou coordenadas relevantíssimas para a interpretação do Texto Constitucional.

Cabe dizer que é perfeitamente possível explicar a função discursiva do preâmbulo no direito, associando-o ao tema das fontes, sob o influxo das enérgicas influências da teoria da linguagem e, mais especificamente, dos atos de fala. Lembremo-nos de que chamo de *fontes materiais* aqueles fatos jurídicos produtores de normas e de *fontes formais* as normas que têm a missão de introduzir no sistema jurídico-prescritivo uma ou mais normas gerais e abstratas, individuais e concretas ou individuais e abstratas. Agora, as fontes formais ou *veículos introdutores de normas*, como parece melhor denominar, serão sempre e invariavelmente *normas concretas e gerais*, pouco importando o tipo de regras por elas inseridas no ordenamento. Comprova-se que são *gerais* pela circunstância de que todos haverão de respeitá-las como normas válidas insertas no sistema: foram produzidas pelo órgão competente, segundo a forma procedimental também nele (sistema) prevista. Seu teor de concretude manifesta-se na leitura do antecedente: *advêm de um fato efetivamente realizado, isto é, marcado no tempo e situado no espaço*.

Com efeito, pensemos numa sentença: o suposto invoca a competência específica do magistrado e a situação do processo, recebe um número (que é o do processo) e é proferida em determinado ponto do tempo e em certo lugar do espaço (local e data da publicação). Reúne, portanto, tudo aquilo que se requer de um fato concreto: verbo no pretérito e coordenadas espaço-temporais definidas. E como a sentença, teremos todas as demais fontes formais, sejam aquelas emanadas do Judiciário (acórdãos e outros atos de cunho jurisdicional), do Legislativo (emendas à Constituição, leis, decretos legislativos, resoluções etc.), do Executivo (decretos, instruções ministeriais, portarias, ordens de serviço, lançamentos tributários, decisões administrativas e outros expedientes) ou, no caso, cumpre ressaltar, do constituinte originário (Constituição da República). Acrescentemos aqui a multiplicidade de atos que pertenceram também à província do ordenamento normativo e que advêm do setor privado (como os contratos, promessas unilaterais de recompensa e outras manifestações jurídicas individuais).

Em situações desse tope, há sempre um procedimento a ser seguido, previsto nas *normas de competência*. Quando se diz que norma válida é aquela produzida por órgão competente, perante o sistema, e consoante o procedimento nele, sistema, estabelecido, não nos detemos na reflexão segundo a qual *todo procedimento de elaboração normativa se apresenta como forma de realizar o próprio direito*. Não é difícil perceber que o sistema de normas, *introdutoras* e *introduzidas*, é o que conhecemos por direito positivo, ao passo que o conjunto de fatos aos quais a ordem jurídica atribui teor de juridicidade, se tomados na qualidade de *enunciação* e não de *enunciados*, estarão formando o território das *fontes do direito posto*.

É precisamente neste último exemplo – a enunciação pela Assembléia constituinte do Preâmbulo e do Texto constitucional – que Kelsen trouxe a singela, porém genial contribuição da "norma hipotética fundamental", não posta, mas pressuposta, juridicizando aquele fato – procedimento de elaboração normativa – que ficara de fora, por imprimir-lhe a feição de normatividade que lhe faltava. Ao redigir o texto do Preâmbulo, a Assembléia Constituinte seguiu itinerário previsto na *norma fundamental* que lhe deu competência e, portanto, fundamento de validade. O Preâmbulo, uma vez enunciado, torna-se norma válida, tendo em vista que é produzido por órgão competente perante o sistema e consoante o procedimento nele admitido, realizando o próprio direito. O domínio de fatos produzidos pela Assembléia Constituinte é recepcionado pela ordem jurídica, na medida em que se lhes atribui teor de juridicidade. São eles tomados na qualidade de *enunciação* e não de *enunciados*, formando, neste ponto, a região das *fontes do direito posto*. Fecha-se assim o conjunto, isolado na especificidade de seu objeto, uniforme porque composto tão-somente de normas jurídicas, de tal modo que nele, conjunto, não encontraremos senão descritores e prescritores, bem como suas contrapartes factuais: fatos jurídicos e relações jurídicas.

O corolário natural deste quadro de indagações é que o direito positivo, integrado unicamente por normas jurídicas, não comportaria a presença de outras entidades. Ora, tudo isso aplicado ao Preâmbulo não é compatível com a existência de textos que componham o direito posto sem, contudo, revestir caráter prescritivo. Figura desse jaez de forma alguma caberia ao lado de normas, co-participando da integridade do ordenamento. Não poderia compartilhar do mesmo campo de objetos que reúne as unidades normativas, justapondo-se ou contrapondo-se a elas. Se porventura estivessem, seriam formações lingüísticas portadoras de uma estrutura sintática própria. E qual seria essa configuração lógica? Ninguém, certamente, saberá responder a tal pergunta, porque o Preâmbulo é formado por "normas jurídicas" carregadas de intensa conotação axiológica, influindo vigorosamente sobre a orientação de todos os segmentos da ordem positiva.

### *11. Comandos de sobrenível – Prescrições sobre prescrições*

Forte nesses pressupostos não hesito em proclamar que o estudo das fontes do direito está voltado, primordialmente, para o exame dos fatos enquanto enunciações que fazem nascer regras jurídicas introdutoras de normas no sistema. Por isso, o Preâmbulo não pode ser desconsiderado na feição de sua juridicidade. Como feixe de marcas deixadas no curso do processo de enunciação do direito, assume indiscutível relevância, auxiliando e orientando a atividade do intérprete. Aliás, precisa ficar claro que o Poder Constituinte não foi eleito para propor sugestões, emitir opiniões, tecer comentários, formular conselhos, conceber hipóteses ou elaborar proposições independentes de metalinguagem sobre o discurso de estruturação do Estado Brasileiro que adveio de seu trabalho. No caso do Preâmbulo, admite-se tão-só a função metalingüística dentro do Texto, como função de glosa, mas projetada sobre o mesmo código que está sendo empregado, vale dizer: *é prescrição sobre prescrições, preceitos de sobrenível voltados para o mister de resumir, imperativamente, aqueles mesmos dispositivos que, esparsos na amplitude do discurso constitucional, cumprem sua missão disciplinadora de comportamentos intersubjetivos.*

CADERNOS DE DIREITO TRIBUTÁRIO

# ABUSO DE PODER ECONÔMICO: INCORPORAÇÃO OU FUSÃO DE EMPRESAS E DOMINAÇÃO DE MERCADO

EDUARDO MARCIAL FERREIRA JARDIN
Mestre e Doutor em Direito pela Pontifícia Universidade Católica de São Paulo.
Professor Titular de Direito Tributário na Faculdade de Direito da Universidade Mackenzie

*Comentos preliminares. 1. Introdução. 2. Metodologia interpretativa. 3. Positivação do tema no plano constitucional e no patamar legal. 4. Precedente do Conselho Administrativo de Defesa Econômica-CADE ao decidir feito tendo por objeto a questionada dominação de mercado. 5. As expressões "abuso de poder econômico e dominação de mercado": carga semântica contrasteada com definições normativas. 6. Conclusões.*

## *Comentos preliminares*

Como se vê, estamos diante de um estudo sobre direito administrativo publicado em revista de direito tributário, o que, a bem ver, rende margem a um breve esclarecimento tendente a justificar esse desígnio. Com efeito, no ver do autor, tanto o direito administrativo, como o direito tributário, representam fórmulas de intervenção do Estado no domínio econômico, daí o ponto comum entre o problema tematizado e a seara da tributação.

Conquanto a doutrina tradicional não reconheça na tributação um instrumento de intervenção no domínio econômico, força é observar que, num sentido largo, os tributos jazem nas dobras da economia, bem assim no direito econômico, o qual tem por objeto a normatização dos planos da produção, distribuição, circulação e consumo de riquezas.

Ora, ressalta à evidência que todo fato jurídico tributário haverá de abrigar um daqueles patamares situados entre a produção e o consumo de riquezas, estas compreendidas como fato revestido de conteúdo econômico e, por conseqüência, revelador de capacidade contributiva ou capacidade econômica, como quer a linguagem inscrita no art. 145, § 1º, do Texto Excelso.

## *1. Introdução*

O assunto vertente afigura-se polêmico e, por vezes, rende margem ao surgimento de problemas tormentosos, a exemplo de incorporações que mesmo depois de efetivadas são instadas a desconstituir-se, caso, a bem ver, da Nestlé Brasil Ltda. que adquiriu a Chocolates Garoto S/A, empresas com tradição na indústria de chocolates.

Merece lembrado também o Ato de Concentração que congregou a Companhia Antarctica Paulista-Indústria Brasileira de Bebidas e Conexos e a Companhia Cervejaria Brahma, o qual ensejou a criação da Companhia de Bebidas das Américas-AM-

BEV. Com efeito, a nova empresa passou a deter uma parcela sobremodo expressiva no mercado de cervejaria, o que suscitou graves preocupações por parte daqueles que atuam nessa área econômica, mercê das cores fortes da concorrência decorrente da aludida reunião de empresas.

As situações trazidas à baila, a teor de qualquer outra relacionada com a matéria, são submetidas ao crivo do Conselho Administrativo de Defesa Econômica/CADE, órgão incumbido de zelar pela ordem econômica, com fulcro na Lei n. 8.884, de 11 de junho de 1994, o qual, de seu turno, defere ou indefere a operação de incorporação ou cisão ou fusão então examinada.

Por óbvio, tanto a incorporação da Chocolates Garoto S/A pela Nestlé Brasil Ltda., como a mencionada fusão que gerou a Companhia Brasileira das Américas-AMBEV, representam hipóteses emblemáticas, uma vez que envolvem empresas de âmbito nacional e conhecidas de toda a população.

Entrementes, o objetivo do presente estudo não consiste em avaliar questões particulares *per se*, mas sim o aspecto genérico de operações desse jaez, o que será feito por meio de um contraste entre o plano legislativo e o administrativo em relação ao constitucional, tudo com o desígnio de demarcar com exatidão qual é a medida em que o Texto Excelso autoriza o Congresso Nacional ou o Executivo a disciplinar o exercício da atividade econômica.

Colocados em curso os comentos introdutórios, passemos ao exame do assunto a partir dos tópicos subsecutivos, onde serão analisados os meandros jurídicos da matéria, conforme proposto neste momento preambular.

## *2. Metodologia interpretativa*

Preliminarmente, torna-se mister sublinhar e veementizar que a óptica interpretativa adotada refuta, desde logo, a visão turva segundo a qual o desvendamento do direito dar-se-ia por meio do singelo captar da literalidade contida no preceito esquadrinhado.

Os prosélitos dessa corrente deviam dar conta que a simples leitura do texto representa tão-somente a porta de entrada do trabalho interpretativo, não simbolizando, pois, a essência do labor exegético. Deveras, admitir que a letra da norma traduz a verdade jurídica, implica reconhecer que toda pessoa alfabetizada seria jurista, o que, por sem dúvida, exprime um rematado despropósito.

A bem ver, a ciência da interpretação recomenda ao intérprete que submeta a matéria examinada aos diversos métodos interpretativos, equivale dizer, o literal, o histórico, o lógico, o teleológico e o sistemático, pois, somente por intermédio da conjugação destes é que se pode abeberar conclusões densas e consistentes.

Outrossim, cumpre esclarecer que o problema tematizado será investigado à luz dos métodos mencionados, com ênfase, diga-se de passo, no desdobramento semântico imerso na linguagem em conjunto com o aspecto sistemático-normativo, tudo sob o pálio do substrato kelseniano que propugna pela compreensão do universo jurídico despido de elementos que não sejam juridicizados, a teor dos componentes econômicos, políticos, sociológicos e outros que são estranhos e exógenos à ciência do direito.

Por conseguinte, de par com os aludidos métodos de interpretação, o caso em tela suscita especial relevo em relação à carga semântica imersa na linguagem, por certo harmonizada com o conspecto sistemático do direito.

Em relação ao primeiro, urge citar inolvidável lição de Paulo de Barros Carvalho ao versar sobre interpretação do direito considerado como um sistema de linguagem. Ouçamo-lo, pois: "Sejamos coerentes com a premissa escolhida. Se fixamos o pressuposto de que o direito positivo é uma camada lingüística, vazada em termos prescritivos, com um vetor dirigido ao comportamento social, nas relações de intersubjetividade, nada mais natural que apresentarmos a proposta de interpretação do direito como um sistema de linguagem. E o conhecimento de toda e qualquer manifestação de linguagem pede a investigação de seus três planos fundamentais: a sintaxe, a semântica e a pragmática. Só assim reuniremos condições de analisar o conjunto de símbolos gráficos e auditivos que o ser humano emprega para transmitir conhecimentos, ordens, emoções ou formular perguntas. E a linguagem do direito positivo é transmissora de ordens substanciadas em direitos e deveres garantidos por sanções." (in *Curso de Direito Tributário*, 13ª ed., São Paulo, Saraiva, 2000, pp. 97 e ss.).

No tangente ao prisma contextual do direito, cumpre recordar a memorável lição do jusfilósofo Rudolf Stammler que assim averbou: "Quando alguém aplica um artigo do Código, aplica todo o Código" (in *Lehrbuch der Rechts Philosofie*, Berlim-Leipzig, Walter de Gruyer & Co., 1923, p. 266, § 129).

Na trilha do festejado mestre, pode-se dizer também que "ao aplicar um artigo do Código, mais do que todo o Código, aplica-se todo o Direito". Deveras, por considerar o Direito como um sistema de normas e, por via de conseqüência, indivisível, depara-se imperioso reconhecer que não se pode aquilatar o sentido de uma norma desatrelada do contexto normativo, daí a afirmação pela qual o desvendamento de um comando, bem assim a compreensão acerca da incidência de uma norma, pressupõe a visão de todo o Direito, cristalizado em seus primados cardeais, os quais se entrecruzam com normas e princípios em relações de horizontalidade e verticalidade.

### *3. Positivação do tema no plano constitucional e no patamar legal*

Tomemos como marco a Lei n. 4.137, de 10 de setembro de 1962, editada sob o fulgor da Carta de 1946, a qual em seu Título dedicado à Ordem Econômica e Social incumbiu o legislador de reprimir "toda e qualquer forma de abuso de poder econômico, inclusive as uniões ou agrupamentos de empresas individuais ou sociais, seja qual for a sua natureza que tenham por fim dominar os mercados nacionais, eliminar a concorrência e aumentar arbitrariamente os lucros".

No pensar deste estudo, o comando constitucional poderia ensejar uma interpretação una ou tricotômica, vale dizer, a primeira consideraria a existência de três modalidades de abuso de poder econômico, já a segunda, ao contrário, qualificaria como abuso tão-somente a dominação com o objetivo de eliminar a concorrência ou aumentar arbitrariamente os lucros.

Na trilha da concepção derradeira, o diploma legal *in casu* operacionalizou os termos contidos na moldura constitucional e, dentre outras hipóteses, qualificou a dominação do mercado como forma de abuso de poder econômico, desde que volvida para eliminar total ou parcialmente a concorrência. É dizer, a dominação em si não é abuso, mas simples meio que pode caracterizar abuso ou não, dependendo de circunstâncias específicas de cada caso. Vejamos, pois, o texto trazido à sirga, em seu art. 2º, inciso I e respectivos desdobres insertos nas alíneas "*a*" *usque* "*g*", a saber:

> Art. 2º. Consideram-se formas de abuso de poder econômico:
>
> I – Dominar os mercados nacionais ou eliminar total ou parcialmente a concorrência por meio de:
>
> a) ajuste ou acordo entre empresas, ou entre pessoas vinculadas a tais empresas ou interessadas no objeto de suas atividades;
>
> b) aquisição de acervos de empresas ou de cotas, ações, títulos ou direitos;
>
> c) coalisão, incorporação, fusão, integração ou qualquer outra forma de concentração de empresas;
>
> d) concentração de ações, títulos, cotas ou direitos em poder de uma ou

mais empresas ou de uma ou mais pessoas físicas;

e) acumulações de direção, administração ou gerência de mais de uma empresa;

f) cessação parcial ou total das atividades de empresa promovida por ato próprio ou de terceiros;

g) criação de dificuldades à constituição, ao funcionamento ou ao desenvolvimento de empresa.

As demais hipóteses de abuso de poder econômico previstas no mencionado diploma escapam ao foco deste Estatuto, cujo substrato diz respeito ao binômio abuso de poder econômico e dominação de mercado.

O conceito constitucional de antanho fora mantido na Carta de 1967, na dimensão em que o art. 157, inciso VI, firmou o princípio substanciado na repressão ao abuso de poder econômico, caracterizado pelo domínio dos mercados, a eliminação da concorrência e o aumento arbitrário dos lucros, texto, a bem ver, reproduzido com iguais matizes pela Emenda n. 1 de 1969, consoante estampa o comando inserto no inciso V, do art. 160. Considerou, portanto, o domínio de mercado como forma de abuso de poder econômico.

De conseguinte, cabe assinalar que tanto sob o ponto de vista formal, como material, a Lei n. 4.137, de 11 de setembro de 1962, foi inequivocamente recepcionada pela ordem constitucional de 1967 e 1969.

De outro lado, o diploma ora examinado foi modificado pela Lei n. 8.158, de 8 de janeiro de 1991 que, em seu art. 3º, inciso XIII, classifica a dominação de mercado com a feição de infração à ordem econômica, ou seja, ao revés de adjetivar a conduta, o legislador adotou a metodologia lingüística utilizada na órbita penal e, desde logo, revestiu-a de caráter sancionatório. A bem ver, assim dispõe o comando em apreço:

Art. 3º. Constitui infração à ordem econômica qualquer acordo, deliberação conjunta de empresas, ato, conduta ou prática tendo por objeto ou produzindo o efeito de dominar mercado de bens ou serviços, prejudicar a livre concorrência ou aumentar arbitrariamente os lucros, ainda que os fins visados não sejam alcançados, tais como:

I – impor preços de aquisição ou revenda, descontos, condições de pagamento, quantidades mínimas ou máximas e margens de lucro, bem assim estabelecer preços mediante a utilização de meios artificiosos;

II – limitar ou impedir o acesso de novas empresas ao mercado;

III – dividir os mercados de produtos acabados ou semi-acabados, ou de serviços, ou as fontes de abastecimento de matérias-primas ou produtos intermediários;

IV – fixar ou praticar, em conluio com concorrente, sob qualquer forma, preços e condições de venda de bens ou de prestação de serviços;

V – regular mercados mediante acordo visando a limitar ou controlar a pesquisa e o desenvolvimento tecnológico, a produção e a distribuição de bens e serviços;

VI – dificultar investimentos destinados à produção de bens ou serviços;

VII – recusar, injustificadamente, a venda de bens ou a prestação de serviço, dentro das condições de pagamento normais aos usos e praxes comerciais;

VIII – subordinar a venda de um bem à aquisição de outro ou à utilização de um serviço, ou subordinar a prestação de um serviço à utilização de outro ou à aquisição de um bem;

IX – dificultar ou romper a continuidade de relações comerciais de prazo indeterminado, com o objetivo de dominar o mercado ou causar dificuldades ao funcionamento de outra empresa;

X – impedir a exploração de direitos de propriedade industrial ou intelectual ou de tecnologia;

XI – abandonar, fazer abandonar ou destruir lavoura ou plantações, com o fim de dificultar ou impedir a concorrência ou obter lucro arbitrário;

XII – destruir, inutilizar ou açambarcar sem justificada necessidade, matérias-primas, produtos intermediários ou acabados, assim como destruir ou inutilizar equipamentos destinados a produzi-los, distribuí-los, transportá-los, ou dificultar a sua operação;

XIII – vender mercadoria ou prestar serviços sem margem de lucro, visando à dominação do mercado;

XIV – importar ou exportar mercadoria ou comercializá-la abaixo do preço praticado no país exportador em prejuízo de concorrente com estabelecimento no Brasil;

XV – obter ou influenciar a adoção de conduta comercial uniforme ou concertada entre concorrentes;

XVI – criar dificuldades à constituição, ao funcionamento ou ao desenvolvimento de empresas;

XVII – constituir ou participar de associação ou entidade de qualquer natureza cuja finalidade ou efeitos configurem quaisquer das práticas vedadas por esta lei;

XVIII – agir ou omitir-se, em conluio com concorrentes, mediante condutas paralelas cuja finalidade ou efeitos tipifiquem quaisquer das práticas indicadas nesta lei.

A literalidade do *caput* do mandamento citado pode induzir o intérprete a depreender que o referido artigo abrigaria três hipóteses de infrações, dentre elas a simples dominação de mercados. Não obstante, no ver deste estudo, o ato infracional consistiria na dominação da qual decorra prejuízo à livre concorrência ou aumento arbitrário de lucros ou qualquer das formas danosas enumeradas em seus dezoito incisos.

Finalmente, a matéria foi objeto de novo texto legislativo, no caso a Lei n. 8.884, de 11 de junho de 1994, a qual transformou o Conselho Administrativo de Defesa Econômica-CADE em autarquia, bem como estabeleceu medidas tendentes a proteger a ordem econômica por intermédio de mecanismos preventivos e repressivos.

Com efeito, ao disciplinar o assunto, a lei sob comento contempla a dominação de mercado como infração da ordem econômica, conforme estabelece o art. 20, inciso II, *in verbis*:

Art. 20. Constituem infração da ordem econômica, independentemente de culpa, os atos sob qualquer forma manifestados, que tenham por objeto ou possam produzir os seguintes efeitos, ainda que não sejam alcançados:

I – limitar, falsear ou de qualquer forma prejudicar a livre concorrência ou a livre iniciativa;

II – dominar mercado relevante de bens ou serviços;

III – aumentar arbitrariamente os lucros;

IV – exercer de forma abusiva posição dominante.

Sobremais, o § 3º do mesmo dispositivo preceitua que a aludida dominação se perfaz quando uma empresa ou grupo de empresas detém trinta por cento do mercado, se não vejamos:

§ 3º. A parcela de mercado referida no parágrafo anterior é presumida como sendo da ordem de trinta por cento.

Como se vê, a legislação pretérita reprimia a dominação quando danosa, jamais a simples dominação, ao passo que, à luz da lei *sub examen*, a singela dominação já teria o condão de caracterizar a infração à ordem econômica.

Por outra aresta, contudo, e independentemente da óptica una ou tricotômica da ordem constitucional anterior, cumpre obtemperar que a Carta Magna a viger traz um sutil traço diferençal em relação ao assunto, máxime, porque o mandamento inserto no § 4º do art. 173 do Texto Excelso incumbe o legislador de reprimir o abuso do poder econômico, o qual, dentre outras formas, pode ser efetivado por intermédio da dominação de mercados.

Importa ressaltar que ao lume dos Estatutos de 1946, 1967 e 1969, a interpretação literal dos comandos que versavam sobre o assunto poderia conduzir o operador do direito a inferir que a dominação em si configurava abuso do poder econômico, em que pese ao ponto de vista diverso já exposto acerca desse tópico, o que, ao menos em tese, poderia agasalhar formalmente a validade da lei ora examinada.

Todavia, a Constituição promulgada em outubro de 1988 foi clara e incisiva, porquanto não coibiu a simples dominação, a não ser quando abusiva e, por isso, conjugada com qualquer mecanismo de abuso de poder econômico.

Por todas as veras, ante a premissa ora firmada segundo a qual o Diploma Magno não proíbe a dominação de mercados em si mesma, mas tão-somente o abuso do poder econômico como meio para alcançar a dominação, força é dessumir que toda produção normativa subconstitucional em sentido oposto, a teor do caso vertente, antolha-se inconstitucional.

Ao demais, não se escoima de objurgatórias o comando imerso no § 3º, do art. 20 da lei de regência, cujo substrato considera como dominação o controle da percentagem igual ou superior a trinta por cento do respectivo mercado.

Sobre reincidir no desconcerto em considerar a dominação uma modalidade de abuso de poder econômico (nem sempre a dominação é uma forma de abuso), a norma *in casu* acutila também a liberdade econômica que, mais do que uma norma constitucional, representa um primado cardeal que preside a ordem econômica e financeira, conforme plasmado e espraiado nos meandros do art. 170 e ss. da Constituição da República.

### *4. Precedente do Conselho Administrativo de Defesa Econômica-CADE ao decidir feito tendo por objeto a questionada dominação de mercado*

Conquanto o presente estudo não faça coro com a postura do Conselho Administrativo de Defesa Econômica-CADE no tangente ao tema sob exame, força é reconhecer que, sob o prisma formal, os seus julgados encontram-se exemplarmente fundamentados e motivados, sobre traduzirem, por certo, o resultado de alentada pesquisa e reflexão, tudo permeado de induvidosa erudição. Nesse aspecto, diga-se, *à vol d'oiseau*, o mencionado Tribunal pontifica como inegável paradigma de Corte investida do mister de editar normas concretas e individuais.

Inobstante isso, o ponto de vista daquela Egrégia Corte não se escoima de objurgatórias em dois aspectos, o primeiro de natureza semântica, já o segundo concernente à preeminência do Estatuto Supremo em relação ao plano infraconstitucional.

Assim, quanto ao conteúdo semântico, importa assinalar que ao apreciar a matéria sob exame o Tribunal *in casu* qualificou a expressão *poder econômico* com os mesmos matizes que a locução *abuso de poder econômico*, esta, sim, vedada pelo art. 173, § 4º, do Estatuto Supremo em virtude de sua incontendível nocividade. Nesse sentido, aliás, é a manifestação do Eminente Relator, Conselheiro Thompson Almeida Andrade que, num primeiro momento, aludiu ao *abuso de poder econômico* inserto no referido comando constitucional e, ao depois, acoimou o *poder econômico* como meio que propicia a manutenção de preços acima dos patamares competitivos, com inevitáveis prejuízos aos demais concorrentes e aos consumidores. A propósito, vejamos um excerto de seu pronunciamento:

> Cumpre ainda recordar que o art. 173, § 4º, da CF determina que: "A lei reprimirá o abuso de poder econômico que vise à dominação dos mercados, à eliminação da concorrência e ao aumento arbitrário dos lucros".
>
> O poder econômico consiste na posição de preponderância da empresa no mercado em que se insere, influindo na conduta dos demais concorrentes ou, ainda, subtraindo-se à influência dessas últimas, por meio de uma conduta in-

diferente e delas independente em alto grau. Isso gera uma situação de sujeição dos demais concorrentes e consumidores perante aquele que detém esse poder econômico.

Em outras palavras, o poder econômico (que também pode ser denominado de poder de mercado ou posição dominante) significa a capacidade de uma empresa ou grupo de empresas de manter seus preços persistentemente acima dos níveis competitivos por um determinado período de tempo, sem, com isso, provocar uma redução de vendas suficiente para torná-la não lucrativa.

Ao consoar da óptica deste estudo, a fundamentação contida no voto trazido à cita não guarda harmonia com a linguagem constitucional, máxime porque esta investe o legislador no sentido de coibir o abuso de poder econômico e não o simples poder econômico.

Convém obtemperar que, ao lume da Ciência do Direito, a expressão poder econômico haverá de ser compreendida em consonância com a sua quintessência, equivale dizer, significa a capacidade de alguém exercer atividade econômica, premissa, diga-se de passo, peculiar a qualquer economia capitalista liberal.

Com efeito, esse é o conceito que merece ser encampado pelo Direito e não o conceito da Economia Política, para a qual o poder econômico reveste o sentido de domínio mercadológico consubstanciado na manipulação de preços e eliminação da concorrência. Obviamente, a Ciência do Direito não pode subordinar-se aos conceitos de outros segmentos do saber humano, sob pena de cometimento de rematado desatino.

Outrossim, uma vez firmado o traço diferençal entre as expressões abuso de poder econômico e poder econômico, impõe-se dessumir como corolário inexorável que em obséquio à supremacia da Constituição, o produto de norma subconstitucional jamais poderia restringir o simples exercício de poder econômico, salvo se abusivo.

Ademais, ante a existência da antinomia entre a Constituição e a legislação de regência na ambitude da atividade econômica, ao menos na visão deste estudo, convém sublinhar que o Tribunal teria poderes para aplicar a Constituição e não a Lei. Nem se alegue que o caráter infralegal da função administrativa lhe retiraria a prerrogativa de aplicar a Constituição, porquanto a obediência à lei não significa desobediência à Constituição, sobretudo em se tratando de edição de norma destinada a deslindar e compor um conflito de interesses.

Em veras, ao decidir pleitos envolvendo conflitos de interesses, o CADE está a exercer função materialmente jurisdicional, donde, *a fortiori*, torna-se de mister decidir em consonância com a unidade do sistema normativo do direito e, sobretudo, em obséquio aos primados constitucionais que, sobranceiros, iluminam a ordem jurídica.

Em suma, se é verdade que o labor interpretativo não pode olvidar o aspecto sistemático e incindível do direito, não menos verdade é também que aquela premissa ganha dimensão redobrada ao ensejo da edição de norma concreta e individual preordenada a compor um conflito de interesses, máxime porque esse é um momento magno da vida do Direito e que representa uma estação de chegada e não um ponto de partida.

Ao propósito, cumpre lembrar as lições de Ruy Barbosa e parafraseá-lo dizendo alto e bom som: "Fora da Constituição não há solução"!

### *5. As expressões "abuso de poder econômico e dominação de mercado": carga semântica contrasteada com definições normativas*

Ao consoar dos primados de hermenêutica, a linguagem traduz um limite inexorável para a criação do direito, encampando, assim, o processo de produção das normas no âmbito das funções estatais, equivale dizer, a administrativa, a judicial e a legislativa.

A bem ver, conquanto o legislador possa até criar ficções jurídicas, a exemplo de equiparar uma pessoa física à condição de pessoa jurídica para efeitos de tributação, não pode ele, contudo, ultrapassar determinadas balizas, a teor de conceituar como renda aquilo que não seja renda, ou categorizar como bem imóvel um bem móvel, a exemplo do veículo automotor.

De conseguinte, tanto ao utilizar a linguagem natural, como ao construir conceitos jurídicos, o legislador não pode transpor certos limites imersos na quintessência das palavras, seja ao juridicizar conceitos comuns, a exemplo das palavras *casa, residência, homem, mulher*, *marido*, *esposa* e outras, seja ao desenhar realidades privativas do direito, *ad exemplum* de *Estado Unitário, descaminho, contrabando, fato gerador* e inúmeras outras.

Em abono ao afirmado, caminha o inesquecível pronunciamento do Ministro Luiz Gallotti, oportunamente citado no voto do Ministro Sepúlveda Pertence, cujo excerto assim estampa:

> Lembra-me o voto do velho Ministro Luiz Galotti, dizendo, com elegância ímpar, o que muitos têm dito: o dia em que for dado chamar de renda o que renda não é, de propriedade imóvel o que não o é, e assim por diante (...) (Tribunal Pleno, RE n. 201.465-6-MG, Seção realizada em 2.5.2002).

Verativamente, a aludida fronteira é decididamente intransponível, máxime porque desrespeitá-la renderia margem ao comprometimento da congruência lógica do sistema normativo, sobre gerar insegurança jurídica, o que implicaria permear o direito, que é o arquiprincípio da segurança jurídica, o qual, inexpresso embora, traduz a própria razão de ser do direito positivo.

Em exemplário armado ao propósito, merece trazido à sirga o magistério de Luis Roberto Barroso ao reconhecer que toda interpretação do direito tem como ponto de partida o conteúdo semântico das palavras. Passemos-lhe a palavra: "toda interpretação jurídica deve partir do texto da norma, da revelação do conteúdo semântico das palavras. O texto da lei forma o substrato de que deve partir e em que deve repousar o intérprete. Na interpretação constitucional, por vezes, não é necessário ir além da letra e do sentido evidente do texto" (in *Interpretação e Aplicação da Constituição*, 1996, pp. 126-127).

Cravadas essas premissas, passemos ao exame da locução "abuso do poder econômico", segundo a aresta de sua carga semântica, tudo com o fito de verificar até que ponto o constituinte ou o legislador poderiam defini-la ao lume dos mencionados limites da linguagem normativa.

Por sem dúvida, a expressão *sub examen* abriga vertentes interdisciplinares, notadamente na ambitude jurídica e econômica, observação, aliás, muito bem acentuada pelo Prof. Modesto Carvalhosa em seu livro *Poder Econômico: a Fenomenologia – Seu Disciplinamento Jurídico* (*apud Enciclopédia Saraiva do Direito*, t. 2, pp. 121 e ss.).

Ademais, independentemente do prisma de observação, quer econômico, quer jurídico, a locução em apreço hospeda um substrato monádico inquebrantável, na dimensão em que antessupõe uma conduta danosa praticada por detentor de poder econômico.

Dessarte, em qualquer plano do saber, torna-se defeso configurar como abuso de poder econômico conduta que não seja danosa, a exemplo de dominação de mercado, a qual, por si só não tem o condão de configurar-se como abusiva.

No entanto, caso a dominação do mercado decorra de manipulações ardilosas conjugadas com mecanismos ilícitos, ter-se-ia, então, a configuração de abuso de poder econômico, tudo como conseqüência dos mecanismos inidôneos adotados e não pela dominação propriamente dita, máxime porque o limite da linguagem normativa não autoriza o legislador ou o julgador a desfigurar o sentido das expressões e qualificar como forma abusiva aquilo que ontologicamente não é danoso ao mercado e ao consumidor.

Assim, conotar a simples dominação de mercado como abuso de poder econômico traduz um *sinsentido* segundo a expressiva linguagem de Genaro Carrió em sua festejada monografia *Sobre los Límites del Lenguaje Normativo* (Buenos Aires, Editorial Astrea de Rodolfo Depalma y Hnos, 1973).

Ao demais, é forçoso analisar o conceito quantitativo de dominação de mercado, conforme positivado no § 3º, do art. 20, da Lei n. 8.884/1994, cujo mandamento estipula que a detenção de trinta por cento de um dado mercado configura dominação.

Por induvidoso, o aludido comando não se escoima de incisivos reproches, na esteira do quanto já questionado acerca do assunto. Sim, o parâmetro depara-se logicamente inconsistente e matematicamente incorreto, até porque, em termos objetivos, qualquer modalidade de domínio ou de supremacia haverá de supor um percentual superior a 50% de uma determinada realidade, sob pena de inexistir a aludida supremacia.

Entrementes, convém ressalvar que, em casos pontuais, qualquer percentual pode revestir feição majoritária, dependendo, por óbvio, da divisão da coisa em questão, *ad exemplum* de alguém deter 30% de um dado mercado e os 70% restantes serem partilhados por sete grupos econômicos, cabendo a cada qual 10% daquele montante. Não é a hipótese contida na lei ora questionada, uma vez que o legislador adotou um critério objetivo, equivale dizer, assentou que o percentual de 30% de qualquer mercado configura dominação.

Deveras, o raciocínio em questão é efetivamente equivocado, pois a percentagem firmada em lei não reveste a feição de supremacia ou dominação, ou seja, mais uma vez o legislador foi longe de andar certo, porquanto transgrediu postulados lógicos e terminológicos.

Ressalta à evidência, pois, que a percentagem de trinta por cento, genericamente considerada, não tem o apanágio de refletir hipótese de supremacia ou dominação, seja de mercado econômico, seja de qualquer outra atividade, máxime, porque a lógica e a matemática não se curvam aos caprichos do feitor do direito.

Como se vê, mais uma vez o legislador operou como se tivesse um poder mágico exercitável à margem de quaisquer restrições e, por isso, incorreu em graves inexatidões, conforme demonstram os comentos ora expostos.

## *6. Conclusões*

*1.* A Constituição da República consagra o primado da liberdade econômica como premissa maior, proclamando, outrossim, o disciplinamento do mercado por meio de normação integrativa preordenada a reprimir o abuso de poder econômico que, dentre outros desígnios, tenha como objeto a dominação de mercados, donde a dominação *per se* não configura abuso.

*2.* Dado o Texto Excelso coibir tão-somente o abuso de poder econômico e não a dominação, sobre preconizar que o livre exercício da atividade econômica simboliza uma das pedras angulares dos postulados programáticos da ordem econômica e financeira, força é depreender que as disposições em sentido contrário contidas na legislação de regência retrocitada e nas decisões administrativas afiguram-se manifestamente inconstitucionais.

*3.* Não bastasse o descompasso entre as leis *in casu* e o figurino constitucional, impende veementizar que a norma jurídica de qualquer patamar, mesmo o constitucional, jamais poderia passar ao largo do substrato semântico das expressões questionadas e, por isso, não poderia definir *dominação* como *abuso*, máxime porque são noções inconfundíveis, porquanto a primeira se limita a traduzir o grau de conquista de mercado, ao passo que a segunda reveste conotação danosa, o que demonstra tratar-se de conceitos inconciliáveis. Outrossim, não poderia definir como dominação o percentual de 30%, objetivamente considerado, sob pena de, fazendo-o, como o fez, transcender os limites lógicos da linguagem e, por conseqüência, hospedar manifesta invalidade mercê de sua desconformidade com os postulados altaneiros que informam o sistema normativo do Direito.

*4.* Ante a induvidosa inconstitucionalidade da produção normativa subconstitucional, quer de natureza geral e abstrata, quer de feição concreta e individual, enquanto restritiva de direitos e garantias cravadas no Texto Excelso, remanesce aos interessados a prerrogativa sacramental de bater às portas do Judiciário na busca de ver reparado e respeitado o seu direito no sentido de promover incorporações ou fusões, a teor do quanto cogitado no presente estudo.

CADERNOS DE DIREITO TRIBUTÁRIO

# *LUCROS CESSANTES*: SUA INTRIBUTABILIDADE POR MEIO DE IMPOSTO SOBRE A RENDA

ROQUE ANTONIO CARRAZZA
Professor Titular da Cadeira de Direito Tributário da Faculdade de Direito da Pontifícia Universidade Católica de São Paulo – Presidente da Academia Paulista de Direito

*1. Introdução. 2. Da não-incidência do IR sobre as indenizações recebidas. 3. Da não-incidência do IR sobre os valores recebidos a título de lucros cessantes: 3.1 Considerações gerais – 3.2 A natureza jurídica dos lucros cessantes e sua exclusão da base de cálculo do IR. 4. Observações finais.*

## *1. Introdução*

Procuraremos demonstrar, neste artigo, que as indenizações recebidas a título de *lucros cessantes* não podem, em face de nosso direito positivo, compor a base de cálculo do imposto sobre a renda (IR), seja da pessoa física (IRPF), seja da jurídica (IRPJ).

O assunto reveste-se de suma importância e atualidade. Deveras, embora já esteja pacificado, pelo menos em sede doutrinária, o entendimento de que refogem à incidência do referido tributo as indenizações recebidas por *danos emergentes* e *morais*, ainda há sérias controvérsias sobre se tal situação de não-incidência alcança os *lucros cessantes*.

Advertimos, desde logo, que a solução do problema será buscada na Constituição Federal e, não, nas normas jurídicas infraconstitucionais (isto é, nas contidas em leis complementares, leis ordinárias, decretos, portarias etc.), que, por óbvio, só podem explicitar o que nela se encontra estabelecido.

Posto isto, vejamos porque o imposto sobre a renda passa ao largo das indenizações recebidas.

## *2. Da não-incidência do IR sobre as indenizações recebidas*

**I** – A União recebeu do art. 153, III, da Constituição Federal, competência para tributar, por meio de imposto (IR), a renda e os proventos de qualquer natureza. Todas as pessoas, físicas ou jurídicas, que auferem renda e proventos de qualquer natureza, sujeitam-se, em tese, a esta exação.

A Constituição, todavia, não deu, ao legislador ordinário federal, liberdade para tributar, por meio de IR, o que bem lhe aprouvesse. Pelo contrário, conferiu-lhe a faculdade de tributar apenas o que efetivamente configurasse renda ou proventos.

Indo ao ponto, o imposto sobre a renda só pode alcançar a aquisição de disponibilidade de riqueza nova, vale dizer, o acréscimo patrimonial, experimentado pelo contribuinte, durante certo período de tempo (em geral o exercício financeiro).[1] Tudo o que não tipificar ganhos durante um dado lapso temporal não se enquadra na área de incidência desta exação.

É o caso das indenizações. Nelas, mostra-se de todo em todo ausente este sentido de *mais-valia*. Pelo contrário, nelas transparece a natureza meramente compensatória ou reparatória, por perdas sofridas por alguém, em decorrência do fato de outrem, por dolo, imperícia, negligência ou imprudência, haver-se comportado de modo contrário ao devido.

Com efeito, o descumprimento, por parte de uma pessoa, de seu dever jurídico, faz nascer, em favor de outra que, em razão deste evento, sofreu prejuízos, o direito de ser indenizada, ou seja, de receber o equivalente pecuniário ao dano sofrido. Este é o objetivo primacial das regras que levam ao pagamento de indenizações.

Se não, vejamos.

**II** – É princípio geral de Direito que toda pessoa, física ou jurídica, deve responder pelos danos que, por dolo ou culpa, causar a terceiro.[2] Esta é uma decorrência da milenar regra pela qual "a ninguém se deve lesar".[3]

O dever de reparar danos, como é fácil perceber, representa o meio jurídico de restabelecer-se o equilíbrio das relações privadas.

Mas, afinal, que é dano?

Dano, em apertada síntese, é lesão a um interesse juridicamente tutelado, que pode ser de natureza material ou moral.[4] A idéia de dano associa-se, pois, à de perda, de diminuição patrimonial, que leva à indenização.

O dano material (patrimonial) agride o patrimônio concreto do lesado, como bem o percebeu Maria Helena Diniz, *verbis*: "O *dano patrimonial* vem a ser a lesão concreta que afeta um interesse relativo ao patrimônio da vítima, consistente na perda ou deterioração, total ou parcial, dos bens materiais que lhe pertencem, sendo suscetível de avaliação pecuniária e de indenização pelo responsável. Constituem danos patrimoniais a privação do uso da coisa, os estragos nela causados, a incapacitação do lesado para o trabalho, a ofensa a sua reputação, quando tiver repercussão na sua vida profissional ou em seus negócios".[5]

Como já se visualiza, a indenização serve para coibir os prejuízos causados, de forma que o equilíbrio patrimonial do credor lesado se restabeleça. O montante da indenização é correlato ao valor do bem lesado: restabelece o equilíbrio rompido pelo causador do dano. Quem indeniza, repara, isto é, compensa prejuízos.

A reparação dos danos envolve a idéia de restabelecimento do *status quo ante* do lesado, por meio da restituição *in natura* do prejuízo por ele experimentado. Não raro, porém, tal restituição é inviável, hipótese em que o Direito impõe ao lesante o dever de entregar, ao lesado, quantia equivalente ao bem jurídico que violou.

1. Para maior aprofundamento do assunto, v. nosso *Imposto sobre a Renda (Perfil Constitucional e Temas Específicos)*, 2ª ed., São Paulo, Malheiros Editores, 2006.

2. O dever de indenizar pressupõe a existência de *nexo causal* entre o fato ilícito e o dano por ele produzido. Somente quando presente tal vínculo, o responsável pelo fato lesivo pode ser chamado a ressarcir o lesado (cf. art. 186, do Código Civil). A respeito, Silvio Rodrigues expõe, em bem dosada lição: "Para que se possa impor a alguém a obrigação de indenizar o prejuízo experimentado por outrem é mister que haja uma relação de causalidade entre o ato culposo praticado pelo agente e o prejuízo sofrido pela vítima" (*Direito Civil*, vol. 4, *Responsabilidade Civil*, São Paulo, Saraiva, 1979, p. 167).

3. Expressão contida na célebre máxima de Ulpiano: "Honeste vivere, *alterium non laedere*, ius suum cuique tribuere" (grifamos).

4. O patrimônio, em nosso direito positivo, abrange não só os bens e direitos valoráveis em dinheiro, como os ligados à honra, ao nome, à imagem (direitos personalíssimos). Milita neste sentido o art. 5º, X, da Constituição Federal, que estabelece serem "invioláveis a intimidade, a vida privada, a honra e a imagem das pessoas, assegurado o direito à indenização pelo dano material ou moral decorrente de sua violação".

5. *Curso de Direito Civil Brasileiro*, 7º vol., São Paulo, Saraiva, 1984, p. 55.

Nesse sentido, a lição do emérito civilista Orlando Gomes, *verbis*: "Substitui-se por uma prestação pecuniária, de caráter compensatório. Se o autor de dano não pode restabelecer o estado efetivo da coisa que danificou, paga a quantia correspondente a seu valor. É rara a possibilidade de reposição natural. Ordinariamente, pois, a indenização se apresenta sob a forma de prestação pecuniária, e, às vezes, como objeto de uma dívida de valor".[6]

Assim, a indenização não traz à sirga aumento da riqueza econômica da pessoa (física ou jurídica) contemplada. É substituição da perda sofrida, por seu correspondente valor econômico. Nela há compensação; jamais elevação patrimonial.

Portanto, as indenizações não são fontes de enriquecimento, já que não proporcionam, a quem as recebe, vantagens pecuniárias. Nelas, não há geração de acréscimos patrimoniais, vale dizer, de riquezas novas disponíveis. Há, sim, reparações pecuniárias pelas lesões de direitos causadas, por isso que não podem integrar a base de cálculo do imposto sobre a renda.

Mais e mais se reforça a idéia de que a indenização não passa da solução possível que o Direito concebeu, como forma de contrapor, em moeda, irremediáveis perdas, sofrimentos ou danos experimentados.

A Carta Magna abona nosso entendimento. Deveras, ressai de seus arts. 5º, V, X e XXV,[7] 7º, I e XXVIII,[8] e 182, §§ 3º e 4º, III,[9] a idéia de que a indenização compensa dano sofrido pela pessoa. Assim, de fora a parte o direito de resposta, é assegurada, a quem sofre agravo, indenização por dano material, moral ou à imagem. Também é devida indenização ao trabalhador que vê arbitrariamente desconsiderada sua relação de emprego, que sofre dispensa ilegal (por esta haver desrespeitado as condições previstas em lei, no contrato de trabalho ou em acordos coletivos) ou que, por dolo ou culpa do empregador, é vítima de acidente de trabalho.[10] O mesmo podemos dizer dos valores recebidos por desapropriações de imóveis urbanos. Em todos estes casos – que estão longe de serem taxativos – encontra-se bem travejada a natureza compensatória das indenizações, que, portanto, não se subsumem ao conceito de renda tributável.

Tais valores, permitimo-nos frisar, não aumentam a riqueza de quem os re-

6. *Obrigações*, 9ª ed., Rio de Janeiro, Forense, 1994, p. 51.

7. Constituição Federal – "Art. 5º. Todos são iguais perante a lei, sem distinção de qualquer natureza, garantindo-se aos brasileiros e aos estrangeiros residentes no País a inviolabilidade do direito à vida, à liberdade, à igualdade, à segurança e à propriedade, nos termos seguintes: (...) V – é assegurado o direito de resposta, proporcional ao agravo, além da indenização por dano material, moral ou à imagem; (...) X – são invioláveis a intimidade, a vida privada, a honra e a imagem das pessoas, assegurado o direito a indenização pelo dano material ou moral decorrente de sua violação; (...) XXV – no caso de iminente perigo público, a autoridade competente poderá usar de propriedade particular, assegurada ao proprietário indenização ulterior, se houver dano".

8. Constituição Federal – "Art. 7º. São direitos dos trabalhadores urbanos e rurais, além de outros que visem à melhoria de sua condição social: I – relação de emprego protegida contra despedida arbitrária ou sem justa causa, nos termos de lei complementar, que preverá indenização compensatória, dentre outros direitos; (...) XXVIII – seguro contra acidentes de trabalho, a cargo do empregador, sem excluir a indenização a que este está obrigado, quando incorrer em dolo ou culpa".

9. Constituição Federal – "Art. 182 (*omissis*). § 3º. As desapropriações de imóveis urbanos serão feitas com prévia e justa indenização em dinheiro; § 4º. É facultado ao Poder Público municipal, mediante lei específica para área incluída no plano diretor, exigir, nos termos da lei federal, do proprietário do solo urbano não edificado, subutilizado ou não utilizado, que promova seu adequado aproveitamento, sob pena, sucessivamente, de: (...) III – desapropriação com pagamento mediante títulos da dívida pública de emissão previamente aprovada pelo Senado Federal, com prazo de resgate de até dez anos, em parcelas anuais, iguais e sucessivas, assegurados o valor real da indenização e os juros legais".

10. O trabalhador, nestas hipóteses, sofre *atos ilícitos*, que abrem espaço à devida reparação pecuniária, que, como já vimos, não se confunde com o conceito de renda tributável.

cebe, mas, tão-somente, compensam-lhes perdas, danos. Como inexistem, nestes casos, acréscimos patrimoniais, não há falar em tributação por meio de imposto sobre a renda.

Em resumo, a indenização, tenha a origem que tiver, ressarce *danos*. As quantias a este título recebidas pela pessoa lesada não tipificam renda; apenas recuperam-lhe o patrimônio danificado e, nesta medida, positivamente não têm o condão de transformá-la em contribuinte do imposto sobre a renda.

**III** – Para a melhor solução do nosso problema jurídico, é importante termos presente que, para ser passível de indenização, o dano deve ser *certo*, isto é, *concreto*, *efetivo*. Todavia, ele não precisa ter imediatamente uma dimensão econômica, pois, como bem anota Maria Helena Diniz "a certeza do dano se refere à sua existência e, não, à sua atualidade ou ao seu montante".[11]

Por igual modo, o dano passível de indenização pode advir daquilo que a doutrina, com muita propriedade, denomina "*perda de chance*", fruto da ação ou omissão que implica privação do desfrute de um direito (*v.g.*, da possibilidade de vencer a demanda, caso o advogado tivesse recorrido, a tempo e a hora, da decisão desfavorável aos interesses de seu constituinte).

Os danos indenizáveis compreendem tanto os *emergentes* (prejuízos efetivamente experimentados pelo lesado), como os que impossibilitam o lucro futuro (*lucros cessantes*).

Acerca desses últimos, também chamados *danos negativos*, temos que privam o lesado de um ganho que, pela própria ordem natural das coisas, ocorreria, não fosse a conduta (comissiva ou omissiva) do lesante. Abrangem os lucros alusivos a direitos ainda não pertencentes ao lesado, mas que, pelo desenvolvimento normal dos acontecimentos, provavelmente ocorreriam.

11. Ob. cit., p. 53.

Adiantamos que, na apuração do lucro cessante deve-se levar em conta o lucro *in potentia proxima*, anulando-se, destarte, os efeitos da lesão, de modo a garantir ao lesado a posição que ocuparia caso o lesante tivesse cumprido a preceito a obrigação a seu cargo.[12]

**IV** – Retomando o fio do raciocínio, voltamos a insistir que, na indenização, o direito ferido é transformado numa quantia de dinheiro. O patrimônio da pessoa lesada não aumenta de valor, mas é simplesmente reposto no estado em que se encontrava antes da ocorrência do evento (*status quo ante*) ou, no caso dos *lucros cessantes*, ilide os efeitos detrimentosos da conduta do causador do dano.

Sendo assim, tributar por meio de imposto sobre a renda, indenização recebida, acaba por desfalcá-la, tornando-a injusta. Dito de outro modo, o pagamento efetuado, a título de reparação de danos, quer emergentes, quer negativos (lucros cessantes), embora portador de conteúdo econômico, não é evento relevante, para fins de IR.

Com efeito, reiteramos que quem indeniza desfaz dano causado a terceiro. Recompõe a situação primitiva, anulando os efeitos da lesão jurídica.

Neste sentido, aliás, a clássica lição de De Plácido e Silva: "Derivado do latim *indemnis* (*indene*), de que formou no vernáculo o verbo *indenizar* (reparar, recompensar, retribuir), em sentido genérico quer exprimir toda compensação ou retribuição monetária feita por uma pessoa a outrem, para a *reembolsar* de despesas feitas ou para a *ressarcir* de perdas tidas".[13]

O renomado autor assinala, ainda, que uma pessoa está indene quando "foi recompensada com alguma coisa em substituição de outra"[14] e, bem por isso, não so-

12. Cf. Antunes Varela, *Direito das Obrigações*, Rio de Janeiro, Forense, 1977, p. 243.

13. *Vocabulário Jurídico*, vol. II, 3ª ed., Rio de Janeiro, Forense, 1991, pp. 452-453 (os grifos estão no original).

14. Idem, ibidem, p. 452.

freu nenhuma perda, vale dizer, saiu livre, sem qualquer prejuízo material ou moral.

Dessas oportunas ponderações sempre mais fica evidenciado que, na indenização, inexiste riqueza nova. E, sem riqueza nova, não pode haver incidência de IR, até por ausência de indício de capacidade contributiva.

De fato, as indenizações, por ressarcirem perdas sofridas, não revelam capacidade contributiva, da parte de quem as percebe. E sem capacidade contributiva, não há falar em tributação por meio de impostos, aí compreendido o incidente sobre a renda das pessoas jurídicas.

Em suma, qualquer percepção de numerário, com as características aqui apontadas, constitui evento que, nem remotamente, pode ser considerado renda tributável. O imposto que sobre ele vier a incidir, longe de ser o previsto no art. 153, III, da Carta Magna, terá natureza confiscatória e, portanto, será inconstitucional.

Expliquemo-nos melhor: imposto cuja base de cálculo não mede *fato da vida econômica*, não revela a capacidade contributiva de quem é chamado a suportá-lo, tipificando, assim, verdadeiro confisco.

Isto é bem anotado por Emilio Giardina, *verbis*: "Deveras, onerando situações de fato que não exprimem capacidade econômica, desenvolve-se uma tributação totalmente arbitrária e irracional, à qual, em substância, permanece estranha uma verdadeira avaliação da aptidão à contribuição dos sujeitos passivos. O tributo corresponderia a um verdadeiro e próprio confisco, estando, por isso, em nítida contradição com o preceituado no art. 53 da Constituição (italiana)".[15]

Com efeito, como a indenização compensa a injusta perda de direito, tributá-la diminui-lhe o montante e, com isso, logicamente reabre-se a lesão que acabara de ser composta. O imposto assim exigido, não seria sobre a renda, mas confiscatório, já que acarretaria expropriação de parte do patrimônio do lesado.

Enfim, o recebimento de indenização é fato inidôneo a sinalizar capacidade contributiva. Tributá-la contravém, destarte, aos arts. 145, § 1º e 150, IV, da Constituição Federal.[16]

15. *Le Basi Teoriche del Principio della Capacità Contributiva*, Milão, Giuffrè, 1961, p. 439 (os grifos estão no original e esclarecemos no parêntese). O art. 53, da Constituição italiana, estabelece o dever de concorrer às despesas públicas de modo igual, em razão da capacidade contributiva de cada um. Ou, literalmente: "todos são chamados a concorrer às despesas públicas em razão de sua capacidade contributiva" ("tutti sono tenuti a concorrere alle spese pubbliche in ragione della loro capacità contributiva").

16. O que acabamos de escrever vale, também, para as indenizações por dano moral, previstas na própria Constituição Federal (art. 5º, X), nas quais, é certo, não se recompõe o patrimônio material, mas o caráter, o bom nome, a imagem, a honra, a intimidade, os sentimentos familiares e outros valores inerentes à personalidade de cada pessoa (física ou jurídica). Há, aí, a reparação de outra ofensa, a composição de outro agravo, que, conquanto não lanhe bens materiais, fere fundamente os sentimentos da vítima. A resolução em *perdas e danos* destes sentimentos feridos não aumenta a riqueza econômica do afrontado, mas lhe restabelece, em pecúnia, aquele mínimo existencial, que, nos termos da Constituição, compreende os direitos à personalidade, à intimidade, ao bom nome, à imagem, à vida privada etc.

Lembramos que, de regra, o dano acarreta diminuição patrimonial *strito sensu*. Todavia, nada impede atinja elementos extrapatrimoniais, ou, se preferirmos, o patrimônio *lato sensu*, que compreende todos os bens ou direitos da pessoa, que vão além dos elementos puramente econômicos, mas têm natureza subjetiva, já que alcançam o conceito de que goza no meio social em que vive. O labéu, a mancha infamante na reputação, causam, por vezes, danos maiores, que a própria perda dos bens materiais. Deveras, com muita freqüência, além do dano moral, a calúnia, a difamação, a injúria e o próprio chiste causam, com o tempo, danos materiais (*v.g.*, perda de clientela, com a conseqüente diminuição dos negócios ou serviços), obviamente indenizáveis a parte.

Depois, nunca é demais referir que o dano moral fere fundo a auto-estima do lesado, que, no dizer expressivo de John Rawls (*Uma Teoria da Justiça*, trad. Almiro Pisetta e Lenita Esteves, São Paulo, Martins Fontes, 1997), é um de seus maiores bens primários. Este autor entende por auto-estima, tanto a noção que a pessoa tem de seu próprio valor, como

**V** – As teses que estamos a desenvolver foram acolhidas com boa sombra pelo Poder Judiciário. Assim, por exemplo, o Supremo Tribunal Federal decidiu descaber IR sobre as indenizações expropriatórias.[17] Também há julgados, de outras Cortes do País, dando por descabida a incidência do imposto sobre as verbas pagas a empregados, pela adesão a *programas de incentivo à demissão voluntária*, a servidores, pelas férias vencidas e não-gozadas, a segurados, em razão do sinistro sofrido.

Embora tais decisões refiram-se a tipos especiais de indenização, é incontroverso que a idéia nelas exteriorizada tem alcance geral e universal, de sorte a abranger todo e qualquer tipo de verba indenizatória, independentemente das razões de fato que a possam ter originado.

Aliás, a matéria encontra-se de tal modo sedimentada, que a própria Administração Fazendária, em face do grande número de revisões judiciais do lançamento, acabou por sufragar a tese de que as indenizações de natureza laboral refogem à tributação por meio de imposto sobre a renda.[18]

Estamos percebendo, pois, assim no seio do Judiciário, que no âmbito do próprio Fisco, a tendência ao reconhecimento de que as indenizações, seja qual for sua origem, não tipificam rendimentos tributáveis.

**VI** – Observamos, por outro lado, ser irrelevante a circunstância de a legislação do IR não isentar a maior parte das indenizações. É que estas, sendo simples trans-

sua confiança de que reúne condições para atingir as metas que elegeu para a própria vida (ob. cit., p. 487). Abalar estas crenças é, por vezes, mais traumático para a vítima, que esfrangalhar seu patrimônio.

Enfim, o dano moral, até pode não afetar a vida econômica da pessoa atingida, mas lhe devassa a honra, o bom nome, a imagem e, não raro, até, a aura de elegância (caso da modelo a quem se imputa falsamente temperamento irascível). Por isso mesmo, possibilita, a quem o sofre, o recebimento de uma indenização.

Os valores monetários percebidos, nesta hipótese, não trazem ao indenizado nenhum acréscimo patrimonial, no sentido corriqueiro da expressão; apenas, transformam, em moeda, os gravames que injustamente experimentou e que lhe feriram os sentimentos ou a auto-estima. Noutros falares, compensam-lhe ou minoram-lhe o agravo sofrido, recompondo-lhe, em pecúnia, o patrimônio moral vilipendiado.

Sobremais, o dinheiro entregue ao beneficiado toma por paradigma bens que estão fora do campo econômico, sendo, pois, insusceptíveis de avaliação pecuniária. Não há falar, no caso, nem em riqueza nova, nem em acréscimo patrimonial, nem, muito menos, em mais-valia.

Vai daí que, também nas indenizações por dano moral economicamente dimensionado, não há espaço jurídico à tributação em estudo.

Ainda a respeito, tem-se questionado se a pessoa jurídica também pode sofrer dano moral, havendo quem imediatamente se incline pela negativa, ao argumento de que ela não possui sentimentos capazes de serem feridos.

A questão, no entanto, não é tão simples quanto parece. Se, por um lado, a pessoa jurídica não pode sofrer danos morais puros – caso do indivíduo acusado, sem razão, de hábitos soezes –, por outro, nada impede sofra um dano moral, que lhe traga repercussões econômicas negativas, prejudicando, destarte, seu patrimônio. Admitamos, em exemplário armado ao propósito, que se divulgue mentirosamente que uma determinada empresa faz discriminação racial com seus empregados. Decerto que esta informação mendaz repercutirá, de modo negativo, não só em seu bom conceito, como em seu faturamento (já que os consumidores fatalmente boicotarão seus produtos), o que configura dano moral com repercussões econômicas, tudo susceptível de indenização. Foi o que recentemente aconteceu com empresa americana, que, acusada (injustamente) de discriminar seus funcionários negros, teve boicotados seus produtos pela comunidade afro-americana.

Portanto, é perfeitamente possível que uma pessoa jurídica sofra dano moral e, com ele, repercussões econômicas negativas, perfeitamente indenizáveis.

Aliás, o Superior Tribunal de Justiça pôs cobro às controvérsias, ao sumular que "a pessoa jurídica pode sofrer dano moral" (Súmula n. 227) e, em decorrência, ser passível de indenização.

Também esta indenização não pode cair nas malhas do IR.

17. A *ementa* do julgamento da Representação 1.260-DF, de 1987 (STF, Pleno, *DJU* 18.11.1988, p. 30.023) registra: "O *quantum* aferido pelo titular da propriedade expropriada é, tão-só, forma de reposição, em seu patrimônio, do justo valor do bem, que perdeu, por necessidade ou utilidade pública ou por interesse social".

18. V., a respeito, o Parecer Normativo CST n. 52/1976.

formações de riqueza, naturalmente refogem à incidência do tributo em tela. De fato, não gerando acréscimos patrimoniais a quem as recebe, colidem com o conceito "*renda*", inexistindo, destarte, fundamento jurídico para que lei isentiva delas se ocupe.

Realmente, o recebimento de uma indenização tipifica hipótese de não-incidência do imposto sobre a renda. Ora, as hipóteses de não-incidência independem de lei para serem reconhecidas, já que não se enquadram na regra matriz constitucional do tributo que está sendo considerado.

Em rigor, não é o caso de isentar situação que não figura, nem mesmo em tese, no campo tributável da pessoa política. Reforçando a assertiva, não há porque isentar situação de não-incidência. Tomando por empréstimo a sabedoria popular, seria o mesmo que "chover no molhado".

Noutros termos, nenhuma obrigação tributária pode nascer de situações de não-incidência. Mesmo que a lei ou a Administração Fazendária assim o desejem.

Desnecessário, pois, que a lei do imposto sobre a renda isente as indenizações, já que não ensejam ganhos ou riquezas novas, mas simples recomposições patrimoniais por danos sofridos e, nesta medida, não tipificam nem renda, nem proventos tributáveis.

Invertamos o raciocínio: se, amanhã, lei federal submeter as indenizações à tributação por via de imposto sobre a renda, será inconstitucional.

O problema todo, portanto, não é de nível legal ou infralegal, mas constitucional. A Constituição não outorgou à União competência para tributar indenizações. E esta – como, de resto, qualquer pessoa política – não tem titulação jurídica para, de moto próprio, ampliar as regras-matrizes de seus tributos, aí compreendido o imposto sobre a renda. Inconstitucional – tornamos a insistir – lei federal que eventualmente assim disponha.

Por igual modo, será inconstitucional qualquer interpretação fazendária da legislação existente, que leve à conclusão de que quantias recebidas a título de indenização podem ser tributadas por meio de imposto sobre a renda. Na hipótese, o próprio Judiciário, quando provocado, deverá vir em socorro do contribuinte, para restabelecer o primado da Constituição.

Na verdade, as isenções de IR só se justificam quando giram em torno de rendimentos que, nos termos da Lei Maior, podem, em princípio, ser tributados. Relembramos, de passagem, que há rendimentos que constitucionalmente não podem ser levados à tributação,[19] motivo pelo qual as pessoas que os auferem não precisam ser isentadas.

Em suma, as isenções de IR perdem por completo a razão jurídica de ser, quando se referem a fatos que nosso ordenamento não admite sejam alvo deste tributo (isto é, que estão fora do campo de incidência do imposto, que – repetimos – foi rigidamente delimitado pela Constituição).

Irrelevante, destarte, não estejam todas as indenizações legalmente isentas do IR (como irrelevante não estejam isentas de IR as prestações de serviços ou as operações mercantis). Por que, irrelevante? Porque, como já sublinhamos, o IR só pode alcançar acréscimos patrimoniais (nunca indenizações, que apenas recompõem o patrimônio das pessoas).

Arrematando a idéia, quando, nos termos da Constituição, não há incidência tributária possível (como no caso das indenizações recebidas), é desnecessária, por inócua, a edição de lei isentiva: sua falta nunca ensejará o nascimento de figuras exacionais.[20]

19. É o caso dos rendimentos obtidos pelas pessoas políticas, que são imunes ao imposto sobre a renda, *ex vi* do art. 150, VI, *a*, da CF.

20. A *isenção* não se confunde com a *não-incidência*. *Esta*, é uma situação que ontologicamente está fora da *hipótese de incidência possível* do tributo, ao passo que, *aquela*, nasce de uma lei que retira do campo tributável uma situação que está dentro da *hipótese de incidência possível* do tributo. Eis porque não é necessário isentar situações de não-incidência.

**VIa** – De qualquer modo, atecnias à parte, não vemos mal maior, quando a lei "*isenta*" de IR, fatos que positivamente não se acomodam aos arquétipos constitucionais desta figura exacional. No mínimo, tal lei – declaratória em sentido absoluto, já que não cria nenhuma nova situação jurídica – sempre terá a virtude de espancar dúvidas, que eventualmente poderiam surgir no espírito dos aplicadores (administrativos ou judiciais).

A lei que "*isenta*" de IR situações de não-incidência, não deixa de ter sua utilidade, pois explicita, *erga omnes*, que um dado fato *realmente* não pode ser submetido à tributação em tela. Ou, se quisermos, previne litígios entre a União e virtuais contribuintes, garantindo o primado da Constituição Federal. Deveras, a Administração Fazendária estará impedida, ***também pela própria lei***, de lançar e cobrar o tributo. E, caso a "isenção" venha reiterada por decreto regulamentar, mais o Fisco estará auto-limitado e, portanto, mais ainda condicionado a cumprir os ditames constitucionais. Como é fácil notar, aplica-se por inteiro, neste ponto, o clássico brocardo "quod abundat non nocet".

Uma coisa, no entanto, é mais do que certa: situações de não-incidência, não expressamente "isentadas" de IR, nem por isso migram, como num passe de mágica, para a área reservada a este gravame. Pelo contrário, continuarão a salvo do tributo, justamente por não se encaixarem em sua regra-matriz constitucional.

A partir destas considerações gerais, esmiuçaremos nossa tese, qual seja, a de que os lucros cessantes são inalcançáveis pelo imposto sobre a renda.

## *3. Da não-incidência do IR sobre os valores recebidos a título de lucros cessantes*

### *3.1 Considerações gerais*

**I** – O evento que acarreta lucros cessantes atinge o patrimônio jurídico da pessoa lesada e, nesse sentido, equipara-se ao dano material.[21]

Embora os lucros cessantes não possam ser quantificados de plano, tal dificuldade não impede a justa reparação, porque há meios de apurá-los, transformando-os em pecúnia. Noutras palavras, o que se compensa, *in casu*, é a perda potencial do patrimônio, estimada de acordo com as circunstâncias objetivas que cercaram a ocorrência do evento lesivo.

Depois, a circunstância de não ser possível a avaliação rigorosa, em dinheiro, do dano, não afasta o dever de indenizar.[22] Sempre haverá como reparar as futuras perdas sofridas, isto é, os lucros cessantes, que, a nosso ver, também são intributáveis por meio de IR.

E nem se argumente que as indenizações advindas de lucro cessante, a teor do art. 402, do Código Civil,[23] devem ser tributadas por meio de imposto sobre a renda, porquanto, nelas, haveria uma antecipação dos ganhos que o lesado experimentaria e, que, na ocasião oportuna, seriam levados à tributação específica.

Sem embargo de respeitáveis opiniões em sentido contrário, pensamos que nem mesmo estas indenizações se subsumem à regra-matriz constitucional do IRPJ. Os pagamentos a este título efetuados representam eventos com aparente (e só aparente) incremento patrimonial, *condição insuficiente* para determinar o nascimento do dever de recolher o tributo em questão.

21. O *lucro cessante*, como querem os civilistas, corresponde àquilo que se deixou de auferir (*quantum lucrari potui*). Dá-se em decorrência da privação dos meios materiais para a obtenção do lucro.

22. Fosse de outro modo, quem destruísse uma obra de arte estaria a salvo do dever de indenizar, já que não há como valorá-la com exatidão matemática.

23. Código Civil – "Art. 402. Salvo as exceções expressamente previstas em lei, as perdas e danos devidas ao credor abrangem, além do que ele efetivamente perdeu, o que razoavelmente deixou de lucrar".

É certo que os valores que ingressam no patrimônio do indenizado representam aquilo que presumivelmente seria por ele ganho, não fosse a ocorrência do dano.[24] Todavia, é igualmente certo que não há aí acréscimo patrimonial a considerar, mas simples compensação, em pecúnia, pela injusta frustração da expectativa de ganho (o que não deixa de representar diminuição patrimonial). Tanto que o lucro cessante é arbitrado, de acordo com indícios, que, parafraseando Shakespeare, em sua famosa peça "O Mercador de Veneza", conduzem às portas da verdade, mas não trazem a certeza da verdade. Muito de revés, deixam no ar sempre um clima de conjectura, quando não de incerteza.

Daí estes montantes estarem resguardados do IR, por força de uma série de princípios constitucionais, nomeadamente o da certeza e o da segurança jurídica da tributação, já que não se sabe quanto exatamente receberia o lesado, acaso ausente o dano.

Ademais, também nas indenizações por lucros cessantes, não se vislumbra a indispensável mais-valia, experimentada ao longo de um período de tempo, mas a mera compensação, de uma única feita, por eventos ilícitos que, tendo acarretado diminuição patrimonial ao lesado, frustraram-lhe as justas expectativas de ganho. Definitivamente estão fora do campo tributário traçado pelo art. 153, III, da Constituição Federal. São, se preferirmos, acontecimentos neutros, pelo menos no que concerne ao IR.

Deveras, sustentar que as indenizações recebidas por lucros cessantes sujeitam-se à incidência do imposto sobre a renda, é ponto de vista que contraria, pelo menos, aos seguintes preceitos da CF: (*a*) o art. 153, III, que delimita a competência para que a União crie este tributo, que só pode incidir sobre o fato auferir renda, que não se confunde com aqueloutro, obter indenização;[25] (*b*) o art. 145, § 1º, que consagra o princípio da capacidade contributiva, como informador dos impostos em geral; e, (*c*) o art. 150, IV, que veda a utilização de qualquer tributo com efeito de confisco.

**II** – Outro entendimento, ou seja, da incidência de IR sobre as importâncias recebidas a título de lucros cessantes, leva a um *empobrecimento sem causa* do contribuinte, a que corresponde um *enriquecimento sem causa* da União.

*Empobrecimento sem causa* do contribuinte, já que terá lanhado o patrimônio e, não, a renda, como autoriza o art. 153, III, da Constituição Federal.

*Enriquecimento sem causa* da União, pois receberá um *indébito tributário*, locupletando-se, destarte, com a jactura do contribuinte.

A propósito, é postulado jurídico, universalmente aceito, que ninguém – muito menos o Poder Público – deve experimentar enriquecimento sem causa. Tal se dá, quando o pagamento efetuado não decorre de uma obrigação que o justifique.

Se uma pessoa paga a outra algo que não deve, o enriquecimento desta última é ilegítimo, já que despido de fundamento jurídico. No caso, o *solvens* (aquele que pagou o indevido) passa a ter, em relação ao *accipiens* (aquele que o recebeu), o direito subjetivo à repetição. É que – tornamos a insistir – ninguém deve enriquecer à custa de pagamento indevido.

Remarcamos que *pagamento indevido* é o que não se esforça em causa jurídica suficiente. É, se preferirmos, o que deriva

24. O lucro cessante é de valor indeterminável. Por isso mesmo, seu montante é arbitrado, levando-se em conta critérios de probabilidade, além das circunstâncias relevantes do caso concreto.

25. *Renda* e *indenização* são termos que a Constituição Federal emprega em contextos diversos. O primeiro (*renda*), no sentido de acréscimo patrimonial gerado pelo capital, pelo trabalho ou pela combinação de ambos; o outro (*indenização*), de recomposição patrimonial *lato sensu*, em conseqüência de dano, emergente ou potencial, causado por terceiro.

de erro. Erro que, no caso dos *impostos*, aí incluído o IR, é presumido diante da só existência do indébito. Noutras palavras, o indébito, nestes casos, já é prova suficiente da existência do erro em que incidiu o *solvens*. Só pelo fato de havê-los pago, já tem direito à restituição.[26]

### *3.2 A natureza jurídica dos lucros cessantes e sua exclusão da base de cálculo do IR*

**I** – A quantia recebida a título de lucros cessantes também tipifica indenização e, como tal, é inalcançável pelo IR.

Não ignoramos que parte expressiva da doutrina[27] defende a tese oposta, com base em dois argumentos; a saber: (*a*) caso não tivesse ocorrido o dano, a pessoa experimentaria *acréscimo patrimonial* e, sobre ele, recolheria normalmente o tributo; e, (*b*) a indenização, na hipótese, não passaria de uma antecipação de ganhos, pelo que não há como afastar a incidência, sobre ela, do IR. Nosso raciocínio, todavia, leva a outra conclusão.

É certo que a indenização por lucro cessante, tipificando antecipação de ganhos, possui indubitável conteúdo econômico. Mas isso só não implica *acréscimo patrimonial*, vale dizer, riqueza nova, experimentada durante o período de apuração. O que há, no caso, é simples compensação financeira pela privação, causada por episódio lesivo, do incremento patrimonial do lesado.

Ante a impossibilidade real de se obterem ganhos futuros, em razão do evento danoso, o Direito arquitetou um meio formal e pragmático de compensar tal *déficit*: o pagamento de "lucros cessantes", fixados por estimativa e que de modo algum aumentam a capacidade contributiva de quem os recebe.

Note-se, por outro lado, que as compensações financeiras recebidas a título de lucros cessantes, não derivam do capital, do trabalho ou da combinação de ambos, como prescreve o art. 43, I, do CTN,[28] mas de ato ilícito, praticado pelo causador do dano, que lhe gerou responsabilidade civil.

Também tenhamos presente que, na hipótese de lucros cessantes, a indenização pelo dano é calculada por meio de es-

26. A pessoa que conquistou indevidamente patrimônio alheio tem o dever, jurídico e moral, de restituí-lo espontaneamente. Se não o faz, possui o *solvens* uma ação própria para reavê-lo, que outra não é senão a *ação de repetição do indébito* (ação de *in rem verso*).

A ação de repetição do indébito encontra respaldo no *princípio da eqüidade*, que não se compadece com o enriquecimento em prejuízo de terceiro, isto é, que não se esforça em causa jurídica suficiente.

A proibição do "*enriquecimento sem causa*" é chamada, pelo inolvidável Agostinho Alvim, de "*princípio eterno do Direito*". Vale também para o Estado, que, mais até do que qualquer particular, não pode locupletar-se em prejuízo alheio (*nemo locupletari potest cum aliena iniuria*).

De fato, quando o *accipiens* é o Poder Público ele deve ser mais diligente do que o particular no restituir o indébito tributário, até em função do *princípio da moralidade*, que informa e condiciona seu agir, nos termos do art. 37, *caput*, da Constituição Federal.

Note-se, finalmente, que a repetição do indébito tributário recompõe a *capacidade contributiva* daquele que recolheu tributo *a maior*.

27. Dentre outros: Gisele Lemke, *Imposto de Renda – Os Conceitos de Renda e de Disponibilidade Econômica e Jurídica*, São Paulo, Dialética, 1998, pp. 75 e 76; Mary Elbe Queiroz, *Impostos sobre a Renda e Proventos de qualquer Natureza*, São Paulo, Manole, 2004, p. 122; Schubert de Farias Machado, "Regime tributário das indenizações", co-edição Dialética e ICET (*Regime Tributário das Indenizações* – Coord. Hugo de Brito Machado), São Paulo, 2000, p. 340; James Marins, "Regime tributário das indenizações", co-edição Dialética e ICET (*Regime Tributário das Indenizações* – Coord. Hugo de Brito Machado), São Paulo, 2000, pp. 143 e 144; e Natanael Martins e Ana Paula Bonini Tararam, "Regime tributário das indenizações", co-edição Dialética e ICET (*Regime Tributário das Indenizações* – Coord. Hugo de Brito Machado), São Paulo, 2000, pp. 287 e 289.

28. Código Tributário Nacional – "Art. 43. O imposto, de competência da União, sobre a renda e proventos de qualquer natureza, tem como fato gerador a aquisição da disponibilidade econômica ou jurídica: I – de renda, assim entendido o produto do capital, do trabalho ou da combinação de ambos".

timativas, que não se compadecem com a segurança e a certeza que devem presidir qualquer fenômeno tributário. Realmente, é de todo em todo impossível fixar, com precisão, o desfalque patrimonial sofrido pelo lesado e, assim, os montantes pagos pelo causador do dano se perturbam, já que penetram no campo das hipóteses. Assim, até pela ausência de exatidão matemática, não vemos como transformar em renda tributável, a indenização recebida.

Confirma tal *indeterminação* o já citado art. 402, do Código Civil, que, disciplinando o assunto, prescreve que as indenizações por lucros cessantes devem levar em conta o que o lesado "razoavelmente deixou de lucrar". Ora, o advérbio de modo "razoavelmente" de per si revela que a indenização há de ser paga de acordo com o que for possível provar, por meio de cálculos atuariais e projeções; não, pelos ganhos que seguramente seriam experimentados. E o mesmo é o entendimento de Agostinho Alvim, *verbis*:

"(...) em se tratando de lucros cessantes, dificilmente se poderá estabelecer uma relação de causalidade (às vezes até impossível) entre o fato e o prejuízo, de sorte a filiar o dano à sua pretendida causa. (...)

"Tal objeção não procede e é justamente para preveni-la que o Código usa da expressão *razoavelmente*: o que *razoavelmente deixou de lucrar*, cujo sentido é este: até prova em contrário, admite-se que o credor haveria de lucrar aquilo que o bom senso diz que lucraria. Há aí uma presunção de que os fatos se desenrolariam dentro do seu curso normal, tendo-se em vista os antecedentes. (...)

"Finalmente, e com o intuito de assinalar com a possível precisão o significado do termo *razoavelmente*, empregado no art. 1.059 do Código,[29] diremos que ele não significa que se pagará aquilo que for razoável (idéia quantitativa) e, sim, que se pagará se se puder, razoavelmente, admitir que houve lucro cessante (idéia que se prende à existência mesma do prejuízo).

"Ele contém uma restrição, que serve para nortear o juiz acerca da prova do prejuízo em sua existência, e não em sua *quantidade*.

"Mesmo porque, admitida a existência do prejuízo (lucro cessante), a indenização não se pautará pelo razoável e, sim, pelo provado."[30]

O ilustre civilista não podia dizer mais, nem melhor.

Com base em tão lúcidas lições, animamo-nos a sustentar que os *lucros cessantes*, conquanto apurados com base no curso normal dos acontecimentos e às especiais circunstâncias de cada caso concreto, não trazem a absoluta certeza de quais seriam os acréscimos patrimoniais experimentados, se ausente o evento lesivo. O que há, sim, é uma mera possibilidade, uma probabilidade objetiva, uma verossimilhança de que a quantia recebida corresponderia aos ganhos que seriam obtidos.

Mais e mais, pois, patenteia-se o caráter reparatório das importâncias recebidas a título de lucros cessantes, circunstância que nos reconduz à conclusão, já adiantada, de que, sobre eles, não se pode fazer sentir a carga econômica do IR.

**II** – Reiteramos que os lucros cessantes propiciam ao lesado o recebimento daquilo que, em decorrência do dano sofrido, razoavelmente deixou de receber. Ora, como a ninguém é dado prever o futuro, elas apenas projetam o montante que seria recebido pelo lesado.

Logo, o que se verifica, no caso, não é o pagamento antecipado deste montante,

29. O autor aludiu ao art. 1.059, do Código Civil de 1916, que, com pequenas variantes, estava vazado nos mesmos moldes do art. 402, do atual Código Civil, *verbis*: "Art. 1.059. Salvo as exceções previstas neste Código, de modo expresso, as perdas e danos devidos ao credor abrangem, além do que ele efetivamente perdeu, o que razoavelmente deixou de lucrar".

30. *Da Inexecução das Obrigações e suas Conseqüências*, 5ª ed., São Paulo, Saraiva, 1980, pp. 189 a 191 (os grifos são do autor).

até porque impossível de ser apurado. O que se paga ao lesado, sim, após sopesadas as circunstâncias do caso concreto, é a perda deste provável *plus*. Tudo confirma, portanto, a existência de uma indenização como outra qualquer, intributável por meio de IR.

Permitimo-nos insistir que a gênese do pagamento dos *lucros cessantes* é sempre um *dano* causado. A par disso, seu valor é apurado por estimativa. Logo, o que se paga é a frustração da razoável expectativa da pessoa vir a obter acréscimos patrimoniais.

Ao fim e ao cabo de todos estes considerandos percebe-se, pois, uma nítida superposição da situação ora em foco com a anteriormente estudada (a dos *danos emergentes*). De fato, com o pagamento dos *lucros cessantes*, completa-se a justa indenização da pessoa lesada. E sobre justa indenização não há falar, como pensamos haver cabalmente demonstrado, em tributação por meio de imposto sobre a renda.

**III** – Mas, há um outro argumento que não pode ser ignorado.

A Constituição Federal, como é sabido e consabido, determina que os danos, quer materiais, quer morais, devem ser reparados, o que se dá mediante *indenização*.

Ora, entre os danos materiais, a lei civil incluiu os *lucros cessantes*.

Logo, *lucros cessantes* são indenizações, o que nos reconduz à idéia, exibida *ad nauseam* ao longo deste artigo, de que não podem se alcançados pelo imposto sobre a renda.

E nem se diga que este conceito poderia ser retrabalhado pelo Direito Tributário.

Realmente, é interdito ao legislador (complementar ou ordinário) dilargar, para fins tributários, o conceito de "indenização", consagrado em nosso Direito Privado, de modo a transformá-la em "*renda*", para sujeita-la à incidência do imposto sobre a renda.

Esta impossibilidade decorre da circunstância de que os conceitos que a Carta Magna encampa do Direito Privado, ao tratar das competências tributárias, não podem ser alterados, por normas infraconstitucionais.

Do contrário, a própria rigidez das competências tributárias restaria seriamente comprometida, quando não anulada. Bastaria, para tanto, que o legislador infraconstitucional redefinisse os conceitos de Direito Privado, usados pela Constituição Federal, para discriminar e demarcar as competências tributárias, entre as pessoas políticas.

A idéia encontra-se bem travejada no art. 110, do Código Tributário Nacional, *verbis*: "Art. 110. A lei tributária não pode alterar a definição, o conteúdo e o alcance de institutos, conceitos e formas de direito privado, utilizados, expressa ou implicitamente, pela Constituição Federal, pelas Constituições dos Estados, ou pelas Leis Orgânicas do Distrito Federal ou dos Municípios, para definir ou limitar competências tributárias".

Essa proibição, em rigor, decorre das próprias características de nosso sistema constitucional tributário, pelo que o art. 110 do CTN nem seria necessário, como bem o percebeu Paulo de Barros Carvalho, *verbis*: "O imperativo não vem, diretamente, do preceito exarado no art. 110. É uma imposição lógica da hierarquia de nosso sistema jurídico. O empenho do constituinte cairia em solo estéril se a lei infraconstitucional pudesse ampliar, modificar ou restringir os conceitos utilizados naqueles diplomas para desenhar as faixas de competências oferecidas às pessoas políticas. A rígida discriminação de campos materiais para o exercício da atividade legislativa dos entes tributantes, tendo estatura constitucional, por si só já determina essa inalterabilidade. Em todo caso, não deixa de ser oportuna a lembrança que o art. 110 aviva".[31]

Sem embargo da total pertinência das ponderações *supra*, o fato é que o art. 110, do CTN, é extremamente didático e oportuno, pois reforça a noção de que a rígida discriminação das competências tributárias não pode ser costeada por meio da redefinição dos conceitos, institutos e formas de Direito Privado que o legislador constituinte encampou, para demarcar os campos exacionais das várias pessoas políticas.

No mesmo sentido, já se pronunciou o Plenário do Supremo Tribunal Federal, *verbis*: "(...) não se trata, é claro, de submissão da Lei tributária à Lei civil. A lei tributária só se submete à Constituição. Mas, é da interpretação do emprego, no próprio texto constitucional, do *nomen iuris* do instituto de direito privado, que se pode extrair, como no caso, a limitação da Lei tributária pelas conotações essenciais do conceito privatístico, que, assim, a publicizou".[32]

Também valem, acerca do assunto, as seguintes ponderações de Misabel Derzi: "Quando a Constituição usa um conceito, um instituto ou forma do Direito Privado, o nome empregado denota certo objeto, segundo a conotação que ele tem na ciência jurídica particular, da qual se origina. A conotação completa que advém da ciência do Direito Privado é condição prévia de inteligibilidade e univocidade do discurso constitucional. E se a Constituição se utiliza nesse sentido, extraído de certo ramo jurídico, para assegurar a discriminação e delimitação de competência, enfim o pacto federativo, não é dado ao legislador infraconstitucional alterá-lo. Permitir ao intérprete ou ao legislador ordinário que alterasse o sentido e alcance desses institutos e conceitos constitucionalmente empregados seria permitir que firmasse sem licença da Constituição, novo pacto federativo, nova discriminação de competência. Sendo assim, o art. 110 do CTN determina a cristalização da denotação e da conotação jurídica daqueles institutos, conceitos e formas, vedando-se ao legislador tributário a alteração de sentido que é própria do Direito Privado".[33]

De conseguinte, é juridicamente inaceitável a tese de que *lucro cessante*, considerado *indenização* pelo Direito Civil, pode vir a integrar, para fins tributários, o incremento patrimonial do contribuinte, de modo a compor a base de cálculo do imposto sobre a renda a seu cargo.

Em mais preciso dizer, absolutamente não pode o fisco federal alterar o alcance do conceito de "lucro cessante", em ordem a sujeitá-lo à incidência do IR, que a isto obstam o *princípio da rigidez das competências tributárias* e o art. 110, do Código Tributário Nacional, que o explicita.

Eis porque nem uma lei federal, nem, muito menos, um entendimento fazendário podem equiparar o conceito de *indenização* (ainda que rotulada *lucro cessante*) ao de *renda*, a fim de sujeitar quem o percebe ao imposto específico.

Indenização não acresce o patrimônio do lesado; apenas o reintegra: (*i*) com precisão matemática, no caso dos *danos emergentes*; e, (*ii*) por aproximação, no dos *lucros cessantes*. Em ambas as hipóteses, inexistindo *riqueza nova* a considerar, não há espaço, nem lugar, para o IR.

Noutro giro verbal, "receber reparação de prejuízos", seja a título de *danos emergentes*, seja de *lucros cessantes*, não pode, em nenhuma hipótese, ser considerado, para fins de tributação por meio de IR, uma forma de aumentar o patrimônio. Tal *elasticidade*, caso aceita, feriria de morte, os princípios constitucionais que informam

31. *Curso de Direito Tributário*, 17ª ed., São Paulo, Saraiva, 2005, p. 106.

32. RE 1.221.336-CE, Tribunal Pleno, rel. Min. Sepúlveda Pertence, *DJU* 26.6.1992.

33. Notas de atualização ao livro *Direito Tributário Brasileiro*, de Aliomar Baleeiro (11ª ed., Rio de Janeiro, Forense, 1999), p. 492.

a tributação, mormente o *da legalidade*[34] e o *da tipicidade fechada*.[35]

**IV** – Não bastasse isso tudo, na medida em que a Constituição alude, em dispositivos diversos, à "*indenização*" e à "*renda*", e levando-se em conta que autoriza a União a tributar *apenas* a obtenção desta última, segue-se que juridicamente não há como estender o gravame ao recebimento de "*reparações patrimoniais*", ainda que rotuladas "*lucros cessantes*".

Positivamente, "*receber lucros cessantes*" é compensar-se por um acréscimo patrimonial que não ocorrerá, em razão do dano sofrido. É, pois, como diria o saudoso mestre Geraldo Ataliba, com sua extraordinária didática, *uma hipótese de não-incidência do* IR, já que *fora* de sua regra-matriz.[36]

34. O *princípio da legalidade tributária* – tal como arquitetado na Carta Magna, especialmente em seus arts. 5º, II e 150, I – exige que os tributos venham criados ou aumentados por meio de *lei formal*. Isto significa que a lei que se ocupa com o assunto deverá detalhar todos os elementos necessários (*v.g.*, a base de cálculo) ao nascimento do tributo (tipicidade), não podendo ser contrariada, direta ou indiretamente, nem pelo Judiciário, nem, muito menos, pela Fazenda Pública.

Como se isto não bastasse, o lançamento e a cobrança das obrigações tributárias devem levar em conta os direitos fundamentais dos contribuintes, máxime os que decorrem dos princípios que informam a tributação (segurança jurídica, igualdade, anterioridade, capacidade contributiva, proibição ao confisco, liberdade de comércio etc.).

Incumbe ao aplicador (agente fiscal ou juiz) verificar quais têm prevalência, no caso concreto, de modo a garantir os valores prestigiados na Constituição, o que afasta, de plano, a possibilidade de *executar* a lei tributária com *ampla liberdade*, tendo em vista *apenas* os objetivos arrecadatórios.

35. Os contribuintes possuem o direito fundamental de verem cada *tipo tributário* estritamente vinculado à *regra-matriz* da figura exacional a ele relativa. O *tipo tributário* (descrição material do tributo) há de ser sempre um conceito fechado, exato e rígido. Vai daí, que a lei, longe de abandonar o contribuinte aos critérios subjetivos da Fazenda Pública, precisa traçar uma *ação-tipo*, que descreva minuciosamente o fato que, acontecido no mundo fenomênico, originará a obrigação tributária.

36. Mais uma razão para que não sejam necessárias leis que isentem de IR, as verbas recebidas a título de *lucros cessantes*.

**V** – Sempre a propósito, qualquer indenização (aí compreendida, portanto, a recebida a título de *lucros cessantes*) não pode ir além da *recomposição patrimonial* do lesado, até em função do disposto no art. 944, do Código Civil ("a indenização mede-se pela extensão do dano"), que implicitamente veda o *enriquecimento sem causa* e, por via de conseqüência, a obtenção de acréscimo patrimonial, em razão do gravame sofrido. Vai daí, que passa ao largo da tributação por meio de IR.

## *4. Observações finais*

As linhas argumentativas acima desenvolvidas levam-nos a concluir que os valores recebidos a título de *lucros cessantes* têm caráter incontendivelmente indenizatório, pelo que não integram a base de cálculo do imposto sobre a renda.

A assertiva arrima-se nos grandes princípios constitucionais tributários, que, por óbvio, sobrepairam decretos, portarias, *regimes de tributação* e outras questões do tipo. Também desconsidera argumentos contábeis, marcados pelo pragmatismo e pela cautela, e que têm por escopo, em última análise, evitar, o quanto possível, autuações fiscais.

Somos os primeiros a reconhecer que estes assuntos infraconstitucionais e de ordem econômica são importantes e preocupam quem não deseja assumir riscos. Entretanto, *venia concessa*, ficam no patamar convencional, que, se por um lado, dá certa tranqüilidade ao contribuinte, por outro, muita vez o impede de fruir por inteiro do direito fundamental de ser adequadamente tributado.

Por fim, estamos convencidos de que, se for necessário o acionamento dos mecanismos judiciais, as possibilidades de vitória dos contribuintes são significativas, até porque – repetimos – a posição por nós perfilhada encontra sólido apoio na Constituição Federal.

CADERNOS DE DIREITO TRIBUTÁRIO

# RESPONSABILIDADE SOLIDÁRIA E O LANÇAMENTO FISCAL

MARCOS VINICIUS NEDER

Mestre em Direito Tributário pela PUC/SP. Presidente da 7ª Câmara do 1º Conselho de Contribuintes. Professor dos Cursos de Pós-Graduação da FGV, PUC/SP e UnB

*1. Primeiras considerações. 2. A norma de responsabilidade. 3. A consideração da norma de responsabilidade na construção da norma individual e concreta produzida pelo ato de lançamento tributário. 4. Responsabilidade solidária por interesse comum. 5. Relação jurídica privada subjacente ao fato tributário. 6. Conceito de interesse comum. 7. Inclusão do responsável solidário no lançamento tributário. 8. Conclusão.*

## *1. Primeiras considerações*

A responsabilização de pessoas por débitos tributários das sociedades tem gerado acirrada controvérsia doutrinária e jurisprudencial. A fiscalização tributária, na busca de meios para dar efetividade à arrecadação tributária, tem alterado seu *modus operandi*, trazendo, desde a feitura do auto de infração, a imputação de responsabilidade tributária a sócios, administradores e terceiros. Nesses casos, a fiscalização lavra auto de infração contra a pessoa jurídica e, ao mesmo tempo, firma termo de atribuição de responsabilidade tributária por solidariedade, imputando a terceiros o dever de responder pelo crédito tributário da sociedade.

De fato, em muitas situações, são terceiros que verdadeiramente evidenciam capacidade econômica e se beneficiam dos fatos geradores de riqueza, tornando inócua a tributação sobre pessoas jurídicas sem patrimônio. Contudo, deve-se evitar atribuir responsabilidade de forma indiscriminada a terceiros sob pena de ferir direitos constitucionais conferidos aos contribuintes. O exemplo clássico é conferir automaticamente responsabilidade aos sócios em todos os autos de infração lavrados contra pessoas jurídicas, com a finalidade de garantir, por vias oblíquas, o recebimento do crédito tributário.

Nesse contexto, o presente estudo pretende investigar a aplicação das normas de responsabilidade tributária por solidariedade no âmbito do processo administrativo tributário, buscando oferecer critérios que permitam conciliar o interesse público na arrecadação tributária com a preservação da segurança jurídica. Além disso, examinar a possibilidade de inclusão dos devedores solidários desde a feitura do lançamento fiscal.

## 2. *A norma de responsabilidade*

As normas de responsabilidade podem ser classificadas como normas tributárias em sentido amplo, pois tratam de matéria tributária, mas não se confundem com a regra-matriz de incidência. Sua finalidade é a garantia patrimonial do crédito tributário e, em certos casos, atuam como punição.

Em segundo lugar, a norma de responsabilidade guarda a peculiaridade de relatar em seu antecedente um fato não tributário, lícito (*v.g.*, a sucessão *causa mortis*) ou ilícito (ação ou omissão previstas nos arts. 134 e 135 do CTN), e em seu conseqüente uma relação jurídica obrigacional, na qual um terceiro tem o dever de recolher ao erário determinado valor a título de tributo. Embora tenha a mesma estrutura lógica de todas as outras normas e possa ser entendida como um juízo hipotético-condicional que prescreve o cumprimento de determinada conduta, seu conseqüente constitui uma relação jurídica distinta da norma, inclusive, vinculando terceiros que não praticaram o fato jurídico tributário e não possuem capacidade contributiva.[1]

A aplicação da norma de responsabilidade tem o condão de alterar o critério pessoal da norma individual e concreta de constituição do crédito tributário, salvo se o responsável já estiver previamente definido, como ocorre no caso da retenção de tributo pela fonte pagadora do rendimento.

Como explica Mizabel Derzi,[2] a estrutura das normas que compõem a sujeição passiva, no plano lógico, é retratada por duas normas jurídicas interligadas.

1. A possibilidade de eleição de uma pessoa alheia ao fato jurídico tributário não é absoluta, pois há obrigatoriedade da lei impositiva de responsabilidade tributária indicar alguém que tenha vinculação indireta com algum critério da norma de incidência tributária por força da previsão expressa insculpida no art. 128 do CTN, já comentado anteriormente.

2. Mizabel Abreu Machado Derzi, "A praticidade, a substituição tributária e o direito fundamental à justiça individual", in Octávio Campos Fisher (Coord.), *Tributos e Direitos Fundamentais*, São Paulo, Dialética, 2004, p. 269.

"A primeira é uma *norma básica ou matriz*, a que já nos referimos, anteriormente, que disciplina a obrigação tributária principal ou secundária. A segunda é a *norma complementar ou secundária*, dependentes da primeira, que se presta a alterar apenas o aspecto subjetivo da conseqüência da norma anterior, uma vez ocorrido o fato descrito em sua hipótese."[3]

Para Mizabel Derzi, as características na norma de responsabilidade (secundária) são as seguintes:

"• estar o fato descrito na hipótese condicionado à ocorrência do fato gerador hipotético básico da regra-matriz. Pode ser que em casos excepcionais, haja uma inversão ou deslocamento temporal, de modo que o *fato jurídico* da norma secundária ocorra *antes* do acontecimento do fato descrito na hipótese da *norma básica* e nisso residem a peculiaridade e os problemas desencadeados pelas substituições progressivas ou "para frente";

"• estar o fato descrito na hipótese da norma secundária (sucessão, ação ou omissão no pagamento do tributo *devido* pelo contribuinte etc.) relacionado com o fato descrito na hipótese da norma básica ou primária, em relação de dependência;

"• ter como mandamento ou regra que se modifique a sujeição passiva prevista na norma básica, de modo a nela introduzir a figura do responsável, que é artífice e partícipe apenas do fato gerador *secundário*, excluindo-se ou não a responsabilidade do contribuinte.

"A conseqüência da norma secundária remete, assim, à norma básica ou primária, alterando-lhe tão-somente o aspecto subjetivo.

"• e, por tal razão, estarem ambas, norma *básica ou primária* e norma *secundária*, modeladas e enformadas, segundo o estatuto do contribuinte (imunidade, isenção, base de cálculo, alíquota, causas modi-

3. Destaques no original.

ficativas e extintivas, etc.), de modo que o surgimento da obrigação do responsável e sua quantificação serão definidos segundo aquele estatuto."[4]

Assim, a tarefa do jurista de eleger um responsável tributário envolve, em todos os casos, a interpretação de duas normas jurídicas interligadas: a norma básica (de incidência tributária) e a norma secundária (de responsabilidade).

### *3. A consideração da norma de responsabilidade na construção da norma individual e concreta produzida pelo ato de lançamento tributário*

A integração e aplicação dessas duas normas gerais e abstratas (de incidência do tributo e de responsabilidade) por ocasião da introdução da norma de constituição do crédito tributário dependerão da situação e da espécie de responsabilidade tributária que está sob análise. Nesse sentido, explica com muita propriedade Maria Rita Ferragut que nem sempre irá ocorrer a alteração posterior da sujeição passiva na norma de constituição do crédito tributário pela norma de responsabilidade. Diz ainda a professora:

"A responsabilidade é proposição que tem o condão de alterar a norma individual e concreta que constituiu o crédito tributário, sempre que esta norma (a de constituição) tiver inicialmente previsto outro indivíduo como sujeito passivo da relação (responsabilidade por sucessão).

"Por outro lado, é proposição que não altera a norma individual e concreta de constituição do crédito, se, desde o início, o responsável tributário for o sujeito passivo da relação (responsabilidade por substituição, por solidariedade, de terceiros e por infrações)."[5]

Na solidariedade, por exemplo, se o fato não tributário que autoriza a atribuição de responsabilidade ao terceiro já for conhecido no momento da autuação, a autoridade fiscal já deve incluir o responsável solidário como sujeito passivo na norma individual e concreta de constituição do crédito. Como bem observa Ferragut, os responsáveis, desde o início, estão vinculados, de um modo unitário, ao fato jurídico pressuposto do tributo. Com a ocorrência do fato previsto na norma de responsabilidade surge uma pluralidade de responsáveis solidários que estão localizados no pólo passivo da obrigação tributária e cada um pode ser chamado a responder por toda dívida, sem benefício de ordem.

A análise da figura da solidariedade na responsabilidade tributária por interesse comum (art. 124, I, do CTN) possibilita identificar duas normas gerais e abstratas (a de incidência do tributo e a norma de responsabilidade) e apenas uma norma individual e concreta de constituição do crédito tributário.

Por outro lado, há situações em que a norma individual e concreta é originalmente constituída para a exigência do tributo de outro indivíduo e, posteriormente, altera-se o sujeito passivo da relação jurídica tributária em decorrência de um fato superveniente não tributário (*v.g.*, morte, transferência de bem imóvel, evento sucessório, etc.). Nesse caso, vislumbram-se duas relações jurídicas (responsabilidade e de constituição do crédito tributária) interligadas com vistas à garantia do adimplemento de uma delas.

Pode-se concebê-las como duas normas gerais e abstratas (a de incidência tributária e a norma de responsabilidade) e duas normas individuais e concretas. A primeira norma individual decorre da constituição do crédito tributário e a segunda deriva da ocorrência de um fato posterior que desencadeia efeitos na definição da sujeição passiva da primeira norma, pois introduz o responsável no pólo passivo da obrigação tributária.

4. Destaques no original.

5. Maria Rita Ferragut, *Responsabilidade Tributária e o Código Civil de 2002*, São Paulo, Noeses, 2005, pp. 33 e 34.

Na sucessão, por exemplo, opera-se a mutação no suporte subjetivo da relação jurídica para alcançar outra pessoa que, originariamente, dela não fazia parte. Nesse caso, a sujeição passiva, na norma de constituição, é modificada pela substituição do sujeito passivo original (sucedido) por outro (sucessor) com a ocorrência de fato não tributário prevista na norma de responsabilidade.

Vale relatar didático exemplo de responsabilidade por sucessão para o Imposto sobre Circulação de Mercadorias elaborado por Derzi (2004, p. 269).

| | **Norma básica**[6] | **Norma secundária** |
|---|---|---|
| **Hipótese** | Fato sempre lícito | Fato lícito ou ilícito |
| **Aspecto material** | Realizar operação de circulação de mercadoria | Adquirir estabelecimento comercial |
| **Aspecto pessoal** | O comerciante que promove a operação | O sucessor, que o adquirir |
| **Aspecto temporal** | Saída do estabelecimento, etc. | Sempre após a realização da hipótese descrita na norma básica |
| **Conseqüência** | *Base de cálculo*: valor da operação; *Alíquota*: 18%; *Sujeito passivo*: *Contribuinte*: o contribuinte que promoveu a operação; *Responsável*: o sucessor, preferencial ou subsidiariamente, conforme determinado | Seja o adquirente responsável pelo pagamento do débito nascido como o contribuinte, em caráter preferencial ou subsidiário (art. 133, I e II) |

Cabe ressaltar, ainda, a relação de prejudicialidade e dependência existente entre a relação jurídica tributária – que faz surgir o débito tributário – e a relação jurídica de responsabilidade tributária, da qual deriva a obrigação do responsável, eis que a existência da obrigação do responsável dependerá da ocorrência do fato jurídico tributário e, portanto, da existência da obrigação tributária. Em outras palavras, não há razão para a instituição válida de uma relação jurídica de responsabilidade de terceiro, se o crédito tributário for extinto regularmente pelo contribuinte. Se não há débito, não há responsabilidade.

Além disso, o regime jurídico do tributo a ser aplicado ao substituto é o mesmo do substituído, bem como a lei aplicável ao substituído é a vigente a época da ocorrência concreta do fato jurídico tributário.

Corroborando tal afirmação, Paulo de Barros Carvalho[7] observa que "É preciso dizer que não se perde de vista o substituído. Ainda que não seja compelido ao pagamento do tributo, nem a proceder ao implemento de deveres instrumentais que a ocorrência suscita, tudo isso a cargo do substituído, mesmo assim permanece a distância, como importante referência para

6. Norma básica é a norma de incidência do tributo e a secundária é a norma de responsabilidade.

7. Paulo de Barros Carvalho, *Fundamentos Jurídicos da Incidência Tributária*, São Paulo, Saraiva, 1999, pp. 160-161.

o esclarecimento de aspectos que dizem como o nascimento, a vida e a extinção da obrigação tributária. Está aí a origem do princípio segundo o qual o regime jurídico da substituição é o do substituído, não o do substituto. Se aquele primeiro for imune ou estiver protegido por isenção, este último exercitará os efeitos correspondentes. Ao ensejo do lançamento, a lei aplicável há de ser a vigente no instante em que ocorreu a operação praticada pelo substituído, desprezando-se a do substituto".

Especificamente quanto aos efeitos da solidariedade passiva, o CTN prescreve regras que orientam as ações dos co-obrigados e das autoridades fazendárias. O art. 125 do CTN está assim redigido:

> Art. 125. Salvo disposição de lei em contrário, são os seguintes os efeitos da solidariedade:
>
> I – o pagamento efetuado por um dos obrigados aproveita aos demais;
>
> II – a isenção ou remissão de crédito exonera todos os obrigados, salvo se outorgada pessoalmente a um deles, subsistindo, nesse caso, a solidariedade quanto aos demais pelo saldo;
>
> III – a interrupção da prescrição, em favor ou contra um dos obrigados, favorece ou prejudica aos demais.

A relação obrigacional entre os responsáveis não será desfeita após a quitação do débito tributário e o co-obrigado pode reaver a parcela recolhida que excedeu a sua parte, mediante ação regressiva. Além disso, a isenção ou a remissão concedida de forma objetiva exonera todos os obrigados solidários, bem como a interrupção da prescrição realizada por um aproveita ou prejudica os demais.

Por todo exposto, pode-se concluir que as modalidades diversificadas de definir a sujeição passiva (*v.g.*, transferência, substituição) apresentam distintas formas de influenciar a construção da norma que constitui o crédito tributário e eleger o responsável da respectiva obrigação. Mesmo que o intérprete leve em consideração duas normas gerais e abstratas (regra-matriz e a regra de responsabilidade), a situação fática no momento da constituição do crédito tributário pode produzir distintos resultados. Se, por exemplo, os fatos que ensejam a responsabilidade já forem conhecidos, a norma (de constituição) deve ser produzida com os responsáveis já devidamente posicionados no pólo passivo da obrigação tributária. É o que ocorre com a solidariedade por interesse comum, que se examinará a seguir.

## *4. Responsabilidade solidária por interesse comum*

A análise da solidariedade centra-se na aplicação do art. 124, inciso I, que estabelece a solidariedade por interesse comum. O empenho em examinar minuciosamente esse dispositivo justifica-se pela sua maior aplicação nos lançamentos tributários que versam sobre a responsabilização de terceiros. A tentativa, neste passo, é dar a conhecer critérios de aplicação das normas de responsabilidade com fundamento na solidariedade, sem, contudo, tornar impraticável a proteção conferida pelo ordenamento jurídico ao cidadão-contribuinte.

A maior dificuldade de aplicação do art. 124, I, do CTN, é conceituar o que seja "interesse comum na situação que constitui o fato gerador". A leitura isolada dos enunciados do art. 124 pode levar à interpretação de que a solidariedade aplica-se em todos os casos em que houver interesse meramente de fato na situação (*v.g.*, interesse econômico, moral, social), ampliando em demasia a possibilidade de as autoridades fiscais atribuírem a pessoas alheias ao fato jurídico tributário a condição de devedor solidário.

Talvez um bom exemplo dessa indevida ampliação seja percebido pelo exame do interesse no fato gerador do Imposto sobre a Renda, pois o acréscimo patrimonial das pessoas jurídicas, quantificado por meio do lucro do período, poderia interessar a vasto conjunto de pessoas (*v.g.*, sócios de maneira geral, administradores, trabalhadores, meros investidores, credores) e, em última instância, importaria também à própria coletividade que se beneficia da arrecadação de impostos e da geração de empregos. Na verdade, a adoção de tal interpretação representaria a subversão das prescrições constitucionais que regulam competência tributária e limitações ao poder de tributar do Estado.

Nessa linha, percebe-se que o conteúdo semântico do vocábulo interesse deve ser mais bem delimitado. Para isso, iniciase o exame do texto legal pela consulta às formulações literais, isolando os enunciados prescritivos, verificando sua estrutura lógica, para depois alcançar as significações normativas que têm como produto final a regra jurídica.

Como ensina Paulo de Barros Carvalho,[8] "a norma jurídica é a significação que obtemos a partir da leitura dos textos de direito positivo. Trata-se de algo que se produz em nossa mente, como resultado da percepção do mundo exterior, captado pelos sentidos. (...) Basta isso para nos advertir que um único texto pode originar significações diferentes, consoante as diversas noções que o sujeito cognoscente tenha dos termos jurídicos empregados pelo legislador".

Fixadas essas premissas, passo ao exame dos enunciados prescritivos acima mencionados, procurando, desde uma estratégia de enfrentamento do problema, definir, primeiro, o que se deva entender pela expressão a situação que constitua o fato gerador da obrigação principal; em seguida, conceituar interesse e, por fim, interesse comum.

## *5. Relação jurídica privada subjacente ao fato tributário*

Como se sabe, o art. 116 do CTN considera fato gerador como uma situação de fato ou situação jurídica.

Importante lembrar, inicialmente, que a hipótese normativa pode descrever uma ação (ato ou omissão) ou um estado de coisas. O enunciado que relata a ação utiliza-se de um verbo no infinitivo e seu complemento (*v.g.*, auferir rendimento, dar saída de produto industrializado de estabelecimento industrial, realizar serviços) ou emprega uma oração que descreve um estado de coisas (*v.g.*, ser proprietário de imóvel urbano, ser possuidor, ser cônjuge). Essa última possibilidade refere-se à situação jurídica, que se caracteriza pela existência de um plexo de poderes e deveres atribuídos aos sujeitos pelo direito.

A denominação situação jurídica, para Lourival Vilanova,[9] equivale ora à relação jurídica em sentido estrito (vínculo entre sujeitos individualizados), ora à relação jurídica em sentido amplo (feixe de relações entre sujeitos, em que figuram, de um lado, titulares de direitos e, do outro, sujeitos passivos não identificados, mas identificáveis). No que tange à tributação, o exemplo mais usual de situação jurídica é a qualificação de determinada pessoa como proprietário de bem imóvel.

Com relação à situação de fato, faz-se necessário diferençar duas figuras relevantes para a compreensão da incidência tributária. São elas: (*i*) suporte fático do ato ou negócio jurídico privado,[10] e (*ii*) o fato jurídico tributário.

Em muitos casos, a norma jurídica tem como pressuposto de sua incidência, fato já jurisdicizado por outra norma jurídica. Por exemplo, o pressuposto do crime é o fato jurídico do casamento do adúlte-

8. Paulo de Barros Carvalho, *Curso de Direito Tributário*, 14ª ed. rev. e atual., São Paulo, Saraiva, 2002, p. 8.

9. Lourival Vilanova, *Causalidade e Relação no Direito*, São Paulo, Ed. RT, 2000, p. 241.

10. Para Pontes de Miranda, não se pode confundir o negócio jurídico e o suporte fático (*negotium*) do negócio jurídico. "Negócio jurídico é classe de fatos jurídicos; e não de suporte fático, que o enche, não seria possível falar-se de negócio jurídico nulo, anulável, rescindível, resolúvel, resilível, denunciável. Suportes fáticos não podem ser nulos, nem anuláveis (...). Nulidades de fatos não têm sentido" (Pontes de Miranda, *Tratado de Direito Privado*, t. 3, Campinas, Bookseller, 2000, pp. 29-30).

ro. Com isso, demonstra-se que um fato jurídico pode servir de suporte fático para a incidência de outra norma. Seguindo a doutrina de Pontes de Miranda, é possível diferenciar, nos negócios jurídicos, elementos nucleares, que dizem respeito a sua existência, e complementares, relativos à sua validade ou a sua eficácia, mas também existem atos integrativos que não compõem o suporte fático do negócio jurídico e, portanto, não interferem quanto à sua existência, validade ou eficácia própria, mas atuam no sentido de que se irradie certo efeito que se adiciona à eficácia normal do negócio jurídico.[11]

No direito tributário, o legislador identifica que certos atos ou negócios jurídicos privados que denotam capacidade contributiva dos sujeitos a eles vinculados e captura nesse suporte fático um fato que autoriza a incidência tributária. Sobre o mesmo suporte fático podem ser colhidas diversas incidências tributárias. É o que ocorre com os negócios jurídicos de compra e venda de bens imóveis, em que os vendedores do bem suportam a tributação do ganho de capital pelo imposto sobre a renda; os compradores sofrem o ônus do imposto de transmissão de bens imóveis; os corretores de imóveis que intermediaram o negócio são tributados pelo imposto sobre serviços e assim por diante. Tais fatos podem não ser relevantes para a eficácia obrigacional da operação de compra e venda, mas desencadeiam efeitos por determinação da lei tributária.

Nesse sentido, os comentários de Luciano Amaro:[12] "trata-se, porém, de fatos (ou circunstâncias fáticas) que podem não ter relevância jurídica para efeito de uma dada relação material privada, mas, não obstante, são efeitos para determinar no tempo o fato gerador do tributo". É o caso do Imposto sobre Produtos Industrializados-IPI, que considera a saída do produto do estabelecimento industrial como o fato que desencadeia os efeitos jurídicos previstos na norma de incidência tributária. Ocorrida a saída do produto do estabelecimento industrial, nasce a obrigação tributária.

Cumpre observar que Luciano Amaro indica a existência da relação material privada que posiciona de forma subjacente ao fato jurídico tributário, como um contrato de compra e venda, de doação, de permuta, cujo efeito esperado é a saída do produto do estabelecimento industrial (situação de fato). É o que ocorre também na tributação pelo Imposto de Renda sobre o ganho de capital na alienação de bem imóvel, em que "auferir ganho de capital" é fato jurídico tributário e a situação jurídica subjacente é o negócio jurídico privado de compra e venda do imóvel.

Sobre tal transformação de atos ou negócios jurídicos privados em fatos jurídicos tributários, interessante se recorrer às lições de Alcides Jorge Costa:[13] "Quando um ato é transformado em fato por outra lei, a transformação atinge os efeitos, mas não a essência desse ato que continua, pois, a reproduzir os efeitos desejados pelas partes, mas que, ao mesmo tempo, sofre a incidência de outra regra legal, que o atinge como um todo, inclusive a manifestação de vontade, mas dele faz decorrer efeitos independentes dessa vontade".

Quem também contribuiu para o esclarecimento dessa questão foi Sacha Calmon Navarro,[14] ao afirmar que "muitas vezes um contrato pode ser erigido em fato gerador ou hipótese de incidência. Mas, nesse caso, o fato denominado contrato é que é jurígeno e não a bilateralidade e a

11. Marcos Bernardes de Mello, *Teoria do Fato Jurídico. Plano da Existência*, São Paulo, Saraiva, 2003, p 53.

12. Luciano da Silva Amaro, *Direito Tributário Brasileiro*, 9ª ed., São Paulo, Saraiva, 2003, p. 255.

13. Alcides Jorge Costa, "Noção de tributo. Imposto, taxa. Contribuição. Preços públicos", in *Curso de Direito Tributário*, São Paulo, FIESP, s/d. (mimeo), pp. 37-38.

14. Sacha Calmon Navarro, *Fato Gerador. Obrigação Tributária*. Coord. Carlos Valder Nascimento, São Paulo, Ed. RT, 1988, p. 42.

voluntariedade que estão na base do instituto contratual. É dizer, a hipótese de incidência ou fato gerador, noutra terminologia é o contrato. Todavia realizado o contrato não tem como evitar a tributação. A vontade é relevante para a formação do contrato e não para a gênese de incidência tributária, a qual independe da vontade dos obrigados".

De fato, presta-se a compreensão do que o legislador complementar quis dizer no art. 116 do CTN, ao se referir a expressão situação de fato, distinguindo-a de situação jurídica, o fato de que, no plano das normas de direito tributário, a hipótese de incidência registra apenas um mero fato jurídico *stricto sensu*, embora seu suporte fático possa descrever um ato ou negócio jurídico.

Segundo ensina Alcides Jorge Costa,[15] "os fatos jurídicos *lato sensu* podem ser classificados em fatos jurídicos *stricto sensu*, isto é, fatos que produzem efeitos jurídicos independentes da vontade, e atos jurídicos, atos de vontade aptos a produzir efeitos jurídicos desejados pelas partes. (...) Os fatos geradores são fatos jurídicos *stricto sensu*. Os efeitos tributários independem da vontade das partes. Nesse sentido, ainda que determinados atos jurídicos para outros ramos do Direito serão sempre um fato jurídico *stricto sensu* para o Direito Tributário".

Daí se conclui que, embora o Código se refira a situações de fato ou jurídicas para fins da caracterização do momento da ocorrência do fato gerador, essa classificação é irrelevante para interpretação do disposto art. 124. Tanto numa quanto noutra, há uma relação jurídica da qual o legislador extrai o fato que interessa ao Direito Tributário. Essas relações, no plano do direito privado, podem ser de sentido estrito (*v.g.*, negócio jurídico de compra e venda, herança, doação, transmissão de propriedade imóvel) ou em sentido amplo (*v.g.*, qualificação de proprietário de bem imóvel). Nesta, a solidariedade poderá recair sobre a pluralidade de titulares de direito de propriedade; naquela, sobre a variedade de sujeitos, situados em um dos pólos da relação jurídica.

Assim, pode-se concluir que a acepção mais consentânea com os propósitos do CTN no que tange à expressão situação que constitua o fato gerador da obrigação principal é aquela que aponta para uma relação jurídica da qual se extrai o fato jurídico tributário. Essa relação será uma situação jurídica, quando a tributação derive diretamente dessa própria situação (ex: propriedade), ou uma relação privada subjacente ao fato (ex: contrato de compra e venda), nos casos em que a lei prevê a ocorrência de uma situação de fato para desencadear a incidência tributária (ex.: ganho de capital).[16]

## *6. Conceito de interesse comum*

O termo interesse contém vários significados, o que dificulta sua exata delimitação semântica na seara jurídica. Um dos desafios mais importantes para todo o desenvolvimento desse ensaio é solucionar a seguinte questão: "Qual significado deveríamos atribuir à expressão interesse comum utilizada no art. 124 do CTN?"

No intuito de definir o que venha a ser interesse, é indispensável a investigação das possibilidades lingüísticas dessa palavra para obter significações compatíveis com o contexto jurídico em que se insere a norma de responsabilidade tributária.

15. Alcides Jorge Costa, "Teoria do fato gerador", *Curso sobre Teoria do Direito Tributário*, Secretaria de Fazenda de São Paulo, Coordenação de Administração Tributária, São Paulo, Assistência de Promoção Tributária da Diretoria de Planejamento da Administração Tributária, 1975, p. 120.

16. Maria Rita Ferragut (*Responsabilidade Tributária e o Código Civil de 2002*, cit., p. 58) lembra que "há relação jurídica subjacente à aquisição de renda pelo sujeito realizador do fato aquisição, pois se alguém adquire é porque outro transmite (paga, transfere, doa) tal disponibilidade econômica".

A palavra interesse, segundo Alf Ross,[17] pode ser tomada em sentido amplo e em sentido estrito. O sentido amplo abrange todo estado de consciência que encerra uma atitude. Nesse sentido, está-se interessado em tudo aquilo a respeito do que experimentamos uma atitude positiva ou negativa. Por outro lado, quando dizemos que uma ação nasce dos interesses de uma pessoa, a palavra é tomada em sentido estrito. Sustenta o mestre dinamarquês que os interesses são atitudes baseadas em necessidades, que geram um impulso no sentido de seu atendimento, ao contrário das atitudes morais, que não são baseadas em necessidades (desinteressadas).

Para J. J. Calmon de Passos,[18] necessidade é a energia que compele o homem a agir, sustentando que se trata de "um sentimento exigente de carência que nos mobiliza para obtermos aquilo que dela nos liberte. Nossa conduta, portanto, associa-se sempre, e necessariamente, a razões, motivações, intenções e objetivos os mais diversos, donde o imperativo de qualificarmos a conduta para tornar possível sua compreensão e operacionalidade".

No campo processual, interesse associa-se à idéia de utilidade, observa Candido Dinamarco,[19] de modo que o provimento jurisdicional postulado pela parte deve ser efetivamente útil ao demandante, operando uma melhora em sua situação na vida comum. Assim, o interesse processual tem natureza instrumental.

Como o que nos inquieta é o interesse na situação jurídica subjacente ao fato gerador, cumpre examinar o seu significado à luz de uma relação jurídica privada (*v.g.*, negócio jurídico bilateral).[20] Recorre-se, então, aos ensinamentos de Pontes de Miranda, para quem os direitos subjetivos surgem apenas a partir da incidência de regras jurídicas, que são os veículos aptos a distribuir bens da vida ou a alterar sua distribuição.[21]

Se há interesse subjacente a tal distribuição, não pertencem à dimensão jurídica, mas à dimensão política, salvo onde esse interesse a regra jurídica entendeu caber proteção.[22] Assim, ensina o mestre, os direitos subjetivos, como produto da incidência de regra jurídica, protegem determinados interesses. Nos direitos de crédito, em particular, um dos interesses tutelados, tanto do lado do credor quanto do lado do devedor, é a extinção regular da relação jurídica pelo adimplemento da obrigação pactuada.[23]

A partir dessas várias acepções para o vocábulo interesse, é possível extrair um elemento significante constante, qual seja: interesse é uma atitude voltada ao atendimento de uma necessidade (*v.g.*, econômica, política, moral, social) e, no campo obrigacional, estruturam-se direitos subjetivos que tutelam tais interesses.

Resta, ainda, discorrer a respeito da qualificação comum conferida pela lei, ou

17. Alf Ross, *Direito e Justiça*, São Paulo, Edipro, 2003, p. 409.

18. J. J. Calmon de Passos, *Esboço de uma Teoria das Nulidades Aplicadas às Nulidades Processuais*, Rio de Janeiro, Forense, 2002, p. 16.

19. Candido Rangel Dinamarco, *Instituições de Direito Processual Civil*, vol. II, São Paulo, Malheiros Editores, 2005, p, 303.

20. Negócio jurídico bilateral, ensina Pontes de Miranda (2000, p. 245), "é aquele de que irradia eficácia bilateral (deveres, obrigações, ações, de ambos os lados). Bilateral, aí, é, portanto, bilateralmente criador de direitos, deveres, pretensões, obrigações, ações e exceções. Há prestação e contraprestação, que é o que o credor promete".

21. Os bens da vida são entes favoráveis à satisfação das necessidades. Têm-se, de um lado, os homens com suas necessidades e, de outro, os bens com as respectivas utilidades.

22. Não é nossa intenção entrar em detalhes sobre as teorias que abordam o conceito de direito subjetivo, importante apenas ressaltar que, como ensina Lourival Vilanova (2000, p. 224), direitos subjetivos são relacionais, só ocorrem no interior de relações jurídicas.

23. Nos direitos de crédito, pode o credor exigir a solução, pode exercer sua pretensão à tutela jurídica e ir à execução forçada; o devedor, por sua vez, tem o dever de solver o débito e o direito de fazê-lo ainda contra a vontade do credor (*v.g.*, consignação). Por isso, a respeito da mesma relação jurídica pode concorrer um conjunto de direitos e deveres (Miranda, 2000, pp. 267-288).

seja, examinaremos quais as hipóteses em que o interesse será considerado comum na situação jurídica privada que constitua o fato gerador. No plano das situações jurídicas, defrontamo-nos com relações em que participam pluralidade de sujeitos e, por conseguinte, surge uma pluralidade de titulares de direitos (*v.g.*, direitos de crédito, de servidão, de propriedade). Nessas situações, para que se verifique interesse em comum, há de se identificar direitos e deveres comuns que se irradiem dessa relação jurídica.

Alf Ross faz uma interessante distinção entre os interesses comuns e coincidentes. Nos primeiros, as pessoas interessadas são vinculadas por circunstâncias externas formadoras de solidariedade (consciência de grupo) que os une; enquanto, nos coincidentes, o vínculo visa apenas atender a uma necessidade específica (tarefa).

Para ilustrar essa distinção, Alf Ross (2003, p. 416) concebe a seguinte narrativa: "imaginemos dois indivíduos, A e B, prisioneiros na mesma cela. Ambos querem fugir. Os dois têm, cada um de sua parte, interesse em sair da prisão. Nesta medida pode-se afirmar que seus interesses coincidem. Suponhamos, além disso, que a fuga requer necessariamente a cooperação dos dois. Cada um deles, portanto, tem interesse em ajudar o outro, não por razões altruístas, mas porque a fuga de cada um depende de uma cooperação que possibilita também a do outro. Nessa medida, pode-se dizer que seus interesses estão ligados. Finalmente, podemos imaginar que cada um sente tal impulso altruísta de ajudar o outro a ponto de levar a ambos a pensar na fuga, não como a fuga de A ou de B, mas como a fuga comum, a fuga (A + B). 'Temos que tentar fugir', dizem. Em tal medida, podemos dizer que seus interesses são *comuns*".[24]

Aplicando tais conceitos a nossa realidade, temos que, nos negócios jurídicos privados de compra e venda mercantil com pluralidade de pessoas, podemos encontrar entre os contratantes interesses coincidentes, contrapostos e comuns. Afinal, vendedores e compradores têm interesse coincidente na realização do negócio (tarefa), mas interesses contrapostos na execução do contrato (necessidades opostas). Já os interesses comuns situam-se apenas em cada um dos pólos da relação: entre o conjunto de vendedores e, de outro lado, entre os compradores.

Não é outro o entendimento de Paulo de Barros Carvalho (2002, pp. 310-311), ao sustentar que, nas ocorrências em que o fato se consubstancie pela presença de pessoas, em posições contrapostas, com objetivos antagônicos, a solidariedade vai instalar-se entre os sujeitos que estiverem no mesmo pólo da relação, se e somente se for esse o lado escolhido pela lei para receber o impacto jurídico da exação.

Vê-se, portanto, que o fato jurídico suficiente à constituição da solidariedade não é o mero interesse de fato, mas sim o interesse jurídico que surge a partir da existência de direitos e deveres comuns entre pessoas situadas do mesmo pólo de uma relação jurídica privada que constitua o fato jurídico tributário.

### *7. Inclusão do responsável solidário no lançamento tributário*

Firmado o conceito de interesse comum apto a ensejar a imposição de solidariedade tributária a um conjunto de pessoas, passa-se a examinar a quem cabe essa imposição, se a autoridade administrativa que promove a constituição do crédito tributário ou a Procuradoria que é responsável pela cobrança judicial do débito.

O agente fiscal, no exercício da função administrativa, exerce atividade vinculada em nome de quem detém um poder devidamente delimitado pelos princípios e normas tributárias. Ao identificar, no caso concreto, a ocorrência da previsão abstrata e impessoal constante da lei tributária,

24. Destaque nosso.

a autoridade administrativa deve realizar o ato do lançamento, o qual dá origem a uma norma individual que regula a situação concreta, gerando direitos e obrigações para os sujeitos envolvidos na relação jurídica tributária. Assim, a autoridade administrativa deverá demonstrar a ocorrência da situação de fato que justifica a caracterização de uma pessoa como responsável tributário no momento da lavratura do auto de infração e é imperiosa a produção de provas que comprove a autoria da infração.

A inclusão posterior de responsáveis não relacionados na Certidão de Dívida Ativa-CDA tem sido aceita pelo Poder Judiciário por razões estritamente processuais. O art. 568 do CPC autoriza a inclusão de responsáveis na fase de execução fiscal em razão do desaparecimento do devedor original ou nos casos que a caracterização do ilícito cometido pelas pessoas indicadas nos arts. 134 e 135 do CTN ocorra no curso do processo administrativo ou judicial e após a constituição do crédito tributário. Na verdade, essa possibilidade de redirecionamento tem caráter excepcional pelo fato de o ordenamento pátrio, em homenagem ao princípio da segurança jurídica, impor restrições a alteração do lançamento tributário e da CDA.

Se o Fisco constata a presença de solidariedade por interesse comum, durante o procedimento de fiscalização, todos os devedores solidários devem constar no lançamento tributário e do título executivo, pois nessa hipótese não há falar em subsidiariedade e tampouco há possibilidade de redirecionamento na fase de execução fiscal. A obrigação tributária solidária é una e todos os envolvidos já se encontram na posição de sujeitos passivos da obrigação desde a ocorrência do fato jurídico tributário.

Ressalte-se que, por força do disposto no art. 124 do CTN, os devedores solidários não podem alegar benefício de ordem, estando todos em posição de igualdade perante o Fisco. São todos sujeitos passivos da obrigação tributária e não estão arrolados pela fiscalização na peça acusatória em posição subsidiária. Não se tratam de meros garantidores do crédito tributário em face de eventual inadimplemento do devedor original.

O Decreto n. 70.235/1972, em seu art. 10, estabelece que o autuante deve indicar os sujeitos passivos da obrigação tributária por ocasião da lavratura do auto de infração. Em nada altera nossas conclusões o fato de a fiscalização, habitualmente, indicar os devedores solidários em termo anexo ao auto de infração, denominado Termo de Responsabilidade, cuja função é complementar a descrição dos fatos.[25]

Decerto, os responsáveis tributários arrolados no lançamento fiscal poderão exercer plenamente seu direito de defesa administrativa por força do que dispõe o art. 58 da Lei n. 9.784/1999, que prevê que aqueles que tenham direitos afetados por decisão administrativa possam ingressar no processo administrativo para exercer sua defesa. De fato, a inclusão de terceiros como responsáveis tributários no auto de infração causa sérias restrições a esfera de direitos patrimoniais dos atingidos, pois, ao incluí-los na CDA, passam a ser considerados devedores e sofrem diversas restrições administrativas, como a negativa de Certidão Negativa e de participação em licitações, inclusão no CADIN e no

25. Destarte, a referência ao devedor originário no corpo do auto de infração e dos responsáveis solidários em termo anexo apenas expressa o atendimento ao procedimento estabelecido para constituição do crédito tributário. As pessoas arroladas no auto de infração, tanto no seu corpo, quanto no termo anexo, estão sendo acusadas conjuntamente pelo fisco em face do cometimento de infração e, portanto, responsabilizadas integralmente pelo crédito tributário. O ato de lançamento é produzido conforme estabelecido pelas normas de produção normativa (Decreto n. 70.235/1972 e regulamentos), que, nesse sentido, podem prever a constituição do crédito em peças separadas e interligadas, mas a norma individual e concreta por ele introduzida é uma abstração do intérprete que retrata o conteúdo desse ato. Se há indicação de devedores solidários, a eficácia jurídica do fato descrito no lançamento irá alcançar uma pluralidade de devedores no pólo passivo da obrigação tributária.

SERASA, negativa de financiamentos públicos etc.

## *8. Conclusão*

A tarefa do jurista de eleger um responsável tributário envolve, em todos os casos, a interpretação de duas normas jurídicas interligadas: a norma básica (de incidência tributária) e a norma secundária (de responsabilidade).

As modalidades diversificadas de definir a sujeição passiva (*v.g.*, transferência, substituição) apresentam distintas formas de influenciar a construção da norma que constitui o crédito tributário e eleger o responsável da respectiva obrigação. Mesmo que o intérprete leve em consideração duas normas gerais e abstratas (regra-matriz e a regra de responsabilidade), a situação fática no momento da constituição do crédito tributário pode produzir distintos resultados. Se, por exemplo, os fatos que ensejam a responsabilidade já forem conhecidos, a norma (de constituição) deve ser produzida com os responsáveis já devidamente posicionados no pólo passivo da obrigação tributária.

No caso da responsabilidade por solidariedade prevista no art. 124, I, do CTN, o auditor deverá identificar o fato "interesse comum" para que possa atribuir o dever de pagar o tributo a um terceiro. Ocorre que o fato jurídico suficiente à constituição da solidariedade não é o mero interesse de fato, mas sim o interesse jurídico que surge a partir da existência de direitos e deveres comuns entre pessoas situadas do mesmo pólo de uma relação jurídica privada que constitua o fato jurídico tributário.

A obrigação tributária pode decorrer de situações de fato ou jurídicas, mas essa diferenciação é irrelevante para interpretação do disposto art. 124 do CTN. Tanto numa quanto noutra, há uma relação jurídica da qual o legislador extrai o fato gerador que interessa ao Direito Tributário. Essas relações, no plano do direito privado, são originadas a partir das vontades das partes e podem se revestir de várias estruturas jurídicas, mas a solidariedade tributária recairá sobre a pluralidade de titulares de direito ou deveres situados em um dos pólos da relação jurídica subjacente ao fato gerador do tributo.

Se o Fisco constata a presença de solidariedade por interesse comum durante o procedimento de fiscalização, todos os devedores solidários devem constar no lançamento tributário e do título executivo, pois nessa hipótese todos os envolvidos já se encontram na posição de sujeitos passivos da obrigação desde a ocorrência do fato jurídico tributário. O agente fiscal, nessa hipótese, deve demonstrar a ocorrência da situação de fato que justifica a caracterização de uma pessoa como responsável tributário no momento da lavratura do auto de infração e é imperiosa a produção de provas que comprove a autoria da infração para que se permita o direito de defesa administrativa.

CADERNOS DE DIREITO TRIBUTÁRIO

# MORALIDADE E TRIBUTAÇÃO

RICARDO LOBO TORRES
Professor Titular de Direito Financeiro na UERJ

*I – INTRODUÇÃO: 1. Ética e Direito: 1.1 Conceito de ética – 1.2 Relações entre Ética e Direito; 2. Moralidade e Legalidade: 2.1 Conceito de moralidade – 2.2 As relações entre moralidade e legalidade; 3. Liberalismo e moralidade pública; 4. A moralidade privada no Brasil: 4.1 A persistência da ética salvacionista – 4.2 Finanças públicas e moralidade privada; 5. As dimensões da moralidade social. II – A MORALIDADE DO FISCO: 6. A moralidade administrativa; 7. A moralidade na atividade financeira; 8. A moralidade tributária: 8.1 A pressão sobre o contribuinte – 8.2 A resistência à recepção dos julgados – 8.3 A inconstitucionalidade útil – 8.4 A desigualdade nas consultas fiscais – 8.5 A demora na restituição de tributos – 8.6 A igualdade na correção monetária. III – A MORALIDADE DO CONTRIBUINTE: 9. Economia de imposto; 10. A síndrome da evasão; 11. A sonegação fiscal; 12. A resistência à opressão fiscal; 13. A moralidade entre contribuintes; 14. A atitude orçamentívora. IV – CONCLUSÕES.*

## *I – INTRODUÇÃO*

### *1. Ética e Direito*

#### *1.1 Conceito de ética*

Emprega-se o termo ética, neste trabalho, no sentido de conjunto de normas ou de prescrições para a conduta virtuosa. É um conceito abrangente que permite desenvolver o estudo sem vinculá-lo previamente a qualquer uma das diversas possibilidades de sua compreensão: nem a escolas nem a correntes teóricas. A ética poderá ser tomada também na acepção subjetiva de filosofia moral ou de ciência prática. Não se estabelecerão diferenças entre os termos ética e moral, que serão tratados como sinônimos.[1]

#### *1.2 Relações entre Ética e Direito*

As relações entre ética e direito se intensificaram sobremodo após o que se convencionou chamar de "virada kantiana".

De observar que o corte entre direito e moral, bem como entre sociedade e república (*res publica*), foi conquista do

1. Cf. José Ferrater Mora, *Dicionário de Filosofia*, Buenos Aires, Ed. Sudamericana, 1958, p. 458; André Lalande, *Vocabulaire Technique et Critique de la Philosophie*, Paris, PUF, 1947, p. 294.

pensamento iluminista. No liberalismo já não havia lugar para a aplicação ao indivíduo de sanções jurídicas em razão de descumprimento de deveres morais. As normas jurídicas teriam que ser objetivas e as obrigações se realizariam com a simples adequação à lei, enquanto as regras morais postulavam a conduta intencionalmente virtuosa. Ninguém seria obrigado a pagar tributo a não ser que a regra jurídica objetiva elaborada pelo órgão de representação assim determinasse. Pouco importava, por outro lado, que o contribuinte tivesse, ou não, a intenção de pagar o imposto, desde que praticasse corretamente a ação determinada pela lei. Essa distinção básica entre direito e moral, no plano da conduta individual, afirmada pelo liberalismo, pertence hoje ao patrimônio cultural da humanidade.

Outra coisa ocorre com o relacionamento entre ética e direito no *plano normativo abstrato*, que volta a ser permanente e intenso. Os positivismos é que procuraram estabelecer radicalmente o corte entre as duas ordens normativas. As ciências sociais, fundadas no modelo das ciências da natureza,[2] exacerbaram-lhes a diferença e a projetaram também para o próprio imperativo categórico. Da mesma forma procedeu o positivismo normativista, que, com Kelsen, estremou a norma ética da justiça da norma válida do direito[3] e baniu do mundo jurídico os direitos da liberdade, salvo se a Constituição os assegurasse.[4]

Hoje, com a releitura da obra de Kant, percebe-se que a definição do direito por ele oferecida opera no campo do imperativo categórico e da regra moral.[5] O direito, portanto, em seus fundamentos e em suas premissas normativas, relaciona-se intimamente com a ética, o que conduz à superação do positivismo, que se define exatamente pela rígida separação entre as duas instâncias,[6] qualquer que seja a sua corrente teórica: pandectismo, sociologismo, utilitarismo, normativismo, etc.

A "virada kantiana" chegou também ao direito tributário. O seu mais ilustre representante é, sem dúvida, o Prof. Klaus Tipke, ex-Catedrático na Universidade de Colônia, que já em 1981 escrevera sugestivo livro sobre a justiça fiscal.[7]

Em 1993 Tipke publicou a obra fundamental intitulada *O Ordenamento Jurídico Tributário*, em 3 volumes com aproximadamente 1.500 páginas,[8] na qual examina o ordenamento positivo sob a luz das teorias da justiça e dos direitos humanos, frutos do novo relacionamento entre ética e direito.[9]

2. Cf. Jürgen Habermas, *Theorie und Praxis*, Frankfurt, Suhrkamp, 1974, p. 48.

3. "Die Naturrechtslehre", in *Reine Rechtslehre*, Wien, Franz Deuticke, 1960, p. 404: "Enquanto se indaga sobre a validade do direito positivo apenas a norma fundamental é pertinente, não sendo considerada qualquer norma de justiça" (*Sofern die Geltung des positiven Rechts in Frage steht, kommt keine andere Norm als diese Grundnorm, kommt insbesondere keine Gerechtgkeitsnorm in Betracht*).

4. *Allgemeine Staatslehre*, Bad Homburg, Max Gehler, 1966, p. 154: "Fora da ordem jurídica estatal não há nenhum direito, pois ele seria um direito natural" (*Ausserhalb der staatlichen Rechtsordnung kann es kein "Recht" geben, es wäre denn ein Naturrecht*).

5. Otfried Höffe (*Kategorische Rechtsprinzipien. Ein Kontrapunkt der Moderne*, Frankfurt, Suhrkamp, 1990, p. 135) observa que o direito definido por Kant como a união da vontade de um com a vontade de outro segundo uma lei geral da liberdade (*nach einen allgemeinen Gesetz der Freiheit*) é um conceito jurídico-moral e não jurídico-positivo, pois a lei (*Gesetz*) é tomada em seu sentido de lei moral (*moralisches Gesetz*).

6. Cf. Robert Alexy, "Zur Kritik des Rechtspositivismus", in Ralf Dreier (Ed.), *Rechtspositivismus und Wertbezug des Rechts*, Stuttgart, Franz Steiner, 1990, p. 9.

7. *Steuergerechtigkeit in Theorie und Praxis*, Köln, O. Schmidt, 1981.

8. *Die Steuerrechtsordnung*, Köln, O. Schmidt, 1993.

9. Para o exame do relacionamento entre ética e direito na obra de Tipke é importante, Joachim Lang, "Über das Ethische der Steuertheorie von Klaus Tipke", in ——— (Ed.), *Die Steuerrechtsordnung in der Diskussion, Festschrift für Klaus Tipke zum 70*, Geburtstag, Köln, O. Schmidt, 1995, pp. 3-26.

A reaproximação entre ética e direito no plano normativo conduz a que os valores morais se positivem no ordenamento jurídico por intermédio dos princípios constitucionais e das normas legais e jurisprudenciais.[10]

## 2. *Moralidade e Legalidade*

### *2.1 Conceito de moralidade*

A moralidade é conceito reservado para o plano da conduta individual eticamente valorada, ou seja, do agir que coincida com a norma abstrata.[11]

Na filosofia de Kant "a moralidade é a relação das ações com a autonomia da vontade, isto é, com a possível legislação universal, por meio de suas máximas. A ação que possa coincidir com a autonomia da vontade é permitida; a que não concorde com ela, é proibida".[12] Acrescenta o filósofo de Königsberg que "a dignidade da humanidade consiste precisamente nessa capacidade de ser legislador universal, ainda quando sob a condição de estar ao mesmo tempo submetido justamente a essa legislação".[13]

Hegel distingue entre moralidade (*Moralität*) e eticidade (*Sittlichkeit*). Aquela compreende a subordinação da vontade individual à norma do dever, que se põe como "antítese entre a vontade universal que é em si e a individual, que é para si".[14] A "eticidade é a idéia de liberdade como bem vivente",[15] que se fixa nas instituições como a família, a sociedade civil e o Estado.

Tipke afirma que "uma atuação é moral ou moralmente correta quando se ajusta aos princípios da teoria ética; quando se afasta de tais princípios, é contrária à moral ou imoral".[16]

A diferença entre moral (ou ética) e moralidade, portanto, consistirá em que aquela se refere ao plano abstrato e normativo do bem enquanto a moralidade compreende a própria ação virtuosa.

### *2.2 As relações entre moralidade e legalidade*

Da mesma forma que existe a possibilidade de juridicização da moral por intermédio dos princípios constitucionais, há também a de se legalizar a moralidade, inclusive a financeira. As condutas eticamente valoradas podem ser legalizadas, tanto que transformadas em normas de direito positivo.

Há, conseguintemente, a possibilidade de coincidência entre moralidade e legalidade e entre imoralidade e ilegalidade. A sonegação, por exemplo, é simultaneamente imoral e ilegal, suscetível de sofrer a aplicação das sanções morais e das jurídicas.

Mas os planos da moralidade e da legalidade não podem ser confundidos do ponto de vista subjetivo. A moralidade exige a adesão da vontade para a coincidência com a regra universal, ao passo que a conduta jurídica se torna lícita pela simples coincidência externa com a norma de direito, ainda que não haja a intenção do agente. Esses princípios se integraram ao

10. Cf. Dürig, in Maunz, ————, Herzog, Scholz, *Grundgesetz. Kommentar*, München, Beck, 1980, art. 1º, Rdnr. 15; H. Coing, *Grundzüge der Rechtsphilosophie*, Berlin, Walter de Gruyter, 1969, p. 2; Klaus Tipke, "Rechtsfertigung des Themas", in ————, (Ed.), *Grenzen der Rechtsfortbildung durch Rechtsprechung und Verwaltungsvoischriften in Steuerrecht*, Köln, O. Schmidt, 1982, p. 5.

11. Cf. A. Lalande, ob. cit., p. 639.

12. *Fundamentación de la Metafísica de las Costumbres*, trad. Manuel Garcia Morente, Buenos Aires, El Ateneo, 1951, p. 521.

13. Loc. cit.

14. *Grundlinien der Philosophie des Rechts*, Hamburg, Verlag von Felix Meiner, 1967, § 104, p. 99.

15. Ob. cit., § 142, p. 142: "*Die Sittlichkeit ist die Idee der Freiheit, als das lebendige Gute*".

16. *Moral Tributária do Estado e dos Contribuintes*, trad. Pedro Herrera Molina, Madrid, Marcial Pons, 2002, p. 21.

pensamento jurídico ocidental desde Thomasius e Kant.[17] De sorte que, no campo tributário, basta que o contribuinte pague o imposto instituído por lei para que veja extinta a sua obrigação, independentemente do seu prazer em pagá-lo ou da sua intenção ou concordância subjetiva com o valor impregnado na regra jurídica.

### *3. Liberalismo e moralidade pública*

Com o advento do liberalismo no século XVIII desenvolve-se a *moral social*, que compreende as normas éticas para a ação virtuosa no espaço público, inconfundível com a esfera dos órgãos públicos, eis que entendido como espaço vinculado à função política das pessoas privadas.[18] A moral social vai seguir duas grandes vertentes: a do kantismo e a do empirismo inglês. Em Kant a moral é autônoma, no sentido de que não depende da religião e é obtida através do consenso. Na vertente inglesa, principalmente na linha de Hume, a moral social se baseia no consenso dos cidadãos obtido na experiência histórica. Mais tarde Max Weber introduz a noção de moral da responsabilidade, que é de resultados e não de intenções, e que se aplica principalmente aos políticos.[19] Nesse contexto a *moralidade* será a adesão da conduta individual à moral social.

Segue-se daí que nos países que aderiram à *moral consensual* as finanças se transformam em *res publica*, com a separação entre a fazenda do rei e a fazenda pública e com a transferência do poder tributário do rei para o legislativo, assumindo o tributo a característica de preço da liberdade,[20] cobrado com base no princípio eminentemente público da capacidade contributiva, e não mais na relação privada custo/benefício ou na só necessidade do Estado. A *moralidade* consiste na adesão individual a essa concepção de moral fiscal.

### *4. A moralidade privada no Brasil*

#### *4.1 A persistência da ética salvacionista*

No Brasil houve a dificuldade para a adesão à moral social. As idéias de Kant e do empirismo inglês não medraram entre nós. Continuamos sob a moral contra-reformista,[21] apegados às idéias de filó-

17. Cf. Giorgio Del Vecchio, *Philosophie du Droit*, Paris, Dalloz, 1953, p. 94; José Luiz Calomer Martin-Calero, *La Teoría de la Justicia de Immanuel Kant*, Madrid, Centro de Estudios Constitucionales, 1995, p. 185.

18. Cf. Jürgen Habermas, *Strukturwandel der Öffentlichkeit. Untersuchungen zu einer Kategorie der bürgerlichen Gesellschaft*, Darmstadt, Luchterhand, 1962, p. 105.

19. Antônio Paim (*Modelos Éticos. Introdução ao Estudo da Moral*, São Paulo, IBRASA, 1992, p. 19) identifica os seguintes modelos éticos: "III – *A ética social*, elaborada nas nações protestantes, na Época Moderna, com o propósito de fixar critérios para a incorporação de princípios morais à sociedade, já que a moralidade básica é entendida como sendo individual e dizendo respeito a uma relação com o Criador que não admite mediações; IV – *A ética do dever*, formulada por Kant, que circunscreve o problema ético ao da fundamentação da moral, preconizando uma solução racional, sem recurso à divindade; VII – *A ética da responsabilidade*, proposta por Max Weber, que pretende fazer renascer a tradição kantiana, no que diz respeito a eliminação da dependência à religião, reelaborando-a para abandonar os vínculos que porventura tivesse estabelecido com a suposição de uma sociedade racional".

20. Cf. Adam Smith, *Inquérito sobre a Natureza e as Causas da Riqueza das Nações*, v. 2, Lisboa, C. Gulbenkian, 1983, p. 536: "Todo o imposto, contudo, é, para quem o paga, não um sinal de escravatura, mas de liberdade. Denota que está sujeito ao Governo, mas que, como tem alguma propriedade, não pode ser propriedade de um senhor".

21. Otávio Paz, *O Ogro Filantrópico*, Rio de Janeiro, Ed. Guanabara, 1989, p. 184: "somos os filhos da contra-reforma e deste fato derivam, em boa medida, as dificuldades que temos tido desde fins do século XVIII para dar o salto em direção à modernidade"; Antônio Paim, *Roteiro para Estudo e Pesquisa da Problemática Moral na Cultura Brasileira*, Londrina, VEL, 1996, p. 21, "são muito eloqüentes as evidências de que a moral contra-reformista tornou-se um dos ingredientes fundamentais de nossa moralidade social básica. O ódio ao lucro e à riqueza são sentimentos amplamente defendidos, sendo muito generalizada a condenação ao capitalismo. Defendê-lo, ainda hoje, não deixa de ser uma temeridade".

sofos pré-kantianos, como os ecléticos e como Krause, que exerceu tanta influência sobre o pensamento dos professores da Faculdade de Direito de São Paulo na segunda metade do século XIX.

A moral preocupava-se sobretudo com a salvação, ou seja, a conduta individual devia seguir os ensinamentos da religião, que abririam o caminho da vida eterna.[22]

Mesmo com a afirmação do liberalismo em 1824 a cultura brasileira continuou fortemente sensibilizada pela ética salvacionista, que persiste até os nossos dias com visível intensidade.

### *4.2 Finanças públicas e moralidade privada*

As finanças públicas continuam presas, em grande parte, à moralidade privada, eis que não aderimos plenamente ao liberalismo.

O tributo não chega a galgar o papel de preço da liberdade e de instrumento de justiça, senão que continua a ser apropriado de forma privada, isto é, segundo relações comutativas que lhe mantêm a natureza contraprestacional fundada no benefício e que conduzem a uma certa confusão entre o patrimônio do príncipe e do Estado. Mesmo entre os liberais observa-se a resistência ao imposto: Frei Caneca chega a dizer, apoiando-se na obra do abade Raynal, "que o tributo e o imposto são a prova do despotismo, ou aquilo que mais depressa ou mais devagar conduz a ele; que a imposição das taxas foi a mais importante das usurpações que os soberanos fizeram, e cujas conseqüências têm sido as mais funestas";[23] em nossos dias Ives Gandra da Silva Martins caracteriza o imposto como "norma de rejeição social".[24] O Estado, por seu turno, continua a se apropriar da parcela da economia societal como coisa privada, sem se preocupar com a destinação pública do produto arrecadado e com a incidência fundada na idéia de justiça. Tudo isso alimenta a *moralidade privada*, entendida em termos de adequação tanto da conduta individual como do comportamento do Fisco a normas éticas com pequeno peso de publicidade.

Não se cometa o exagero de atribuir ao Brasil o monopólio desse tipo de moralidade fiscal. Na França, que também viveu longo período patrimonialista, por exemplo, esforçam-se os juristas no sentido de "*dédramatiser l'impôt*",[25] a fim de melhorar a sua imagem negativa. Sabe-se que lá os tributos chegam a produzir até mesmo reações alérgicas no contribuinte, não raro sob a forma de manifestações cutâneas.[26] Na Alemanha, que igualmente sofreu fortes influências patrimonialistas, o imposto nem sempre é apropriado como coisa pública; em livro publicado sob o sugestivo título *O Estado como Despojo* e o subtítulo *Como os Políticos Fazem Leis em Causa Própria*, o jurista Hans Herbert von Arnim examina exaustivamente diversos escândalos ocorridos nos Legislativos da União e dos Estados e observa com argúcia: "As finanças são sempre para muitos algo misterioso, quase um tabu. Não se fala sobre dinheiro (*Geld*); isso tem raízes históricas".[27]

22. Antônio Paim, *História das Idéias Filosóficas no Brasil*, São Paulo, Ed. Convívio, 1984, p. 25, indica como traços definidores do saber de salvação o "desprezo do mundo", entendido em sua dimensão corpórea, e a "resistência à tentação", que, sendo transitória, se opõe à "eternidade da salvação". Cf. também Anna Maria Moog Rodrigues, "Introdução", in C. Junqueira (Ed.), *Moralistas do Século XVIII*, Rio de Janeiro, PUC/Ed. Documentário, 1979, p. 15.

23. *Ensaios Políticos*, Rio de Janeiro, PUC/Ed. Documentário, 1976, p. 41.

24. *Teoria da Imposição Tributária*, São Paulo, Saraiva, 1983, p. 109.

25. Cf. Jean Dubergé, *Dédramatiser l'Impôt*, Marseille, Faculté de Droit et de Science Politique, 1994, p. 15.

26. Cf. Maurice Lauré, *Tratado de Política Fiscal*, Madrid, Ed. Derecho Financiero, 1960, p. 432.

27. *Der Staat als Beute. Wie Politiker in eigener Sache Gesetze machen*, Berlin, Knaur, 1993, p. 13.

### *5. As dimensões da moralidade social*

A análise da moralidade social em tema de finanças públicas, ainda que marcada pela condicionante da privacidade, deve ser feita segundo as suas dimensões principais: a moralidade da Administração financeira e a moralidade do contribuinte.

Quanto à conduta do Legislativo, dela não cuidaremos, posto que interessa mais à ética do que à moralidade, tento em vista que se manifesta principalmente no plano da norma. A conduta dos parlamentares é que poderia ser objeto da consideração da moralidade, mas não é assunto que se relacione com o tema deste trabalho.

## *II – A MORALIDADE DO FISCO*

### *6. A moralidade administrativa*

Considera-se moralidade administrativa a conduta dos agentes ou dos órgãos da Administração Pública compatível com a norma ética abstrata.

Tornou-se princípio constitucional explícito em 1988: "A administração pública direta, indireta ou fundacional, de qualquer dos Poderes da União, dos Estados, do Distrito Federal e dos Municípios obedecerá aos princípios da legalidade, impessoalidade, moralidade, publicidade (...)".

A noção de moralidade administrativa desenvolveu-se a partir dos estudos de M. Hauriou, que vislumbrou a possibilidade de a Administração exercer um controle de atos "em nome da moral pública, mais que em nome do direito, e que, em conseqüência, vá mais longe que o direito, mais longe que a legalidade (notadamente na teoria do desvio de poder)",[28] e que definiu a moralidade administrativa como o "conjunto de regras de conduta tiradas da disciplina interior da Administração".[29] Observou ainda Hauriou que o mesmo ato resultado de desvio de poder tem a possibilidade de ser enquadrado como contrário à legalidade ou à moralidade.[30]

A idéia de moralidade administrativa apareceu também na Alemanha, por influência da doutrina francesa do "détournement de pouvoir" e se manifesta nos casos de vulneração dos mandamentos da moral, constituindo vício dos atos administrativos. Às vezes a moralidade administrativa é lida nas próprias cláusulas gerais do Código Civil, como a da boa-fé.[31]

Diogo de Figueiredo Moreira Neto filia a moralidade administrativa à ética da responsabilidade, no sentido que lhe deu Max Weber, indica-lhe como referencial "a finalidade pública", detecta-a nos "vícios da discricionariedade, ou seja, o mal uso ou abuso dessa faculdade administrativa" e explica que "ocorre o vício da moralidade administrativa quando o agente público praticar ato administrativo (contrato administrativo ou ato administrativo complexo) fundando-se em motivo: (a) inexistente; (b) insuficiente; (c) inadequado; (d) incompatível; e (e) desproporcional".[32]

A conduta dos agentes administrativos contrária ao princípio da moralidade gera a responsabilidade objetiva da pessoa jurídica de direito público, nos termos

28. *Principes de Droit Public*, Paris, Récueil Sirey, 1910, p. 485: "C'est encore un des bienfaits de la puissance publique contenue dans l'administration d'avoir engendré un controle des actes qui soit exercé au nom de la morale publique, plutôt qu'au nom du droit, et qui, par suite, aille plus loin que le droit, plus loin que la légalité (notamment dans la théorie du détournement de pouvoir)".

29. *Apud* Antonio José Brandão, "Moralidade administrativa", *Revista de Direito Administrativo* 25/457, 1951.

30. *Droit Administratif et Droit Public*, III, Paris, Sirey, 1927, p. 25: "La moralité administratif est souvent plus exigeante que la légalité. Nous verrons que l'institution de l'excés de pouvoir, grace à laquelle sont annulés beaucoup d'actes de l'Administration, est fondée autant sur la notion de la moralité administratif que sur celle de la legalité".

31. Cf. Ernst Forsthoff, *Lehrbuch des Verwaltungsrecht*, München, C. H. Beck, 1973, pp. 171 e 246.

32. "Moralidade administrativa: do conceito à efetivação", *Revista de Direito Administrativo* 190/10 e 11, 1992.

do art. 37, § 6º, da Constituição Federal: "As pessoas jurídicas de direito público e as de direito privado prestadoras de serviços públicos responderão pelos danos que seus agentes, nessa qualidade, causaram a terceiros, assegurado o direito de regresso contra os responsáveis nos casos de dolo ou culpa".

O controle da moralidade administrativa se exerce por meio da participação democrática e da autotutela da própria Administração[33] ou na via judicial, nos casos de danos causados a terceiros.[34]

## *7. A moralidade na atividade financeira*

Existe uma diferença fundamental entre a atividade financeira do Estado e a administrativa. Aquela é simplesmente instrumental, não possui um fim em si mesma, visa à obtenção de recursos para a consecução dos objetivos políticos, econômicos e administrativos do Estado, sendo inteiramente vinculada à lei.[35] A atividade administrativa, ao contrário, é eminentemente finalista e fundada em grande dose de discricionariedade. Por isso mesmo o conceito de Fazenda Pública, no sentido objetivo ou subjetivo, não se identifica com o de Administração Pública.

Logo, não faz muito sentido a extrapolação do princípio da moralidade administrativa para o campo das finanças públicas. Claro que um ou outro ponto será comum às duas atividades, como a questão da responsabilidade do Estado pela prática do ato ilícito pelo agente fiscal ou pelo agente administrativo.[36] Mas o tema, em sua globalidade, exige tratamento diferenciado. Se a atividade financeira é essencialmente vinculada,[37] segue-se que o fundamento da moralidade não é o controle do desvio de poder, mas o *respeito à boa-fé do contribuinte* ou a *proteção de sua confiança nos atos do Fisco*.

A atividade financeira, portanto, está sujeita ao princípio da *moralidade pública*, no sentido de adequação da conduta dos agentes do Fisco às normas abstratas da ética fiscal, mas não está subordinada aos princípios gerais da moralidade administrativa.[38]

A moralidade fiscal pode ser examinada segundo as suas grandes vertentes: tributária, financeira propriamente dita (premial) e orçamentária. Interessa-nos, aqui, a moralidade tributária.

## *8. Moralidade tributária*

A moralidade do Fisco quanto à matéria tributária compreende a conduta dos agentes fiscais compatível com as normas

33. Cf. Diogo de Figueiredo Moreira Neto, ob. cit., p. 39; Antonio José Brandão, ob. cit., p. 467: "Por outro lado, fiscal do desvio de poder tanto pode ser a própria Administração ativa como a Administração contenciosa (...). O juiz do desvio de poder é, com efeito, mais do que um juiz da legalidade – isto é: da mera conformidade da Administração à lei – porque atua como juiz dos intuitos morais das autoridades administrativas, na medida em que esses intuitos podem afetar a regularidade jurídica do ato praticado – e, por conseguinte, a própria ordem jurídica".

34. Cf. Caio Tácito, "Responsabilidade do Estado por dano moral", *Revista da Faculdade de Direito da UERJ* 2/6, 1994.

35. Cf. Ricardo Lobo Torres, *Curso de Direito Financeiro e Tributário*, Rio de Janeiro, Renovar, 1997, p. 5.

36. No *XXI Simpósio de Direito Tributário*, organizado por Ives Gandra da Silva Martins sobre o tema "O Princípio da Moralidade no Direito Tributário", em 1996, chegou-se à seguinte conclusão: "Os §§ 5º e 6º (do art. 32 da CF) são aplicáveis nas demandas tributárias em que se caracterize dano causado por atos ilícitos de agentes públicos" (*Revista Dialética de Direito Tributário* 16/93, 1997).

37. Cf. Sérgio de Andréa Ferreira, *Comentários à Constituição*, v. 3, Rio de Janeiro, Freitas Bastos, 1991, p. 79, distingue entre a vinculação à lei e a discricionariedade na temática da moralidade administrativa.

38. Cf. Ives Gandra da Silva Martins, "O princípio da moralidade no Direito Tributário", in *O Princípio da Moralidade no Direito Tributário*, Pesquisas Tributárias, Nova Série 2, São Paulo, Ed. RT, 1996, p. 21: "O princípio da moralidade pública constitui-se, pois, no mais relevante princípio a ser seguido pelos agentes do erário, em suas relações com o contribuinte".

éticas. Imoral será o comportamento que se afasta daqueles pressupostos.

A questão deve ser analisada segundo algumas atitudes tomadas pelo Fisco, como sejam: a pressão sobre o contribuinte, a resistência à recepção dos julgados, a inconstitucionalidade útil, a desigualdade nas respostas à consulta fiscal, a demora na restituição de tributos, a eqüidade na correção monetária.

*8.1 A pressão sobre o contribuinte*

A utilização de ameaças e de instrumentos de pressão sobre o contribuinte fere o princípio da moralidade fiscal. A prática é comum no Brasil, como já verberou Ruy Barbosa Nogueira.[39]

Mas essa não é característica tupiniquim, eis que ocorre também em outros ordenamentos fiscais de índole neopatrimonialista. J. Dubergé, ao defender a desdramatização do imposto, combate o absurdo que consiste em efetuar as cobranças fiscais aumentando inutilmente a sua "*penibilité*".[40] Na Itália V. Uckmar afirma que será um grande erro pensar que os abusos por uma parte dos contribuintes pode justificar a persistência de prevaricação e de abusos da administração em prejuízo dos contribuintes, ainda mais que a pressão do Fisco se exerce contra o contribuinte mais fraco, eis que os grandes sonegadores estão bem protegidos por assessores.[41]

*8.2 A resistência à recepção dos julgados*

Intrincada é a questão da resistência à recepção dos julgados dos tribunais. Cuida-se de tensão entre dois princípios gerais de direito tributário: o da vinculação do lançamento à lei formal e o da proteção da confiança do contribuinte na unidade do ordenamento tributário. A Administração Fiscal não pode deixar de aplicar a lei e realizar o lançamento se inexiste declaração de inconstitucionalidade na via da ação direta. Por outro lado, as decisões judiciais, salvo as do Supremo Tribunal Federal, quando incluídas na Súmula da Jurisprudência aprovada nos termos do art. 103-A da Constituição ou quando proferidas nas ações diretas de inconstitucionalidade ou nas ações declaratória de constitucionalidade (art. 102, § 2º, CF), não têm efeito vinculante com referência às autoridades administrativa. Acrescente-se, ainda, que não se tem a definição prévia da autoridade competente para autorizar que não se efetue a atividade plenamente vinculada nos termos do art. 142 do CTN.

Conclui-se, portanto, que a solução depende da análise da cada caso,[42] para que a Administração, em nome da moralidade, recepcione o julgado quando entender que há expressiva convicção de que a

39. "O ensino da IFA, do IBDT/USP e as absurdas instruções da direção fiscal em São Paulo", *Direito Tributário Atual* 5/902, 1985: "Em nosso País, não no sertão inóspito, mas na cidade fundada por Nóbrega e Anchieta, que traz o nome apostolar de São Paulo, são de estarrecer e causar arrepio as instruções que o *Diretor Executivo da Administração Tributária* deste Estado acaba de baixar, como ordem e instrução aos Agentes Fiscais e publicar nas páginas do *Boletim Tributário da Secretaria da Fazenda* n. 281, outubro de 1984, nestes termos: 'V – *Da Estratégia* – Para se alcançar os objetivos visados, dentro da metodologia adotada, não basta a maleabilidade dos critérios utilizados. É preciso também o emprego de uma estratégia que, apropriada ao tipo e à natureza da *operação*, seja capaz de sempre causar surpresa e estabelecer confusão ao espírito do contribuinte fiscalizado, de forma a que ele permaneça em perene estado de expectativa, não só quanto ao momento e à maneira como deverá se dar a ação fiscal, como ainda com relação aos resultados desta e às conseqüências que dela poderão lhe advir'".

40. Ob. cit., p. 43.

41. "El Estatuto del Contribuyente", *XVII Jornadas Latinoamericanas de Derecho Tributario*, Cartagena, 1995, p. 2.

42. Em sentido contrário: *XXI Simpósio Nacional de Direito Tributário*, sobre o tema "O princípio da moralidade no Direito Tributário", *Revista Dialética de Direito Tributário* 16/94, 1996: "Em face do princípio da moralidade administrativa, o Fisco não pode desconsiderar matéria já pacificada pelo Judiciário a favor do contribuinte, sem deflagrar a responsabilidade do Estado".

jurisprudência já se tornou mansa e pacífica. Necessita-se da prévia ponderação de valores para que se possa afastar princípio de natureza constitucional diante de outro, da mesma hierarquia, que no caso específico se tenha tornado mais importante.

Pelo art. 1º do Decreto n. 1.601, de 30.8.1995, ficou a Procuradoria-Geral da Fazenda Nacional dispensada de interpor os recursos cabíveis quando a decisão versar, no mérito, sobre alguns temas durante longos anos discutidos perante os tribunais superiores, como sejam, entre outros: empréstimo compulsório sobre aquisição de combustível e veículos automotores; contribuição social sobre o lucro; taxa de licenciamento de importação; ICMS na importação de mercadorias (Súmula 577 do Supremo Tribunal Federal); adicional de tarifa portuária. A Procuradoria-Geral da Fazenda Nacional, pelo art. 2º daquele Decreto 1.601/1995, ficou permanentemente autorizada a dispensar a apresentação de recursos quando houver manifestação jurisprudencial reiterada e uniforme.[43]

A Lei n. 9.430, de 27.12.1996, supriu o déficit de legalidade que havia na incorporação dos julgados pela própria Administração, autorizando o Executivo a disciplinar a abstenção de lançamento, a declaração de extinção do crédito e a desistência das ações.[44]

Houve, portanto, sensível progresso da questão no Brasil, legalizando-se a moralidade que aos poucos foi se afirmando na prática tributária, com a prevalência do princípio da proteção da confiança do contribuinte sobre o da vinculação do lançamento.

### *8.3 A inconstitucionalidade útil*

Não raro a Administração adota conduta claramente inconstitucional na expectativa de que demore ou não sobrevenha o controle judicial da constitucionalidade, o que lhe permite aumentar a arrecadação. É a inconstitucionalidade útil, que fere frontalmente o princípio da moralidade.

O Ministro Octávio Gallotti, por ocasião de sua posse na Presidência do Supremo Tribunal Federal, definiu a "inconstitucionalidade útil": "são atos deliberadamente inconstitucionais, praticados com finalidades corporativas ou pelo desejo de governadores que querem consertar as finanças de seus Estados. Eles praticam esses atos torcendo pelos efeitos que eles produzem até serem corrigidos".[45]

O Ministro Sepúlveda Pertence, no julgamento em que se discutia sobre a possibilidade de se fixar a eficácia *ex nunc* da declaração de inconstitucionalidade no controle concentrado, advertia que "essa solução, se generalizada, traz também o grande perigo de estimular a inconstitucionalidade".[46]

A questão da inconstitucionalidade útil é extremamente delicada, eis que pode

43. "Art. 2º. Nas causas em que a representação da União competir à Procuradoria-Geral da Fazenda Nacional, em que haja manifestação jurisprudencial reiterada e uniforme e decisões definitivas do Supremo Tribunal Federal ou do Superior Tribunal de Justiça, em suas respectivas áreas de competência, fica o Procurador-Geral da Fazenda Nacional autorizado a declarar, mediante parecer fundamentado, aprovado pelo Ministro de Estado da Fazenda, as matérias em relação às quais é de ser dispensada a apresentação de recursos."

44. "Art. 77. Fica o Poder Executivo autorizado a disciplinar as hipóteses em que a administração tributária federal, relativamente aos créditos tributários baseados em dispositivo declarado inconstitucional por decisão definitiva do Supremo Tribunal Federal, possa: I – abster-se de constituí-los; II – retificar o seu valor ou declará-los extintos, de ofício, quando houverem sido constituídos anteriormente, ainda que inscritos em dívida ativa; III – formular desistência de ações de execução fiscal já ajuizadas, bem como deixar de interpor recursos de decisões judiciais."

45. *Apud* Gustavo Miguez Mello e Gabriel Lacerda Troianelli, "O princípio da moralidade no Direito Tributário", in Ives Gandra da Silva Martins (Coord.), *O Princípio da Moralidade no Direito Tributário*, cit., p. 212.

46. ADI 1.102-2, Ac. do Pleno, de 5.10.1995, rel. Min. Maurício Corrêa, *Revista Dialética de Direito Tributário* 5/134, 1996.

fortalecer o argumento formalista da eficácia *ex tunc* da declaração de inconstitucionalidade, exacerbando-lhe os aspectos perversos,[47] ou favorecer a síndrome da presunção de inconstitucionalidade da norma tributária que se tornou moda no Brasil nos últimos anos.

### *8.4 A desigualdade nas consultas fiscais*

Problema que resvala para a imoralidade é o da diversidade de respostas dadas pela Administração às consultas formuladas pelos contribuintes. Torna-se evidente o prejuízo do sujeito passivo que obedece às instruções desfavoráveis do Fisco enquanto outros, na mesma situação, obtêm pronunciamentos favoráveis.

O Supremo Tribunal Federal, em certo julgamento, declarou a responsabilidade da Fazenda por danos provocados aos contribuintes por modificação do critério jurídico anteriormente adotado em resposta a consulta fiscal.[48] A Corte se baseou no voto do Ministro Marco Aurélio, do qual se extraem os seguintes trechos: "A relação jurídica Estado/contribuinte há de repousar, sempre, na confiança mútua, devendo ambos atuarem com responsabilidade, fiéis ao ordenamento jurídico em vigor. No caso dos autos, o recorrente, demonstrando inegável confiança no fisco e, portanto, havendo adotado postura de absoluta boa-fé, fez-lhe uma consulta e, a partir dela, adotou procedimento que, em última análise, veio a implicar antecipação do recolhimento do imposto. Enquanto isso, empresas congêneres agiam de modo diverso (...). Conheço do extraordinário e o provejo, fazendo-o até mesmo em prol da credibilidade do setor público".[49]

A decisão do Supremo Tribunal Federal, mormente pela fixação de responsabilidade da Fazenda Pública, provocou a imediata reformulação legislativa do processo de consulta. A Lei n. 9.430, de 30.12.1996, trouxe as seguintes novidades: cabimento de recurso especial, sem efeito suspensivo, para o órgão central da Secretaria da Receita Federal, interposto pelo destinatário da solução divergente no prazo de 30 dias, quando houver diferença de conclusões entre soluções de consultas relativas a uma mesma matéria, fundada em idêntica norma jurídica (art. 48, §§ 5º e 6º); determinação no sentido de que o servidor da administração tributária deverá, a qualquer tempo, formular representação ao órgão que houver proferido a decisão, encaminhando as soluções divergentes sobre a mesma matéria de que tenha conhecimento (art. 48, § 9º); cabimento de recurso especial ao órgão central da Receita Federal pelo sujeito passivo que tiver conhecimento de solução divergente daquela que esteja observando em decorrência de resposta a consulta anteriormente formulada, sobre idêntica matéria (art. 48, § 10); previsão de que a solução da divergência acarretará, em qualquer hipótese, a edição de ato específico, uniformizando o entendimento, com imediata ciência ao destinatário da solução reformada, aplicando-se seus efeitos a partir da data da ciência (art. 48, § 11).

Vê-se, pois, que se juridicizou a solução do problema e a questão da imoralidade da desigualdade nas respostas às consultas fiscais se transformou em ilegalidade.

### *8.5 A demora na restituição de tributos*

Prática altamente comprometedora do princípio da moralidade fiscal é a de retardar a Administração financeira a restituição dos tributos indevidamente pagos.

O Judiciário vem coibindo essa prática e a própria legislação transformou em ilegal o que antes era apenas imoral.

47. Cf. Ricardo Lobo Torres, "A declaração de inconstitucionalidade e a restituição de tributos", *Revista Dialética de Direito Tributário* 8/110, 1996.

48. RE 131.741-8-SP, Ac. da 2ª T., de 9.4.1996, *Revista Dialética de Direito Tributário* 11/111, 1996.

49. Id., ibid., p. 114.

Há inúmeros julgados que reconhecem a possibilidade de direta compensação do indébito nos livros fiscais, independentemente da expedição de precatório.[50] A medida foi importante na época da inflação descontrolada e resultou de uma certa ponderação de interesses, com a supremacia, no caso, do princípio da proteção da confiança do contribuinte sobre o princípio democrático do pagamento das condenações da Fazenda na ordem da apresentação dos precatórios.

A Constituição e a legislação procuram também preservar o princípio da moralidade, positivando-o em inúmeras oportunidades: o art. 150, § 7º, da CF assegura, na substituição tributária, a "imediata e preferencial restituição da quantia paga, caso não se realize o fato gerador presumido"; a Lei Complementar n. 87, de 13.9.1996, ao regulamentar o art. 150, § 7º, da CF, estabeleceu que, formulado o pedido de restituição e não havendo deliberação no prazo de 90 (noventa dias), o contribuinte substituído poderá se creditar, em sua escrita fiscal, do valor objeto do pedido, devidamente atualizado segundo os mesmos critérios aplicáveis aos tributos.[51] As diversas normas que, a partir da Lei 8.383, de 30.12.1991, dispuseram sobre a compensação de tributos, tiveram o nítido objetivo de coibir a imoralidade em que consistia o retardamento na restituição do indébito.

### *8.6 A igualdade na correção monetária*

Durante muitos anos foi recriminada, como moralmente insustentável, a desigualdade que garantia ao Fisco a correção monetária dos seus créditos, mas não o obrigava à restituição do indébito tributário devidamente corrigido.

A solução veio na via judicial, com o reconhecimento pelo Supremo Tribunal Federal do descabimento das restituições sem a recomposição do valor da dívida. Os argumentos foram se refinando com o passar do tempo: de início o Pretório Excelso garantiu a correção com base na interpretação extensiva da norma que autorizava a correção da restituição do depósito; ao depois caminhou para o argumento da analogia com o depósito; finalmente, aderiu ao argumento de eqüidade, que preservaria a igualdade de tratamento entre o Estado e o contribuinte. É interessante observar que, antes de adotar o argumento de eqüidade, o Supremo rejeitou alguns recursos extraordinários interpostos com base na isonomia, por violação do art. 153, § 1º, da CF/1969, sob a alegação de que inexiste igualdade entre o Fisco e o contribuinte, de modo que aquele pode exigir o seu crédito sem que por isso seja compelido a restituir o indébito com correção; a igualdade havia que ser mantida entre o contribuinte que paga e o que deposita, ou seja, entre o pagamento indevido e o depósito.[52]

## *III – A MORALIDADE DO CONTRIBUINTE*

### *9. Economia de imposto*

O pagamento de tributos é uma obrigação jurídica que independe da intenção do contribuinte ou do prazer que lhe possa ocasionar. Se o cumprimento da obrigação se faz nos estritos termos da lei o sujeito passivo se libera inteiramente do dever.

Segue-se, daí, que a economia do imposto ou o desejo de pagar o menor tributo possível, desde que não haja desrespeito ao comando legal ou o abuso na interpretação da lei, torna-se compatível com a morali-

50. Para a ampla referência aos julgados, v. Ricardo Lobo Torres, *Restituição de Tributos*, Rio de Janeiro, Forense, 1983, p. 46.

51. Alguns doutrinadores, com muita severidade, concluem no sentido de que o prazo de 90 dias é exagerado e infirma a própria providência constitucional (cf. Gabriel Lacerda Troianelli, "A imediata restituição do tributo indevidamente pago por substituição tributária", *Revista Dialética de Direito Tributário* 21/23-33, 1997).

52. Cf. Ricardo Lobo Torres, *Restituição de Tributos*, cit., p. 48.

dade pública. Todos estão autorizados a pagar o menor imposto possível.[53]

Há, todavia, diversas formas de conduta imoral por parte do contribuinte. Klaus Tipke, no livro *Moral Tributária del Estado y de los Contribuyentes*, identifica os seguintes tipos de contribuinte:

*1.* o *homo economicus*, que só pensa na sua conveniência econômica e não reconhece nenhum dever moral de conduta;

*2.* o compensador, que só considera justo o imposto se existe uma contraprestação equivalente;

*3.* o mal humorado, que se opõe à linha política do Estado;

*4.* o liberal, que vê o imposto como uma limitação da liberdade;

*5.* o elisor legalista, que busca aproveitar as lacunas e passagens obscuras da lei para pagar o menor imposto possível;

*6.* o ignorante, que não compreende as leis fiscais;

*7.* o sensível ante a justiça, que se escandaliza com a desigualdade tributária.[54]

### *10. A síndrome da evasão*

A preocupação excessiva em destorcer os limites possíveis da razoabilidade da lei ou o abuso contumaz da forma jurídica resultam em atitudes contrárias à moralidade pública.

Houve, nas últimas décadas no Brasil a exagerada tendência à interpretação formalista e à defesa da licitude sem limites da elisão, o que levou a prática tributária a se aproximar cada vez mais da concepção da moralidade privada.[55]

Claro que o defeito não é exclusivamente brasileiro. Joachin Lang cunhou a expressão "síndrome da evasão fiscal" para caracterizar a resistência à progressividade do imposto de renda, que compreende o *lobby*, a astúcia da elisão, a escolha simulada do tipo de contrato, a crise da moral frente ao dever tributário.[56]

### *11. A sonegação fiscal*

A sonegação fiscal, entendida como ocultamento da ocorrência do fato gerador ou não pagamento do tributo devido, é contrária à legalidade tributária e à moralidade pública.

Os autores dedicados ao estudo da moral tributária discutem há séculos sobre a sonegação fiscal, ao fito de defini-la como furto ou como pecado venial ou mortal,[57] desde que a tributação seja justa.

O assunto é extremamente relevante porquanto uma das principais causas da sonegação é a convicção de que possa ser moralmente justificada.[58] Difícil, todavia, estabelecer a diferença entre o argumento cínico da imoralidade da tributação e a resistência legítima à opressão fiscal.

### *12. A resistência à opressão fiscal*

Na Escolástica defendia-se o direito de resistência às leis injustas e aos tiranos. No iluminismo que deu a sustentação ideológica ao absolutismo esclarecido inverte-se o raciocínio e a resistência passa a ser condenada. Só mais tarde, com o advento do liberalismo, os países que viveram o Estado de Polícia desenvolvem a teoria da resistência à opressão da liberdade, quase sempre sob a inspiração das idéias

53. Cf., por todos, Gilberto Ulhoa Canto, *Direito Tributário Aplicado*, Rio de Janeiro, Forense Universitária, 1992, p. 83.

54. Ob. cit., pp. 113 e ss.

55. Paradigmático foi o livro de Sampaio Dória, *Elisão e Evasão*, São Paulo, Bushatsky, 1977.

56. "I pressuposti costituzionali dell'armonizzazione del Diritto Tributario in Europa", in Andrea Amatucci (Coord.), *Trattato di Diritto Tributario*, v. 1, Milano, CEDAM, 1994, p. 788.

57. Cf. Mario Perez Luque, *Deberes Tributarios y Moral*, Madrid, EDERSA, 1980, p. 75.

58. Cf. S. Kaplan/P. Reckers, "A study of tax evasion judgments", *National Tax Journal* 38 (1):97-102, 1985; Calabresi/Bobbit, ob. cit., p. 189.

vindas da Inglaterra. Nos Estados Unidos ganhou a resistência à opressão fiscal cores fortes, tanto na teoria quanto na prática.[59] No Brasil também penetrou a teoria já desde a Revolução de 1817;[60] Silvestre Pinheiro Ferreira proclamou "o direito, ou antes o dever, que tem todo o cidadão de não obedecer a nenhuma ordem ilegal".[61]

Há inúmeros meios de resistência à injustiça fiscal. Entre as formas institucionalizadas estão as medidas judiciais e as emendas e revisões constitucionais. Os instrumentos informais de resistência compreendem a sonegação, a economia subterrânea, o *lobby* e, em casos extremos, a revolta fiscal.

Mas é sempre muito difícil detectar a injustiça suscetível de resistência por meios informais, que pode se aproximar do argumento cínico se resultar da fragilidade da própria noção de cidadania fiscal.

### *13. A moralidade entre contribuintes*

Sendo o dever fundamental de pagar imposto fundado no princípio da solidariedade, segue-se que existe a necessidade de se observar a moralidade entre contribuintes. A sonegação fiscal e a síndrome da evasão transferem para os outros contribuintes o encargo financeiro da obrigação de pagar o tributo sonegado ou evadido. Da mesma forma os privilégios odiosos.[62]

### *14. A atitude orçamentívora*

A atitude orçamentívora, típica da moralidade privada, aparece quando o contribuinte vive à sombra do Fisco, procurando sempre aumentar seus ganhos na via dos incentivos fiscais e das renúncias de receita. O sociólogo Oliveira Viana cunhou a expressão "burocracismo orçamentívoro", para retratar a atitude deletéria de indevida privatização dos recursos públicos.[63] Ricardo Vélez Rodriguez vem desenvolvendo, com muita propriedade, considerações em torno da "mentalidade orçamentívora".[64]

## *IV – Conclusões*

Vê-se, pois, que com a retomada do relacionamento entre ética e direito no plano abstrato tornou-se imperativo equilibrar o juízo de legalidade com o de moralidade pública, em busca da legitimidade do próprio Estado Social Fiscal.

Pena é que os ranços do patrimonialismo na cultura brasileira e a arraigada concepção privatista das finanças públicas vêm impedindo o pleno desabrochar da moralidade pública na conduta do Fisco e dos contribuintes.

Rio de Janeiro, setembro de 2008.

59. Cf. Ricardo Lobo Torres, *A Idéia de Liberdade no Estado Patrimonial e no Estado Fiscal*, Rio de Janeiro, Renovar, 1990, p. 145.

60. Cf. Nelson Saldanha, *Pensamento Social Nordestino*, Recife, Ed. ASA, 1985, p. 65.

61. *Idéias Políticas*, Rio de Janeiro, PUC/CFC/Ed. Documentário, 1976, p. 168.

62. Cf. Klaus Tipke, "Rechtsprechung", *Steuer und Wirtschaft* 61/379, 1984: "em direito tributário o privilégio de um grupo (*die Privilegierung der einen Gruppe*) significa a discriminação (*die Diskriminierung*) e o agravo dos outros".

63. *Instituições Políticas Brasileiras*, v. 1, Belo Horizonte, Itatiaia, São Paulo, EDUSP; Niterói: EDUFF, 1987, p. 155: "o burocracismo orçamentívoro, que cria o tipo de extranumerários 'encostados' e sem função".

64. "Aspectos estruturais da sociedade brasileira", *Convivium* 31 (2):150, 1988: "(...) a mentalidade orçamentívora: quem garante a riqueza da Nação não é o trabalho produtivo dos indivíduos, como acreditava Adam Smith, mas o Estado, tornado empresário segundo a mentalidade pombalina. A questão seria não como se apropriar o cidadão da riqueza através do trabalho, mas como se encontrar no Estado, produtor da riqueza, para se enriquecer à custa dele".

CADERNOS DE DIREITO TRIBUTÁRIO

# MORA E A DENÚNCIA ESPONTÂNEA NO DIREITO TRIBUTÁRIO

ROBSON MAIA LINS

Mestre e Doutorando em Direito Tributário pela PUC/SP. Professor nos Cursos de Especialização em Direito Tributário pelo IBET, COGEAE (PUC/SP), FAAP e Escola de Direito da Fundação Getúlio Vargas. Advogado

*1. Questões prévias. 2. O conceito de mora: 2.1 Primeira aproximação: investigação semântica sobre a mora. 3. A mora e a denúncia espontânea: uma hipótese de purgação da mora no direito tributário: 3.1 Possibilidade ou não de denúncia espontânea nos chamados tributos sujeitos ao lançamento por homologação: 3.1.1 A DCTF nos tributos sujeitos ao lançamento por homologação não constitui, necessariamente, o crédito tributário. 4. Possibilidade ou não de a denúncia elidir, além das multas chamadas "punitivas", também as "multas de mora". 5. Possibilidade ou não de existir denúncia espontânea nas hipóteses de parcelamento ou compensação: 5.1 O parcelamento; 5.2 Na compensação. 6. Possibilidade ou não de a denúncia espontânea elidir a responsabilidade não só pelo descumprimento da obrigação principal, mas também pelo descumprimento de deveres instrumentais (ou obrigações acessórias). 7. A mora como fato jurídico que implica reaquisição da possibilidade de denúncia espontânea. 8. Síntese e conclusões.*

## *1. Questões prévias*

O intrincado encadeamento normativo que está subjacente ao nascimento, suspensão de exigibilidade e extinção do crédito tributário refletiu fortemente na metalinguagem da Ciência do Direito Tributário brasileiro, especialmente no que pertine ao momento e à competência para constituir o crédito tributário. Com efeito, muitos dos desencontros doutrinários e jurisprudenciais em relação aos temas decadência e prescrição no direito tributário, suspensão da exigibilidade do crédito tributário, denúncia espontânea, e assim por diante, tem um ponto em comum que poderia ser melhor equacionado se, previamente, se examinasse duas outras questões, a saber: (i) quem tem competência para constituir o crédito tributário e (ii) em que momento considera-se constituído o crédito tributário.

Assim também ocorre com a mora e a denúncia espontânea no direito tributário. Seguramente, a competência para constituir o crédito e o momento de seu nascimento são variáveis decisivas para o bom desenvolvimento da análise do referido tema.

Por isso, optamos por fazer neste trabalho, num primeiro plano, investigação semântica sobre o conceito de mora; seguindo, num segundo passo, para as formas de constituição do crédito tributário. E, por fim, as respostas às seguintes questões: (i) possibilidade ou não de denúncia espontânea nos chamados lançamentos por homologação; (ii) possibilidade ou não de a denúncia elidir, além das multas chamadas de "punitivas", também as multas de mora; (iii) possibilidade ou não de existir denúncia espontânea nas hipóteses de parcelamento ou compensação de tributos; e (iv) possibilidade ou não de a denúncia espontânea elidir a responsabilidade não só pelo descumprimento da obrigação principal, mas também pelo descumprimento de deveres instrumentais (ou obrigações acessórias).

## 2. *O conceito de mora*

Carvalho de Mendonça,[1] em excelente estudo sobre a mora no direito civil, anota que "não é simples, como parece, a determinação exata do conceito de mora; e esta dificuldade mais se acentua quando se considera que ela, conquanto regulada por normas positivas, é, na sua realização jurídica, influenciada em grande parte pela eqüidade; e, ordinariamente, é mais um questão de fato que de direito".

As advertências de Ricardo Guibourg,[2] Alejandro Ghigliani e Ricardo Guarinoni quando diz que "todas as palavras são vagas e potencialmente ambíguas", e de Genaro Carrio,[3] quando lembra que a denominada "zona de penumbra" importa fraqueza designativa das palavras, chamaram a nossa atenção para a necessidade de dar algumas notas sobre os termos "obrigação" e "mora" mencionados neste trabalho, que nem sempre guardam a mesma acepção.

Leonidas Hegenberg faz importante observação sobre a função da definição nos textos em geral, relatando a dicotomia entre definições conotativas e denotativas, deixando expresso que aquelas espécies de definições primam pela extensão em detrimento da compreensão; enquanto que estas privilegiam a compreensão, diminuindo seu campo extensional. Diz o autor[4] que "nas sucessivas dicotomias, diminui-se a extensão da classe considerada e aumenta a compreensão. As definições prosseguirão até que a classe tenha elemento 'melhor caracterizado' em função de objetivos propostos".

Duas acepções do termo obrigação serão mencionadas neste trabalho: uma, obrigação em sentido amplo; outra, obrigação em sentido estrito. Assim também ocorre com o termo mora. Ora será mencionada em sentido amplo, que corresponderá ao fato jurídico moratório que realiza o antecedente da norma jurídica moratória em sentido amplo; ora será em sentido estrito, correspondendo ao fato jurídico moratório previsto em norma jurídica tributária moratória, que fará surgir a relação jurídica moratória.

Na obrigação em sentido amplo o conteúdo da prestação não é uma quantia em dinheiro. É a produção de um fato jurídico produtor de outras normas jurídicas.

### *2.1 Primeira aproximação: investigação semântica sobre a mora*

O foco temático que envolve a mora, quer no direito privado quer no direito público, é sobremodo analisado nos planos semântico e pragmático.

No direito civil, Agostinho Alvim[5] escreve que: "Haverá mora no caso em que a obrigação não tenha sido cumprida no lugar, no tempo, ou na forma convenciona-

1. *Tratado de Direito Comercial Brasileiro*, 3ª ed., p. 142.

2. *Introducción al Conocimiento Científico*, Buenos Aires, EUDEBA, 1985, p. 51.

3. *Notas sobre el Derecho y Lenguaje*, Buenos Aires, Abeledo-Perrot, 1990, p. 34.

4. *Saber de e Saber que*, Petrópolis, Vozes, 2001, p. 133.

5. *Da Inexecução das Obrigações e suas Conseqüências*, São Paulo, Saraiva, 1972, p. 7.

dos, subsistindo, em todo caso, a possibilidade de cumprimento".

A grande maioria dos estudos fica restrita à circunscrição das hipóteses em que há mora (plano semântico) ou à função da mora na teoria das obrigações (plano pragmático), deixando de lado a parte estrutura das normas jurídicas e das obrigações tributárias (plano sintático).

Pontes de Miranda[6] faz importante observação semântico-pragmática sobre a mora: "O que não se adimpliu ou o que recusou se põe em retardo, se atrasa, e esse escorrer de tempo, essa demora, em que se pode prestar e não se presta, ou em que se pode receber e não se recebe, é o tempo da mora; por abreviação, mora".

Vê-se logo dois elementos que integram o conceito-base de mora: (i) conduta exigível e (ii) decurso de tempo. Esses elementos serão objeto de nossa análise mais adiante.

Mesmo certo de que o direito é uno e indecomponível, essa dificuldade lembrada por Carvalho de Mendonça é exponencialmente aumentada quando tratamos de um "ramo" do direito dito de superposição, que utiliza conceitos e institutos de outros subdomínios do direito, trazendo também toda a sorte de problemas semânticos e pragmáticos existentes na seara de origem.

Assim é a mora. Assim também são as hipóteses de purgação da mora, quer no direito civil, quer no direito tributário.

6. *Tratado de Direito Privado*, v. 23, Rio de Janeiro, Borsói, 1959, p. 117. Nesta mesma obra, porém na edição de 1954, v. 4, p. 14, o autor leciona: "Defeito não é falta. O que falta não foi feito. O que foi feito, mas tem defeito, existe. O que não foi feito não existe, e, pois, não pode ter defeito. O que foi feito, para que falte, há, primeiro, de ser desfeito. Toda afirmação de falta contém enunciado existencial negativo: não há, não é, não existe; ou afirmação de ser falso o enunciado existente positivo: é falso que haja, ou que seja, ou que exista. Faltar é derivado de *fallere*, como falso; ao passo que defeito vem de *defitio* (*facio*) e sugere estar mal feito".

### *3. A mora e a denúncia espontânea: uma hipótese de purgação da mora no direito tributário*

A denúncia espontânea no direito tributário do Brasil é mecanismo normativo que permite ao sujeito passivo tributário, mesmo diante de um evento moratório, evitar que o fato moratório seja constituído pelo sujeito competente, e, portanto, impedir que a constituição do descumprimento de um dever seja concretizada em nível individual e concreto.

Dessa forma, quando o sujeito passivo toma a iniciativa de cumprir a conduta prevista em norma tributária, corrigindo informações imprescindíveis para o Fisco constituir o crédito tributário, nas hipóteses de lançamento originariamente de ofício; ou quando o próprio contribuinte constitui o crédito tributário, naquelas hipóteses em que o CTN lhe atribui a competência, originalmente, para realizar o chamado lançamento por homologação (art. 150), a denúncia espontânea constitui-se em instrumento normativo hábil a mutilar os efeitos jurídicos da mora no direito tributário.

Na unicidade e unidade do direito positivo, vemos certa semelhança, em nível pragmático, entre o instituto da purgação da mora no direito civil e a denúncia espontânea, no direito tributário, conquanto a literalidade de expressão "purgação da mora" não seja utilizada no direito tributário brasileiro.

Entendemos, entretanto, que, a ausência de literalidade pode surpreender o intérprete mais atilado, precisamente ao examinar o instituto da denúncia espontânea, trazendo, quando assim recomendar os recursos da Teoria Geral do Direito, recursos forjados no instituto da purgação da mora no direito privado; ou, ainda, no arrependimento eficaz, no direito penal.

Com este nível de importância que o tema ostenta, ainda mais quando os tributos sujeitos ao chamado "lançamento por homologação" passam a ser regra no ordenamento tributário, quatro questões fundamentais que entrecortam a denúncia espontânea e a mora no direito tributário brasileiro devem ser analisadas conjuntamente, a fim de que alguns desencontros de pontos de vista na comunidade jurídica possam ser equacionados e postos em bons termos.

Os quatro temas de que falamos são os seguintes: (i) possibilidade ou não de denúncia espontânea nos chamados lançamentos por homologação, derivando daí mais duas variáveis (i.1) com declaração e sem pagamento e (i.2) sem declaração e sem pagamento; (ii) possibilidade ou não de a denúncia elidir, além das multas chamadas de "punitivas", também as multas de mora; (iii) possibilidade ou não de existir denúncia espontânea nas hipóteses de parcelamento ou compensação; e (iv) possibilidade ou não de a denúncia espontânea elidir a responsabilidade não só pelo descumprimento da obrigação principal, mas também pelo descumprimento de deveres instrumentais (ou obrigações acessórias).

Não é por outro motivo que o fundamento para a falta de resolução dessas quatro questões é um problema mal posto, sobre o qual recaem pontos de vista e premissas absolutamente distintas, quer perante o Judiciário, principalmente nas decisões do STJ, quer na doutrina, e que também está por trás de outras questões tormentosas: (i) decadência do direito da Fazenda Pública constituir o crédito tributário nos lançamentos por homologação, (ii) decadência e prescrição do direito de o contribuinte repetir o indébito tributário; (iii) possibilidades de revisão do lançamento pela Fazenda; (iv) compensação tributária, etc. é a constituição do crédito tributário no Código Tributário Nacional.

Para os objetivos deste trabalho fiquemos apenas com os efeitos desse tratamento à constituição do crédito tributário em relação à denúncia espontânea.

### *3.1 Possibilidade ou não de denúncia espontânea nos chamados tributos sujeitos ao lançamento por homologação*

Parte expressiva da jurisprudência do Conselho de Contribuintes e do Superior Tribunal de Justiça, para fins de precisar a existência do fato jurídico decadencial nos tributos sujeitos ao "autolançamento", cumulou o prazo previsto no art. 150, § 4º, com a prescrição do art. 173, I, CTN, firmando, assim, a tese jurisprudencial conhecida como "a tese dos cinco mais cinco anos do direito de a Fazenda Pública constituir o crédito tributário".

No fundamento desta linha jurisprudencial está a compreensão de que todos os tributos vigentes no Sistema Tributário Nacional são constituídos pelo lançamento e que este era, como é, ato privativo da Fazenda Pública.

E no "autolançamento", onde estava a participação da Fazenda Pública na constituição do crédito tributário?, indaga a linha crítica. A resposta que serviria de fundamento era a de que ***na homologação*** estaria o timbre da participação da Fazenda Pública na constituição do crédito tributário.

Coube ao ilustre Prof. Paulo de Barros Carvalho[7] trazer o debate para os estritos limites do direito positivo pátrio, começando por dizer que homologação é morte do crédito tributário, enquanto que lançamento é nascimento. Só se lança o que não se pode homologar, só se homologa o que não se pode lançar, porque está correto.

Fato é que com este fundamento o STJ chegou a admitir a possibilidade de denúncia espontânea nos tributos sujeitos ao lançamento por homologação, independente de existirem ou não as informações do sujeito passivo, visto que somente a homolo-

7. *Direito Tributário – Fundamentos Jurídicos da Incidência*, 6ª ed., São Paulo, Saraiva, 2008.

gação constituiria o lançamento tributário. Assim, antes da homologação (isto é, antes de decorridos cinco anos da prestação das informações pelo contribuinte), poderia ele efetuar o pagamento do tributo com o benefício da denúncia espontânea.

Veremos que, embora concordemos com a conclusão do STJ, não aceitamos como bem postas as conclusões do Egrégio Tribunal.

Recentemente, já em 2006, quando o STJ sinalizava que caminhava acertadamente para aceitar a tese de que, nos tributos sujeitos ao "autolançamento", o contribuinte tem o dever de constituir o crédito tributário (isto é, aquelas informações que o contribuinte presta à Fazenda Pública são a própria constituição do crédito tributário), de forma que, não o fazendo no tempo e modo corretos, o Fisco poderia lançar de ofício logo no primeiro dia seguinte ao início da mora, eis que o Ministro Luiz Fux, aceitando a denúncia espontânea nos lançamentos por homologação, o faz com dois graves problemas.

O primeiro deles diz respeito às combinações espúrias de duas teses cujos fundamentos são antagônicos, quais sejam, a que diz que o contribuinte é competente para constituir o crédito tributário, naquelas hipóteses em que o tributo está originariamente sujeito ao lançamento por homologação; e a que sustenta, com fundamento no art. 142, CTN, que somente a Fazenda Pública é competente para constituir o tributo pelo lançamento, o que ocorreria, nos casos dos tributos sujeitos ao lançamento por homologação, com a referida homologação, expressa ou tácita.

Ora, apesar de concordarmos com a segunda tese e discordarmos da outra, a combinação de ambas é desastrosa, devendo ser de pronto rechaçada.

Pensamos que o art. 138 do CTN não empresta qualquer importância ao fato de o Fisco ter conhecimento do fato jurídico tributário e da relação jurídica tributária constituída pelo contribuinte na DCTF ou GIA.

A única restrição que o art. 138 faz é que o contribuinte não tenha sido notificado sobre Termo de Início de Fiscalização ou qualquer outra medida administrativa. Com efeito, não há qualquer menção às informações, mesmo que constitutivas do crédito tributário – com o que também concordamos – no sentido de que impediria a exclusão das multas punitivas.

Aliás, o fato de o contribuinte constituir o crédito tributário na DCTF, no caso dos tributos federais ou GIA, quando for hipótese de tributo estadual, e, por isso, não poder fazer a denúncia espontânea, entra em choque com o art. 174, inciso IV, que diz que qualquer ato inequívoco, ainda que extrajudicial, importa interrupção da prescrição. Quer dizer, a cada DCTF e a cada GIA que ele informa o crédito é novamente constituído e a prescrição começa a correr novamente.

Nesse sentido, Paulo de Barros Carvalho,[8] em recentíssima obra, preleciona:

"Para que se tenha denúncia espontânea, necessário se faz a conjugação dos seguintes elementos:

"(i) comunicação espontânea, ao Fisco, da infração praticada;

"(ii) tratando-se de infração consistente na ausência ou insuficiência de pagamento, o recolhimento do tributo devido, acompanhado de juros de mora; e

"(iii) inexistência de procedimento administrativo ou medida de fiscalização instalados para apurar aquela ilicitude."

Em momento algum, portanto, a prestação ou não de informação do sujeito passivo ao Fisco aparece como relevante para se excluir a aplicação da denúncia espontânea.

Tangendo o assunto para o tabuleiro jurisprudencial o STJ, no REsp 751.776-PR, onde, num só julgado, marca-se posição sobre diversos pontos importantes,

8. *Direito Tributário, Linguagem e Método*, São Paulo, Noeses, 2008, pp. 766 e 767.

todos prenunciados na introdução deste trabalho, e que devem ser compreendidos na dinâmica da denúncia espontânea. Vejamo-la:

*Processual civil e tributário. Embargos à execução fiscal. Juros de mora pela taxa SELIC. Legalidade. Multa moratória. Legitimidade. Apresentação de demonstrativos do débito. Desnecessidade. Tributo sujeito a lançamento por homologação. Termo "a quo" do prazo prescricional do crédito tributário. Art. 174 do CTN. Constituição definitiva do crédito. Entrega da declaração pelo contribuinte.*

(...).

5. Lavrada a declaração de reconhecimento do débito, *via Declaração de Rendimentos, constituindo o crédito tributário*, remanesce ao Fisco o prazo qüinqüenal para a propositura da ação de exigibilidade da exação reconhecida.

6. Deveras, o fato de a declaração de débito provir do contribuinte não significa preclusão administrativa para o Fisco impugnar o *quantum* desconhecido. Isto porque impõe-se distinguir a possibilidade de execução imediata pelo reconhecimento da legalidade do crédito com a situação de o Fisco concordar (homologar) a declaração unilateral do particular, prestada.

7. *A única declaração unilateral constitutiva "ipso jure" do crédito tributário é a do Fisco, por força do lançamento compulsório* (art. 142 do CTN) que assim dispõe: "Compete privativamente à autoridade administrativa constituir o crédito tributário pelo lançamento, assim entendido o procedimento administrativo tendente a verificar a ocorrência do fato gerador da obrigação tributária correspondente, determinar a matéria tributável, calcular o montante do tributo devido, identificar o sujeito passivo e, sendo o caso, propor a aplicação da penalidade cabível".

8. *Prestando o contribuinte informação acerca da efetiva existência do débito, dispõe o Fisco do prazo para realizar o eventual lançamento suplementar, acaso existente saldo, prazo este decadencial, porquanto constitutivo da dívida.*

9. Quanto à diferença, findo este prazo, para o qual a Fazenda dispõe de cinco anos, inaugura-se o lapso de prescrição para o ajuizamento do respectivo executivo fiscal, visando a cobrança do montante não declarado e objeto de lançamento suplementar, que também obedece ao qüinqüênio.

10. Assim é porque, decorrido o prazo de cinco anos da data da declaração, e não havendo qualquer lançamento de ofício, *considera-se que houve aquiescência tácita* do Fisco com relação ao montante declarado pelo contribuinte. Conquanto disponha o Fisco de um qüinqüênio para efetuar lançamento do débito não declarado, somente conta com cinco anos da data da declaração para cobrar judicialmente o débito declarado na declaração de rendimentos.

11. *Relativamente ao valor declarado, a própria declaração de débito efetivada pelo contribuinte constitui o crédito tributário, prescindindo de ato de lançamento*. Assim, podendo desde logo ser objeto de execução fiscal, tem-se que, nesta hipótese, não há que se falar em decadência, porquanto já constituído o crédito, mas tão-somente em prescrição para o ajuizamento da ação executiva.

12. A ausência da notificação revela que o Fisco, "em potência" está analisando o *quantum* indicado pelo contribuinte, cujo montante resta incontroverso com a homologação tácita. Diversa é a situação do contribuinte que paga e o Fisco notifica aceitando o valor declarado, iniciando-se, *a fortiori*, desse termo, a prescrição da ação.

13. *In casu*, tratando-se de tributo sujeito a lançamento por homologação, declarado pelo contribuinte através da sua declaração de rendimentos em 19.10.1993 e, tendo a recorrente ajuizado a ação de execução em 9.6.2000, revela-se inequívoca a ocorrência da prescrição dos créditos constantes da CDA 90.6.97.004869-21, posto que opera-se em 5 (cinco) anos o prazo para proceder à homologação ou à revisão da declaração do contribuinte.

14. Recurso especial parcialmente provido, apenas para declarar a ocorrência da prescrição dos créditos tributários constantes da CDA 90.6.97.004869-21 (1ª T., REsp 751.776-PR, Rel. Ministro Luiz

Fux, j. 27.3.2007, *DJ* 31.5.2007, p. 338) (grifos acrescidos).

Apesar da extensão, a ementa acima revela o entendimento da 1ª Turma, particularmente do Ministro Luiz Fux, sobre diversos temas conexos à denúncia espontânea, quais sejam: (i) constituição do crédito tributário nos tributos sujeitos ao lançamento por homologação; (ii) a homologação tácita no direito tributário; (iii) termos iniciais dos prazos de decadência e de prescrição nos referidos tributos.

#### 3.1.1 A DCTF nos tributos sujeitos ao lançamento por homologação não constitui, necessariamente, o crédito tributário

Outro grande equívoco sobre o qual algumas decisões do STJ e do Conselho de Contribuintes têm fundamentação seria a suposta função constitutiva que teria a DCTF nos tributos sujeitos ao lançamento por homologação.

Ora, o regime jurídico atual da DCTF, que tem a periodicidade mensal ou semestral, não tem necessariamente a função de constituir o crédito tributário. Até porque, sendo a DCTF mensal ou semestral, não é incomum constar no seu corpo tributos apurados e já pagos e tributos apurados e não pagos, seja porque o contribuinte está em mora, seja porque ainda não escoou o prazo de pagamento do tributo.

Assim, devemos considerar que há três prazos distintos, com alguns aspectos que se entrelaçam normativamente: (i) prazo para constituição do tributo na escrituração interna do sujeito passivo, (ii) prazo para pagamento do tributo; e (iii) prazo para entrega da DCTF à Receita Federal do Brasil.

O esgotamento dos termos finais daqueles três distintos prazos configura três fatos jurídicos moratórios distintos, com implicações igualmente distintas.

Então, em termos cronológicos, precede ao término do prazo para entrega da DCTF o prazo para apuração do tributo e para pagamento. Tendo o tributo o prazo estabelecido para pagamento não há como considerar como quer o recorrente que o pagamento seja feito junto com a entrega da DCTF, ele pode já ter sido feito ou até estar por fazer, ela é apenas uma informação quanto à apuração feita pelo declarante e o montante de cada tributo devido.

### *4. Possibilidade ou não de a denúncia elidir, além das multas chamadas "punitivas", também as "multas de mora"*

A análise do primeiro instante, cujo objeto seja as chamadas "multas punitivas" e "multas moratórias", revela que se trata de dois institutos distintos, com planos sintáticos, semânticos e pragmáticos distintos.

Entretanto, o exame mais atilado dos planos sintático, semântico e pragmático revela que tanto as denominadas estipulativamente, em nível legislativo, "multa punitiva" quanto "multa de mora" são espécies de "multas sancionatórias".

Uma elucidação se faz necessária: o termo "sancionatório" aqui utilizado está em oposição ao "indenizatório" ou "ressarcitório".

Voltando aos planos da linguagem do direito positivo e enfocando agora o sintático, a análise da compostura normativa das duas supostas categorias de multas tributárias – a punitiva e a de mora –, precisamente os antecedentes normativos, ficamos autorizados a dizer que as multas de mora são também multas punitivas, assim como, numa outra perspectiva, a multa punitiva também é moratória.

A multa moratória tem natureza sancionatória. Mora e sanção, quando atribuídos como predicados da multas, não são conceitos excludentes.

Com efeito, o fato jurídico que implica relação jurídica moratória é um fato ilícito, qual seja, deixar de pagar tributo no tempo previsto.

Isso numa perspectiva sintática.

Não há distinção em nível de direito positivo tributário brasileiro entre as duas multas.

Dessa forma, embora com nomes distintos o pressuposto de ambas as multas é um descumprimento de um dever jurídico e o conseqüente é o pagamento de uma quantia em dinheiro. Não importa o nome: multa punitiva e multa moratória têm a mesma configuração normativa de sanção e por isso devem ser excluídas quando da denúncia espontânea.

Nesta linha, o Superior Tribunal de Justiça consolidou a sua jurisprudência, já prenunciada desde 1998, no REsp 169.877-SP, cuja relatoria foi do Ministro Ari Pargendler. Mais recentemente, o Ministro Teori Albino Zavasccki, no REsp 831.278-PR, confirmou esse entendimento, conforme a ementa abaixo transcrita:

> "*Tributário. Denúncia espontânea. Exclusão da multa moratória. Compensação. Possibilidade.*
>
> "1. Esta Corte já se pronunciou no sentido de que "o Código Tributário Nacional não distingue entre multa punitiva e multa simplesmente moratória; no respectivo sistema, a multa moratória constitui penalidade resultante de infração legal, sendo inexigível no caso de denúncia espontânea, por força do art. 138, mesmo em se tratando de imposto sujeito a lançamento por homologação" (2ª T., REsp 169.877-SP, Min. Ari Pargendler, *DJ* 24.8.1998)."
>
> "3. Recurso especial a que se nega provimento (1ª T., REsp 831.278-PR, Rel. Ministro Teori Albino Zavascki, j. 20.6.2006, *DJ* 30.6.2006 p. 192)."

O direito positivo, ele mesmo, prescreve o processo de sua produção, sua extinção, suspensão, etc., de forma que, ao prescrever a extinção do crédito tributário decorrente da multa punitiva e, por decorrência, da sua espécie multa moratória, o art. 138, CTN, estabelece uma anistia condicional: aquele sujeito passivo que estiver praticando evento jurídico moratório e quiser constituí-lo em linguagem competente, pode e deve fazê-lo, ficando a Fazenda Pública obrigada a anistiar as multas decorrentes daqueles agora fatos jurídicos moratórios.

## *5. Possibilidade ou não de existir denúncia espontânea nas hipóteses de parcelamento ou compensação*

O pagamento de tributos com a utilização de instrumentos normativos denominados parcelamento e compensação levanta interesses da mais alta relevância para a comunidade jurídica. Essa relevância é ainda maior quando observamos a dissonância entre a jurisprudência judicial e administrativa no tocante à possibilidade jurídica de ser válida a denúncia espontânea quando, juntamente com as informações fornecidas pelo contribuinte, o pagamento do tributo devido se faz por meio do (i) parcelamento ou da (ii) compensação com tributos pagos indevidamente.

### *5.1 O parcelamento*

No STJ,[9] até o exercício de 2002, aceitava-se a tese de que o pedido de par-

9. "*Processual civil. Tributário. Embargos de declaração. Pressupostos. Admissibilidade. Efeitos modificativos. Denúncia espontânea. Parcelamento. Exclusão multa.* Inexistindo no acórdão embargado, obscuridade, contradição ou omissão são incabíveis embargos de declaração. Efeitos modificativos só são possíveis em casos excepcionais. Não havendo procedimento administrativo em curso contra o contribuinte pelo não recolhimento do tributo, deferido o pedido de parcelamento, está configurada a denúncia espontânea que exclui a responsabilidade do contribuinte pela infração. Embargos rejeitados" (1ª T., EDcl no REsp 247.029-PR, Rel. Ministro Garcia Vieira, j. 6.6.2000, *DJ* 1.8.2000 p. 204).

"*Agravo no agravo de instrumento. Tributário. ICMS. Denúncia espontânea. Parcelamento. Exclusão de multa.* Considera-se 'denúncia espontânea', para os efeitos do art. 138 do CTN, a confissão de dívida, efetivada antes de 'qualquer procedimento administrativo ou medida de fiscalização'. Em havendo parcelamento, exclui-se a responsabilidade, se o contribuinte efetuou oportuna denúncia espontânea da infração tributária. Em tal hipótese, não se cogita celamento deferido com as parcelas pagas teria o efeito de uma denúncia espontânea, excluindo-se do crédito tributário os valores referentes às multas.

Entretanto, com o advento da Lei Complementar n. 104/2001, que instituiu o art. 155-A no CTN, § 1º, ficou assentado que "Salvo disposição da lei em contrário, o parcelamento do crédito tributário não exclui a incidência de juros e multas".

Mesmo assim, pensamos que essa modificação no plano da literalidade introduzida pela Lei Complementar n. 104 não implicou alteração no plano normativo. Mexe-se no plano literal, sem que essa modificação implicasse modificação no plano normativo.

O que ocorria, mesmo antes da referida alteração, era que as leis específicas que concediam parcelamentos contemplavam hipóteses de anistia tributária, excluindo o crédito tributário as quantias referentes às multas e juros. Porém, uma ou mais condições eram postas na referida anistia: pagamento à vista ou parcelado. Se parcelado, apenas a última prestação cumpriria o requisito da anistia concedida.

Admitir que o início do parcelamento implique dispensa de juros e multas configura hipótese de anistia tributária condicional. Então, o fundamento da dispensa do pagamento da multa e dos juros é anistia, em relação às multas, e remissão, em relação aos juros.

### *5.2 Na compensação*

A Ciência do Direito produzida sob enfoque do direito privado, tratou de conceituar a compensação de acordo com o art. 386 do Código Civil, "se duas pessoas forem ao mesmo tempo credor e devedor uma da outra, as duas obrigações extinguem-se, até onde se compensarem".

No Código Tributário Nacional, a compensação tributária está prevista entre as modalidades de extinção do crédito tributário, sendo disciplinada nos arts. 170 e 170-A, que exige a existência de lei da pessoa política competente para instituir o tributo.

No âmbito da legislação ordinária federal, a compensação foi inicialmente disciplinada pela Lei n. 8.383/1991, sendo posteriormente alterada pelas Leis ns. 9.430/1996; 9.250/1995; 10.637/2002; 10.833/2003; 11.051/2004; 11.196/2005; e 11.488/2007.

A Lei Federal n. 8.383/1991 permitia que o contribuinte, sem prévio requerimento e autorização do Fisco, exercitasse o seu direito de autocomposição de créditos tributários da mesma espécie e destinação constitucional.

Posteriormente, a Lei n. 9.430/1996, em seus arts. 73 e 74, passou a conferir ao contribuinte o direito de pleitear perante a Secretaria da Receita Federal do Brasil a utilização de créditos a serem restituídos para quitação de qualquer tributo federal sobre sua administração, não pertencentes a mesma espécie ou destinação constitucional, mas demandava prévio requerimento e aceitação da autoridade fazendária.

À época os contribuintes faziam compensação por meio de declaração de tributos e contribuições federais (DCTF), deduzindo o imposto declarado como devido, não se aplicando as possíveis penalidades.

Com isto, em 2001 foi editada a MP n. 2.158 que, em seu art. 90, estabeleceu a obrigatoriedade do lançamento de ofício sobre as diferenças apuradas em declaração prestada pelo sujeito passivo decorrente de compensação indevida ou não comprovada.

As penalidades aplicadas eram as expressas no art. 44 da Lei n. 9.430/1996, que tratava das multas aplicadas ao lançamento de ofício. Se o contribuinte deixasse

em pagamento integral do tributo devido, ou depósito de seu valor. Alcance do art. 138 do CTN. Agravo a que se nega provimento" (2ª T.,AgRg no Ag 247.408-SP, Rel. Ministra Nancy Andrighi, j. 11.4.2000, *DJ* 15.5.2000 p. 153).

de recolher o tributo seria aplicada multa de 75%. Se realizasse a compensação com o intuito de fraudar, seria aplicada multa de 150%.

Todavia, não existia e nem existe até hoje, legislação referente à compensação que defina quais situações a compensação efetuada caracterizaria sonegação, fraude ou conluio.

Em 2002, foi editada a Lei n. 10.637, alterando o instituto da compensação, passando a considerá-la como uma forma de extinção do crédito tributário sob condição resolutória de ulterior homologação.

Já em 2003, novas alterações foram feitas no art. 74 da Lei n. 9.430/1996 e no art. 90 da MP n. 2.158/2001, por meio da Lei n. 10.833. Foram ampliadas as hipóteses de não permissão a compensação; foi fixado expressamente o prazo de 5 anos para homologação da compensação; a declaração de compensação passou a ser recebida como confissão de dívida, inscrevendo-se em dívida ativa os débitos indevidamente compensados.

No art. 90 da MP, foram alteradas as regras de lançamento de ofício, limitando-se a imposição de multa isolada sobre as diferenças apuradas de compensação indevida.

No ano de 2004, a Lei n. 11.051 determinou que o lançamento de ofício estaria limitado a imposição de multa isolada em razão da não homologação de declaração declarada pelo sujeito passivo, em que ficar comprovada a prática de sonegação, fraude e/ou conluio, ou; quando a compensação for considerada não declarada – nas hipóteses do art. 74, § 12, inciso II da Lei n. 9.730/1996. Somente nestas duas hipóteses é que se aplica a multa de oficio.

A MP n. 303/2006, veio para alterar o art. 44 da Lei n. 9.430/2005, determinando que no inciso I, a multa passaria a ser de 75% sobre a diferença ou totalidade do tributo nos casos de falta de pagamento ou recolhimento, de falta de declaração e nos de declaração inexata.

Esta alteração entrou em choque com a Lei n. 10.833/2003, art. 18. Vindo em 2007 uma nova MP n. 351, convertida em Lei n. 11.488, alterando mais uma vez, a aplicação da multa de ofício em casos de compensação não homologadas e/ou consideradas não declaradas.

Neste caso, o lançamento de ofício relativo à multa isolada, em razão da não homologação, somente ocorrerá nas hipóteses em que restar comprovada a falsidade da declaração apresentada pelo sujeito passivo.

Abandonou-se o critério de não homologação de compensação em razão da ocorrência de sonegação, fraude ou conluio e compensação não declarada. Deixou-se de definir como infrações tais condutas, aplicando o art. 106, II, *a*, do CTN.

Passou a ser essencial para comprovar a falsidade da declaração do contribuinte e, conseqüentemente, para aplicação da multa isolada, que se comprove a presença inequívoca do dolo.

Nos casos de compensação não declarada, abre-se novamente a possibilidade de aplicação da multa não qualificada e qualificada, dependendo da ótica analisada pela autoridade lançadora, pode a multa ser aplicada de 75% ou 150% para uma mesma conduta.

## *6. Possibilidade ou não de a denúncia espontânea elidir a responsabilidade não só pelo descumprimento da obrigação principal, mas também pelo descumprimento de deveres instrumentais (ou obrigações acessórias)*

De nossa parte, algumas previsões expressas no próprio art. 138 deixam fora de dúvida que o instituto da denúncia espontânea também se aplica às infrações decorrentes do descumprimento dos deveres instrumentais. Ei-las: (i) o termo isolado "infração", sem sua especificação; (ii) a expressão "(...) se for o caso, acompanhada do pagamento do tributo (...)"; e, por último, (iii) o art. 136 prevê que a responsabilidade por infração à ***legislação tributária*** independe da intenção do agente ou do responsável, ou da efetividade, natureza e extensão dos efeitos do ato, prevê hipótese de configuração de infração decorrente do descumprimento do dever instrumental, visto que somente essas espécies de deveres podem ser previstos na legislação tributária e não somente em lei.

Antes de examinarmos cada um dos três argumentos acima declinados, recordemos a literalidade do dispositivo em exame:

> Art. 138. A responsabilidade é excluída pela denúncia espontânea da *infração*, acompanhada, *se for o caso*, do pagamento do tributo devido e dos juros de mora (...).

O termo "infração", na sua acepção de base no direito tributário, comporta tanto aquela decorrente do não pagamento do tributo, quanto a que for fruto do descumprimento do dever instrumental. Ambas as condutas configuram infrações que, por vínculo de imputação normativo, implicam sanções tributárias.

Assim, ao não especificar dentro do gênero "infração" qual delas seria excluída com a denúncia espontânea, entende-se que a referência feita ao termo "infração" foi ao gênero e não à espécie.

Depois, a expressão "(...) se for o caso (...)", quase como se estivesse combinando com o termo "infração", na sua acepção estrita, qual seja, a decorrente do não pagamento do tributo, deixa antever que pode haver denúncia espontânea em relação à infração da qual não decorra o pagamento de tributo. Eis a infração decorrente do descumprimento de dever instrumental.

Por derradeiro, a expressão "legislação tributária" utilizada pelo art. 136, CTN, sobre deixar aberta a possibilidade de instituição de infração e sanção tributária por intermédio de outros instrumentos normativos que não a lei, o que configura, ao nosso sentir, verdadeira relativização infraconstitucional do princípio da legalidade, também deixa aberta fenda significativa que permite a interpretação de que também a denúncia espontânea é juridicamente possível nas infrações decorrentes do descumprimento de deveres instrumentais, ainda mais se for possível, no tempo em que for feita a denúncia, aferir-se a inexistência de tributo devido.

O Conselho de Contribuintes do Ministério da Fazenda, conquanto expressamente não admita a denúncia espontânea em relação à infração decorrente do descumprimento de deveres instrumentais, prolatou, por intermédio do Conselho Superior de Recursos Fiscais, algumas decisões que, se interpretadas de forma sistemática, podem levar à conclusão de que é possível a denúncia espontânea, mesmo naquelas infrações decorrentes do descumprimento de tais deveres.

Nos autos do Recurso n. 107-121529, processo n. 10467.004763/98-00, acórdão CSRF/01-04.263, proferiu a seguinte decisão:

> *Multa isolada. Inexistência de tributo a recolher. Descumprimento de obrigação acessória (art. 44, § 1º, inciso IV, da Lei n. 9.430/1996).* A exigência da multa isolada prevista na legislação de regência não tem o cabimento se o descumprimento versa desatendimento de mera obrigação acessória apurada após o encerramento do ano-calendário, sem repercussão na órbita do tributo.

Esta decisão, até mesmo pela importância do órgão de que provém, deixa nas entrelinhas algumas conclusões.

A primeira delas é que há uma divisão evidente entre as classes das possibilidades de descumprimentos das obrigações acessórias: (i) descumprimento de obrigações acessórias de que decorra repercussão na órbita do tributo e (ii) descumprimento de obrigações acessórias de que não decorra repercussão na órbita do tributo.

No caso em tela, o acórdão conclui que, por não haver repercussão na órbita do tributo, isto é, pelo fato de que o descumprimento da obrigação acessória não implicar diminuição do tributo, não haveria razão para aplicação da sanção por descumprimento do dever instrumental.

Em segundo lugar, estabeleceu-se critério temporal para o momento da verificação do descumprimento da obrigação acessória. Com efeito, somente não terá cabimento a aplicação da sanção por descumprimento da obrigação acessória se, ao tempo em que a infração for apurada, já houver condições de apurar que daquela infração não decorreu diminuição do tributo.

Este ponto chama muito nossa atenção. Tracemos um exemplo para melhor compreensão.

As pessoas jurídicas submetidas à tributação pelo Imposto de Renda sob o regime de apuração pelo lucro real, com antecipações mensais, poderão suspender o recolhimento mensal, desde que demonstrem que os valores que deveriam ser recolhidos se revelarão indevidos ao final do ano-calendário, ou que os valores já recolhidos até o mês superam o valor que seria devido com base no lucro real anual. Nesse caso, a suspensão dos recolhimentos mensais deve ser precedido do cumprimento de vários deveres instrumentais, dentre eles a realização de balanço ou balancete.

A não realização das antecipações mensais, cumulada com a ausência de balancetes de suspensão, implica sanção por descumprimento do dever instrumental.

Entretanto, findo o exercício financeiro e, efetivamente, a pessoa jurídica que não obteve lucro a ser tributado pelo Imposto de Renda e pela Contribuição Social sobre o Lucro Líquido, caso a Fazenda Pública verifique o descumprimento do dever instrumental e, ao mesmo tempo, já restar demonstrado que o descumprimento do dever instrumental não implicou diminuição de tributo, então não há espaço para a aplicação de multa.

Surge, então, a seguinte questão: e se a inexistência de balancete de suspensão for verificada antes de encerrado o exercício financeiro, quando ainda não será possível saber se a pessoa jurídica terá lucro ou prejuízo, deverá ser aplicada a sanção por descumprimento de dever instrumental?

A resposta a essa pergunta também fornecerá linhas para se sustentar a possibilidade de denúncia espontânea ou não nas hipóteses de infrações decorrentes de descumprimento de deveres instrumentais.

No Superior Tribunal de Justiça fixou-se entendimento, no EDAg n. 568.515-MG, Rel. Ministro José Augusto Delgado, no sentido de que não é juridicamente possível a denúncia espontânea de infração por descumprimento de dever instrumental. Vejamos:

> *Processual civil. Embargos de declaração. Existência de contradição e erro material no acórdão. Correção. Pagamento integral do débito. Multa. Denúncia espontânea. Inaplicabilidade.*
>
> 1. Os embargantes confessam que efetivaram o pagamento do tributo após o vencimento, embora sem pressão do Fisco. Tal circunstância é suficiente para que não seja aplicada a denúncia espontânea.
>
> 2. A configuração da "denúncia espontânea", como consagrada no art. 138 do CTN não tem a elasticidade pretendida, *deixando sem punição as infrações administrativas pelo atraso no cumprimento das obrigações fiscais.* A extemporaneidade no pagamento do tributo é considerada como sendo o descumprimento, no prazo fixado pela norma, de uma atividade fiscal exigida do contribuinte. É regra de conduta formal que não se confunde com o não-pagamento do tributo, nem com as multas decorrentes por tal procedimento.
>
> 3. *As responsabilidades acessórias autônomas, sem qualquer vínculo direto com a existência do fato gerador do tributo, não estão alcançadas pelo art. 138 do CTN. Precedentes.*
>
> 4. Não há denúncia espontânea quando o crédito tributário em favor da Fazenda Pública encontra-se devidamente

constituído por autolançamento e é pago após o vencimento.

5. Inexistência de parcelamento, na hipótese, que se reconhece, com a sua correção.

6. Embargos acolhidos, porém, sem efeitos modificativos. Acórdão mantido (grifo nosso).

Vê-se que, tanto quanto o Conselho de Contribuintes do Ministério da Fazenda, o STJ, conforme o item 3 do acórdão acima transcrito, ligar a possibilidade ou não de denúncia espontânea em relação aos descumprimentos de deveres instrumentais à inexistência ou não de tributo decorrente do cumprimento daquele referido dever. É o que a jurisprudência do STJ denomina de "obrigação acessória autônoma".

Talvez, na raiz desta conclusão, esteja a antiga e antiquada concepção de base da expressão "obrigação[10] acessória", que, sem ser genuína obrigação, por ausência de dimensão econômica, também nem sempre o cumprimento das condutas ali prescritas dão ensejo ao nascimento da obrigação tributária principal cujo conteúdo seja tributo, assim denominado no art. 3º, do CTN.

## 7. *A mora como fato jurídico que implica reaquisição da possibilidade de denúncia espontânea*

O Decreto n. 70.235/1972, art. 6º, § 2º, prevê uma hipótese em que o fato jurídico moratório implica reaquisição da possibilidade de denúncia espontânea. O fato moratório é a ausência de ato escrito que indique prosseguimento da ação fiscal em curso.

Já sabemos que o início de procedimento de ação fiscal aberta em relação ao sujeito passivo não extingue a possibilidade de o referido sujeito passivo pagar o tributo após o prazo de vencimento apenas com o acréscimo dos juros de mora, excluindo-se a multa de mora. Porém, em função do princípio da legalidade, o procedimento fiscalizatório está minudentemente disciplinado pelas normas de procedimento.

Temos aí hipótese de fato jurídico moratório realizado pelo Fisco que implica reaquisição da possibilidade de o sujeito passivo novamente fazer uso da competência denúncia espontânea. É o tempo que, no direito, por injunção da causalidade jurídica, cria, modifica e extingue e, novamente, recria direitos e deveres, numa seqüência construída pelo próprio legislador.

## 8. *Síntese e conclusões*

As considerações até agora exposta sobre o tema autorizam fazer algumas sínteses conclusivas:

1ª) nos tributos sujeitos ao "autolançamento", cuja competência está prescrita no art. 150, CTN, há plena aplicação do instituto da denúncia espontânea prevista no art. 138, CTN. Isto porque o referido dispositivo não empresta qualquer importância ao fato de o Fisco ter conhecimento do fato jurídico tributário e da relação jurídica tributária constituída pelo contribuinte na DCTF ou GIA;

2ª) a DCTF, cuja periodicidade é mensal ou semestral, não tem necessariamente a função de constituir o crédito tributário. Até porque, sendo a DCTF mensal ou semestral, não é incomum constar no seu corpo tributos apurados e já pagos e tributos apurados e não pagos, seja porque o contribuinte está em mora, seja porque

10. Paulo de Barros Carvalho, *Curso de Direito Tributário*, 18ª ed., São Paulo, Saraiva, 2007, p. 303, reúne bem os elementos da crítica à expressão "obrigação acessória". Diz o mestre: "Já no que toca à expressão do Código – Obrigações Acessórias – a objeção é mais abrangente. Os deveres de que falamos não têm natureza obrigacional, por faltar-lhes conteúdo dimensível em valores econômicos. E, além de não serem obrigações, nem sempre são acessórias (...). Imaginemos uma série de atos, composto dentro de um procedimento de fiscalização, armados para certificar a ocorrência de um evento tributário. Depois de exaustivas diligências, em que o sujeito passivo se viu compelido a executar atos de informação, de comprovação, de esclarecimentos, concluem as autoridades fazendárias que não se deu o evento de que cogitavam e, portanto, não nascera a relação jurídica obrigacional".

ainda não escoou o prazo de pagamento do tributo;

3ª) tanto a multa de mora quanto a multa punitiva (sancionatória), embora com nomes distintos, o pressuposto de ambas é o fato jurídico "descumprir um dever jurídico", sendo o conseqüente é o "dever de pagar de uma quantia em dinheiro". Não importa o nome: multa punitiva e multa moratória têm a mesma configuração normativa de sanção e por isso devem ser excluídas quando da denúncia espontânea;

4ª) as leis especiais que instituem parcelamentos de tributos, constituídos ou não, na sua grande maioria, prevêem que o início do parcelamento implique dispensa de juros e multas. Esse fenômeno normativo, que implica a dispensa de juros e multas, não se trata de denúncia espontânea, e sim de hipótese de anistia tributária condicional. Então, o fundamento da dispensa do pagamento da multa e dos juros é anistia, em relação às multas, e remissão, em relação aos juros. Em nenhuma hipótese é a denúncia espontânea;

5ª) o instituto da denúncia espontânea, como hipótese de purgação da mora no direito tributário, aplica-se tanto às infrações frutos do descumprimento das obrigações principal quanto dos deveres instrumentais, visto que:

5.1) o termo "infração", conforme o art. 138, CTN, na sua acepção de base no direito tributário, comportando tanto aquela decorrente do não pagamento do tributo, quanto a que for fruto do descumprimento do dever instrumental. Ambas as condutas configuram infrações que, por vínculo de imputação normativo, implicam sanções tributárias. Assim, ao não especificar dentro do gênero "infração" qual delas seria excluída com a denúncia espontânea, entende-se que a referência feita ao termo "infração" foi ao gênero e não à espécie; e

5.2) Depois, a expressão "(...) se for o caso (...)", quase como se estivesse combinando com o termo "infração", na sua acepção estrita, qual seja, a decorrente do não pagamento do tributo, deixa antever que pode haver denúncia espontânea em relação à infração da qual não decorra o pagamento de tributo. Eis a infração decorrente do descumprimento de dever instrumental.

# ORDEM ECONÔMICA E TRIBUTAÇÃO

TÁCIO LACERDA GAMA
Mestre e Doutor pela PUC/SP

*1. O Estado no domínio econômico, contrapartidas tributárias e não tributárias. 2. Sobre o conceito de "domínio econômico". 3. A infeliz expressão "intervenção do Estado no domínio econômico". 4. Competências para atuação do Estado no "domínio econômico". 5. A intervenção do Estado no domínio econômico e a validade das contribuições interventivas. 6. Conclusões. 7. Bibliografia.*

## *1. O Estado no domínio econômico, contrapartidas tributárias e não tributárias*

O cerne deste artigo é a relação entre Ordem Econômica e Tributação.[1] Partimos da premissa, construída com fundamento no direito positivo constitucional, de que há situações em que o exercício da competência tributária está, indissociavelmente, vinculado ao desempenho de competências do Estado na Ordem Econômica. Nossa proposta, então, consiste em sugerir uma classificação que dê conta das várias competências que o Estado pode desempenhar no domínio econômico e, a partir do Sistema Tributário Nacional, perceber que tributos estão vinculados a essas competências. Estudaremos as competências tributárias a partir da idéia de "contrapartidas" entre ações do Estado nesta seara e a instituição de tributos. Para atingir esse propósito, iniciaremos oferecendo respostas às seguintes indagações: Que é "domínio econômico"? Que é "ordem econômica"? Que se deve entender por intervenção do Estado no domínio econômico? Quais formas de ação do Estado, relacionadas ao domínio econômico, ensejam a criação de contribuições interventivas? Que critérios para aferição da validade deste tributo podem servir à análise da atuação estatal na economia?

Respondendo, previamente, a essas dúvidas, buscaremos alcançar três objetivos: (i) não incorrer no vício de interpretação a que alude Misabel Derzi,[2] consistente na prática de interpretar as normas do

1. Estas idéias já foram desenvolvidas no livro *Contribuição de Intervenção no Domínio Econômico*, São Paulo, Quartier Latin, 2003.

2. In Aliomar Baleeiro, *Limitações Constitucionais ao Poder de Tributar*, p. 593: "O segundo equívoco resulta de um vício de interpretação na prática constitucional brasileira, segundo a qual a norma constitucional é interpretada de forma isolada através de compartimentos estanques, de modo que aquilo que se insere no Capítulo do Sistema Constitucional Tributário não guarde relação alguma com outros títulos e outros capítulos inseridos na Carta Constitucional".

Sistema Constitucional Tributário como se não guardassem relação com outros Capítulos ou Títulos da Constituição; (ii) analisar com maior riqueza de detalhes o elemento que permite separar as contribuições de intervenção no domínio econômico das demais espécies e subespécies tributárias; e (iii) identificar outros critérios úteis à aferição de validade destes tributos.

Sem mais demora, vamos ao tema.

## *2. Sobre o conceito de "domínio econômico"*

Não se pode falar em intervenção estatal sem definir sobre o que o Estado intervirá. Definir o conceito de "domínio econômico" é delimitar o campo das relações sociais no qual o Estado poderá atuar. Trata-se de tema controvertido, com muitas propostas de explicação e nenhum consenso.[3] Por isso, torna-se necessário fixar a definição. Antes, porém, de fazê-lo, cabe investigar o contexto, percorrendo os usos efetivos que desta locução tem feito a doutrina especializada.[4]

### *2.1 As várias acepções de "domínio econômico"*

Não há consenso sobre as acepções que o termo "domínio econômico" pode ter. Numa breve investigação semântica, verifica-se que ele é utilizado para denominar: (i) conjunto das atividades econômicas em sentido amplo e (ii) conjunto das atividades econômicas em sentido estrito. Há, portanto, estreita relação entre o conceito de "domínio econômico" e o de "atividade econômica". Contudo, que significa *conjunto das atividades econômicas*?

Fábio Konder Comparato refere-se a atividades econômicas como aquelas ligadas a "produção e distribuição de bens e prestação de serviços no mercado".[5] Eis uma acepção ampla do que se pode entender por "domínio econômico".[6] Para se chegar ao sentido estrito de "domínio econômico", por outro lado, seria necessário extrair desse conjunto de atividades aquelas denominadas "serviços públicos".[7] No âmbito deste trabalho, "domínio econômico" será entendido na sua acepção ampla, incluindo tanto o conjunto de atividades econômicas em sentido estrito quanto os "serviços públicos" prestados em regime de direito público. A opção pelo sentido amplo permitirá um estudo mais detalhado das formas de atuação do Estado nas atividades econômicas.

3. Misabel Derzi, ao tratar desta matéria, afirma que "o conceito de intervenção do Estado no domínio econômico é lato, difuso e complexo" (Aliomar Baleeiro, *Limitações Constitucionais ao Poder de Tributar*, p. 596).

4. A respeito dos conceitos de definição estipulativa e definição lexicográfica, ensina Ricardo Guastini: "Puede asumir la forma de una definición lexicográfica (o informativa), es decir, la forma de una descripción de los usos lingüísticos efectivos" e "también puede asumir la forma de una definición estipulativa" onde se decide usar a expressão de uma forma determinada (in *Las Normas de Competencia*, p. XV – Prólogo). Exemplificando, uma definição lexicográfica de "domínio econômico" seria feita expondo os usos efetivamente empreendidos pela doutrina. Já uma definição estipulativa é aquela que determina o sentido a ser utilizado: domínio econômico será utilizado nesta acepção. Neste trabalho, a definição de "domínio econômico" será estipulativa, porém, construída a partir do direito positivo e dos usos efetivamente praticados pela doutrina.

5. "Ordem econômica na Constituição brasileira de 1988", p. 256.

6. Além disso, as relações que se dão no plano da conduta devem ter conteúdo econômico. Paulo Henrique Rocha Scott se refere à atividade econômica como "ação ou soma de ações que (...) processam-se num espaço social limitado a fenômenos de natureza econômica, relacionados à produção, industrialização, transformação, comercialização e consumo de bens e riquezas". Segundo este Autor, é um conjunto de ações, desenvolvidas no plano da realidade social, visando à produção de riqueza (*Direito Constitucional Econômico*, pp. 29-30).

7. Com isso, divide-se o conjunto de atividades econômicas, como sugere Eros Roberto Grau, em "*serviço público*" e "*atividade econômica em sentido estrito*". O primeiro conjunto de serviços é prestado pelo Estado, em regime de direito público. Já o segundo conjunto abrange as atividades econômicas desenvolvidas em regime de direito privado. O "domínio econômico em sentido estrito" compreenderia somente o segundo (ob. cit., p. 141).

### *2.2 Definição do conceito de "domínio econômico"*

Define-se o conceito de "domínio econômico" como sendo o estrato de linguagem descritiva das relações sociais, diretamente relacionadas às atividades de produção, circulação de bens e prestação de serviços. Há grande dificuldade em distinguir, com precisão, as atividades que integram ou não este campo das relações sociais.[8] Na composição desse conceito, porém, há elementos que permitem identificar as atividades desenvolvidas no domínio econômico[9] das demais relacionadas à moral, à religião ou à política, por exemplo. Partindo-se desta definição, é possível enumerar as seguintes características: (i) estrato de linguagem descritiva; (ii) referida às relações sociais; (iii) naquilo que diz respeito à produção e circulação de bens, assim como na prestação de serviços. Sempre que um fato social preencher esses critérios, será considerado como parte integrante do "domínio econômico".

No primeiro critério, encontra-se referência ao tipo de linguagem.[10] É a linguagem descritiva, distinta da linguagem prescritiva utilizada pelas normas jurídicas. Linguagem descritiva relata acontecimentos que se dão no subsistema social da economia.

A referência ao tipo de linguagem serve para situar o "domínio econômico" fora do sistema de direito positivo. É linguagem descritiva, pois sua função é relatar atividades desenvolvidas fora do sistema jurídico.

Além da linguagem descritiva de fatos sociais, para que se possa falar em domínio econômico é preciso referência à produção de riqueza. Daí o terceiro e último critério referir-se à *produção e circulação de bens e prestação de serviços para o mercado*. Serve para separar os fatos sociais desenvolvidos no domínio econômico dos demais fatos sociais de natureza não-econômica, como os fatos morais, religiosos, políticos, por exemplo.

Esses são os atributos que, uma vez reunidos, tornam possível identificar um conjunto de relações sociais passíveis de inclusão no conceito de "domínio econômico".

### *2.3 Distinção entre "ordem econômica" e "domínio econômico"*

A expressão "ordem econômica" é ambígua. Por "ordem econômica" deve-se entender o conjunto de normas jurídicas que disciplinam as relações econômicas. Encontra-se, aqui, um estrato de linguagem prescritiva de condutas, que integra o "sistema de direito positivo". Esta distinção, porém, não é pacífica na doutrina.[11] De modo análogo ao que acontece com a locução "domínio econômico", é empregada para nomear diversos e inconfundíveis objetos.[12]

8. A relatividade do conceito de "atividade econômica" é tratada por Celso Antônio Bandeira de Mello nos seguintes termos: "A noção de 'atividade econômica' certamente não é rigorosa; não se inclui entre os conceitos chamados teoréticos, determinados. Antes, encarta-se entre os que são denominados conceitos práticos, fluidos, elásticos, imprecisos ou indeterminados" (*Curso de Direito Administrativo*, p. 628).

9. Mesmo sendo um conceito fluido, Celso Antônio Bandeira de Mello assevera: "em inúmeros casos ter-se-á certeza de que induvidosamente se estará perante 'atividade econômica', tanto como, em inúmeros outros, induvidosamente, não se estará perante 'atividade econômica'" (idem).

10. Esta distinção entre realidade social e realidade normativa alinha-se àquela oferecida por Hans Kelsen (*Teoria Pura do Direito*, *passim*), feita com base na distinção entre "ser" e "dever ser".

11. Fábio Konder Comparato chama a atenção para as dificuldades de se definir com precisão o termo "ordem econômica": "a idéia de ordem econômica (*wirtschaftsordnung*) pressupõe a possibilidade lógica de se distinguir as normas jurídicas de conteúdo econômico de todas as demais. Essa possibilidade, no entanto, é muito discutível, se se levar em conta que, até hoje, ninguém ainda conseguiu definir, precisamente, em que consiste a matéria econômica" ("Ordem econômica na Constituição brasileira de 1988", p. 262).

12. Os muitos significados da expressão "ordem" não passaram despercebidos a Washington Pe-

De todas as acepções apontadas a partir do direito positivo, pode-se ressaltar duas situações distintas: uma é a do plano dos fatos sociais, nas quais se processa a atividade econômica; outra é o conjunto de normas jurídicas que regulam esta atividade. Para nomear a primeira situação – plano da realidade social – foi cunhada a expressão "domínio econômico". O conjunto de normas dirigidas à regulação das atividades desenvolvidas no "domínio econômico" será denominado "ordem econômica".

## 2.4 *A "ordem econômica" como conjunto de normas jurídicas*

O estudo da atuação do Estado no domínio econômico, segundo os parâmetros da dogmática, circunscreve-se ao estudo das normas jurídicas que compõem a "ordem econômica".

A identificação de cada uma das formas de atuação tem como propósito apurar que contrapartida o Estado pode exigir em cada uma delas. Neste ponto, existirão subsídios suficientes para saber que tipo de intervenção autoriza o Estado a cobrar contribuições interventivas. Será possível, então, demonstrar quando é pertinente a instituição desses tributos e os casos em que ela será inconstitucional.[13]

luso Albino de Souza que faz referência a: "ordem econômica", "ordem jurídico-político-econômica", "ordem econômica pública" e "ordem econômica privada", entre outras, para se referir aos diferentes matizes da juridicização do fenômeno econômico. Em sua observação, porém, é possível distinguir entre o plano dos fatos sociais econômicos e o plano das normas jurídicas que os disciplinam (*Primeiras Linhas de Direito Econômico, passim*). Vital Moreira, ciente dessa ambigüidade, elucida três acepções em que "ordem econômica" costuma ser empregada. Assim, refere-se à "ordem econômica" como: conjunto de relações sociais econômicas; conjunto de todas as normas sociais que disciplinam essas relações e, por último, conjunto de normas jurídicas que regulam as atividades econômicas (*A Ordem Jurídica do Capitalismo*, pp. 67-71, *apud* Eros Roberto Grau, *A Ordem Econômica na Constituição de 1988*, p. 49). A ambigüidade da expressão "ordem econômica" também é destacada por Paulo Henrique Rocha Scott. Na sua compreensão, pode-se utilizá-la para nomear tanto a linguagem que relata a realidade social – onde se verificam as ações econômicas – quanto o conjunto de normas jurídicas que regulam a atividade econômica, defendendo, todavia, ser necessário considerar "ordem econômica" como "um conjunto normativo" voltado para a regulação da atividade econômica (*Direito Constitucional Econômico*, pp. 31 a 33). Entendimento análogo é o de Manuel Jorge da Silva Neto. Este Autor aponta a ambigüidade que a expressão "ordem econômica" encerra, ao referir-se indistintamente ao "modo como se desenvolvem as situações econômicas no plano da realidade" ou ao assumir "a feição de objeto cultural, direcionada a disciplina jurídica do fenômeno econômico e vinculada ao mundo do dever-ser" (*Direito Constitucional Econômico*, p. 134). Geraldo Vidigal também se depara com o problema da ambigüidade da expressão "ordem econômica". Por isso, propõe, "como tarefa preliminar, o esclarecimento do que é essa *ordem*". Dando seguimento à sua proposta, relata que *ordem* pode assumir diferentes acepções na linguagem comum. No curso da argumentação, acaba por demonstrar a maior pertinência da expressão "ordem econômica" a designação de um conjunto de normas e princípios que regem a atividade econômica (*Teoria Geral do Direito Econômico*, p. 80).

13. Gilberto de Ulhoa Canto já ensinava ser uma característica essencial destas contribuições o "seu caráter vinculado ao custeio de determinadas atividades estatais voltadas para certos grupos, setores ou categorias da coletividade". É a atuação estatal no domínio econômico que permite ao Estado instituir as contribuições interventivas ("As contribuições especiais no direito brasileiro", p. 127). Geraldo Ataliba não diverge ao afirmar que o texto constitucional prescreve como nota distintiva desses tributos o fato de os sujeitos passivos se circunscreverem ao círculo de pessoas que recebem especial benefício da ação estatal – financiada pelo tributo – ou exigem tal ação, causando ao Estado especial despesa (*Hipótese de Incidência Tributária*, p. 203). Tratando especialmente das contribuições econômicas, Ricardo Lobo Torres também aponta como elementos necessários à configuração destes tributos: contraprestação estatal em favor do grupo, que poderia ser qualquer ato de intervenção no domínio econômico de interesse de certa coletividade, mas que não se confundiria com a sociedade global. Além disso, seria necessária uma especial vantagem a ser obtida pelo contribuinte, que exceda o benefício genérico da atuação estatal. Assim, deve existir um setor específico da sociedade, que aufira benefícios maiores do que os recebidos pela sociedade em geral (*Sistemas Constitucionais Tributários*, p. 412).

Reiterar esses esclarecimentos serve para que se possa perguntar: que atuação promove este especial benefício? E, ainda, que se deve entender por intervenção estatal na economia? A resposta a esta pergunta é o ponto fulcral para que se possa desvendar o conteúdo prescritivo do art. 149 da Constituição Federal que vincula a criação de contribuições à intervenção no domínio econômico.

### *3. A infeliz expressão "intervenção do Estado no domínio econômico"*

O sistema do direito positivo, definido como conjunto de normas jurídicas válidas, não intervém em outros domínios, seja ele econômico, moral, político ou religioso. Como ensina Paulo de Barros Carvalho: "há, necessariamente, um intervalo entre a realidade social, constituída pela linguagem natural e a realidade jurídica, constituída pela linguagem do direito".[14] O conjunto das normas jurídicas tem a função de regular a conduta humana e não realizar qualquer forma de intervenção.[15] Nas palavras de Marcelo Neves, "a vigência das expectativas normativas não é determinada imediatamente por interesses econômicos, critérios políticos, representações éticas, nem mesmo por proposições científicas; ela depende de processos seletivos de filtragem no interior do sistema jurídico".[16] Esse processo de filtragem é feito exclusivamente por normas jurídicas. Por isso, não se confunde a realidade econômica com a realidade jurídica. Cada um desses sistemas atua de forma autônoma.[17] Isso, mais uma vez, afasta a possibilidade de uma intervenção do sistema jurídico no domínio econômico.

Fixado o equívoco da expressão, cabe buscar um sentido que seja compatível com aquele que vem sendo largamente empregado pela doutrina e pelo direito positivo. Buscando aproveitar a expressão "intervenção no domínio econômico", o que surge é a necessidade de identificar as competências conferidas pela Constituição para que a União edite atos normativos relacionados ao sistema social econômico. Com isso, será possível compreender que prestações o Estado poderá exigir diante do exercício dessas competências. Só então serão identificados os critérios que devem ser preenchidos para a instituição das contribuições interventivas.

14. *Interpretação e Linguagem – Concessão e Delegação de Serviço Público*, p. 83.

15. Paulo de Barros Carvalho, mais uma vez, elucida: "a mensagem deôntica, emitida em linguagem prescritiva de condutas, não chega a tocar, diretamente, os comportamentos interpessoais, já que partimos da premissa de que não se transita livremente do mundo do 'dever-ser' para o do 'ser'. Interpõe-se entre esses dois universos a vontade livre da pessoa do destinatário, influindo decisivamente na orientação de sua conduta perante a regra do Direito" (*Erro de Fato e Erro de Direito na Teoria do Lançamento Tributário*, p. 5).

16. *A Constitucionalização Simbólica*, p. 120.

17. Neste ponto adota-se a lição de Gunther Teubner, segundo a qual: "de um ponto de vista construtivista, as intervenções do direito na economia devem ser entendidas como observações recíprocas entre dois sistemas de comunicação hermeticamente fechados e autônomos. O direito 'inventa' uma imagem da economia, formulando as respectivas normas em referência a tal imagem. A economia inventa uma imagem do 'direito', processando os atos de pagamento também como referência a esta. E embora estes modelos imaginários intra-sistêmicos do mundo exterior possam ser continuamente refinados, como acontece com a moderna escola de análise econômica do direito, a verdade é que isso jamais nos conduzirá das concepções jurídicas do sistema econômico à realidade do próprio sistema econômico" (*O Direito como Sistema Autopoiético*, p. 160). Sob este ponto de vista, o sistema econômico não determina diretamente como o sistema jurídico deve operar, da mesma forma que o direito não determina as relações econômicas. O direito percebe as demandas da realidade econômica, porém a única forma que possui de atuar é por meio da produção de mais direito – normas –, nunca por meio da produção de realidade econômica. Não é porque existem normas jurídicas prescrevendo a prosperidade da nação que ela será necessariamente próspera, pois a tarefa de produzir riqueza é do sistema econômico e não do jurídico. Daí a ênfase em afirmar que, rigorosamente, não há intervenção do Estado no domínio econômico.

## *4. Competências para atuação do Estado no "domínio econômico"*

A "ordem econômica" prescreve um conjunto de competências que podem ser exercidas pelo Estado no domínio econômico. Sobre isso, Luís Roberto Barroso é enfático: "a ordem jurídica coloca à disposição dos órgãos governamentais um impressionante elenco de competências para impor, estimular ou desestimular comportamentos nos agentes econômicos".[18] São permissões para atuar com vista à implementação das normas jurídicas que integram a "ordem constitucional econômica". Diversos critérios de classificação podem ser utilizados para sistematizar as competências econômicas do Estado. A escolha desses critérios deve levar em conta a separação dos regimes jurídicos. Como anota Fernando Albino de Oliveira, "onde não se encontra diferença de regime jurídico não há que falar em diferença jurídica".[19] Com efeito, é com base na diferença de naturezas jurídicas que será possível classificar as competências do Estado para atuar no domínio econômico.

Não se deve perder de vista o propósito que anima essa classificação. Separar as várias formas de atuação do Estado no domínio econômico, no âmbito desse trabalho, serve para identificar em que caso é possível instituir contribuições interventivas.

### *4.1 Formas de atuação do Estado no "domínio econômico"*

Analisando o tipo de atuação do Estado no "domínio econômico", é possível distinguir duas grandes competências estatais para agir nesta seara: *ação normativa* e *ação participativa*.[20] Na primeira, o Estado edita normas e fiscaliza o seu cumprimento. Na segunda, atua como agente econômico, produzindo e fazendo circular bens ou prestando serviços.[21]

18. "Crise econômica e direito constitucional", pp. 32-33.

19. "Limites e modalidades da intervenção do Estado no domínio econômico", p. 62.

20. No enfoque estritamente dogmático, desenvolvido por este trabalho, seria correto afirmar que o Estado, como realidade normativa, só poderia se manifestar por meio de normas. Assim, toda e qualquer atuação que pretendesse desenvolver só poderia ser feita com a edição de normas jurídicas, gerais e abstratas ou individuais e concretas. A divisão entre formas *participativa* e *normativa* não vai de encontro a esta premissa. O Estado é formado por um conjunto de normas e se manifesta pela edição de normas. A divisão, pautada em critérios oferecidos pela própria Constituição, parte da análise da posição que o Estado assume nas normas jurídicas de direito econômico. É este papel que permite identificá-lo ora como partícipe das relações jurídico econômicas, ora como sujeito que regula essas relações.

21. A classificação das formas de atuação do Estado no domínio econômico está longe de formar um consenso. Celso Antônio Bandeira de Mello defende a existência de três formas de interferência do Estado na atividade econômica: "disciplinando-a", "fomentando-a" ou "assumindo-a" ("O Estado e a ordem econômica", p. 34); Luís Roberto Barroso segue o mesmo entendimento ("Crise econômica e direito constitucional", *RTDP* 6/40); Tércio Sampaio Ferraz Júnior, por sua vez, sustenta que "intervenção" deve ser entendida como gênero que comporta três espécies: a) monopólio, b) regulação indireta, determinando cláusulas que a doutrina deve obedecer no seu livre exercício, e, c) organização direta, proibições diretas ("Fundamentos e limites constitucionais da intervenção do Estado no domínio econômico", p. 269); Ives Gandra da Silva Martins adota, também, uma classificação tripartida das formas de intervenção do "governo" no "mercado", que seriam a "monopolista", a "concorrencial" e a "regulatória" ("Controle concentrado de constitucionalidade e as contribuições de intervenção no domínio econômico", p. 95, nota 3); Eros Roberto Grau, ao tratar das formas de atuação estatal no domínio econômico em sentido estrito, defende, também, a existência de três modalidades: a) intervenção por absorção ou participação, b) intervenção por direção, e, c) intervenção por indução (*A Ordem Econômica na Constituição de 1988*, p. 168). A só identificação de duas ou três formas de atuação do Estado no domínio econômico não é suficiente para isolar as atuações que ensejam a instituição de contribuições interventivas das demais. Por isso, no presente trabalho, não se adota integralmente qualquer dessas classificações. Para isolar a atuação estatal no domínio econômico, referida no art. 149 da Constituição Federal, será necessário desdobrar várias outras modalidades. Para obter esse propósito, analisaremos o tema com mais pormenores, buscando espécies e subespécies

A *ação participativa* do Estado é prevista pelo texto constitucional em diversas passagens, como no art. 173, *caput*, que tem o seguinte enunciado: "Ressalvados os casos previstos nesta Constituição, a exploração direta de atividade econômica pelo Estado só será permitida quando necessária aos imperativos da segurança nacional ou a relevante interesse coletivo, conforme definido em lei". Aqui, o Estado atua como empresário, desenvolvendo diretamente um setor da atividade econômica considerado estratégico para a segurança do país ou visando atender o interesse nacional.

Outra prescrição referente à *ação participativa* do Estado no domínio econômico é a do § 1º daquele dispositivo: "a lei estabelecerá o estatuto jurídico da empresa pública, da sociedade de economia mista e de suas subsidiárias que explorem atividade econômica de produção ou comercialização de bens ou de prestação de serviços, (...)". Trata-se, pois, de uma previsão de competência que deverá ser desdobrada em legislação infraconstitucional. O traço característico dessa forma de atuação é o fato de o Estado ser um agente integrante das relações econômicas.

Já a *ação normativa* é prescrita pelo art. 174, da Constituição, nos seguintes termos: "como agente normativo e regulador da atividade econômica, o Estado exercerá, na forma da lei, as funções de fiscalização, incentivo e planejamento, (...)". O Estado aqui regula a atividade econômica. Não é partícipe do processo de produção, não integra o jogo das relações econômicas, limitando-se a ditar suas regras e fiscalizar o seu cumprimento.[22]

Esta primeira subdivisão, porém, não esgota os regimes de atuação do Estado no domínio econômico. Tanto a *ação normativa* quanto a *ação participativa* do Estado na economia comportam muitas subclassificações. É por meio delas que será possível identificar o que se entende por "intervenção do Estado no domínio econômico", distinguindo-a de todas as demais formas de atuação estatal no plano das relações sociais econômicas.

### 4.1.1 *A ação participativa do Estado na economia*

Na *ação participativa*, o Estado atua como agente do processo produtivo. Sua atuação consiste em produzir e comercializar bens, prestar serviços públicos ou privados. O Estado é partícipe, integra as relações econômicas.

Tomando como critério o tipo de participação e, conseqüentemente, o regime jurídico que lhe é previsto, a doutrina tem sustentado a necessidade de distinguir as hipóteses em que o Estado presta serviços públicos daqueles em que explora diretamente a atividade econômica.[23]

de atuação, segundo os regimes jurídicos prescritos pelo direito positivo.

22. Utilizar um critério para dividir as formas de atuação em dois grandes blocos não é novidade. Alberto Venâncio Filho aborda a questão referindo-se ao "Estado como norma" e ao "Estado como agente" (*A Intervenção no Domínio Econômico*, p. 383). No primeiro caso, o Estado atuaria como agente normativo, "impondo regras de conduta à vida econômica". Já no segundo caso, surge como agente do processo econômico, comprando e vendendo produtos ou prestando serviços. Esta também é a posição sustentada por José Afonso da Silva, que afirma existir na Constituição referência à "exploração direta da atividade econômica pelo Estado e do Estado como agente normativo e regulador da atividade econômica" (*Curso de Direito Constitucional Positivo*, p. 683).

23. Nesta direção aponta José Afonso da Silva, quando afirma que "o tema da atuação do Estado no domínio econômico exige prévia distinção entre *serviços públicos*, especialmente os de conteúdo econômico e social, e *atividades econômicas*". Indica, ainda, como fundamento dessa distinção o art. 21, XI e XII, e os arts. 173 e 174 da Constituição Federal (*Curso de Direito Constitucional Positivo*, p. 681). A necessidade de separar a atividade econômica em sentido estrito daquela denominada "serviço público" é destacada, também, por Eros Roberto Grau: "insista-se em que *atividade econômica em sentido amplo* é território dividido em dois campos: o do *serviço público* e o da *atividade econômica em sentido estrito*". A atividade econômica seria, pois,

Nos dois casos, o Estado é sujeito das relações econômicas. O critério de distinção está no tipo de exploração feita. Num caso, há a exploração direta da atividade econômica em sentido estrito, prestada sob regime de direito privado. No outro, ocorre a prestação de serviços públicos, em que o Estado atua em regime de direito público.

Surge, com isso, nova subdivisão que precisa ser analisada. Trata-se das duas espécies de *atuação participativa* do Estado no domínio econômico. As características que permitem individualizar cada uma delas serão expostas nos tópicos seguintes.

#### 4.1.1.1 Exploração direta da atividade econômica

A característica fundamental dessa forma de atuação é que o Estado atua como empresário, em regime de direito privado. Desenvolve atividades de produção e circulação de bens, sob regime de livre iniciativa, sem qualquer privilégio em relação aos particulares.

Para o desempenho dessa competência, o Estado deverá criar empresas públicas ou sociedades de economia mista. É por meio delas que o Estado produz, comercializa bens e presta serviços, como se particular fosse. Em qualquer caso, estas pessoas jurídicas deverão exercer suas atividades segundo o regime de direito privado conferido às demais empresas privadas. Isto é o que se depreende dos enunciados contidos nos §§ 1º, 2º e 4º do art. 173 da Constituição.[24]

A justificativa para que o Estado possa exercer esta competência é o atendimento de situações consideradas, por lei,[25] necessárias à segurança nacional ou ao relevante interesse coletivo. Ressalvados esses casos, o Estado não poderá explorar diretamente a atividade econômica.[26]

#### 4.1.1.2 A prestação dos serviços públicos

A competência para a prestação de serviços públicos é conferida ao Estado pela Constituição Federal em diversas passagens. Na "Ordem Econômica e Financeira", o art. 175 prescreve o seguinte: "incumbe ao Poder Público, na forma da lei, diretamente ou sob regime de concessão ou permissão, sempre através de licitação, a prestação de serviços públicos". Diversamente do que

gênero que englobaria duas espécies: uma desenvolvida sob regime de direito privado, e outra, de direito público (*A Ordem Econômica na Constituição de 1988*, p. 135). Luís Roberto Barroso sustenta posição semelhante quando defende a necessidade de separar a "prestação de serviços públicos e a exploração de atividades econômicas" desenvolvidas pelo Estado ("Modalidades de intervenção do Estado na ordem econômica. Regime jurídico das sociedades de economia mista. Inocorrência de abuso de poder econômico", *RTDP* 18/92).

24. Sobre essa forma de atuação no domínio econômico, Tércio Sampaio Ferraz Júnior observa: "'empresariar' significa agir como empresário no lugar ou junto com a iniciativa privada" ("Fundamentos e limites constitucionais da intervenção do Estado no domínio econômico", p. 266). Este também é o entendimento de Celso Antônio Bandeira de Mello, para quem "empresas públicas e sociedades de economia mista, que para tal fim sejam criadas, submeter-se-ão, basicamente, ao mesmo regime aplicável às empresas privadas". O Estado, não só explora a atividade econômica, como atua em regime de direito privado (*Curso de Direito Administrativo*, p. 625).

25. Na opinião de Celso Antônio Bandeira de Mello: "a lei a que se refere a parte final do art. 173 terá de ser necessariamente lei complementar, e enquanto esta não for editada não podem ser criadas empresas públicas, sociedades de economia mista ou quaisquer modalidades de pessoas estatais exploradoras de atividade econômica" (*Curso de Direito Administrativo*, p. 625). Com isso, o texto constitucional vincula esta forma de ação participativa do Estado à edição de lei complementar. Fábio Konder Comparato sustenta opinião análoga ao entender tratar-se de lei complementar aquela referida no final do art. 173 ("Ordem econômica na Constituição brasileira de 1988", p. 271).

26. Sobre isso, Lúcia Valle Figueiredo afirma que o Estado intervém na atividade econômica "quando atua por meio de empresas estatais (art. 173), quando isso for necessário para implementar relevante interesse coletivo ou preservar a segurança nacional". Trata-se de uma forma de restrição à iniciativa privada por parte do Estado na exploração da atividade econômica ("Reflexões sobre a intervenção do Estado no domínio econômico e as contribuições interventivas", *RDT* 81/249).

ocorre com a exploração direta da atividade econômica, a prestação de serviços públicos é feita em regime de direito público.

Nesse caso, o Estado pode atuar diretamente ou por meio de terceiros – autorizatários,[27] concessionárias e permissionárias.[28] Mesmo assim, uma vez configurado o serviço público, o regime a ser aplicado será o de direito público, o que significa dizer que o interesse público prevalece sobre o interesse privado. Não há liberdade de iniciativa e as obrigações contraídas sujeitam-se a uma série de restrições que não se estendem ao setor privado.[29]

Por essa razão, o parágrafo único do art. 175 prescreve que a lei deverá dispor sobre: (i) o regime das empresas concessionárias, autorizatários e permissionárias de serviços públicos; (ii) o caráter especial do seu contrato; (iii) os direitos do usuário; (iv) a política tarifária e a obrigação de manter serviço adequado. Todas essas especificidades decorrem do regime de direito público. Fossem prestados em regime de direito privado, como na exploração direta da economia, não haveria necessidade dessas disposições especiais.

É bom ressaltar que esses esclarecimentos não colocam o regime como critério de distinção entre o serviço público e o privado, já que é a natureza que determina o regime jurídico e não o inverso.

Acata-se, neste ponto, a lição de Eros Roberto Grau, que afirma ser "inteiramente equivocada a tentativa de conceituar-se *serviço público* como atividade sujeita a *regime de serviço público*".[30] Isso seria tautológico, pois inverteria a causa pelo seu efeito. Uma atividade é serviço público porque se ajusta a este conceito e é esta inclusão que submete os serviços ao regime de direito público e não o inverso.

A identificação de que é um serviço público, no entanto, deve ser feita com base nos enunciados veiculados pela Constituição.[31] É aí que se prescreve se os serviços são públicos ou privados. Da mesma forma, é com base nestes enunciados que será possível saber o regime jurídico no qual deverão ser prestados.

Aglutinando todas essas noções, Celso Antônio Bandeira de Mello oferece a seguinte definição do conceito de serviço público: "*Serviço público* é toda atividade de oferecimento de utilidade ou comodidade material destinada a satisfação da coletividade em geral, mas fruível singularmente pelos administrados, que o Estado assume como pertinentes aos seus deveres e que presta por si mesmo ou por quem lhe faça as vezes, sob regime de Direito Público – portanto consagrador de prerrogativas de supremacia e de restrições especiais, instituídas em favor dos interesses definidos como públicos no sistema normativo".[32]

As atividades que se ajustem a este conceito serão consideradas serviços públicos. Observa-se, então, que os serviços públicos, ao lado da exploração direta da atividade econômica, constituem as duas formas de *ação participativa* do Estado no domínio econômico.

### 4.1.2 *A ação normativa do Estado no domínio econômico*

Na *ação normativa*, o Estado edita normas jurídicas e fiscaliza o seu cumpri-

27. Sobre a ambigüidade do conceito de "autorização" na Constituição, v. Celso Antônio Bandeira Mello, *Curso de Direito Administrativo*, pp. 616-617.

28. Cf. Celso Antônio Bandeira Mello, *Curso de Direito Administrativo*, pp. 630 e ss.

29. Sobre a distinção entre esfera pública e privada, a lição de Celso Antônio Bandeira Mello não deixa dúvidas: "a separação entre os dois campos – serviço público, como setor pertencente ao Estado, e domínio econômico, como campo reservado aos particulares – é induvidosa". No primeiro caso, a atividade é desenvolvida em regime de direito público, noutro caso, a atividade é desenvolvida em regime de direito privado (*Curso de Direito Administrativo*, p. 619).

30. *A Ordem Econômica na Constituição de 1988*, p. 142.

31. Eros Roberto Grau, *A Ordem Econômica na Constituição de 1988*, p. 147.

32. *Curso de Direito Administrativo*, p. 600.

mento. Este é o meio que dispõe para atuar, conduzindo os negócios segundo os valores positivados na "ordem econômica".

Nesta modalidade, não cabe mais falar em participação como sujeito do processo produtivo ou prestador de serviços. A função do Estado, neste ponto, é editar normas jurídicas, regulando a atividade econômica. Alberto Venâncio Filho refere-se a "'Estado como norma', ou seja, ao Estado que edita normas de conduta à vida econômica".[33] Trata-se, para utilizar a dicção constitucional, do Estado "como agente normativo e regulador da atividade econômica".[34]

Persistindo na análise desta forma de atuação estatal, é possível segregar duas grandes formas de atuação: a fiscalização e o fomento.

Essas competências podem ser identificadas no art. 174 da Constituição, onde está prescrito que: "como agente normativo e regulador da atividade econômica, o Estado exercerá, na forma da lei, as funções de fiscalização, incentivo e planejamento".[35] Deve-se, então, subdividir a competência normativa do Estado para atuar no domínio econômico em dois grandes blocos: edição de normas gerais e abstratas e fiscalização do seu cumprimento. O primeiro caso será denominado "fomento da atividade econômica". Já o segundo será denominado "fiscalização da atividade econômica".

#### 4.1.2.1 O fomento da atividade econômica

Fomentar é proporcionar os meios para o desenvolvimento de algo, estimular, desenvolver.[36] Fala-se em "fomento" na "ordem econômica" quando o Estado planeja e incentiva a economia. Esta competência lhe é também conferida pelo art. 174 da Constituição. Trata-se de enunciados gerais que prescrevem a competência para promover o desenvolvimento da economia.[37]

Essas noções permitem nova classificação. É possível identificar sob a nomenclatura "fomento" duas formas de atuação do Estado no domínio econômico: o planejamento e o incentivo da atividade econômica. O critério de distinção é o tipo de norma jurídica veiculada para o desempenho dessas duas funções. No planejamento veicula-se, por meio de lei ordinária ou

33. *A Intervenção do Estado no Domínio Econômico*, p. 383.

34. Sobre esta função, Tércio Sampaio Ferraz Júnior acrescenta que por "regular (Estado regulador) entende-se a interferência do Estado, restringindo a liberdade econômica dos indivíduos, nos seus objetivos e instrumentos". Regula-se, portanto, a atividade econômica por meio da edição de normas jurídicas que restringem a liberdade dos sujeitos que atuam no domínio econômico ("Fundamentos e limites constitucionais da intervenção do Estado no domínio econômico", p. 266). Numa síntese sobre esta forma de atuação, Norbert Reich afirma: "neste contexto, o direito é utilizado como um instrumento destinado a impor imperativos sociais e políticos sobre a economia (privada)". É o direito, ao positivar valores sociais e políticos, que torna cogente as prescrições dirigidas à atividade econômica ("Intervenção do Estado na economia – Reflexão sobre a pós-modernidade na teoria jurídica", p. 265). Sobre isso, a lição de Lourival Vilanova é esclarecedora: "sem a norma – sem lei constitucional, ou sem lei ordinária, sem decreto executivo – seja qualquer a espécie exigida, sem ela, plano nenhum de governo, programa nenhum de desenvolvimento econômico e social passariam ao campo concreto da realização" (*Fundamentos do Estado de Direito*, p. 24).

35. Tratando deste tema, Luís Roberto Barroso esclarece "o Estado disciplina a atividade econômica pelo desempenho de sua ampla competência normativa e pelo exercício do poder de polícia" ("Crise econômica e direito constitucional", pp. 40-41).

36. *Dicionário Houaiss da Língua Portuguesa*, p. 1.367.

37. Ao tratar do fomento da atividade econômica, Luís Roberto Barroso exemplifica: "o Estado fomenta a atividade econômica investindo em infraestrutura, concedendo financiamento e utilizando a política tributária para estimular ou desestimular comportamentos". Esta seria uma atuação ampla a ser desenvolvida em várias frentes, seja pela edição de normas gerais e abstratas que prescrevam normas gerais à economia, seja pela criação de pessoas jurídicas ou fundos de recursos que atuem positivamente, no sentido de viabilizar as diretrizes propostas pelas normas gerais e abstratas ("Crise econômica e direito constitucional", *RTDP* 6/41).

complementar, diretrizes para o desenvolvimento de um determinado setor da economia. No incentivo, a atuação estatal é feita por meio de uma pessoa jurídica ou fundo de recursos, criado especialmente para desenvolver um setor da economia.

*4.1.2.1.1* Planejamento da atividade econômica como modalidade de fomento – Esta modalidade é a que melhor se ajusta à competência atribuída pelo art. 174, § 1º, que dispõe: "a lei estabelecerá as diretrizes e bases do planejamento do desenvolvimento nacional equilibrado, o qual incorporará e compatibilizará os planos nacionais e regionais de desenvolvimento". É, pois, competência que se exerce por meio de planos.[38]

Muitas outras competências legislativas podem ser relacionadas, além daquelas que veiculam planos de desenvolvimento econômico. Isto é o que demonstra a síntese elaborada por Luís Roberto Barroso, nos seguintes termos: "O próprio título dedicado à ordem econômica prevê a edição de leis integradoras do seu texto, dentre elas a que reprime o abuso de poder econômico (art. 173, § 4º), a que regula os investimentos estrangeiros (art. 172) e a que deverá reger o sistema financeiro nacional (art. 192). De parte isto, o art. 24, I, prevê a competência legislativa concorrente dos diferentes níveis de governo em matéria de direito econômico e o art. 22 atribui relevantes competências de regulação econômica à União, em temas de crédito, câmbio, comércio exterior, etc.".[39]

Esta edição de normas gerais que prescrevem condutas como obrigatórias, permitidas ou proibidas no domínio econômico, não raro, vem acompanhada pela criação de órgãos encarregados de viabilizar o seu cumprimento. Nestas hipóteses, surge aquilo que se chama aqui de "incentivo à atividade econômica".

38. Idem.
39. Ibidem.

*4.1.2.1.2* Incentivo da atividade econômica como modalidade de fomento – Do ponto de vista jurídico, toda atuação estatal no domínio econômico visa implementar os valores positivados no texto constitucional. Com isso, todas essas atividades buscam, de sua forma, promover o desenvolvimento da atividade econômica e o seu conseqüente incentivo. Por essa razão, poderia parecer redundante ou tautológico, à primeira vista, falar de uma atuação estatal orientada ao incentivo da economia.

Essa impressão, porém, deve ser superada. "Incentivo" aqui assume uma acepção forte, pois se trata de uma atuação positiva de órgão estatal no sentido de implementar as normas gerais e abstratas de direito econômico. Nesse caso, cria-se uma pessoa jurídica que atuará como órgão promotor do desenvolvimento de um determinado setor da economia. O direito positivo contempla várias dessas situações. Em todas elas, porém, exige a identificação dos seguintes atributos comuns: (i) criação de entidades com este perfil – fundo, instituto, autarquia; (ii) finalidade especial de intervir positivamente num setor da economia previamente definido; (iii) previsão em lei, tanto da criação do órgão quanto das suas competências; (iv) atuação positiva em favor de um determinado setor da economia.

Assim, sempre que houver o preenchimento simultâneo de todos esses requisitos, o tipo de atuação que o Estado desempenha na economia será "incentivo". É nesta acepção, e somente nesta, que se poderá falar em "intervenção do Estado na economia". Todos os demais casos são exemplos de atuação no domínio econômico. Daí ser necessário o preenchimento dos cinco requisitos mencionados acima para que se possa falar em intervenção, nos moldes do art. 149 da Constituição Federal.

#### 4.1.2.2 Fiscalização da atividade econômica

Na fiscalização da atividade econômica, o Estado disciplina o exercício de direitos no domínio econômico, conforme prescrito no art. 174 da Constituição. Neste artigo prescreve-se a competência, do Estado regulador, para fiscalizar o exercício de direitos econômicos.[40]

Este é um típico caso de atuação do poder de polícia, especialmente qualificado pelo fato de regular o exercício de direitos econômicos. O conceito de "poder de polícia" é prescrito no art. 78 do Código Tributário Nacional, nos seguintes termos:

> Art. 78. *Considera-se poder de polícia atividade da administração pública que, limitando ou disciplinando direito, interesse ou liberdade, regula a prática de ato ou abstenção de fato, em razão de interesse público concernente à segurança, à higiene, à ordem, aos costumes, à disciplina da produção e do mercado, ao exercício de atividades econômicas dependentes de concessão ou autorização do Poder Público, à tranqüilidade pública ou ao respeito à propriedade e aos direitos individuais e coletivos* (os grifos não estão no original).

O parágrafo único deste artigo, acrescenta, ainda, considerar-se regular exercício do poder de polícia a atividade desempenhada pelo órgão competente nos limites da lei aplicável, com observância do processo devido, que a lei tenha como discricionária, sem abuso ou desvio de poder.

A fiscalização da atividade econômica, prescrita pelo art. 174 da Constituição, nada mais é do que o exercício do poder de polícia, aplicado em relação aos direitos econômicos.[41] Para ajustar estas lições às premissas deste trabalho, dois aspectos devem ser destacados: (i) o poder de polícia não restringe os direitos econômicos, mas sim o exercício desses direitos;[42] e (ii) a fiscalização é um exercício do poder de polícia, por isso não se confunde com as normas gerais e abstratas que delimitam a sua competência.[43]

No exercício da tarefa fiscalizadora, portanto, é necessária a existência de: (i) normas gerais e abstratas, introduzidas no sistema de direito positivo por meio de lei, regulando a atividade econômica; (ii) sujeitos de direito que exerçam as condutas previstas por estas normas jurídicas;[44] (iii) um

40. Eros Roberto Grau, neste particular, ensina que: "fiscalizar no contexto deste art. 174 significa prover a eficácia das normas produzidas e medidas encetadas, pelo Estado, no sentido de regular a atividade econômica". O exercício desta atividade pressupõe, também, a prerrogativa de o Estado editar sanções pelo descumprimento dos enunciados legais (*A Ordem Econômica na Constituição de 1988*, p. 316).

41. Falar em poder de polícia no âmbito econômico não é novidade entre aqueles que tratam da matéria. Celso Antônio Bandeira de Mello inclui esta modalidade como uma das espécies de intervenção no domínio econômico, que "dar-se-á através de seu 'poder de polícia', isto é, mediante leis e atos administrativos expedidos para executá-las, como 'agente normativo e regulador da atividade econômica'". Há, pois, expressa referência ao exercício do poder de polícia (*Curso de Direito Administrativo*, p. 619). Tratando também da intervenção do Poder Público na esfera econômica do particular, Fernando Albino de Oliveira afirma que o "Estado poderá traçar normas refratoras do direito à livre iniciativa, através do exercício do poder de polícia". Segundo este Autor, sempre que o Estado ingerir-se no âmbito econômico por meio da edição de normas jurídicas, estar-se-á diante do exercício do poder de polícia ("Limites e modalidades da intervenção do Estado no domínio econômico", pp. 63-64).

42. Cf. Hely Lopes Meirelles, *Direito Administrativo Brasileiro*, p. 115. No mesmo sentido, v. Celso Antônio Bandeira de Mello (*Curso de Direito Administrativo*, pp. 623-624).

43. No conceito de poder de polícia prescrito pelo art. 78 do Código Tributário Nacional, prescreve-se expressamente que o seu exercício deve ser feito nos limites da lei. Logo, uma coisa é a lei que contempla os direitos econômicos, outra, bem distinta, são os atos administrativos que fiscalizam o cumprimento da lei.

44. Entre os sujeitos competentes para o exercício dessa atuação, a extinta SUNAB desempenhou papel relevante conforme atesta a seguinte decisão do STJ: "*Execução fiscal. SUNAB. Competência para fiscalizar estabelecimento de ensino. Aplicação de multa. Constituição Federal (art. 173, § 4º). Leis Delegadas ns. 4/1962 e 5/1962. Decreto-lei n. 532/1969. Lei n. 8.039/1990.* 1. A SUNAB tem competência para fiscalizar os valores das taxas e mensalidades fixadas pelos estabelecimentos de ensino, decorrentes da aplicação da legislação de intervenção no domínio econômico na seara dos serviços essenciais, entre os quais se incluem os pertencentes à educação. 2. Precedentes jurisprudenciais. 3. Recurso provido" (REsp n. 79.828-MG, Rel. Ministro Milton Luiz Pereira, *DJU* 7.10.1996).

órgão que possua competência para disciplinar o exercício desses direitos. Conclui-se, desta forma, que fiscalizar a atividade econômica significa exercer o poder de polícia, disciplinando o exercício de direitos previstos pela ordem econômica.

4.1.3 *Síntese das formas de atuação estatal na economia proposta pelo trabalho*

Contemplando os tipos de atuação do Estado na economia propostos neste trabalho, é possível organizar o esquema:

- O Estado na Economia
  - Ação normativa
    - Fomento
      - Planejamento
      - *Incentivo*
    - Fiscalização
  - Ação participativa
    - Exploração direita da atividade econômica
    - Prestação de serviços públicos
      - privativos
      - delegáveis

Cabe ressalvar que a modalidade *incentivo*, destacada no esquema acima, é a única que se ajusta ao conceito de intervenção no domínio econômico, formulado neste trabalho, para fins de instituição das contribuições previstas no art. 149 da Constituição Federal.

*4.3 A contrapartida da atuação estatal na atividade econômica*

A classificação das atuações do Estado no domínio econômico, como dissemos, serviu para identificar e classificar as competências atribuídas pela Constituição da República ao Estado neste setor, bem como as contrapartidas que podem ser exigidas em razão do desempenho de cada uma delas. É importante ter presente que a referência a "contraprestação" aqui não significa estabelecer relação de proporcionalidade simétrica, sinalagmática, entre a atuação estatal e a prestação exigida. Como ensina Rubens Gomes de Souza, "o Estado institui e arrecada os tributos como poder público e não em conseqüência de uma relação contratual com o contribuinte". No próprio conceito de tributo, prescrito pelo art. 3º do CTN, há referência à obrigação compulsória, derivada de lei, para distingui-lo das obrigações contratuais, fruto de acordo de vontade. O que se quer significar com o emprego do termo "contraprestação" é a necessária vinculação que deve existir entre a criação do tributo e uma atividade do Estado.

4.3.1 *A exploração direta da atividade econômica*

Na exploração direta da atividade econômica, o Estado atua como empresário. Desempenha essa atuação produzindo e circulando bens, assim como prestando serviços, em regime de direito privado. Logo, o valor da sua remuneração deverá ser o preço privado[45] cobrado por estes bens ou serviços.

45. Luiz Emygdio F. da Rosa Júnior vale-se da expressão "preço quase privado" para se referir

Fosse admitido exigir alguma prestação pecuniária além do preço, haveria violação de dois enunciados constitucionais da ordem econômica: o princípio da livre concorrência (art. 170, inc. IV) e aquele que estabelece a submissão ao regime próprio das empresas privadas, inclusive quanto aos direitos e obrigações civis, trabalhistas e tributárias (art. 173, § 1º, inc. II).

Eis a razão de a única contrapartida a ser exigida pelo Estado nesta forma de atuação ser o preço dos serviços ou dos bens que comercializa.

### 4.3.2 *A prestação de serviços públicos pelo Estado*

A prestação de serviços públicos pode ser remunerada mediante taxas ou por preços públicos. O critério determinante para cobrança de uma ou de outra prestação será a compulsoriedade do serviço. Se compulsório, a prestação será tributária e terá natureza de taxa. Caso contrário, configurará preço público.[46]

Nos serviços públicos como o de comunicação, de fornecimento de energia elétrica ou de abastecimento de água, quando o direito positivo permite ao sujeito de direito optar por um ou por outro prestador de serviço, ou mesmo por uma forma alternativa, a remuneração é feita mediante preço público. Por isso, fala-se em tarifa de telefone, tarifa de energia elétrica ou de fornecimento de água.

Pelo contrário, quando o elemento "facultatividade" não está presente, o serviço público deverá ser remunerado por taxa. Pelo fato de ser compulsória, a taxa poderá ser exigida não só diante da efetiva utilização do serviço, mas também nos casos de serem simplesmente postos à disposição do contribuinte.

Por último, para que se possa exigir uma taxa é necessário, ainda, que os serviços sejam específicos e divisíveis, nos termos do art. 79 do Código Tributário Nacional. Estes esclarecimentos demonstram que na prestação de serviços públicos a contrapartida que o Estado, ou qualquer dos seus prepostos, pode exigir é uma taxa, se o serviço for compulsório, ou um preço público, se facultativo.

### 4.3.3 *A fiscalização e o exercício do poder de polícia*

A fiscalização da atividade econômica se refere à regulação do exercício de direitos, prática de ato ou abstenção de fatos, em razão do que prescrevem as normas jurídicas integrantes da "Ordem Econômica". Isso se ajusta ao conceito de "poder de polícia", prescrito pelo Código Tributário Nacional, em seu art. 78.[47]

Tratando-se de exercício do poder de polícia sobre as relações econômicas, não há espaço para exigência de qualquer outra espécie de prestação além das taxas.[48]

ao "pagamento voluntário feito pelo particular ao Estado pela venda por este de um bem ou serviço, agindo o Estado não no exercício de uma soberania mas como se fosse uma pessoa privada, não se denominando de 'preço privado' esta categoria apenas pelo fato de o Estado participar desta relação contratual" (*Manual de Direito Financeiro e Tributário*, p. 49). No mesmo sentido, Fábio Fanuchi (*Curso de Direito Tributário Brasileiro*, p. 48). Mantém-se, no entanto, a expressão preço privado, pois trata-se de uma prestação que, embora seja exigida por pessoa jurídica criada pelo Estado, em nada difere das prestações exigidas pelos particulares, por força de expressa previsão constitucional.

46. Esse critério de distinção é destacado por Hugo de Brito Machado, ao afirmar que: "o que caracteriza a remuneração de um serviço público é a compulsoriedade, para a taxa, e a facultatividade, para o preço". Mas o que se deve entender por um serviço compulsório? A resposta é oferecida por esse Autor: "compulsório é o serviço que não se pode deixar de utilizar. Não há margem de escolha para a sua fruição" (*Curso de Direito Tributário*, pp. 378-379).

47. Para estes casos, como assinala Paulo de Barros Carvalho, "a mais da prestação de serviços públicos, as taxas podem ser cobradas sempre que o Estado (acepção lata) exercitar o poder de polícia" (*Curso de Direito Tributário*, p. 40).

48. Luciano Amaro expõe as razões de cobrança da taxa de polícia: "a atuação estatal nesses casos, embora provocada pelo contribuinte da taxa de polícia, não representa um serviço por ele fruído; a atuação fiscalizadora do Estado, a rigor, visa ao

### 4.3.4 *O planejamento da atividade econômica*

O planejamento da atividade econômica foi conceituado como a edição de normas gerais e abstratas, por meio de lei ordinária ou complementar, no qual se prescrevem diretrizes para o desenvolvimento de um determinado setor da economia. Configura, portanto, exercício de uma competência normativa, em que o Estado atua por meio do Poder Legislativo. A produção de normas jurídicas, neste caso, não gera uma especial despesa. O exercício da competência legislativa atinge a sociedade como um todo, cabendo a ela, portanto, arcar com os custos da atividade legiferante, mesmo que haja referência a um setor da atividade econômica.

Com isso, demonstra-se a incompatibilidade de se exigir qualquer contraprestação específica pela edição de norma de planejamento econômico.

### 4.3.5 *O incentivo à atividade econômica*

Para atender à acepção estrita de "incentivo à economia" adotada neste trabalho, verificou-se ser necessário o preenchimento dos seguintes requisitos: (i) criação de entidades com este perfil – fundo, instituto, autarquia; (ii) finalidade especial de intervir positivamente num setor da economia previamente definido; (iii) previsão em lei, tanto da criação do órgão quanto das suas competências; (iv) entre suas finalidades, deve-se encontrar a atuação positiva em favor de um determinado setor da economia.

Somente se preenchidos esses requisitos é possível falar em intervenção do Estado no domínio econômico, na formulação estrita adotada pelo art. 149 da Constituição da República. Por isso, somente neste caso existirá a possibilidade de serem editadas contribuições de intervenção no domínio econômico.

No entanto, convém ressaltar a distinção entre essas formas de atuação e duas outras que com ela não se confundem. Falar em atuação positiva significa afirmar que o Estado atua por meio de ações como: concessão de empréstimos, formação de profissionais, campanhas de conscientização, enfim, um conjunto de ações que buscam desenvolver um determinado setor.

Já a atuação negativa é aquela que disciplina o exercício de direitos, autorizando ou negando a prática de atos, bem como aplicando sanções em caso de descumprimento das determinações legais. No primeiro caso, é possível a edição de contribuições interventivas (art. 149 da CF), enquanto no segundo só haverá possibilidade de exigir taxas pelo exercício do poder de polícia.

Não se confunde, tampouco, a prestação de serviços públicos com a atuação para o incentivo de uma atividade econômica. Isso porque os serviços públicos que ensejam a cobrança de taxas são prestados de forma específica e divisível em relação ao contribuinte. Já no caso dos incentivos, o serviço é prestado a um setor, segmento, grupo de contribuintes, portanto, não há prestação individual e específica. A atuação é coletiva, daí não ser possível a instituição de taxas nessas hipóteses.

Com mais estes esclarecimentos, definem-se os contornos da atuação estatal referida pelo art. 149 da Constituição Federal. É precisamente essa atuação, dirigida a um segmento da economia, que gera uma especial despesa, possibilitando a edição de contribuições de intervenção no domínio econômico.

## *4.4 Síntese das contraprestações decorrentes da atuação no domínio econômico*

Na tabela abaixo, relacionam-se as contraprestações que podem ser exigidas em face da atuação do Estado no domínio econômico.

interesse da coletividade e não daquele contribuinte isoladamente; é ele, porém, que provoca a atuação do Estado, e é isto que justifica a imposição da taxa" ("Conceito e classificação dos tributos", p. 251).

| **Tipo de atuação estatal** | **Contraprestação pela atuação do Estado na Economia** |
|---|---|
| Exploração direta | Preço do bem ou serviço comercializado. |
| Serviço público compulsório | Taxa pela prestação de serviços públicos. |
| Serviço público facultativo | Preço público. |
| Fiscalização | Taxa pelo exercício do poder de polícia. |
| Planejamento | Não há contrapartida específica. |
| Incentivo | Contribuições de intervenção no domínio econômico. |

Os argumentos relacionados acima permitem visualizar, somente no último caso, a possibilidade de se criarem contribuições interventivas. A instituição de contribuições nas hipóteses nas quais deveriam ser instituídas taxas ou preços é prática que viola a norma de competência e deve ser declarada inconstitucional pelos tribunais competentes.

Cabe, ainda, investigar alguns critérios de validade que decorrem da identificação do incentivo como única forma que autoriza a criação de contribuições interventivas. Antes disso, a investigação sobre o conseqüente da norma de competência que disciplina a criação de contribuições interventivas não estará concluída.

### 5. *A intervenção do Estado no domínio econômico e a validade das contribuições interventivas*

Não basta identificar a espécie de atuação estatal no domínio econômico compatível com o art. 149 da Constituição. É necessário destacar, dentre os elementos que caracterizam essa modalidade interventiva, que atributos devem ter para autorizar a instituição válida de contribuições interventivas. Incentivos à economia podem ser diversos. A atuação positiva rumo à viabilização dos valores prescritos pela Ordem Constitucional pode ser feita, como foi visto acima, de várias formas. O que não se admite é a criação de contribuições interventivas para custear toda e qualquer forma de atuação positiva do Estado.

Desta forma, somente é possível falar em intervenção do Estado no domínio econômico, na formulação estrita adotada pelo art. 149 da Constituição Federal, quando configurada a atuação do Estado na modalidade "incentivo". Para tanto, é necessário o preenchimento de alguns requisitos, quais sejam: (i) criação de entidades com este perfil – fundo, instituto, autarquia; (ii) finalidade especialmente delimitada de intervir positivamente num setor da economia previamente definido; (iii) previsão em lei, tanto da criação do órgão quanto das suas competências; (iv) atuação positiva em favor de um determinado setor da economia. Somente nesse caso existirá a possibilidade de serem editadas contribuições de intervenção no domínio econômico. É precisamente essa atuação, dirigida a um segmento da economia, que gera uma especial despesa, possibilitando a edição destes tributos.

A idéia de instrumento enseja ainda o juízo de necessidade e proporção.[49] Sem a necessidade do tributo, a sua instrumentalidade não se confirma, pois não surge oportunidade para o financiamento de qualquer atuação. O tributo será arrecadado para nada. E mais, o valor que se arrecada deve ser integralmente utilizado, pois aquilo que excede não serve, tampouco, de instrumento. Assim, todo valor que excede ou que não é aplicado viola o texto constitucional. Há, entre outras, duas formas de evidenciar o desvio de finalidade: inexistência de previsão orçamentária determinando a aplicação dos valores arrecadados na finalidade prevista em lei ou estabele-

49. Roque Carrazza esclarece: "estamos convencidos de que as 'contribuições de intervenção no domínio econômico' são tributos qualificados pela finalidade constitucional que devem atingir" (*Curso de Direito Constitucional Tributário*, p. 367).

cimento de finalidades que não configuram o financiamento da atuação estatal na modalidade incentivo. Em qualquer desses casos, faltará legitimidade para instituição ou manutenção da cobrança do tributo.

Vejamos outro curioso aspecto previsto pelo art. 149 da CR, especialmente naquilo que impõe que o tributo seja instrumento de atuação da União na "respectiva área". Com efeito, sem que exista um setor determinado da atividade econômica, não será possível falar em contribuições de intervenção no domínio econômico.

É indispensável que a ação estatal se dirija a um setor específico da economia, previamente definido por lei. A atuação genérica ou aquela que favorece setores não integrantes do domínio econômico não legitimam a instituição deste tributo. O STF, no julgamento da constitucionalidade do ATP – Adicional de Tarifa Portuária – deixou assentado que:

> (...) no caso de uma contribuição interventiva, a finalidade deveria vir expressa e especificada em sua materialidade, ou seja, *o setor a ser beneficiado não poderia deixar de estar definitiva e concretamente organizado contemporaneamente ao início da cobrança dos recursos financeiros que em seu benefício seriam arrecadados* (STF, RE n. 218.061-5).

Nas contribuições de intervenção no domínio econômico, o Estado atua para incentivar um setor delimitado da atividade econômica. Este é o sentido da referência à respectiva área neste tipo de tributo. Acepções diferentes são construídas quando se trata de contribuições corporativas ou sociais. Nas primeiras, o tributo é arrecadado para financiar a própria corporação. Nas segundas arrecada-se tributo para financiar ações em prol de toda a coletividade. As contribuições interventivas, por sua vez, são arrecadadas para fazer frente às despesas do Estado com a promoção de um setor da economia.

Esta idéia de "respectiva área" é determinante, também, para a escolha dos sujeitos que figuram no pólo passivo desses tributos. Assim, somente aqueles que integram a entidade corporativa – econômica ou profissional – devem recolher as citadas contribuições. Diferentemente, toda a sociedade é chamada a contribuir para as contribuições sociais, pois a esfera de ação do Estado se dirige à promoção de direitos que são de todos. Nas contribuições interventivas, a acepção de "respectiva área" é intermediária. Não há uma corporação que delimita o universo de contribuintes entre aqueles que a integram, nem há o caráter universalizante das contribuições sociais. É justamente daí que deriva seu caráter intermediário: os contribuintes devem pertencer a um setor delimitado da ação econômica do Estado, mas estes não precisam se inscrever em qualquer órgão. Numa síntese: as contribuições interventivas devem ser cobradas de uma classe específica de sujeitos que recebem do Estado uma ação especial, não extensiva a toda coletividade. E é justamente esta ação específica que possibilita afirmar que o tributo está sendo instrumento da União na respectiva área.

Deste modo, podemos sinteticamente relacionar, a partir do próprio texto constitucional, os seguintes requisitos para que se considerem válidas a instituição e a continuidade da cobrança das contribuições de intervenção no domínio econômico:

(i) a intervenção deve estar prevista em lei e voltar-se para um setor específico do domínio econômico;

(ii) deve haver correlação entre a materialidade, os sujeitos passivos escolhidos e a finalidade do tributo;

(iii) deve existir necessidade permanente de nova fonte de custeio para se aplicar na respectiva área;

(iv) deve ocorrer aplicação contínua dos valores arrecadados na consecução das finalidades que justificaram sua instituição; e

(v) deve haver proporcionalidade entre o valor do tributo e as necessidades que visa a atender.

Além de preencher os atributos do conceito de intervenção no domínio econômico, a modalidade incentivo, para que possa ensejar a criação de contribuições interventivas, deverá atender a estes requisitos que acabamos de enumerar. O descumprimento de qualquer deles obscurece a sua natureza, confrontando-se com a prescrição do art. 149 da Constituição. Destarte, será inconstitucional qualquer contribuição criada para custear intervenções que não atendam, simultaneamente, a todos esses requisitos.

Vejamos, com mais alguns pormenores, algumas peculiaridades inerentes aos requisitos que acabamos de enumerar.

### *5.1 A intervenção no domínio econômico deve ser feita por lei*

Os enunciados relativos à intervenção do Estado no domínio econômico integram o conseqüente da norma de competência tributária. Logo, para que possam ensejar a instituição desses tributos, devem ser editados por lei ordinária, por força da aplicação do princípio da legalidade no âmbito da Ordem Econômica.

É por meio de lei que se deve introduzir os enunciados relativos à criação da entidade encarregada de promover a intervenção, suas competências e as fontes de custeio que serão colocadas à sua disposição. Sem isso, não é possível falar em intervenção no domínio econômico, tampouco em edição de contribuições interventivas compatíveis com a norma de competência.

### *5.2 A intervenção deve ser feita num setor específico da economia*

Por outro lado, não restará devidamente caracterizado o incentivo a um setor da economia, sem que haja prévia identificação deste setor.[50] Sem um grupo específico de beneficiários, não se dará instituição válida de contribuições interventivas. Isso porque, se os benefícios são proporcionados de forma indistinta para toda a sociedade, é de toda a sociedade que se deve exigir o seu custeio. Em tais casos, o incentivo à economia deve ser custeado por todos, por meio de verbas orçamentárias, fruto do pagamento de impostos.

### *5.3 O produto arrecadado com o tributo deve ser voltado integralmente ao custeio da intervenção*

A Constituição autoriza a criação das contribuições interventivas para que estas funcionem como fonte de custeio da intervenção do Estado no domínio econômico, conforme o art. 149 da Constituição. É nesse sentido que tais tributos servem como instrumento dessa intervenção. São instrumentos na medida em que fornecem recursos.[51]

É justamente a destinação específica que autoriza a sua criação. Com efeito, se o destino daquilo que se arrecada com esses tributos não for a intervenção específica que ensejou a sua criação, aquilo que se arrecada terá outra natureza, diversa daquela prevista no art. 149 da CR. Por conta disso, o regime jurídico aplicável também

50. No julgamento da constitucionalidade do ATP – Adicional de Tarifa Portuária –, o STF se manifestou sobre a necessidade de prévia identificação do setor da economia que sofrerá intervenção: "O problema da reserva absoluta da lei impede a instituição de qualquer gravame sem que no próprio texto da lei instituidora estejam explicitados todos os elementos do tipo tributário de que se trata, sendo certo que, no caso de uma contribuição interventiva, a finalidade deveria vir expressa e especificada em sua materialidade, ou seja, o setor a ser beneficiado não poderia deixar de estar definitiva e concretamente organizado contemporaneamente ao início da cobrança dos recursos financeiros que em seu benefício seriam arrecadados" (STF, RE n. 218.061-5, Rel. Ministro Carlos Veloso, *DJ* 8.9.2000).

51. Luciano Amaro, abordando as contribuições interventivas, assevera: "trata-se de contribuições que, à vista do próprio art. 149, só podem destinar-se a instrumentar a atuação da União no domínio econômico, financiando os custos e encargos pertinentes" ("Conceito e classificação dos tributos", p. 268).

será diverso. Assim, será possível falar em imposto ou em qualquer outra espécie de exação, menos em contribuições interventivas.

### *5.4 O sujeito competente para intervir no domínio econômico*

Para que possa criar contribuições interventivas, é necessário que o sujeito da intervenção seja a União. É competência privativa desse ente. O art. 149 da Constituição não deixa dúvida ao prescrever que "compete exclusivamente à União instituir contribuições sociais, de intervenção no domínio econômico e de interesse de categorias profissionais ou econômicas, *como instrumento de sua atuação nas respectivas áreas*" (grifou-se). Não é, pois, permitido à União criar contribuições interventivas para custear intervenções promovidas pelos Estados, Distrito Federal ou Municípios, hipótese em que deverão ser declaradas inconstitucionais.

### *5.5 Dos princípios gerais da atividade econômica*

A intervenção no domínio econômico deverá atuar no sentido de implementar os valores prescritos pela "Ordem Econômica Constitucional". Destacam-se, entre esses, os enunciados fixados pelo art. 170, que estabelecem os chamados "princípios gerais da atividade econômica". É onde se encontram positivados os valores que orientam todas as atuações do Estado no domínio econômico:

> Art. 170. A ordem econômica, fundada na valorização do trabalho humano e na livre iniciativa, tem por fim assegurar a todos a existência digna, conforme os ditames da justiça social, observados os seguintes princípios:
>
> I – soberania nacional;
>
> II – propriedade privada;
>
> III – função social da propriedade;
>
> IV – livre concorrência;
>
> V – defesa do consumidor;
>
> VI – defesa do meio ambiente;
>
> VII – redução das desigualdades regionais e sociais;
>
> VIII – busca de pleno emprego;
>
> IX – tratamento favorecido para as empresas de pequeno porte constituídas sob as leis brasileiras e que tenham sua sede e administração no País.
>
> Parágrafo único. É assegurado a todos o livre exercício de qualquer atividade econômica, independente de autorização de órgãos públicos, salvo nos casos previstos em lei.

Cada um desses enunciados veicula um comando que deve ser atendido na intervenção do Estado no domínio econômico.[52] Uma intervenção que atente contra qualquer desses valores será incompatível com o texto da Constituição e, havendo inconstitucionalidade da intervenção, seguirá a mesma sorte o tributo criado.[53]

## *6. Conclusões*

***1.*** *Sem analisar a atuação do Estado no domínio econômico* não se pode saber o que significa intervir no domínio econômico. É a delimitação desse conceito que permite saber em que casos é possível e em que casos não há a possibilidade de se criar uma contribuição de intervenção no domínio econômico.

52. Não é divergente a opinião de Lúcia Valle Figueiredo: "verifica-se, pois, que a intervenção do Estado na ordem econômica justifica-se se e na medida da consagração dos valores assinalados no texto constitucional e pertinentes, sobretudo, à ordem econômica". Se violar qualquer dos valores positivados na Ordem Econômica, o tributo poderá ser considerado inconstitucional, seguindo a sorte da intervenção que ensejou a sua criação ("Reflexões sobre a intervenção do Estado no domínio econômico e as contribuições interventivas", *RDT* 81/248).

53. A importância dessa matéria não passou despercebida a Misabel Derzi, enfática ao registrar que "as finalidades da intervenção devem perseguir aqueles princípios arrolados na Constituição, tais como assegurar a livre concorrência, reprimir o abuso do poder econômico, reprimir o aumento arbitrário do lucro, etc. (...)". Se a finalidade é inconstitucional, o tributo criado para custeá-la também o será (in Aliomar Baleeiro, *Limitações Constitucionais ao Poder de Tributar*, p. 596).

*2. Domínio econômico* é expressão destinada a nomear o plano da linguagem social. Consiste no conjunto das atividades de produção, circulação de riqueza e prestação de serviços.

*3. Ordem econômica* designa o conjunto de normas jurídicas que regulam as relações humanas que se dão no domínio econômico.

*4.* A *ordem econômica* prescreve diversas formas de atuação do Estado no domínio econômico. Apenas uma dessas formas de atuação caracteriza a "intervenção do Estado no domínio econômico", tal qual prescrita pelo art. 149 da Constituição para autorizar a edição de contribuições interventivas.

*5.* Os seguintes requisitos devem ser atendidos para que se considere válida a instituição de contribuições de intervenção no domínio econômico:

*5.1* A intervenção deve estar prevista em lei e voltar-se para um setor específico do domínio econômico;

*5.2* Haver correlação entre a materialidade, os sujeitos passivos escolhidos e a finalidade do tributo;

*5.3* Existir necessidade permanente de nova fonte de custeio para se aplicar na respectiva área;

*5.4* Ocorrer aplicação contínua dos valores arrecadados na consecução das finalidades que justificaram sua instituição; e,

*5.5* Haver proporcionalidade entre o valor do tributo e as necessidades que visa a atender.

## *7. Bibliografia*


AMARO, Luciano. "Conceito e classificação dos tributos". *Revista de Direito Tributário*, n. 55, ano 15, São Paulo, Ed. RT, 1991.

BARROSO, Luís Roberto. "Crise econômica e direito constitucional". *Revista Trimestral de Direito Público*, n. 6, São Paulo, Malheiros Editores, 1994.

______. "Modalidades de intervenção do Estado na ordem econômica. Regime jurídico das sociedades de economia mista. Inocorrência de abuso de poder econômico". *Revista Trimestral de Direito Público*, n. 18, São Paulo, Malheiros Editores, 1997.

BORGES, José Souto Maior. "Limitações constitucionais à tributação", in *IV Curso de Especialização em Direito Tributário*. vol. I, São Paulo, Resenha Tributária, 1978.

CANTO, Gilberto de Ulhoa. "As contribuições especiais no direito brasileiro". *Revista de Direito Tributário*, n. 31, São Paulo, Ed. RT.

CARVALHO, Paulo de Barros. "Base de cálculo como fato gerador e a taxa de classificação de produtos vegetais". *Revista Dialética de Direito Tributário*, n. 37, São Paulo, Dialética.

______. "Caráter tributário das sobretarifas". *Revista de Direito Tributário*, v. 9, n. 31, São Paulo, Ed. RT, jan./mar. 1985.

COMPARATO, Fábio Konder. "Ordem econômica na Constituição brasileira de 1988". *Revista de Direito Público*, n. 93, São Paulo, Ed. RT.

DERZI, Misabel Abreu Machado (atualizadora), in BALEEIRO, Aliomar. *Limitações Constitucionais ao Poder de Tributar*. 7ª ed., Rio de Janeiro, Forense, 1999.

FERRAZ JÚNIOR, Tércio Sampaio. "Competência tributária municipal". *Revista de Direito Tributário*, n. 53, São Paulo, Ed. RT, 1981.

______. "Fundamentos e limites constitucionais da intervenção do Estado no domínio econômico". *Revista de Direito Público*, ns. 47-48, São Paulo, Ed. RT.

FIGUEIREDO, Lúcia Valle. "Reflexões sobre a intervenção do Estado no domínio econômico e as contribuições interventivas". *Revista de Direito Tributário*, n. 81, São Paulo, Malheiros Editores.

GRAU, Eros Roberto. *A Ordem Econômica na Constituição de 1988*. 6ª ed., São Paulo, Malheiros Editores, 2001.

______. *Direito, Conceito e Normas Jurídicas*. São Paulo, Ed. RT, 1988.

______. "IAA: contribuição de intervenção no domínio econômico". *Revista de Direito Tributário*, n. 53, São Paulo, Ed. RT, 1991.

GRECO, Marco Aurelio. "Contribuição de intervenção no domínio econômico – Parâmetros para a sua criação", in GRECO, Marco Aurelio (coord.). *Contribuições de Intervenção no Domínio Econômico e Figuras Afins*. São Paulo, Dialética, 2001.

KELSEN, Hans. *Teoria Geral do Direito e do Estado*. Trad. Luís Carlos Borges. 3ª ed., São Paulo, Martins Fontes, 2000.

______. *Teoria Pura do Direito*. Trad. João Batista Machado. 6ª ed., São Paulo, Martins Fontes, 1999.

LARENZ, Karl. *Metodologia da Ciência do Direito*. 3ª ed., Lisboa, Calouste Gulbenkian, 1997.

LUHMANN, Niklas. *Das recht der gesellschaft* (*El Derecho de la Sociedad*. Trad. inédita para o espanhol de Javier Torres Nafarrate).

MARTINS, Ives Gandra da Silva. "Controle concentrado de constitucionalidade e as contribuições de intervenção no domínio econômico", in GRECO, Marco Aurelio (coord.). *Contribuições de Intervenção no Domínio Econômico e Figuras Afins*. São Paulo, Dialética, 2001.

MARTINS, Natanael. "As Contribuições ao FUST e ao FUTTEL", in GRECO, Marco Aurelio (coord.). *Contribuições de Intervenção no Domínio Econômico e Figuras Afins*. São Paulo, Dialética, 2001.

MEIRELLES, Hely Lopes. *Direito Administrativo Brasileiro*. São Paulo, Malheiros Editores, 1996.

MELLO, Celso Antônio Bandeira de. *Curso de Direito Administrativo*. 14ª ed., São Paulo, Malheiros Editores, 2002.

______. "O Estado e a ordem econômica". *Revista de Direito Público*, n. 62, São Paulo, Ed. RT.

MOREIRA, Vital. *A Ordem Jurídica do Capitalismo*. Coimbra, Centelha, 1973.

NEVES, Marcelo. *Teoria da Inconstitucionalidade das Leis*. São Paulo, Saraiva, 1988.

______. *A Constitucionalização Simbólica*. São Paulo, Acadêmica, 1994.

OLIVEIRA, Fernando Albino. "Limites e modalidades da intervenção do Estado no domínio econômico". *Revista de Direito Público*, ns. 37-38, São Paulo, Ed. RT.

OLIVEIRA, Ricardo Mariz. "Contribuições de intervenção no domínio econômico – Concessionárias, permissionárias e autorizadas de energia elétrica – Aplicação obrigatória de recursos (Lei n. 9.991)", in GRECO, Marco Aurelio (coord.). *Contribuições de Intervenção no Domínio Econômico e Figuras Afins*. São Paulo, Dialética, 2001.

OLIVEIRA, Yonne Dolácio. *Tipicidade no Direito Tributário Brasileiro*. São Paulo, Saraiva, 1980.

REICH, Norbert. "Intervenção do Estado na economia (reflexão sobre a pós-modernidade na teoria jurídica)". *Revista de Direito Público*, n. 94, São Paulo, Ed. RT.

SCHOUEIRI, Luís Eduardo. "Algumas considerações sobre a contribuição de intervenção no domínio econômico no sistema constitucional brasileiro. A contribuição ao programa universidade-empresa", in GRECO, Marco Aurelio (coord.). *Contribuições de Intervenção no Domínio Econômico e Figuras Afins*. São Paulo, Dialética, 2001.

SCHUARTZ, Luis Fernando. "Contribuições de intervenção no domínio econômico e atuação do Estado no domínio econômico", in GRECO, Marco Aurelio (coord.). *Contribuições de Intervenção no Domínio Econômico e Figuras Afins*. São Paulo, Dialética, 2001.

SCOTT, Paulo Henrique Rocha. *Direito Constitucional Econômico*. Porto Alegre, Fabris, 2000.

SILVA, José Afonso. *Curso de Direito Constitucional Positivo*. 9ª ed., São Paulo, Malheiros Editores, 1994.

SILVA NETO, Manuel Jorge. *Direito Constitucional Econômico*. São Paulo, LTr, 2001.

SOUZA, Rubens Gomes de. *Compêndio de Legislação Tributária*. São Paulo, Resenha Tributária, 1975.

SOUZA, Washington Peluso Albino de. *Primeiras Linhas de Direito Econômico*. 4ª ed., São Paulo, LTr, 1999.

TEUBNER, Gunther. *O Direito como Sistema Autopoiético*. Trad. José Engrácia Antunes. Lisboa, Fundação Calouste Gulbenkian, 1993.

VENÂNCIO FILHO, Alberto. *A Intervenção do Estado no Domínio Econômico*. Rio de Janeiro, Renovar, 1998 (edição facsimilar da de 1968).

VIDIGAL, Geraldo. *Teoria Geral do Direito Econômico*. São Paulo, Ed. RT, 1977.

VILANOVA, Lourival. "Relação jurídica de direito público". *Revista de Direito Público*, n. 74, São Paulo, Ed. RT.

CADERNOS DE DIREITO TRIBUTÁRIO

# NORMA JURÍDICA, REGRA E PRINCÍPIOS

RAFAEL PANDOLFO
Doutorando em Direito Tributário (PUC/SP). Professor Universitário e do Instituto Brasileiro de Estudos Tributários. Consultor e Advogado

*I – Distinções dogmáticas relevantes. II – Princípios e regras: distinção no processo interpretativo e necessidade de fundamentação dos seus atos de aplicação.*

## *I – Distinções dogmáticas relevantes*

O ordenamento jurídico é composto por regras que, de modo direito ou indireto, podem ser associadas a diversos valores identificados pelo intérprete na Constituição. Essas regras, embora adotem, no plano lógico, a mesma estrutura hipotético-condicional, apresentam características notadamente distintas no que diz respeito ao conteúdo e campo de abrangência. Assim, identificam-se no ordenamento regras dotadas de maior objetividade e menor vagueza; regras permeadas de profunda carga axiológica; regras que fixam políticas e finalidades que servem de norte aos aplicadores do direito (*polices*, conforme definição de Dworkin); regras que asseguram garantias dos administrados e contribuintes perante o legislador e os órgãos aplicadores do direito.

O conflito de interesses e as distintas visões do ordenamento jurídico colocam, por vezes, em choque os contribuintes e a Fazenda Pública, atraindo a intervenção do Poder Judiciário para superação do embate. Nesse contexto, o órgão detentor do monopólio jurisdicional é chamado para elidir o conflito, a partir da uma solução que supere o confronto estabelecido. Os conflitos nascem de interpretações atribuídas pelas partes a determinados enunciados prescritivos, que apontam para diferentes esquemas de agir. Essa é a razão pela qual o estudo dos adequados critérios de superação desses conflitos passa pela análise das características das regras colocadas em confronto, que leva à conhecida distinção entre regras e princípios. Cada uma dessas espécies apresenta, segundo a doutrina, características próprias, que autorizam a utilização de distintos métodos para a superação de conflitos *e devem constar na fundamentação utilizada pelo ato de aplicação*.

A distinção das normas (gênero) em regras e princípios (espécies) conquistou ainda maior espaço no meio acadêmico após a crítica alinhada por Ronald M. Dworkin[1] ao modelo de Herbert Lionel

1. O texto original foi publicado na *Chicago Law Review*, n. 35, 1967. Compõe o capítulo 2 do

Adolphus Hart (H. L. A. Hart). Segundo Dworkin, o conceito de regra adotado por Hart não permite enxergar o vastíssimo mundo dos princípios.

Espécies normativas autônomas e distintas das regras, os princípios, para Dworkin, não exigem um comportamento específico, mas fixam metas ou pautas de segundo nível, que indicam como devem entender-se e aplicar-se as regras em geral (como o princípio de que ninguém pode se beneficiar da sua transgressão), representando outra dimensão da moral positivada. Desse modo, o professor da "Chair of Jurisprudence" em Oxford, na qual sucedeu o próprio Hart, esclarece que os princípios não são aplicados da maneira do tudo ou nada, como as regras, pois possuem a dimensão do peso. Embora, em geral, não indiquem a direção do mesmo modo que as regras, devem guiar os juízes nas suas decisões:

"A diferença entre princípios jurídicos e regras jurídicas é uma distinção lógica. Ambos os conjuntos de padrões apontam para decisões específicas a respeito da obrigação jurídica em circunstâncias particulares, mas eles diferem quanto ao caráter da obrigação que oferecem. As regras são aplicáveis à maneira do tudo-ou-nada. Se os fatos que uma regra estipula são dados, então ou a regra é válida, caso em que a resposta deve ser aceita, ou não é válida, caso em que não contribui em nada para a decisão.

"O caráter de tudo-ou-nada é percebido mais claramente se olharmos como as regras operam, não no direito, mas em um jogo, por exemplo. No beisebol, uma regra estipula que, se o rebatedor não rebate a bola por três vezes, ele está fora. Uma autoridade não pode reconhecer com coerência que essa é uma formulação precisa de uma regra de beisebol e decidir que o batedor que perdeu três bolas não está fora. Naturalmente, uma regra pode ter exceções (o batedor que perdeu três bolas não está fora se o apanhador deixa de agarrar a terceira). Contudo, uma formulação precisa da regra levaria em conta essa exceção e qualquer uma que não a fizesse seria incompleta."[2]

Os princípios, para Dworkin, são razões que apontam numa determinada direção, mas não tornam necessária uma decisão. Não têm aplicação absoluta, como as regras, mas uma aplicação ponderada, que considerará o peso de todos os princípios colocados em questão, em cada caso específico.

Os diversos critérios habitualmente utilizados pela doutrina para diferenciação entre princípios e regras foram muito bem sintetizados por Riccardo Guastini.[3] Segundo o Professor da Faculdade de Direito de Gênova, a distinção pode ser traçada a partir dos seguintes discrímens:

a) *densidade com que são formulados*: os princípios se distinguem das regras por serem formulados em linguagem extremamente fluída, vaga e indeterminada;

b) *conteúdo normativo*: esse critério apresenta duas variáveis: (b.1) os princípios possuem uma generalidade maior do que as regras; (b.2) os princípios não estão direcionados a comportamentos, ao contrário das regras;

c) *estrutura lógica*: os princípios não podem ser reduzidos à forma "standard" das normas, posto que, em geral, ou estão privados de um descritor ou são dotados de um descritor aberto;

d) *posição ocupada no ordenamento jurídico*: aponta que os princípios (d.1) são normas que funcionam como fundamentos axiológicos do ordenamento jurídico, exercendo o papel de fundamentação va-

livro *Levando os Direitos a Sério* (Martins Fontes, 2002).

2. Ronald Dworkin, *Taking Rights Seriously* (edição revista, 1987), pp. 24-25, cf. tradução de Luís Carlos Borges, *Direito e Interpretação*, editado por Andrei Marmor (São Paulo, Martins Fontes, 2004, p. 425).

3. Riccardo Guastini, *Distinguiendo. Estudios de Teoría y Metateoría del Derecho*, Barcelona, Gedisa, 1999, pp. 145 e 146.

lorativa de outras normas, bem como os princípios, (d.2) caracterizam a identidade axiológica do ordenamento jurídico, de sorte que, uma vez alterados, abandona-se o ordenamento vigente e é instaurado um novo ordenamento jurídico;

e) *utilização no raciocínio jurídico e subsunção*: esse discrímen leva em consideração o fato dos princípios serem utilizados na interpretação das demais normas do sistema, que com eles devem ser coerentes. Além disso, a aplicação dos princípios não poderia decorrer de um processo de subsunção, sendo que eventual conflito entre princípios seria resolvido pela técnica da ponderação.

A partir das características acima apartadas, entende-se que os enunciados normativos denominados pela doutrina como princípios podem ser inicialmente identificados como normas dificilmente dotadas de roupagem hipotético-condicional que preencha toda a moldura sintático-normativa (p→q). Essa a razão pela qual a formulação dos princípios é, em geral, categórica,[4] proclamando uma finalidade, uma garantia, ou um valor a perseguir.[5] Não estabelecem obrigações absolutas, mas obrigações *prima facie*, que podem ser superadas por obra de outros princípios.[6] Na condição de normas abertas, despidas de estrutura sintática normativa implicacional completa, os princípios exigem participação muito maior do intérprete na construção do significado ou, como salienta Luis Pietro Sanchís, os princípios representam o fortalecimento da posição do intérprete.[7]

Os apontamentos acima alinhados vão ao encontro das distinções traçadas por Alexy.[8] O jurista entende que os princípios se diferenciam das regras por serem comandos de otimização, que podem ser cumpridos em diferentes graus. O jurista alemão aponta os três critérios sobre os quais constrói sua teoria acerca da normatividade dos princípios e sua distinção para com as regras. Os critérios são os seguintes:

a) *mandamento*: os princípios podem ser cumpridos em diferentes graus de intensidade, dependendo das possibilidades fáticas e jurídicas existentes (outros princípios que jogam em sentido contrário). As regras, isoladamente, sendo válidas, só podem ser cumpridas ou descumpridas;

b) *colisão*: um conflito entre regras somente será resolvido através de uma regra de exceção, a menos que uma das regras conflitantes seja considerada inválida. Já o conflito existente entre os princípios é resolvido por uma relação de precedência entre os princípios relevantes, condicionada às circunstâncias do caso concreto. Entre os princípios de um sistema não existem relações absolutas de precedência, mas, apenas, relações relativas de precedência de um princípio em detrimento de outro, relações de precedência construídas a partir de um caso concreto;

c) *ponderação*: a teoria dos princípios implica a teoria da proporcionalidade e esta implica aquela. Assim, a aplicação dos

4. Essa distinção remonta a Kant, para quem existem imperativos categóricos e imperativos hipotéticos. Os imperativos categóricos prescrevem uma conduta boa em si mesma, de forma incondicional. Os imperativos hipotéticos, de sua vez, prescrevem uma ação para que se alcance um fim (se "a", então "b"). Assim, segundo Norberto Bobbio, norma categórica é aquela que estabelece uma determinada ação que deve ser cumprida, ao passo que uma norma hipotética é aquela que estabelece que uma determinada ação deve ser cumprida quando se verifica uma certa condição (Norberto Bobbio, *Teoria da Norma Jurídica*, 2ª ed., Bauru/SP, Edipro, 2003, p. 187).

5. Dworkin diferencia os princípios das "polices" (políticas). Enquanto o princípio está ligado a garantias historicamente relacionada com um padrão de justiça (devido processo legal, eqüidade, Judiciário independente), as políticas estão ligadas a objetivos sociais e/ou econômicos que devem ser alcançados, denotando evidente caráter teleológico.

6. Riccardo Guastini, ob. cit., pp. 149-151.

7. Luis Pietro Sanchís, *Ley, Principios, Derechos*, Madri, Instituto Derechos Humanos Bartolomé, 1998.

8. Robert Alexy, *Tres Escritos sobre los Derechos Fundamentales y la Teoría de los Principios*, trad. esp. Carlos Bernal Pulido, Bogotá, Universidad Externado de Colombia, 2003, pp. 93 a 137.

princípios deverá observar os subprincípios que compõem o princípio da razoabilidade (idoneidade,[9] necessidade[10] e proporcionalidade em sentido estrito).[11] As condições, num caso concreto, em função das quais um princípio precede outro, constituem o antecedente (p) de uma implicação lógica (p→q), cuja conseqüência será aplicação do princípio precedente, em detrimento do outro, afastado. Segundo Sanchís,[12] a ponderação não aparece apenas quando estamos em presença de um conflito explícito entre princípios ou direitos, mas pode-se recorrer a ela sempre que o resultado da aplicação da regra pareça insatisfatório ou injusto ao intérprete.

Genaro Carrió,[13] em brilhante artigo, realiza analogia de regras e princípios com, respectivamente, as "regras do futebol" (falta, por exemplo) e os "princípios do futebol", como a lei da vantagem. Esta última funcionaria como regra de exceção, determinando que o juiz não marcasse a falta quando a mesma trouxesse vantagem ao infrator e desvantagem à vítima. O raciocínio é equivalente ao precedente *Riggs vs. Palmer*,[14] referido por Dowrkin, ao defender a autonomia dos princípios e a insuficiência do modelo sustentado por Hart.

Analisando a crítica de Dworkin ao modelo desenvolvido por Hart, Carrió afirma que não existe a pretendida diferença lógica entre regras e princípios, uma vez que os próprios enunciados identificados dogmaticamente como regras não são, sempre, aplicados na dimensão do tudo ou nada. Assim, a palavra *regra* compreende não apenas comandos específicos como (proibido ultrapassar a velocidade de 80 quilômetros horários), como também determinações como a de que ninguém pode beneficiar-se de uma transgressão, dirigidas ao aplicador do direito.

A confusão e a divergência classificatórias da norma jurídica decorrem do grande número de critérios utilizados para classificar determinado enunciado como princípio.[15] Mas, mais importante do que enquadrar determinada norma como princípio, ou regra, é entender as suas características para, a partir delas, adotar um critério interpretativo com ela coerente.

Nesse sentido, há de ser referida a indispensável colaboração trazida ao tema por Frederick Schauer ("Prescriptions in three dimensions")[16] para quem os princípios não existem enquanto espécie normativa, embora essa expressão sirva para assinalar importantes distinções no que tange às características identificadas nas normas jurídicas, quais sejam: *especificidade*, *canonicidade* e *peso*.

Especificidade (*specificity*), segundo Schauer, está ligada à maior ou menor precisão ou vagueza[17] de uma prescrição.

9. Aplicação de um princípio a partir de uma finalidade que não é alcançada pela restrição eventualmente engendrada pelo princípio aplicado.

10. Uma determinada restrição decorrente da aplicação de um princípio não deve ser aplicada se existe outra medida alternativa menos interventiva, e que tutele do mesmo modo o interesse protegido.

11. A ponderação resulta indispensável quando o cumprimento de um princípio implica no descumprimento do outro. Quanto maior for o grau de descumprimento de um princípio, maior deverá ser o grau de cumprimento do outro.

12. Ob. cit., p. 63.

13. Genaro Carrió, *Notas sobre Derecho y Lenguaje*, 4ª ed., Buenos Aires, Abeledo-Perrot, 1990, pp. 197-233.

14. No caso *Riggs vs. Palmer*, citado por Dworkin, o Tribunal de Nova Iorque, entendendo que "ninguém pode beneficiar-se de sua própria torpeza", decidiu que, em detrimento da determinação isolada da regra testamentária, o neto não poderia receber a herança do avô pelo torpe fato de tê-lo assassinado.

15. V., a respeito, *Direito Tributário, Linguagem e Método* (Paulo de Barros Carvalho, São Paulo, Noeses, 2008, p. 257).

16. 82, *Iowa Law Review*, 911.

17. A vagueza está ligada à incerteza quanto à aplicação de um termo a uma situação em concreto, tendo em vista a ausência de um critério claro para sua aplicação. Os critérios existentes não permitem decidir, na totalidade dos casos, os limites precisos da denotação de uma expressão, devendo os usuários decidir se incluem ou não determinadas situações ao conjunto de situações até então denotado pela expressão. Já a ambigüidade ocorre quando um mesmo termo possui mais de um conjunto de propriedades de-

Prescrições dotadas de um maior grau de especificidade trazem como vantagem além da previsibilidade, a limitação da discricionariedade estendida aos intérpretes e aplicadores; prescrições vagas, por sua vez, sacrificam esses objetivos em face da flexibilidade e discricionariedade conferida ao aplicador e/ou intérprete.

A canonicidade (*canonicity*) de um enunciado diz respeito à forma prescritiva com que um comando é escrito, sendo produzido a partir de uma fonte de direito inequivocamente reconhecida como válida.

O peso (*weight*) de uma prescrição, por fim, está diretamente ligado a sua capacidade de prevalecer em face de outra prescrição.[18] Como conclusão, Schauer entende que não existe uma norma específica denominada princípio. O que existe são diversas formas dentro das quais as normas podem ser estruturalmente caracterizadas, dentre as quais o jurista ressalta as dimensões da especificidade, canonicidade e peso. Considerando o excesso de significados atribuídos ao termo princípio, sugere que a expressão deveria ser abandonada, dando lugar à análise pormenorizada de cada uma das três dimensões atribuídas às normas.

Os apontamentos até aqui referidos permitem que se atinjam as seguintes conclusões:

a) o ordenamento jurídico é composto por uma extensa gama de enunciados, distintamente classificados a partir do critério adotado. Esses critérios partem da consideração de elementos externos (posição ocupada no ordenamento jurídico), passam pela análise sintática (estrutura lógica e existência da moldura hipotético-condicional), consideram a análise semântica (densidade com que são formulados, vaguidez, ambigüidade, conteúdo axiológico) e alcançam aspectos pragmáticos, ligados à aplicação (utilização de raciocínio jurídico excludente[19] ou ponderação);

b) as características acima referidas têm sido utilizadas para diferenciação das normas em regras e princípios. Os princípios, dotados de alto grau de indeterminação, carregam expressões representativas de valores eleitos pela sociedade, cujo conteúdo está mais sujeito às variações semânticas ligadas a cada contexto histórico e cultural. Funcionam, também, como regra de exceção, quando a aplicação do comando configura-se desconforme com o objetivo atribuído pelo intérprete ao legislador racional.[20] Além disso, fixam políti-

signativas, ou seja, o mesmo significante é aplicado a campos denotativos claramente distintos. Exemplo de ambigüidade é a expressão "manga", utilizada para designar uma parte da camisa, uma fruta ou o goleiro campeão brasileiro pelo Sport Club Internacional, em 1975 (a respeito, v. Luis Alberto Warat, *O Direito e sua Linguagem*, Porto Alegre, Sergio Antonio Fabris Editor, 1995, Capítulo III).

18. Cf. o original: "The weight of a prescription is, thus, the measure of its ability to prevail against opposing prescriptions, regardless the source of its prescriptions".

19. Tudo ou nada, conforme Dworkin.

20. Cf. Tércio Sampaio Ferraz Júnior e Juliano Souza de Albuquerque Maranhão, "a figura do legislador racional fornece a base para a fundamentação da atividade de interpretação dogmática. Ao reconstruir o ordenamento, o intérprete pressupõe determinados padrões de racionalidade e postulados acerca do comportamento do legislador, que lhe organizam e permitem conceptualizar o conjunto de normas como decorrente de um sistema unitário e racional de conhecimentos e preferências. Assim, senão for possível um método que nos permita apontar um sentido correto ou verdadeiro para as normas, na linha dos autores céticos como Kelsen e Alf Ross, seria possível identificar interpretações justificadas ou não justificadas a partir de certos postulados de competência ou máximas de racionalidade retiradas da própria finalidade da atividade de legislação e de resolução de conflitos por meio do direito.

"Nessa conceptualização de uma vontade unitária e racional por detrás dos textos legais ressalta-se, dentre seus atributos, os seguintes postulados de competência, desenvolvidos pela dogmática alemã do séc. XIX: (a) o legislador não cria normas impossíveis de serem executadas, daí que não se pode imaginar que alguém realize ou deixe de realizar o mesmo ato; (b) o legislador não cria normas sem algum propósito; (c) as condutas exigidas ou permitidas nas normas são aptas a levar os sujeitos normativos à consecução dos propósitos da regulação (coerência entre fins e meios); (d) a vontade do legislador é unitária, de modo que as regras estão sistematicamente relacionadas; (e) a vontade do legislador é completa, no senticas e regras de interpretação que devem ser adotadas pelos operadores do direito;

c) os apontamentos alinhados por Schauer e Carrió parecem extremamente adequados. Afirmar que o ordenamento é unicamente composto por regras não afasta o reconhecimento de que muitas dessas regras possuem baixa canonicidade, alta densidade normativa e intenso conteúdo axiológico. São regras como as demais que, face a essas peculiaridades, possuem uma zona limítrofe maleável, o que faz com que possam ser amoldadas e coexistir conjuntamente com regras aparentemente contraditórias (critério da ponderação), bem como exigem um esforço interpretativo muito maior;

d) não obstante, a designação princípios parece ser adequada para a identificação de um tipo de regra dotada das características acima referidas, como bem apontou Schauer, sobretudo porque essa identificação exerce papel fundamental na fundamentação utilizada pelo operador do direito na justificativa do significado por ele defendido;

e) a importância das regras cujas características permitem o enquadramento como princípios está mais ligada à validade do critério interpretativo que deve ser explicitado pelos operadores do direito, na superação de um conflito, do que a uma realidade normativa ontológica, em contraposição às regras. Dentro desse contexto, a colisão entre princípios há de ser dirimida através da relação de "precedência condicionada", estabelecida entre eles pelo intérprete. Essa relação equivale à construção, pelo aplicador, de uma hipótese normativa cujo antecedente normativo contém as condições que, num dado contexto, determinam (no respectivo conseqüente normativo) a preferência de um princípio em detrimento de outro. No mesmo sentido, deve também ser esclarecido que não há, segundo Alexy, nos ordenamentos modernos, proibição alguma de inserção de novas cláusulas de exceção em regras, com base em princípios. Assim, novamente, verifica-se sua importância ao afastar comandos diretos e precisos advindos das regras, cuja aplicação, nessa perspectiva, será compulsória desde que algum princípio não exija conduta distinta;[21]

f) por fim, há de ser ressaltado que não existem regras e princípios ontologicamente considerados. O reconhecimento das características normativas que permitam a atribuição desse enquadramento a determinado enunciado repousa na atividade interpretativa, que permite, inclusive, que um mesmo enunciado, num determinado contexto, seja utilizado como regra e, noutro, identificado como princípio. Enfim, não há texto sem contexto.

## *II – Princípios e regras: distinção no processo interpretativo e necessidade de fundamentação dos seus atos de aplicação*

A distinção entre regras e princípios pressupõe o exercício da atividade intelectiva do intérprete, pois é no plano dos significados que nascem as normas jurídicas construídas pelo aplicador.

do de que soluciona todos os casos por ele reputados como relevantes; (f) o legislador é rigorosamente preciso e não cria normas inócuas ou redundantes" (*Função Pragmática da Justiça na Hermenêutica Jurídica: Lógica do ou no Direito?*).

É uma construção dogmática que não se confunde com o legislador real, da qual decorrem dois princípios da hermenêutica dogmática: o da indelegabilidade dos pontos de partida – deve haver um sentido básico – e o da proibição do *non liqued* – não deve haver conflito sem decisão (Ferraz Júnior, ob. cit., p. 277).

21. R. Alexy, "Rechtsregeiln und Rechtsprinzipien", in N. Maccormicks/S. Panou/L. L. Vallouri (orgs.). *Geltungns – und Erkenntnisbedingungen im modernen Rechtsdenken*, Stuttgart, 1985, pp. 13-29, *apud* Gilberto Cogo Leivas, "O modelo combinado de regras e princípios em Ronald Dowrkin e Robert Alexy", *Revista Processo e Constituição: Cadernos Galeno Lacerda de Estudos de Direito Processual Constitucional* 2, Porto alegre, Faculdade de Direito, UFRGS, 2005, Quadrimestral, p. 221.

Nas palavras do Professor Paulo de Barros Carvalho[22] não só a identificação de um enunciado como princípio constitui uma decisão inteiramente subjetiva, como, no que concerne ao conjunto de princípios existentes num dado sistema, a distribuição ocorre em função da estrutura axiológica daquele que interpreta. Isso ocorre porque a norma jurídica é construída a partir de um processo cognitivo que deve percorrer os campos sintático, semântico e pragmático.

No processo de construção mental implementado pelo intérprete, norma jurídica e texto normativo constituem planos manifestamente distintos. Aquela é o final; esse, o início – alfa e ômega no processo interpretativo. As normas jurídicas podem ser definidas como a síntese do sistema, aplicada a um caso individual. Dizem respeito à construção mental realizada pelo intérprete ou aplicador, a partir dos diversos textos normativos analisados e reputados pertinentes a determinada situação considerada.

Deve ficar claro, portanto, que a norma jurídica tributária – "juízo hipotético que a percepção do texto provoca no plano do nosso consciente"[23] – surge no domínio articulado das significações prescritivas (significado), erigidas pelo intérprete, a partir do círculo hermenêutico existente (significação). É uma operação mental que acompanha o processo de aplicação do direito no seu progredir de um escalão superior para um inferior.[24] A existência de um enunciado normativo soluciona o problema no plano sintático, deixando em aberto o alcance semântico que lhe será conferido pelo intérprete, seja ele "autêntico", na acepção kelseniana (Poder Judiciário), seja ele um indivíduo na busca de um sentido ao comando analisado.

A importância do processo interpretativo na definição da espécie normativa e seu conteúdo é inquestionável, podendo, como já referido, um mesmo enunciado ser utilizado como regra e como princípio, em contextos normativos e fáticos distintos. A definição encontra-se no plano do significado, estando dentro da esfera de atuação do operador do direito ou seu intérprete, como bem aponta Luis Pietro Sanchís: "Finalmente, en términos interpretativos la diferencia es también clara: el conflicto entre reglas se resuelve de modo distinto a como se resuelve el conflicto entre principios. Pero nótese que aquí se viene a defender la existencia de una separación al precio de reconocer que no existe diferencia alguna antes del proceso interpretativo, más en concreto, antes del conflicto entre normas. Pues, en efecto, recuérdese que un enunciado normativo pude operar bien como regla, bien como principio, con lo cual la distinción se traslada de la estructura de la norma a las técnicas de interpretación y justificación".[25]

Assim, saber se um enunciado deve ser encarado como regra ou como princípio depende do processo interpretativo, para o qual deverão ser verificadas não apenas as significações existentes e possíveis no círculo hermenêutico existente, como a mais adequada ao contexto no qual o enunciado será aplicado.

Mesmo assim, a certificação sintático-semântica de um princípio dentro de um determinado ordenamento não assegura seu

22. Analisados a partir do triângulo semiótico, os enunciados lingüísticos prescritivos, materializados no texto normativo, são considerados o *representamem*; sua significação, o *objeto*, cujo alcance semântico fixa o critério conotativo que pautará todas possibilidades futuras de subsunção; o *interpretante* equivale ao *significado*, construção mental implementada pelo intérprete, diante de uma singularidade denotativa ("O princípio da segurança jurídica em matéria tributária", *Revista de Direito Tributário* 61/75-90).

23. Paulo de Barros Carvalho, "O direito positivo como sistema homogêneo de enunciados deônticos", *Revista de Direito Tributário*, v. 12, n. 45, São Paulo, jul./set. 1988, p. 35.

24. Hans Kelsen, *Teoria Pura do Direito*, trad. João Baptista Machado, 2ª ed., São Paulo, Martins Fontes, 1987, p. 363.

25. Ob. cit., p. 60.

seguro reconhecimento, pois a linguagem não pode prescindir de sua porção pragmática. De nada adiantam direitos e garantias individuais inscritos na Carta Maior, se os órgãos aos quais compete efetivá-los não reafirmarem o alcance sintático-semântico inicialmente estabelecido.

É preciso considerar que se a agressão a determinado enunciado, inicialmente identificado como princípio, prosperar – surtindo efeitos que se consolidam na esfera jurídica e que são absorvidos e chancelados pelo Judiciário –, ocorrerá uma alteração na norma inicialmente construída a partir do enunciado, que adquirirá novo sentido.[26]

Assim, se como bem aponta Hart,[27] a textura aberta das normas deixa aos tribunais um inquestionável poder de criação de direito, esse poder é potencializado quando estão em jogo normas identificadas por ele como princípios, dotadas de alta indeterminação e densidade normativa, que autorizam a aplicação da técnica de ponderação, afastando a aplicação de outro princípio ou, até mesmo, excepcionando uma regra.

Ocorre que essa prerrogativa estendida ao aplicador do direito não é discricionária, nem permite arbitrariedades, pois considera o sentido a ela atribuído pela sociedade, ou grande parte dela. Daí a necessidade de fundamentação expressa da decisão judicial, justificando a utilização do critério da ponderação a partir das características normativas consideradas, como bem refere Luis Pietro Sanchís: "En la aplicación de principios, o sea, en la aplicación de cualquier norma bajo la técnica de los principios el juez asume un papel mucho más protagonista o creativo que en la aplicación de las reglas, según presentaba esta última doctrina tradicional, y de ahí la imperiosa necesidad de justificación, pues el ejercicio de ese poder, como dice Taruffo, solo es aceptable si el juez proporciona una justificación racional de las opciones adoptadas".[28]

Como se observa, a referência expressa às características consideradas relevantes nas espécies normativas analisadas pelo órgão judicial constitui requisito que condiciona a validade do próprio ato (CF, art. 93, X), sempre que se estiver diante de um conflito normativo, pois indicará a adequação ou não do critério interpretativo utilizado para sua superação, a partir das características das normas em disputa.

26. Paulo de Barros Carvalho, ob. cit., 1992, pp. 89-90.

27. *O Conceito de Direito*, trad. A. Ribeiro Mendes, Lisboa, Fundação Calouste Gulbenkian, 2007, p. 158.

28. Ob. cit., p. 65.

CADERNOS DE DIREITO TRIBUTÁRIO

# OS PROBLEMAS DA "SOLIDARIEDADE SOCIAL" NO DIREITO TRIBUTÁRIO

CRISTIANO CARVALHO

Mestre e Doutor em Direito Tributário pela PUC/SP. Pós-Doutor em Direito e Economia pela U. C. Berkeley. Advogado no Rio Grande do Sul e em São Paulo

*Introdução. 1. Alguns dos argumentos em prol da solidariedade social. 2. Alguns problemas nos argumentos solidaristas. 3. A Análise Econômica do Direito. 4. O peso-morto da tributação. 5. Voltando aos argumentos solidaristas: afinal, porque a "Solidariedade Social"? Conclusões.*

## *Introdução*

Recentemente, alguns autores, nacionais e estrangeiros, vêm defendendo o que chamam de "solidariedade social" aplicada ao Direito Tributário. Na verdade, a expressão "solidariedade social" não denota nada essencialmente novo, pelo contrário, expressões dessa natureza há muito são invocadas para justificar uma série de políticas públicas intervencionistas.

O que pretendemos demonstrar nesse pequeno artigo é que, não obstante as fundamentadas construções teóricas e mesmo as boas intenções que levam tais autores a determinadas posições, estas se firmam em solo movediço. De fato, argumentos em prol da tributação com base em expressões vagas como a "solidariedade social" acabam sendo meramente formas de justificação de intervencionismo na esfera privada, o que potencialmente acarreta ineficiência econômica que, por sua vez, inviabiliza a própria consecução do Estado do bem-estar social, objetivo tão almejado pelos solidaristas.

Dessa forma, primeiramente demonstraremos os argumentos básicos dos propugnadores do valor "solidariedade social" como justificador de tributação e de restrições à liberdade individual. A partir daí, começaremos a analisar o sentido da expressão em tela e sua relação com as liberdades negativas e positivas elencadas na Constituição, bem como a sua relação com os princípios tributários, especialmente o princípio da capacidade contributiva.

## *1. Alguns dos argumentos em prol da solidariedade social*

Os argumentos levantados em prol de uma tributação com base na "solidariedade social" se resumem basicamente a uma mudança do paradigma liberal para um paradigma solidarista, o que significa que o individualismo teria sido superado pelo que alguns autores denominam de Comunitarismo, a doutrina ou conjunto de doutrinas que buscam equilibrar a liberdade individual com os interesses da comunidade como um todo.[1]

Nesse sentido, a tônica de sua filosofia política é uma primazia da sociedade em relação ao indivíduo, uma vez que este só conseguirá realizar o seu potencial como membro da comunidade e não de forma isolada. Da mesma forma, o Comunitarismo (ou, para fins práticos, Solidarismo) advoga a instituição de direitos de natureza positiva e suas garantias, *i.e.*, seja através da ação do Estado, seja através da ação de entidades não-governamentais, o chamado "terceiro setor".

A intervenção estatal, todavia, sempre se faz presente. Se os direitos positivos (*v.g.*, educação, saúde, moradia etc.) forem garantidos através do Estado, será necessário, obviamente, receita para tanto. Por outro lado, se as entidades não-governamentais prestarem serviços que disponibilizem a fruição desses direitos aos hipossuficientes, isenções, benefícios e subsídios serão concedidos pelo Estado. Seja como for, a intervenção do Estado sempre ocorrerá, e a sua conseqüência, a (em maior ou menor grau) geração de ruídos no sistema econômico.

É que, inevitavelmente, *os direitos de natureza positiva acarretam custos.*[2] Considerando que em sistemas democráticos orientados por Economia de Mercado o Estado não é empresário e nem detém os meios de produção, a sua principal receita é oriunda dos tributos pagos pelos sujeitos de direito privado. E, quanto mais direitos positivos forem prestados pelo Estado, mais receita será necessária para tanto, logo, mais tributação. A equação é tão simples quanto verdadeira.

Marco Aurelio Greco[3] aponta a necessária relação lógica entre direitos e deveres e os custos que os primeiros acarretam: "Não há como raciocinar sobre direitos fundamentais sem examinar os equivalentes deveres, dentre os quais, o dever de ratear o custo do Estado querido pela Sociedade. Com efeito, na medida em que a sociedade quer um Estado que não seja proprietário e todos os bens (de cuja exploração resultariam recursos suficientes para seu funcionamento) e, mais, se ela pretende que esse Estado faça algo (p.ex., proveja à seguridade social), o dinheiro de que necessita deverá vir de alguma outra origem que não seja a mera exploração de seu patrimônio. Vale dizer, virá da tributação. Daí falar-se em 'Estado Fiscal', como aquele que, para subsistir, necessita de tributos".

Claudio Sacchetto,[4] Catedrático da Universidade de Turim, vai mais longe, sustentando a relação conversa entre tributação e propriedade: "e verdade que sem a Economia Privada e sem os tributos, não podem existir nem mesmo os tributos, mas também é verdade o contrário: os tributos são a condição da existência da propriedade, ou melhor, 'sem tributos a propriedade não existe'".

Não há dúvida quanto ao exposto acima. É que a propriedade não consiste numa relação naturalística do homem para com o objeto que possui, mas sim numa

1. Como exemplos de autores expoentes dessa linha, Alasdair MacIntyre (*Depois da Virtude*, 2001) e Michael Sandel (*Liberalism and the Limits of Justice*, 2ª ed., 1998).

2. Se considerarmos direitos negativos ou liberdades negativas como a vedação constitucional para que o próprio Estado interfira na liberdade do indivíduo, ou seja, criando leis que tenham efeito confiscatório na propriedade ou de censura na liberdade de expressão, o custo desses direitos é nulo, pois requerem tão-somente a inação estatal. Se considerarmos, por outro lado, que esses direitos, principalmente o de propriedade devem também ser protegidos pelo Estado, não há como considerar que eles acarretam custos. No caso, o custo da polícia, para proteção de esbulhadores internos, do exército, para proteção de invasores estrangeiros e do Judiciário, para resolução de conflitos intersubjetivos. Ainda assim, são custos consideravelmente menores que os gerados pelos direitos de natureza positiva, que requerem intervenção e fornecimento de serviços públicos pelo Estado.

3. "Solidariedade social e tributação", in *Solidariedade Social e Tributação*, p. 182.

4. "O dever de solidariedade no direito tributário: o ordenamento italiano", in *Solidariedade Social e Tributação*, p. 36.

relação de natureza institucional, que opera não entre indivíduos e coisas, mas entre sujeitos num contexto social. Nesse sentido, o direito de propriedade, assim como qualquer outro direito, consiste num fato institucional, gerado pela intencionalidade coletiva.[5] Em outras palavras, é correto afirmar que direitos só existem num contexto social,[6] pois é justamente as intencionalidades individuais e coletivas que sustentam a rede de instituições que, por sua vez, projetam *status* deônticos entre os indivíduos: direitos e deveres.

Como garantir, entretanto, que direitos e deveres, que em última instância nada mais são que instituições sociais (ou regras do jogo, segundo Douglas North[7]), sejam respeitados? Para tanto, é necessária a figura do Estado, enquanto detentor do monopólio da violência. Ainda que muitos dos conflitos interpessoais prescindam do Estado-árbitro, é certo que a sua existência e atuação garantem a manutenção desses direitos em último caso.

É nesse diapasão que o tributarista português José Casalta Nabais[8] sustenta a sua tese do "dever fundamental de pagar impostos". Sem tributos, não há Estado e, tampouco, as suas prestações e serviços. Salienta, contudo, que esse dever deve ser limitado constitucionalmente:

"Uma cidadania que, embora de um lado, implique que todos suportem o Estado, ou seja, que todos tenham a qualidade de destinatários do dever fundamental de pagar impostos na medida de sua capacidade contributiva, de outro, impõe que tenhamos um Estado Fiscal suportável, isto é, um Estado cujo sistema fiscal se encontre balizado por estritos limites jurídico-constitucionais."

Sendo assim, para os seus defensores, a solidariedade social é o liame que une os interesses individuais em prol de um interesse comum, uma vez que aqueles primeiros não são possíveis sem esses últimos.

O fundamento jurídico da solidariedade social encontra-se, por seu turno, nas constituições do Estado do bem-estar social (*welfare state*), caracterizadas por uma profusão de direitos sociais. De fato, tais constituições, comuns na Europa Continental e em muitos países da América Latina, dentre eles o Brasil, são pródigas na enunciação de direitos fundamentais de natureza positiva. E, uma vez que esses direitos custam dinheiro e é do interesse de todos, nada mais lógico, defendem os solidaristas, que a sociedade arque com esse custo.

No mesmo sentido é o entendimento de Marco Aurelio Greco, para quem a Constituição Federal de 1988, em seu art. 1º, "deixa claro que o Brasil é um Estado Democrático de Direito, vale dizer, a reu-

5. Não confundir com coletivismo. A intencionalidade coletiva, no sentido de John Searle, significa a projeção da consciência individual (não existe consciência coletiva, assim como não existe mente coletiva), mas numa conjugação de primeira pessoa do plural (nós) e não do singular (eu). "Nós" queremos, "nós" desejamos, "nós" pretendemos. Ainda que em termos de ordenação de preferências isso seja impossível, em termos de ontologia social é exatamente o que ocorre. As instituições só existem devido à intencionalidade coletiva dos indivíduos, que permite que essas instituições não sejam vistas ou acreditadas de forma individual e, portanto, subjetiva, mas sim de forma coletiva e, portanto, objetiva. Como ensina Searle, ainda que a epistemologia institucional possa ser perfeitamente objetiva (posso enumerar objetivamente, *i.e.*, independentemente das minhas preferências ou ideologia pessoais, as instituições que existem no Brasil), a ontologia institucional, o seu modo de ser, é essencialmente subjetivo: se um dia a humanidade se for, também irão com ela todas as instituições sociais que possuímos. Sobre o tema v.: *Intencionalidade* e *The Construction of Social Reality*, ambos de John R. Searle. Sobre o tema aplicado ao Direito, v. o nosso *Ficções Jurídicas no Direito Tributário* (2008).

6. Robinson Crusoé, enquanto estava sozinho em sua ilha, não necessitava de nenhuma norma de conduta, nenhuma instituição social; no momento em que aparece o personagem Sexta-Feira, a situação muda e eles passam a necessitar de regras mútuas de convivência.

7. *Institutions, Institutional Change and Economic Performance*, p. 3.

8. "Solidariedade social, cidadania e direito fiscal", in *Solidariedade Social e Tributação*, p. 134.

nião de elementos próprios do Estado de Direito (protetivo de propriedade, liberdade, etc.) e do Estado Social (modificador da realidade em função da isonomia etc.)".

Nesse diapasão, o princípio da capacidade contributiva, tradicional limitação ao poder de tributar instituída pela Constituição, passa a ser não mais apenas um freio ao Estado Fiscal, porém também uma manifestação do "dever fundamental de pagar impostos".[9] Segundo Greco,[10] o princípio da capacidade contributiva, visto à luz do Estado Social, faz com não possamos "ver a tributação apenas como técnica arrecadatória ou de proteção ao patrimônio; devemos vê-la também da perspectiva da viabilização da dimensão social do ser humano".

Por fim, os solidaristas também sustentam que a solidariedade social não necessariamente requer intervenção estatal, pois as entidades não-governamentais podem, e muitas vezes são mais eficientes que o próprio Estado, em fornecer os direitos de natureza positiva aos cidadãos necessitados.[11]

Em breve síntese, os argumentos solidaristas podem ser assim elencados:

(1) o indivíduo só se realiza plenamente enquanto membro de uma coletividade; logo, os valores da liberdade e da igualdade devem ser sopesados, de forma a buscar um equilíbrio entre ambos. Todavia, se o valor da liberdade individual e do bem coletivo conflitarem, deve prevalecer este último;

(2) para que o bem-estar social possa ser alcançado é mister a instituição de direitos constitucionais de natureza positiva, tipicamente os do Estado do bem-estar social;

(3) diversas constituições hodiernas instituíram o Estado Democrático de Direito, que significa uma conciliação entre os direitos individuais de natureza negativa e os direitos sociais de natureza positiva;

(4) a capacidade contributiva não é apenas uma limitação ao poder de tributar, mas também o fundamento sobre o qual deve ser instituída a tributação, de modo a alcançar a dignidade da pessoa humana;

(5) solidariedade social não significa, necessariamente, a atuação do Estado para sua consecução, pois a mesma pode ser alcançada pelas entidades não-governamentais.

## *2. Alguns problemas nos argumentos solidaristas*

Vimos que os solidaristas defendem a instituição de direitos positivos, isto é, aqueles que requerem ação por parte do Estado (ou por parte de organizações não-governamentais) e que esses direitos são do interesse da sociedade, que, por sua vez, deve arcar com os custos daqueles direitos.

Sustentam também que sem tributos não há direitos e, por conseguinte, é através dos tributos que essas prerrogativas devem ser custeadas.

Cabe perguntar: a sociedade realmente quer custear esses direitos? *E quais direitos*?

9. Cf. Marco Aurelio Greco: "afirmar que a capacidade contributiva é fundamento dos impostos significa dizer que onde ela não existir não haverá espaço para a tributação e a eventual exigência feita será inconstitucional. Dizer que ela é limite significa que a exigência não poderá ultrapassar uma dimensão razoável à vista do pressuposto de fato, o que põe em pauta, por exemplo, os temas da vedação ao confisco e da determinação da dimensão da tributação que – se ultrapassada – faz com que a sociedade se torne refém do Estado" (ob. cit., p. 180).

10. Ob. cit., p. 179.

11. Cf. Claudio Saccheto, "solidariedade nem sempre significa mais Estado, pois ela pode se realizar com a chamada delegação de solidariedade, por meio de formas implementadas pelos particulares, como entidades não-comerciais, ONGs, etc., aos quais se pode dar benefícios fiscais, sem subestimar o papel das cooperativas e das fundações bancárias, entidades às quais, racionalmente, se deve reconhecer um especial regime fiscal, na medida em que desempenham um papel que seria exigido da entidade pública" (ob. cit., p. 34).

Ainda assim, apenas pelo amor à argumentação, se admitirmos que a sociedade deseja que os direitos sociais e coletivos sejam implementados faticamente, porque então a tributação sofre tanta "rejeição social", na expressão de Ives Gandra da Silva Martins?[12]

Alguns autores, como Claudio Sacchetto,[13] entendem que a resistência dos indivíduos em face da tributação ocorre devido à má administração estatal e fiscal, e não por causa dos tributos em si: "É um fato cultural, histórico, desconfiar do Estado e ver a arrecadação dos impostos como 'subtração', ao invés de contribuição a um erário comum. É também verdade que isto se explica em razão da gestão de uma administração corrupta, uma iníqua distribuição fiscal obscura e com baixa eficiência dos serviços, muitas vezes corrupta, uma iníqua distribuição da carga tributária entre as categorias sociais e entre categorias de rendimento, uma escassa e decadente prestação de serviços. Pessoalmente, estou convencido de que não é a idéia de público, mas o modo como é gerida a dimensão da vida pública que hoje está em crise".

Não entendemos assim. Em rigor, não há diferença fundamental entre dimensão pública e administração da dimensão pública que gera todos os problemas típicos dos Estados do bem-estar social, tais como ineficiência, burocracia, custos de transação e, conseqüentemente, custo social. A própria existência de um Estado do bem-estar social, com toda a máquina estatal necessária para a implementação de seus serviços públicos, é que acarreta uma miríade de problemas. Se considerarmos que o sistema econômico ou, mais simplesmente, o mercado é o único espaço social capaz de gerar riquezas e que o Estado apenas as consome, torna-se evidente que há algo de errado no fundamento solidarista.

12. *Aspectos Práticos da Teoria da Imposição Tributária.*

13. Ob. cit., p. 36.

A ascensão que o *Welfare State* experimentou, em meados do século passado, principalmente após a primeira guerra mundial, não obstante ter inaugurado uma nova fase de direitos sociais, também acarretou uma enormidade de problemas estruturais para as nações que o adotaram. O Estado do bem-estar social consiste, antes de mais nada, num foco ejetor de normas. Tais normas, entretanto, não têm o condão de gerar os recursos necessários para arcar com as expectativas sociais decorrentes das promessas do sistema político em conceder o bem-estar. O resultado, inevitavelmente, é uma incapacidade de atender a essas expectativas. Essa incapacidade, por sua vez, acaba gerando uma tributação maior, com o intuito de angariar os recursos necessários para fazer frente às despesas decorrentes da seguridade social. E a tributação excessiva provocando ruídos e ineficiências justamente no único domínio capaz de gerar o excedente necessário ao bem-estar social: o sistema econômico, ou mais simplesmente falando, o *mercado*.

Talvez o problema mais essencial do solidarismo seja a perene confusão entre ser e dever-ser da natureza humana, tomando o indivíduo não como ele é (e a partir disso erigir o sistema jurídico), mas como entendem que o indivíduo deveria ser, modelando então o Direito de modo a atingir esse objetivo. Como o objetivo de transformar o homem em algo que ele não pode ser é, por definição, impossível, os sistemas jurídicos desse tipo acabam acarretando apenas insatisfação entre os seus destinatários.

Os juristas solidaristas acabam por adotar uma visão rousseauniana do "nobre selvagem", isto é, de que todo indivíduo nasce bom e o convívio social acaba por trazer à tona o seu lado ruim. Caberia à lei então corrigir esses desvios, recolocando-o no caminho da virtude. Com poucas diferenças, o socialismo utópico de Saint Simon, do início do século XIX, e o socialismo fabiano da Inglaterra, do final do mesmo século, também apontavam para a consecução do homem idealizado, eivado de nobreza e livre de vícios tais como a ganância e o egoísmo.

Do ponto de vista jurídico-constitucional, insistem os solidaristas na conciliação entre direitos individuais e direitos sociais ou coletivos. Ocorre que tal conciliação, do ponto de vista da filosofia política, é inviável, uma vez que profundas contradições operam entre essas categorias. Os direitos individuais consistem, basicamente, no que Isaiah Berlin[14] denominou, em seu famoso ensaio, de liberdades negativas, isto é, vedações à interferência do Estado na esfera privada do indivíduo (*liberty from*), ao passo que as liberdades positivas são aquelas que requerem justamente a intervenção para que seja possível a sua fruição (*liberty to*).

O problema principal reside na não conciliação entre o auto-interesse racional do indivíduo e o bem-comum perseguido pela filosofia solidarista, pela política e pelas liberdades positivas instituídas pelas constituições do *Welfare State*.

Compete-nos agora introduzir a Análise Econômica do Direito no contexto dessa discussão.

### *3. A Análise Econômica do Direito*

Cabe dizer que a propalada mudança do paradigma liberal para o paradigma solidarista, não obstante ter dominado grande parte do pensamento jurídico, não vingou na ciência humana mais "dura", a Economia.[15]

A ciência econômica, calcada no individualismo metodológico, demonstra a inviabilidade de um sistema baseado no solidarismo puro, ou ao menos, num solidarismo imposto moral ou normativamente. Por que essa diferença entre a tradicional teoria jurídica e a Economia? Vamos ao conceito e princípios básicos da Análise Econômica aplicada ao Direito.

A Análise Econômica do Direito ou Direito e Economia é um campo interdisciplinar que busca aplicar as ferramentas da Ciência Econômica, principalmente da Microeconomia, ao Direito, seja o posto, seja aquele que virá a ser legislado.

Da mesma forma que a Teoria Geral do Direito, a (Micro)Economia tem caráter universal. Como lecionam Robert Cooter e Thomas Ulen, "a Microeconomia é a mesma, seja ensinada em Tókio, Helsinski ou Nova Iorque, mas o Direito é diferente em cada país. A Análise Econômica pode ajudar a unificar o mundo pela unificação da teoria jurídica".[16] Nesse sentido, a Ciência Econômica traz novas luzes para a Teoria do Direito, propiciando ferramentas epistemológicas nunca antes disponibilizadas aos investigadores jurídicos, tais como a teoria dos preços, a teoria dos jogos, a teoria da escolha racional, dentre outras tantas.

Os axiomas e princípios básicos da Análise Econômica do Direito são:

*1) Escolha racional*

Indivíduos são racionais, o que significa que efetuam escolhas e que as escolhas buscam atender o seu próprio interesse, ou, como dizem os economistas, maximizar a sua *utilidade. E, para tanto, reagem a incentivos.*

Ser racional, para a Economia, significa ser capaz de efetuar *escolhas consistentes*, o que significa que estas devem ser: a) completas: o indivíduo deve ser capaz de elencar a sua preferência em face de suas alternativas. Por exemplo, deve ser capaz de dizer que prefere A a B; 2) transitivas: se o indivíduo é capaz de perceber que se prefere A a B, e B a C, então necessariamente prefere A a C: ($A > B > C \rightarrow A > C$).

14. "Two concepts of liberty", in *Four Essays on Liberty*.

15. Ao menos para a corrente neoclássica, que até hoje é a dominante na Economia.

16. *Law and Economics*. Do prefácio, p. X. Trad. nossa.

"Maximizar" significa simplesmente aumentar, melhorar. Quanto ao auto-interesse, sabemos desde (pelo menos) Adam Smith,[17] que os indivíduos agem primordialmente pensando em si mesmos.[18] Trata-se de uma concepção positiva (do que é) e não normativa (do que deveria ser).

Dentre estes incentivos, encontram-se as normas jurídicas. As normas jurídicas e, principalmente, as suas correspondentes sanções, são processadas como preços pelos seus destinatários. Em outras palavras, as pessoas reagem às sanções da mesma forma como reagem aos preços. E, ao tomar esse comando normativo como um preço, o receptor da norma automaticamente, por ser racional, avalia a relação "custo x benefício" da conduta que poderia vir a praticar.

As escolhas, contudo, implicam em renúncias. Se tiver que escolher uma das alternativas que se põem no caminho da minha ação, logicamente tenho que renunciar a outra alternativa. E essa renúncia, essa "troca" (ou *trade off*, no jargão econômico) entre as alternativas implica, por seu turno, num custo de oportunidade, entendido como o custo da segunda melhor alternativa. Se não posso escolher ambas alternativas simultaneamente, devo escolher a que me é mais vantajosa, *i.e.*, a que maximizará o meu bem-estar. Essa será uma escolha racional, pela ótica da Análise Econômica.

*2) Conseqüências*

As escolhas – sejam aquelas realizadas por criminosos, pagadores de impostos, legisladores ou juízes –, sejam quais forem, *acarretam conseqüências*. Uma vez que os economistas lidam com decisões referentes a recursos escassos, onde *escolhas implicam em renúncias*, preocupam-se sobremodo com as *conseqüências* advindas das ações tomadas pelos indivíduos.[19]

Muitos juristas, ao menos os de formação romano-germânica, têm grande dificuldade em aceitar, ou mesmo em entender a fundamental importância que a análise conseqüencialista tem para o Direito. Provavelmente por uma influência muito grande da Deontologia[20] na Ciência Jurídi-

17. P.ex., na clássica e conhecidíssima passagem da *Riqueza das Nações* (p. 95): "Não é da bondade do homem do talho, do cervejeiro ou do padeiro que podemos esperar o nosso jantar, mas da consideração em que eles têm o seu próprio interesse. Apelamos, não para a sua humanidade, mas para o seu egoísmo, e nunca lhes falamos das nossas necessidades, mas das vantagens deles".

18. Não se deve confundir auto-interesse com egoísmo. O bem-estar de terceiros pode muito bem servir ao auto-interesse de alguém. Nesse sentido, Richard Posner, *Economic Analysis of Law*, p. 4.

19. A preocupação, menor ou maior, com as conseqüências é intrínseca a qualquer sujeito dotado de racionalidade, desde as suas ações mais simples, até as mais complexas. Seja ao tomar um copo a mais de vinho num jantar, aceitar ou não um convite profissional, ou mesmo entre investir no mercado de ações, a mente humana calcula as possíveis conseqüências que seguirão das opções que se apresentam no caso concreto, ou, em outras palavras, realiza um cálculo custo/benefício. Tal faculdade é inerente ao homem, e funciona sempre, mesmo que de forma intuitiva em grande parte das vezes – não é necessário ser formado em Economia para isso.

20. Um adepto da deontologia considera os atos como bons ou maus, moralmente certos ou errados, de forma apriorística. Uma conduta é boa ou má desde sempre, independentemente dos seus resultados. Um conseqüencialista, por outro lado, avaliará as condutas por seus resultados. Assim, um deontólogo dirá que mentir é sempre um vício, enquanto o conseqüencialista dirá que os resultados devem ser levados em conta. P.ex., se a deontologia por excelência, que é a kantiana, for levada às últimas conseqüências, teremos que contar para um louco armado de um machado onde estão os nossos filhos, para que ele possa então estripá-los. A crítica ao apriorismo ético de Kant partiu de Benjamim Constant, no ensaio, "Das reações políticas", publicado no fascículo VI, n. 1, da revista *A França no ano 1797*: "O princípio moral que dizer a verdade é um dever, se fosse considerado incondicionada e isoladamente, tornaria impossível qualquer sociedade. Temos a prova disso nas conseqüências diretas que um filósofo alemão tirou desse princípio, chegando até mesmo a pretender que a mentira seria um crime em relação a um assassino que nos perguntasse se o nosso amigo, perseguido por ele, não está refugiado em nossa casa". Por outro lado, os fins não podem justificar os meios, o que seria uma conclusão do conseqüencialismo radical. Logo, deve haver um equilíbrio entre os dois sistemas éticos.

ca, ao longo de gerações, os juristas tradicionais tendem a desconsiderar as conseqüências que advirão das suas decisões. O brocardo *fiat justitia, pereat mundus*[21] não apenas é não-realista, como também, muitas vezes, irresponsável. Se o mundo perecer, ou, o que dá no mesmo, não existirem recursos suficientes, os direitos atribuídos pelas decisões jurídicas tornam-se vazios, destituídos de sentido e de propósito.[22]

*3) Equilíbrio*

Como se explica que as pessoas, ainda que auto-interessadas, tendem a conviver em harmonia, mesmo quando não há regras formais para tanto? Porque os costumes, tradições e normas sociais, enfim, as regras informais de convivência, acabam direcionando o conjunto de ações individuais a uma situação de *equilíbrio.*

Outrossim, mesmo quando todos os sujeitos agem em prol de seu auto-interesse racional, o resultado acaba sendo uma tendência para o equilíbrio,[23] simplesmente porque as ações individuais acabam não tendo grande poder, isoladamente, de influenciar todo o sistema (ou mercado).

*4) Eficiência*

Eficiência é um objetivo desejado por todos. Mas o que vem a ser "eficiência" em termos econômicos? Pode-se dizer que alguém é mais eficiente que outrem, quando obtém os melhores resultados com os mesmos recursos disponíveis, ou, ainda, quando obtém os mesmos resultados com menos recursos. Em outras palavras, é fazer mais com o mesmo, ou o mesmo com menos, ou, de forma ainda mais sucinta, obter o melhor resultado possível a partir dos recursos escassos.

Em termos jurídicos, uma lei será mais eficiente que outra se for capaz de atingir os mesmos resultados através de custos menores. Estes custos não precisam ser necessariamente financeiros, mas podem envolver também custos pessoais, morais, ou mesmo o que a Economia denomina de *custo social* (que envolve as *externalidades*[24]), custos de oportunidade, ou custos de transação.

## *4. O peso-morto da tributação*

Vimos que os direitos acarretam custos: quanto mais direitos, mais custos, e a tributação, ao menos em Estados Democráticos de Direito, é a forma por excelência de obter essa receita para cobri-los. Entretanto, é consenso na Economia Neoclássica que a tributação sempre causa distorção no sistema de preços do mercado e também gera custo social negativo. A distorção causada pela tributação (as-

21. Faça-se justiça, ainda que pereça o mundo.

22. Como nos casos em que juízes conferem direitos de ordem positiva aos postulantes, sem se preocupar se o poder público tem recursos para tanto. A 3ª Câmara Cível do Tribunal de Justiça do Rio Grande do Sul é pródiga em conferir direitos sem preocupar-se com o orçamento do Estado ou com a reserva do possível. Recente exemplo é o acórdão em Agravo de Instrumento (processo n. 70023333669, j. 3.4.2008, *DJE* 14.4.2008), onde, por maioria, a Câmara decidiu pela obrigação de Município do interior do RS em fornecer caríssimo medicamento a cidadão com tumor cerebral. Não obstante a nobre causa, cabe dizer que o Município não tem recursos para tanto, como também os custos de tal medicamento não estavam previstos em seu orçamento. Não é preciso muito esforço para perceber que, independentemente do autor da ação fazer jus ou não ao medicamento, tal concessão certamente terá conseqüências, não apenas para as contas do Município, como também (e, principalmente) para os recursos necessários à prestação de serviços púbicos (incluindo o de saúde) para os demais cidadãos.

23. Exemplo dado por Krugman e Wells: "em uma tarde de muito movimento no supermercado, há longas filas nos caixas. De repente, um dos caixas que estava fechado, abre. O que acontece? A primeira coisa que acontece, é claro, é uma corrida na direção daquele caixa. Depois de alguns minutos, no entanto, a situação terá estabilizado; os compradores terão se rearranjado de tal modo que a fila no novo caixa terá mais ou menos o mesmo comprimento que as demais" (*Introdução à Economia*, p. 10).

24. Efeitos econômicos positivos ou negativos que atingem terceiros que se encontram fora da troca econômica.

sim como pelo controle de preços e pelos subsídios em geral) é chamada de "peso morto".

No gráfico abaixo (Figura 1), pode-se ver duas situações. A primeira demonstra uma situação de equilíbrio entre oferta (s) e demanda (d), relativamente a determinado bem de consumo. A reta vertical refere-se ao preço do bem, enquanto a reta horizontal refere-se à quantidade produzida do mesmo bem. Trata-se de um mercado em perfeita competição, pois não se produz mais do que a demanda exige. O equilíbrio se dá na intersecção das retas, em $q^0$ (quantidade do bem produzido) e $p^0$ (preço do bem).

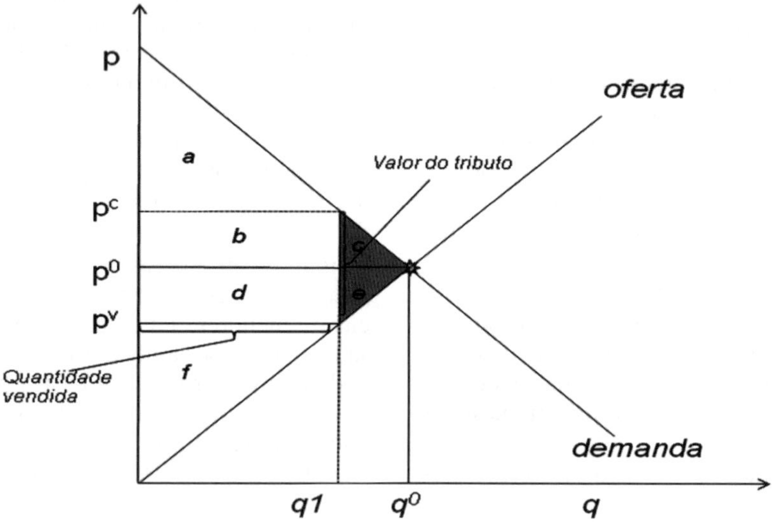


Figura 1

Quando o Estado institui algum tributo incidente sobre as trocas econômicas, o sistema de preços do mercado sofre ruído, causando desequilíbrio na oferta e demanda. A segunda situação é ilustrada no gráfico, após a instituição do tributo: o produtor é obrigado a repassar o custo da tributação para o preço do bem ($p^c$), o que causa a diminuição da quantidade de bens demandada.[25]

A conclusão que podemos extrair do gráfico é que a tributação sempre é nociva, do ponto de visto econômico, isto é, sempre gera ineficiência. Por certo que isso não faz com que se deseje eliminar a tributação, pois o Estado não é possível sem ela, e como este é necessário para proteger direitos individuais, também o é a tributação (um mal necessário, portanto). É o preço da liberdade, como ensina Ricardo Lobo Torres.[26] O que se deseja, do ponto de vista de eficiência econômica, é a limitação da tributação em um ponto que não iniba a atividade privada, única geradora de riqueza para a sociedade. Daí das liberdades negativas inseridas nos princípios constitucionais e as conseqüentes limitações ao poder de tributar.

25. Não estamos considerando situações de demanda elástica.

26. *A Idéia de Liberdade no Estado Patrimonial e no Estado Fiscal*, p. 3.

### 5. *Voltando aos argumentos solidaristas: afinal, porque a "Solidariedade Social"?*

Postos os princípios e conceitos fundamentais da Análise Econômica, passemos agora a avaliar os argumentos solidaristas já expostos neste trabalho:

*1) O indivíduo só se realiza plenamente enquanto membro de uma coletividade; logo, os valores da liberdade e da solidariedade devem ser sopesados, de forma a buscar um equilíbrio entre ambos. Todavia, se o valor da liberdade individual e do bem coletivo conflitarem, deve então prevalecer este último*

Ora, é evidente que o indivíduo está sempre em interação com os demais indivíduos. O fato de ser auto-interessado não significa que não coopere com os demais, mesmo porque, salvo se ele for um eremita, essa cooperação é fundamental para que ele realize os seus objetivos. Ainda assim, a interação e a cooperação se dão entre indivíduos, não só no mercado propriamente dito, mas em qualquer outra seara da ação humana. Uma vez que a ação humana sempre se dá a partir do ponto de vista do indivíduo, não há um agente "sociedade" ou "coletivo" agindo, mas tão-somente grupos de sujeitos racionais e auto-interessados.

Mormente, ainda que a liberdade individual e a solidariedade devam e, de fato muitas vezes são sopesadas, não há como obter um equilíbrio entre esses valores, pois são antagônicos. Mesmo que ambos os valores sejam positivados na Constituição, a sua aplicação prática incorrerá, invariavelmente, num *trade off.*

Mas o que é "solidariedade social" afinal? Pode ela ser imposta normativamente?

A solidariedade social é um conceito criado pelo sociólogo francês Émile Durkheim, de natureza holística, não individualista. Trata-se de uma interdependência entre as pessoas numa sociedade não no sentido de interesses individuais que se coadunam, gerando a cooperação, mas sim de interdependência num sentido social, coletivo. Uma constante em sua obra, particularmente o seu maior clássico *A Divisão do Trabalho na Sociedade* (1893) é a subordinação do interesse privado ao particular.[27]

Para Durkheim, a troca econômica entre os sujeitos, principalmente através do contrato, deve ser regulada socialmente, e uma sociedade onde os indivíduos são deixados livres para agirem como quiserem jamais funcionaria – uma sociedade será funcional apenas quando o auto-interesse individual é restringido e subordinado à coletividade.

Se a solidariedade social significa primazia do coletivo sobre o particular, é porque requer restrição à liberdade do indivíduo. Como vimos, não existe entidade "coletiva", seja esta sociedade, Estado ou raça. Existem apenas indivíduos, cada um deles dotado de racionalidade e vontade própria que busca sempre melhorar o próprio bem-estar. Nesse sentido, reagem individualmente a incentivos, dentre estes, aos gerados pelas normas jurídicas que lhes são dirigidas.

E, se os interesses de uma abstração forem colocados acima dos interesses dos indivíduos, que não podem ser unificados em interesses comuns,[28] teremos coerção e não mais liberdade.

Aplicando um pouco de lógica à questão, facilmente verificamos a natureza político-filosófica da solidariedade social, conforme o quadro abaixo.

27. "The subordination of the particular to the general interest is the very well-spring of all moral activity" (*The Division of Labour in Society*, p. XI).

28. Conforme comprovado por Keneth Arrow e seu Teorema Geral da Impossibilidade.

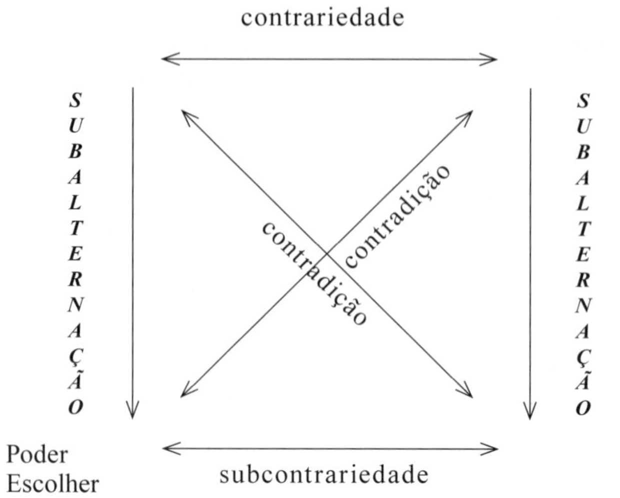


Figura 2: Quadrado de oposição lógica.

Na Figura 2 acima se pode ver o quadrado de oposição lógica, que demonstra as relações sintático-semânticas entre situações existenciais (Lógica Clássica ou Alética). A relação entre contrários existe quando ambas as situações não podem ser verdadeiras simultaneamente, mas podem ser falsas. No quadrado acima, as situações de liberdade e de servidão são contrárias, o que mostra que é impossível a ambas coexistir, mas é possível uma situação em que nenhuma delas se manifeste totalmente. É o que acontece em grande parte dos países cujo sistema político-econômico é a social-democracia, onde existem graus variáveis de limitação de liberdade na esfera privada, através de intervencionismo estatal.

As relações de subalternação, por sua vez, demonstram decorrências lógicas das situações de liberdade e servidão. A liberdade implica na possibilidade de escolha por parte do agente racional. Por outro lado, a servidão implica na impossibilidade de escolha.

As relações de contradição ocorrem entre as negações de cada situação. Se liberdade e servidão são contrárias justamente porque é possível existir uma situação intermediária (intervencionismo estatal), a contradição da liberdade é a sua negação, que significa impossibilidade de escolha. Por outra sorte, a negação da servidão é a possibilidade de escolha pelo agente racional.

Finalmente, a relação de subcontrariedade significa que é possível coexistirem as duas situações (poder escolher e não poder escolher), sendo que é impossível ambas serem falsas simultaneamente. Ou eu posso escolher, ou não posso. Não há terceira possibilidade.

Explicado como funciona o quadrado de oposição lógica, cabe perguntar: qual a sua relação com a solidariedade social? Na verdade, é algo simples de depreender. Se considerarmos uma situação onde a liberdade de agir sofre limitações, ou, em português mais claro, sofre coerção por parte do Estado, estamos no caminho indicado pelas setas, da posição esquerda para a direita no quadrado.[29]

29. Não confundir essas posições topográficas no quadrado com inclinações político-ideológicas. A coerção ou servidão podem existir tanto num sistema de direita quando num de esquerda. Todavia, num sistema liberal-democrático tais limitações à liberdade são restringidas ao mínimo necessário para que o Estado e a sociedade possam coexistir de forma eficiente.

Em outras palavras, quanto mais coerção, mais próximo do vértice servidão estaremos. É justamente nesse percurso que se encontra o intervencionismo estatal limitador da liberdade privada, o que em nosso caso se dá através da tributação.

No entanto, mesmo um sistema autoritário necessita, de modo a manter a sua legitimidade, de um simulacro de estrutura institucional. Não é recomendável, a partir da universalização dos valores da democracia e da liberdade, que o detentor do poder se auto-intitule "imperador" ou qualquer outra denominação que denote poder absoluto, ao menos se quiser mantê-lo indefinidamente. Mesmo ditadores utilizam títulos supostamente democráticos tais como "presidente", "premier", "chanceler", etc. É a necessidade de simular instituições, típicas das sociedades abertas, de modo a obter algum respaldo dos governados e de outros estados soberanos.

Da mesma forma, o emprego de expressões tais como "solidariedade", "justiça social" ou "bem-comum", servem justamente como formas de justificar intervencionismo do Estado na esfera privada do indivíduo, como simulacros de princípios democráticos e libertários.

### *2) Para que o bem-estar social possa ser alcançado é mister a instituição de direitos constitucionais de natureza positiva, tipicamente os do Estado do bem-estar social*

Qual a natureza do "bem-estar social"?

Alf Ross[30] é enfático: "nos tempos modernos tornou-se hábito falar de bem-estar social, das necessidades da comunidade, etc., em lugar da soma total do prazer dos indivíduos. A introdução do conceito de sociedade como um sujeito único cujo bem-estar deve ser promovido na maior medida possível, permitiu contornar, mas não superar, os dois defeitos fundamentais do utilitarismo: a incomensurabilidade das necessidades[31] e a desarmonia dos interesses.[32] A idéia de que a comunidade é uma entidade independente, com necessidades e interesses próprios, deve ser rejeitada como ilusória. Todas as necessidades humanas são experimentadas pelo indivíduo e o bem-estar da comunidade é o mesmo que o de seus membros".

Destarte, deve-se abandonar a idéia (se é que ela deveria ter sido adotada algum dia) de que a sociedade é um ente, dotado de racionalidade, intencionalidade, direitos e deveres. Se quisermos direitos sociais e coletivos, que são dirigidos não a indivíduos como tal, mas a determinadas classes de indivíduos, devemos ter em mente que são indivíduos (como contraposição ao Estado, é bem dizer, entendendo-se "indivíduos" tanto pessoas físicas como pessoas jurídicas) que arcarão com o custo desses direitos. Aí cabe indagar: queremos arcar com esses custos?

30. *Direito e Justiça*, p. 341.

31. Explicado pela Economia como a impossibilidade de comparações interpessoais de utilidade. Isso significa que posso ordenar as curvas de indiferença de um indivíduo racional (*i.e.*, as preferências do consumidor) em ordem de preferência, mas não posso determinar em quanto o indivíduo prefere um bem em relação ao outro. Em Microeconomia se diz que posso classificar as preferências do consumidor numa função de utilidade ordinal, mas não cardinal, ou seja, posso dizer que João prefere filé *mignon* a frango (classificação ordinal), mas não em quantas medidas (classificação cardinal) ele prefere filé do que frango. Entre consumidores distintos a função opera da mesma forma, pois não posso medir em quanto João aprecia filé *mignon* a mais do que eu aprecio. Cf. Pindyck e Rubinfield, *Microeconomia*, p. 74.

32. Cf. o Teorema Geral da Impossibilidade, de Arrow, que prova matematicamente a impossibilidade de ordenar transitivamente as preferências de diversos agentes racionais, o que se mostra principalmente em processos de escolha pública. Em outras palavras, impossível a transição das preferências individuais para preferências sociais, a não ser que estas últimas sejam outro nome para o governo despótico (*Elección Social y Valores Individuales*, p. 110).

*3) Diversas Constituições hodiernas instituíram o Estado Democrático de Direito, que significa uma conciliação entre os direitos individuais de natureza negativa e os direitos sociais de natureza positiva*

O problema fundamental na asserção acima se encontra no conceito de "democracia". Adotando um ponto de vista kelseniano, todo sistema que se caracteriza como normativo, no sentido moderno de Estado-nação, é um Estado de "Direito", não importando a sua identidade político-filosófica. Em outras palavras, como Estado de Direito entende-se o sistema social erigido em Estado-nação (portanto politicamente organizado) que possui órgãos com competência para criar normas jurídicas. Destarte, por essa definição, tanto Cuba como os Estados Unidos da América são "estados de direito".

A vocação autoritária ou democrática desse sistema normativo é que informará se o mesmo é um Estado Democrático de Direito ou um Estado autoritário. E podemos verificar identidade democrática a partir dos princípios fundamentais instituídos (e aplicados) que sustentam o sistema. Se forem princípios cujo objetivo fundamental seja salvaguardar a liberdade do indivíduo, teremos um sistema democrático. Se forem princípios que restrinjam injustificadamente a liberdade, teremos um sistema autoritário ou até mesmo, a depender do grau de coerção, totalitário. O conceito puro de democracia deve ser compreendido, outrossim, como um conjunto de princípios e regras formais que visam justamente a garantir as liberdades individuais, através da autogovernança. Dentre esses princípios e regras, encontram-se a isonomia, o sufrágio direto, secreto, universal e periódico, o pluripartidarismo, e os próprios direitos individuais.

Se o sistema jurídico contiver, além desses princípios e regras referidos acima, outros dispositivos que concedam a fruição de serviços públicos por parte dos cidadãos, aí teremos um Estado do bem-estar social, ou, em terminologia mais jurídica, Estado Democrático e Social de Direito.

Não há dúvida que a nossa Constituição pretendeu erigir um Estado Democrático e Social de Direito. Ainda assim, é inegável que os chamados direitos sociais, basicamente os inseridos no art. 6º da Constituição, não têm a mesma natureza que os direitos individuais do artigo anterior. É que os direitos sociais são o que a doutrina denomina de normas programáticas, *i.e.*, que instituem programas de políticas públicas a serem cumpridas pelo Estado, ao passo que os direitos individuais são de natureza negativa, conforme vimos. Não há como postular o cumprimento de um direito individual da mesma forma que o cumprimento de um direito social, pois enquanto o primeiro requer a abstenção de conduta do Estado (no sentido de não ferir o direito do indivíduo), o último requer a prestação efetiva de um serviço público (educação, saúde, trabalho, moradia, segurança, previdência social, proteção à maternidade e à infância, assistência aos desamparados), o que nem sempre é possível, haja vista a escassez de recursos necessários para tanto. Por isso são, conforme dito, normas programáticas, sem eficácia plena.

Não é coincidência que, mesmo ao pretender instituir um Estado Democrático e Social de Direito, o legislador constituinte tenha colocado como cláusulas pétreas apenas os direitos e garantias individuais (art. 60, § 4º), deixando ao largo desse abrigo os direitos sociais.

Outra dificuldade é considerar que há uma conciliação entre liberdades negativas e liberdades positivas, o que não é possível, uma vez que são conflitantes.

Ainda que o conflito não gere contradição jurídica, uma vez que não se podem conceber antinomias em nível constitucional (sob pena de inviabilidade lógica do ordenamento jurídico), o conflito permanece e se manifesta o tempo todo, seja na promoção de políticas públicas, seja na aplicação do direito aos casos concretos.

*4) A capacidade contributiva não é apenas uma limitação ao poder de tributar, mas também o fundamento sobre o qual deve ser instituída a tributação, de modo a alcançar a dignidade da pessoa humana*

Talvez aqui se encontre um dos maiores equívocos dos solidaristas, no que se refere à natureza da capacidade contributiva. Mas o que é o princípio da capacidade contributiva?

O princípio da capacidade contributiva é uma repetição ou *redundância*,[33] para todos os efeitos, do princípio da isonomia e do direito de propriedade, ambos veiculados pelo art. 5º da Constituição Federal. O princípio da isonomia que determina que os iguais sejam tratados de forma igual e os desiguais de forma desigual na medida de sua desigualdade, quando aplicado à tributação, requer outras diretrizes para que possa ter eficácia. Uma delas é a capacidade contributiva, que por critérios de justiça fiscal, limita a atuação do legislador.[34] Quando se excede a capacidade contributiva do contribuinte, pode-se chegar ao confisco que é um desvalor em relação ao direito de propriedade.[35]

Como redundância da isonomia e do direito de propriedade, a capacidade contributiva é, portanto, uma legítima liberdade negativa, *i.e.*, uma limitação constitucional que visa a impedir tributação violadora da isonomia e do direito de propriedade. Não serve, portanto, como expediente para promoção de políticas públicas redistributivas.

*5) Solidariedade social não significa, necessariamente, a atuação do Estado para sua consecução, pois a mesma pode ser alcançada pelas entidades não-governamentais*

De fato, as entidades do chamado *terceiro setor* mostram-se, muitas vezes, mais eficientes do que o Estado na consecução de políticas públicas. Entretanto, é importante lembrar que subsídios e benefícios fiscais concedidos em si também são potencialmente perturbadores do equilíbrio do sistema econômico.

Não há dúvida que, numa avaliação custo/benefício, a opção mais vantajosa em termos de menor custo social é, justamente, intervir através de benefícios fiscais concedidos às entidades do terceiro setor. Essa, talvez, seja a única opção viável para a realização dos objetivos pretendidos pelos propugnadores da solidariedade social.

Não podemos olvidar, entretanto, que as isenções e subsídios nunca saem de graça: se o Estado concede algum desses benefícios, é porque, em rigor, o resto dos contribuintes é que arcou com o custo necessário para tal. E isso pode ter efeitos na tributação em geral, uma vez que para renunciar a determinadas receitas é óbvio que o Estado necessitará angariar outras que cubram essa renúncia.

33. A redundância é a repetição da informação transmitida pelo emissor, podendo ocorrer várias vezes dentro do processo comunicacional, através do envio de várias mensagens contendo a mesma informação, assim como também no contexto de uma só mensagem, cujo conteúdo tenha considerável grau de repetição. A finalidade do emprego da redundância é sempre o de evitar ou, ao menos, tentar reduzir ao máximo o grau de ruído existente na comunicação (Cristiano Carvalho, *Teoria do Sistema Jurídico, Direito, Economia, Tributação*, p. 90).

34. Cf. Francesco Moschetti *et al.*, *La Capacità Contributiva*, p. 48.

35. A progressividade, é bom dizer, não é inerente à capacidade contributiva, constituindo-se numa técnica a mais, que visa sim a políticas redistributivas. A capacidade contributiva satisfaz-se com a mera proporcionalidade da base de cálculo dos tributos, pois é através desta que se manifesta, objetiva ou subjetivamente, a riqueza do contribuinte. Nesse sentido, v. Friedrich Hayek, *The Constitution of Liberty*, pp. 306-323.

### *Conclusões*

Pretendemos, com esse breve ensaio, demonstrar que a maior parte dos argumentos solidaristas pecam por uma série de equívocos, muitos deles provenientes de uma contumaz incompreensão de como opera a ação humana.

Ao aplicar algumas das categorias da Análise Econômica do Direito a esse tema, percebemos que os argumentos solidaristas acabam gerando não apenas ineficiência, pois denotam uma má-alocação de recursos escassos, como também disfarçam a verdadeira natureza da solidariedade social, qual seja, a intervenção estatal coerciva justificada por um conceito vago de "bem-estar social".

A opção menos desvantajosa ou menos ineficiente é, por conseguinte, delegar a oferta de serviços públicos às entidades do terceiro setor, ainda que para tanto sejam necessárias intervenções tais como subsídios e benefícios fiscais.

Seja como for, a conclusão final que podemos extrair desse artigo é tão simples quanto verdadeira: os recursos escassos sempre são geridos mais eficientemente pela sociedade, não como um ente dotado de necessidades, mas enquanto complexo aglomerado de indivíduos em constante interação no espaço público que se convencionou denominar mercado.

### *Referências bibliográficas*

ARROW, Kenneth J. *Elección Social y Valores Individuales*. Trad. Eusebio Aparicio Aufion. Buenos Aires, Planeta Agostini, 1994.

BERLIN, Isaiah. "Two concepts of liberty", in *Four Essays on Liberty*. Oxford, Oxford University Press, s/d.

CARVALHO, Cristiano. *Ficções Jurídicas no Direito Tributário*. São Paulo, Noeses, 2008.

______. *Teoria do Sistema Jurídico. Direito, Economia, Tributação*. São Paulo, Quartier Latin, 2005.

COOTER, Robert D., e ULEN, Thomas. *Law and Economics*. New York, Addison Wesley, 1992.

DURKHEIM, Émile. *The Division of Labor in Society*. Trad. para o inglês por George Simpson. Chicago, Glencoe, s/d.

GRECO, Marco Aurelio. "Solidariedade social e tributação", in GRECO, Marco Aurelio, e GODOI, Marciano Seabra de (coords.). *Solidariedade Social e Tributação*. São Paulo, Dialética, 2006.

HAYEK, Friedrich. *The Constitution of Liberty*. Chicago, The University of Chicago Press, 1997.

KELSEN, Hans. *Teoria Geral do Direito e do Estado*. Trad. Luis Carlos Borges. São Paulo, Martins Fontes, 1998.

KRUGMAN, Paul, e WELLS, Robin. *Introdução à Economia*. Trad. Helga Hoffman. São Paulo, Campus, 2007.

MACINTYRE, Alaisdar. *Depois da Virtude*. Trad. Jussara Simões. São Paulo, EDUSC, 2001.

MOSCHETTI, Francesco; LORENZON, Gianfranco; SCHIAVOLIN Roberto, e TOSI, Loris. *La Capacità Contributiva*. Padova, Cedam, 1993.

NABAIS, José Casalta. "Solidariedade social, cidadania e direito fiscal", in GRECO, Marco Aurelio, e GODOI, Marciano Seabra de (coords.). *Solidariedade Social e Tributação*. São Paulo, Dialética, 2006.

NORTH, Douglas. *Institutions, Institutional Change and Economic Performance*. 1ª ed., 17ª tir., Cambridge, Cambridge University Press, 1990.

PINDICK, Robert S., e RUBINFELD, Daniel L. *Microeconomia*. São Paulo, Prentice Hall, 2002.

POSNER, Richard. *Economic Analysis of Law*. Wolters Kluwer Law & Business, 2007.

SACCHETTO, Claudio. "O dever de solidariedade no direito tributário: o ordenamento italiano", in GRECO, Marco Aurelio, e GODOI, Marciano Seabra de (coords.). *Solidariedade Social e Tributação*. São Paulo, Dialética, 2006.

SANDEL, Michael J. *Liberalism and the Limits of Justice*. 2ª ed., Cambridge, Cambridge University Press, 1998.

SEARLE, John R. *Intencionalidade*. Trad. Julio Fischer e Tomás Rosa Bueno. 2ª ed., São Paulo, Martins Fontes, 2002.

______. *The Construction of Social Reality*. New York, The Free Press, 1995.

SMITH, Adam. *Inquérito sobre a Natureza e as Causas da Riqueza das Nações*. Trad. Luís Cristóvão de Aguiar. 2 v., 2ª ed., Lisboa, Calouste Gulbenkian, 1989.

TORRES, Ricardo Lobo. *A Idéia de Liberdade no Estado Patrimonial e no Estado Fiscal*. Rio de Janeiro, Renovar, 1991.

CADERNOS DE DIREITO TRIBUTÁRIO

# ANÁLISE CRÍTICA À VEDAÇÃO AO APROVEITAMENTO DE CRÉDITOS NO SIMPLES NACIONAL

GUILHERME ADOLFO MENDES
Mestre e Doutorando em Direito Tributário pela USP.
Auditor Fiscal da Receita Federal e Conselheiro no Estado de São Paulo.
Professor no IBET, na Fundação Getúlio Vargas/SP – GV*Law* no Curso Preparatório FMB

*1. Bases constitucionais do Simples Nacional. 2. As razões extrafiscais para a implantação do regime diferenciado. 3. O Simples Nacional. 4. O primado da não-cumulatividade. 5. Favor fiscal não é caridade. 6. Propostas.*

## *1. Bases constitucionais do Simples Nacional*

É anterior à atual Ordem Constitucional a iniciativa legislativa de dispensar às empresas de menor porte um regime jurídico mais simplificado, no qual fossem reduzidos encargos e obrigações enquanto estas pessoas não atingissem um determinado estágio de desenvolvimento econômico.

A Lei n. 7.256/1984 já estabelecia o estatuto das microempresas, consideradas como tais pessoas jurídicas e firmas individuais que não suplantassem um certo patamar anual de receita bruta. Já havia, contudo, exceções legais, vale dizer, entidades que, devido a certas características – ser constituída sob a forma de sociedades por ações, realizar determinadas operações como importação, câmbio, seguro, etc. –, não podiam se qualificar na definição legal.

Para aqueles que se enquadrassem como microempresas, o referido diploma estabelecia regras específicas com o preciso fito de reduzir e simplificar suas obrigações administrativas, trabalhistas, previdenciárias, dentre outras. Tratava-se, assim, de todo um plexo normativo dirigido a criar um subsistema jurídico facilitador para o nascimento e crescimento de empresas. Consubstanciava-se num conjunto de regras estruturado de forma a implantar um ambiente protetor – um verdadeiro "*berçário normativo*" – para as empresas de menor porte poderem se estabelecer e se desenvolver em condições jurídicas mais favoráveis que as dispensadas aos agentes já dotados de "*maturidade*" econômica.

Em relação às obrigações tributárias, estatuía uma vasta gama de isenções – como a do imposto de renda pessoa jurídica –, limites para a cobrança de taxas e emolumentos, bem como reduzia significativamente deveres instrumentais.

O tratamento diferenciado e favorecido, contudo, só adquiriu *status* constitucional com a Carta Suprema de 1988. Foram dois os dispositivos que originariamente introduziram o tema: o art. 170, inciso IV, que estabelece um dos princípios basilares da ordem econômica; e o art. 179, no qual foi prescrita regra de caráter programático.

O primeiro texto do inciso IX (art. 170) assim rezava:

> Art. 170. A ordem econômica, fundada na valorização do trabalho humano e na livre iniciativa, tem por fim assegurar a todos existência digna, conforme os ditames da justiça social, observados os seguintes princípios:
>
> (...).
>
> IX – tratamento favorecido para as empresas brasileiras de capital nacional de pequeno porte.

Esse dispositivo, contudo, teve sua redação alterada pela Emenda Constitucional n. 6/1995:

> IX – tratamento favorecido para as empresas de pequeno porte constituídas sob as leis brasileiras e que tenham sua sede e administração no País;

Com a modificação, possibilitou-se às pequenas empresas, mesmo constituídas com capital estrangeiro, se beneficiarem; para tal, seria suficiente que sua constituição e administração fossem promovidas e desenvolvidas dentro de nossas fronteiras.

A regra programática apresenta até hoje a letra original:

> Art. 179. A União, os Estados, o Distrito Federal e os Municípios dispensarão às microempresas e às empresas de pequeno porte, assim definidas em lei, tratamento jurídico diferenciado, visando a incentivá-las pela simplificação de suas obrigações administrativas, tributárias, previdenciárias e creditícias, ou pela eliminação ou redução destas por meio de lei.

Vale destacar que o dispositivo, ao revés do antigo estatuto infraconstitucional, que só previa uma classe de empresas, estabeleceu dois grupos distintos de pessoas a serem favorecidas: as microempresas e as empresas de pequeno porte. Observar essa distinção é crucial para a identificação de uma das principais balizas constitucionais do tratamento diferenciado.

A Lei n. 7.256/1984 conferia guarida jurídica a uma só categoria considerada economicamente débil; destarte, ou a empresa se enquadrava dentre aquelas qualificadas segundo os parâmetros legais e se favorecia de um esquema normativo fixo, sem qualquer gradação; ou não se enquadrava e, assim, deveria se submeter às regras dirigidas às empresas em geral. Ao revés de ter sido criada uma *escada* normativa, em que cada degrau atingido impusesse à empresa mais obrigações que as previstas no patamar inferior, até ela alcançar o nível mais elevado; o diploma normativo fixava apenas dois patamares distantes entre si por um verdadeiro fosso obrigacional. Num dia, a empresa encontrava-se acolhida por um regime sobremaneira protetor; noutro imediatamente posterior, era obrigada a se atirar numa verdadeira selva de encargos.

Tal diploma não albergava regras progressivas mais adequadas aos vários estágios de insipiência econômica que são próprios da vida de uma entidade até que atingisse a maturidade dos agentes já solidamente estabelecidos no mercado.

Ao estatuir duas categorias de empresas beneficiadas, a Constituição diretamente estabeleceu a obrigatoriedade de os benefícios serem graduados em, pelo menos, dois patamares. Devem ser maiores os incentivos para as empresas menores – as microempresas – e menores, mas ainda significativos, para aquelas de envergadura intermediária – as empresas de pequeno porte. Estatuiu, assim, uma classe de "empresas impúberes" e outra de "empresas adolescentes", as quais, adequando-se a analogia, não são aferidas em razão da idade, e sim quanto à sua compleição orgânica.

Segundo os dois ditames constitucionais, há um gênero "empresas de pequeno porte" a que faz alusão o art. 170, que abarca duas espécies discriminadas no art. 179: 1) as microempresas e 2) as "empresas de pequeno porte" em sentido mais específico.

Merece também destaque o fato de o constituinte originário ter imposto a todas as pessoas políticas – União, Estados, Distrito Federal e Municípios – o dever de estabelecer, nas suas respectivas esferas de competência legislativas, regimes favorecidos. Tal dever não se limita a um só dos níveis governamentais, mas se estende a todos.

Com base nesses ditames, a União, a maioria dos Estados e alguns Municípios estabeleceram regimes jurídicos favorecidos na seara tributária.

A União, por exemplo, criou o regime intitulado "Simples Federal" por meio da Lei 9.317/1996. Esse diploma, além de atender os requisitos constitucionais de estabelecer regimes favorecidos distintos para microempresas e empresas de pequeno porte, cumpriu com ainda mais intensidade o critério da gradação de benefícios. Não foram criados apenas dois regimes – um aplicável às microempresas, outro às empresas de pequeno porte –, mas, de certa forma, um sem número deles com mínimas diferenças entre si, em geral, por meio de pequenas variações no critério quantitativo. Duas empresas, a despeito de qualificadas numa mesma categoria, freqüentemente estavam obrigadas a aplicar alíquotas ligeiramente diferentes em razão de terem obtido, em idêntico período, níveis de receita bruta diferentes. Não havia grandes saltos, como é próprio de sistemas menos aperfeiçoados.

Apesar do enorme avanço alcançado com os dispositivos constitucionais já referidos, houve dois problemas.

Tais disposições apresentam caráter programático e, assim, são de eficácia limitada. Não conformam diretamente a conduta humana, mas apenas traçam diretrizes e fins a serem perseguidos pelos poderes públicos. Apesar de condicionarem a legislação futura, não são capazes de compelir o Legislativo à sua produção. Em razão disso, muitas pessoas políticas, principalmente Municípios, simplesmente não estabeleceram regimes tributários favorecidos e não havia qualquer instrumento jurídico capaz de lhes impor tal obrigação. Aliás, também não há, em nossa ordem jurídica, meios processuais capazes de assegurar aos particulares direitos que lhes seriam próprios, caso editadas normas em conformidade com as regras programáticas. Uma pessoa domiciliada num Município que não estabeleceu um regime favorecido não tinha qualquer direito subjetivo passível de ser reconhecido judicialmente, apesar de, numa certa medida, encontrar-se em situação de desigualdade e até mesmo de inferioridade concorrencial em relação a uma outra pessoa com características idênticas às suas localizada noutro Município, mesmo fronteiriço, onde o regime favorecido houvesse sido estatuído.

O segundo problema era atinente à uniformização. Não havia qualquer organicidade entre os regimes estabelecidos. Ficava ao talante de cada pessoa política não só criar, mas também definir a forma do regime criado. Cada legislação – federal, estaduais, distrital e municipais – estava apta a estatuir critérios diversos para qualificação das pessoas como microempresas e empresa de pequeno porte, fixar limites e condições para o enquadramento, bem como estabelecer as mais diversas formas de benefício e suas gradações. O regime favorecido estabelecido, por exemplo, pelo Estado de São Paulo – o "Simples Paulista" – só permitia o favorecimento de empresas que fornecessem bens e serviços exclusivamente a consumidor final, ao passo que o "Simples Federal" não impunha esta limitação.

Tal carência de uniformidade entre as mais diversas legislações levava uma mesma pessoa a ser qualificada como microempresa no plano federal, como empresa de pequeno porte no estadual e a nenhuma das qualificações na seara municipal. Em regra, o que não deveria ser aceito sequer como exceção, empresas absolutamente idênticas sob os mais diversos critérios juridicamente relevantes eram tratadas de formas absolutamente díspares em relação às mesmas obrigações tributárias por estarem domiciliadas em Estados distintos.

Essa ausência de harmonização legislativa gerava inclusive conflitos normativos entre diplomas de uma mesma pessoa política. A Lei Federal n. 9.317/1996, que instituiu o "Simples Federal", não revogou por completo a Lei n. 8.864/1994 – a qual disciplinava o estatuto das microempresas e empresas de pequeno porte então vigente e estatuía simplificações e reduções de obrigações das mais diversas searas jurídicas –, mas apenas os dispositivos relativos a temas tributários. Posteriormente, a Lei n. 9.841/1999, ao fixar novo estatuto das ME e EPP, revogou completamente as disposições da Lei n. 8.864/1994, bem como estatuiu novos limites de receita bruta anual para qualificar as microempresas e as empresas de pequeno porte, o que levou muitos a afirmar que a nova qualificação serviria também para fins tributários.

Com o fito de solucionar essas disfunções, a Emenda Constitucional n. 42/2003 introduziu, no art. 146, novas competências para a lei complementar, conforme abaixo podemos aferir pela redação dos dispositivos pertinentes:

> Art. 146. Cabe à lei complementar:
>
> (...);
>
> III – estabelecer normas gerais em matéria de legislação tributária, especialmente sobre:
>
> (...);
>
> d) definição de tratamento diferenciado e favorecido para as microempresas e para as empresas de pequeno porte, inclusive regimes especiais ou simplificados no caso do imposto previsto no art. 155, II, das contribuições previstas no art. 195, I e §§ 12 e 13, e da contribuição a que se refere o art. 239.
>
> Parágrafo único. A lei complementar de que trata o inciso III, *d*, também poderá instituir um regime único de arrecadação dos impostos e contribuições da União, dos Estados, do Distrito Federal e dos Municípios, observado que:
>
> I – será opcional para o contribuinte;
>
> II – poderão ser estabelecidas condições de enquadramento diferenciadas por Estado;
>
> III – o recolhimento será unificado e centralizado e a distribuição da parcela de recursos pertencentes aos respectivos entes federados será imediata, vedada qualquer retenção ou condicionamento;
>
> IV – a arrecadação, a fiscalização e a cobrança poderão ser compartilhadas pelos entes federados, adotado cadastro nacional único de contribuintes.

São duas competências; cada qual com o preciso escopo de solucionar um dos problemas. Ao definir o tratamento diferenciado, conforme o estatuído na alínea "d", a lei complementar resolveria em parte o problema da falta de uniformização. Todavia, só o exercício da competência, discriminada no parágrafo único, possibilitaria a completa harmonização legislativa ao substituir por completo as legislações editadas por todas as Pessoas Políticas, bem como solucionaria também o segundo problema ao preencher a lacuna deixada por grande parte dos Municípios que não criaram seus regimes favorecidos.

## *2. As razões extrafiscais para a implantação do regime diferenciado*

O tratamento jurídico diferenciado e favorecido dispensado às empresas de menor porte seguramente atende ao primado isonômico do ponto de vista substantivo: tratar os iguais igualmente, e os desiguais desigualmente na medida de suas desigualdade. Todavia, seus fundamentos jurídicos são sobremaneira mais amplos e os intuitos constitucionais muito mais auspiciosos.

Conforme leciona José Afonso da Silva,[1] a Constituição Brasileira adota o modelo dirigente. É sobremaneira minuciosa ao conduzir o Legislativo e os demais

1. *Aplicabilidade das Normas Constitucionais*, pp. 135-166.

Poderes a adotar medidas conforme finalidades estatuídas. Tece não só escopos, mas também diretrizes, limites, condições e até, não raro, os meios a serem adotados para a consecução dos fins pretendidos.

Tantos pormenores no patamar superior da ordem jurídico-nacional decorrem do momento histórico em que se situou o constituinte para edificar um ordenamento jurídico capaz de atender, a um só turno, o clamor por novas e vastas conquistas sociais, sem deixar de firmemente garantir direitos individuais próprios da concepção político-liberal.

É no equilíbrio entre o modelo liberal-clássico, que conclama a presença mínima estatal a fim de possibilitar a realização máxima da personalidade humana por meio de sua liberdade de escolha e de ação, e o social-intervencionista, segundo o qual o Estado é a única organização social capaz de saciar as necessidades básicas daqueles incapazes de se autoprover, bem como de conter as forças destrutivas internas do modo produtivo capitalista, que se assentam os ditames de nossa Constituição; e para se manter eqüidistante entre ideologias aparentemente antagônicas, necessariamente precisa ser minuciosa.

O compromisso entre duas concepções ideológicas, supostamente irreconciliáveis, impôs ao constituinte um enorme esforço enunciativo. Exigiu a adoção de uma moldura constitucional dirigente; repleta, assim, de ditames que governam a atuação dos Poderes Públicos, pormenor a pormenor.

O capitalismo é o modelo jurídico-econômico contemplado pela Constituição e, assim, bens produtivos e modo de produção devem essencialmente ficar sob domínio privado. Essa opção se esteia na premissa de a liberdade econômica viabilizar a ação da lei causal da competição, que estimula agentes privados a produzir mais, melhor e com menos recursos materiais e humanos, o que conduz ao contínuo incremento quantitativo e qualitativo das utilidades disponíveis para toda sociedade.

Essa visão sobremaneira otimista acerca do liberalismo econômico foi rechaçada pela História, apesar de retornar periodicamente como doutrina dominante por meio de contornos teóricos mais rebuscados, como no atual neoliberalismo, cuja apregoada desregulamentação financeira levou quase à desintegração do sistema financeiro mundial neste ano de 2008.

Além do capitalismo, nos moldes do liberalismo clássico, não promover a alocação econômica da forma mais condizente com os anseios do grosso das nações e suas populações, a concepção da liberdade exacerbada, a total ausência de regulação das forças produtivas, resultam, não raro, na própria destruição das bases capitalistas. A experiência humana comprovou que o Estado não é a única forma de organização social repressora; os próprios detentores privados do capital sem os controles adequados reprimem o desenvolvimento alheio e destroem, de tempos em tempos, a si mesmos.

O capitalismo, numa moldura jurídica liberal clássica, pode ser comparado a um alazão selvagem, dotado de tamanha força motora, que num irrefreado impulso a galope pode não só esmagar criaturas menores, mas até mesmo fraturar suas próprias pernas. Deve, portanto, ser guiado à "rédea-curta", sob pena de derrubar e ferir de morte seu próprio condutor – o Estado.

Dessa forma, o modelo constitucional brasileiro compromete-se, a par de configurar-se economicamente capitalista, com o determinante papel regulamentar tendo por escopo mitigar as fraquezas desse modelo, em especial, pela manutenção de suas bases, isto é, a liberdade concorrencial e a realocação produtiva; ademais, apresenta destacada inspiração social. Busca prover a população dos meios mínimos necessários para uma vida digna. Elege igualmente o compromisso de dotar a população em geral de inúmeros direitos considerados, ao lado da liberdade, essenciais: a saúde, a educação, a cultura, etc.

O equilíbrio entre esses dois modelos – o capitalista-liberal e o intervencionista-social – informa toda a ordem jurídico-constitucional e, portanto, seus setores, como o Sistema Tributário Nacional. Ao lado de enunciados constitucionais típicos do primeiro modelo, como os princípios da legalidade tributária, da anterioridade, do não-confisco, as imunidades dos templos de qualquer culto e dos partidos políticos, a vedação a concessão de incentivos fiscais a empresas públicas e sociedades de economia mista em detrimento do setor privado, há um sem-número de outros que buscam, mediante regras tributárias, cumprir as funções regulatórias e assistenciais, tais como a seletividade do IPI, a diferenciação das alíquotas do ITR em razão da produtividade da terra, a progressividade no tempo do IPTU, as exceções aos princípios da estrita legalidade na fixação das alíquotas dos impostos regulatórios (II, IE, IPI e IOF), dentre tantos outros.

A tributação diferenciada e favorecida das empresas de menor porte é mais um daqueles dispositivos constitucionais de índole intervencionista-social. Busca por meio de um só mecanismo atingir dois intentos: (i) o de mitigar as distorções do modelo liberal em prol das próprias bases capitalistas e (ii) o de atender aos mais diversos direitos sociais.

Em relação ao primeiro escopo, como já destacamos, o livre mercado, nos moldes do liberalismo clássico, é incapaz de sustentar suas próprias bases. Ele apresenta distorções, as quais impõem ao Estado interferir nos domínios privados com a finalidade de promover reparos. Uma das principais disfunções do modelo liberal é a dificuldade (às vezes até inviabilidade) de novas empresas se implantarem em mercados dominados por empresas de grande porte, o que macula o primado da livre concorrência – um dos princípios eleitos pelo constituinte como informador da atividade econômica nacional (art. 170, inciso IV, CF).

A livre concorrência é um dos mais importantes pilares do capitalismo e uma das principais justificativas para a adoção desse modelo econômico. Num ambiente em que os agentes concorrem entre si, são impulsionados a produzir mais e melhor, o que repercute não em benefício próprio, mas para a sociedade como um todo. Em mercados, contudo, já dominados por grandes corporações empresariais, ainda que não se configurem monopólios ou oligopólios que intencionalmente pratiquem ações para evitar o surgimento de novos concorrentes, sua estrutura de negócio já amadurecida e com expressivos ganhos de escala é, por si só, um fator inibidor do surgimento de concorrentes, especialmente, de pequeno porte econômico. Assim, a tributação favorecida de pequenas empresas estimula o surgimento de novas empresas mesmo em atividades já sob o domínio de agentes econômicos de elevado porte. Não por acaso, a lei que hoje regula a tributação favorecida (Lei Complementar n. 123/2006) exclui do favor a empresa "resultante ou remanescente de cisão ou qualquer outra forma de desmembramento de pessoa jurídica" (art. 3º, § 4º, inciso IX); afinal, o objetivo constitucional de cunho econômico é fomentar o surgimento de novos empreendimentos – que eles nasçam, cresçam e amadureçam – e não o desmembramento dos já existentes.

Ao lado do escopo reparador de disfunções liberais, a tributação favorecida das microempresas e empresas de pequeno porte possui destacado intuito social. Um outro relevante princípio da ordem econômica, inscrito na Carta Constitucional, é a busca do pleno emprego (art. 170, inciso VIII). O emprego e, portanto, o trabalho, constitui um dos mais importantes direitos da ordem social ("Art. 193. A ordem social tem como base o primado do trabalho"). Como são as empresas de menor porte econômico que, proporcionalmente, mais empregam, o estabelecimento de um regime tributário favorecido para as menores unidades produtivas é um importante meio que o Constituinte impôs ao legislador para atender a um dos mais relevantes fins de contorno social: o trabalho.

O trabalho é sobremaneira relevante em razão de, por seu intermédio, outros tantos direitos poderem ser minimamente conquistados. Quem está empregado e, portanto, recebe salário ao final de cada mês, terá melhores condições, sem a necessidade de intervenção direta do Estado, de obter saúde, educação, cultura, desporto; enfim, todos os demais direitos da ordem social são indiretamente intensificados.

Em suma, o constituinte ao determinar às entidades políticas o estabelecimento de um regime tributário diferenciado e favorecido para as empresas de menor porte fixou um meio de política tributária a ser implementado com o fito de se atingir, não um, mas vários escopos constitucionais alinhados com os diversos compromissos aparentemente antagônicos de manutenção de um sistema produtivo privado sob bases capitalista-liberais ao lado de um Estado regulador e assistencialista.

### *3. O Simples Nacional*

Foi a Lei Complementar n. 123/2006 que exerceu a competência constitucional prevista no art. 146 da Constituição Federal para estabelecer um regime tributário que beneficie as microempresas e empresas de pequeno porte no tocante a tributos (impostos e contribuições) relativos a todos os níveis de pessoas políticas – o assim legalmente denominado "Simples Nacional". Esse regime abarca seis tributos federais (imposto de renda pessoa jurídica, contribuição social sobre o lucro, a contribuição ao PIS, a COFINS, a contribuição sobre a folha de salários e o imposto sobre produtos industrializados), um estadual (o ICMS) e um municipal (o imposto sobre serviços). Ao revés de se submeter a um sem-número de leis, publicadas por todas as pessoas políticas, e assim promover a apuração e o pagamento separado de cada um desses tributos para cada um dos diversos entes políticos, o beneficiado, por meio de um só pagamento mensal, apurado através de um único procedimento disciplinado numa mesma lei, tem o condão de quitar todos os impostos e contribuições abarcados pelo regime.

Um prestador de serviços, por exemplo, que exerça a sua atividade em doze Municípios é, freqüentemente, obrigado a conhecer a legislação federal relativa a cada um dos tributos da União, apurá-los e os pagar separadamente, bem como a conhecer a legislação do ISS de cada um dos Municípios e promover mais uma dúzia de recolhimentos. De forma indiscutível, essa multiplicidade de obrigações configura-se como uma barreira praticamente intransponível para pequenos empreendedores. A eliminação de tamanha complexidade através do Simples Nacional, aliada a efetiva redução dos valores a serem pagos, consubstancia um relevante impulso a novos empreendimentos.

Ademais, o Simples Nacional não foi o único regime jurídico favorecido criado pela Lei Complementar n. 123/2006. Esse diploma estabelece todo um substrato jurídico dirigido às empresas de menor porte econômico, no qual se reúnem disposições simplificadoras e de incentivo relativas às mais variadas searas jurídicas (direito do trabalho, concorrência pública, acesso a crédito bancário, etc.). O novo diploma legal implantou todo um subsistema jurídico dirigido ao favorecimento dos agentes econômicos ainda insipientes.

O Simples Nacional corresponde a apenas um dos regimes jurídicos abarcados pelo subsistema jurídico dirigido às microempresas e empresas de pequeno porte, porém, sem dúvida, é o mais relevante e aquele para o qual é dispensado o maior número de dispositivos. Além disso, é o regime especial que fere com mais intensidade seu correspondente regime geral.

Além da apuração e recolhimento unificados de até oito tributos, foram reunidas e simplificadas também as obrigações acessórias e concedidos mais alguns outros favores fiscais, como a isenção de contribuições para as entidades privadas de serviço social e profissional como o

SESI, SENAI e SENAC – o denominado Sistema "S". Nada obstante, nem tudo foram benesses.

Assim como no Simples Federal, foram proibidos o aproveitamento e a transferência de créditos relativos a tributos abrangidos pelo regime. Uma vez que o regime anterior abarcava apenas tributos da União, essa restrição só se referia ao imposto sobre produtos industrializados e, portanto, prejudicava apenas as empresas industriais. Hoje, o Simples Nacional ampliou a limitação, a qual passou a gerar efeitos desfavoráveis também em relação ao ICMS, e, portanto, a onerar, não só as industriais, mas todas as demais empresas comerciais. Necessário se faz, portanto, perquirirmos se essa disposição restritiva, aliada a todas as demais conformadoras do regime favorecido, coaduna-se com os preceitos estatuídos pela Carta Constitucional, principalmente, com aqueles especificamente dirigidos ao IPI e ao ICMS, como a não-cumulatividade.

### *4. O primado da não-cumulatividade*

O aproveitamento e a transferência de créditos são meios usualmente empregados com o fito de garantir a um tributo o caráter não-cumulativo. Dentre outros exemplos, ao discriminar a competência da União para estabelecer o imposto sobre produtos industrializados, a Constituição impõe que esse tributo deve ser não-cumulativo, "*compensando-se o que for devido em cada operação com o montante cobrado nas anteriores*" (art. 153, § 3º, II). Destarte, a fim de analisarmos a vedação estabelecida aos optantes do Simples Nacional à utilização de créditos, mister se faz perquirir a própria natureza jurídica da não-cumulatividade.

Assim como vários outros relevantes doutrinadores, Paulo de Barros Carvalho – um de seus maiores expoentes – assegura tratar-se de um princípio.

Princípios são preceitos irradiadores de valor; seu propósito é o de imantar grandes blocos de regras, atraí-los numa certa direção. São os enunciados típicos para se introduzirem no direito positivo os valores considerados relevantes pelo legislador; no zênite de nosso ordenamento, pelo próprio constituinte. Não seria, assim, próprio dos princípios governar situações específicas; não lhes competiria disciplinar diretamente a conduta social. Tal papel seria ínsito às regras, isto é, às normas em seu sentido estrito. Haveria, dessa sorte, segundo destacados juristas – dentre eles, Eros Grau –, uma distinção lógica entre esses dois tipos de enunciados prescritivos. Enquanto as regras seriam aplicadas ou não aplicadas, num modelo tudo-ou-nada; aplicar princípios importa fazê-lo em doses: maiores num caso, menores noutros.

Isso, contudo, não nos conduz à conclusão de que a não-cumulatividade, como princípio, apesar de localizada no altiplano superior de nossa ordem jurídica, consubstancia-se como um preceito normativo de aplicação maleável, passível de ser manejado pelo legislador segundo os mais variados moldes. Seus limites não são tão imprecisos e inseguros como, por exemplo, as fronteiras da tributação confiscatória.

Nossa afirmação se assenta nas lições de Paulo de Barros Carvalho, o qual, apesar de reconhecer uma das acepções de princípio como "*norma jurídica de posição privilegiada e portadora de valor expressivo*", aponta outras mais, dentre as quais, a de "*limite objetivo estipulado em regra de forte hierarquia, tomado, porém, sem levar em conta a estrutura da norma*".

Com efeito, princípios apresentam natureza diversa da de regras – assim concebidas como enunciados prescritivos aptos a conformar diretamente as condutas intersubjetivas –, mas sua configuração não é de todo uniforme. A doutrina designa por princípios preceitos normativos que se distinguem entre si quanto a relevantes características. Não devem os princípios ser diferenciados de regras jurídicas em razão de diferentes graus de precisão lingüística ou quanto à certeza de terem sido atendidos ou violados. Apesar de sobremaneira controvertido o patamar de alíquota a partir do qual se deve considerar violação ao princípio do não-confisco, não há maiores dificuldades em se precisar o momento exato do início da vigência de uma lei ao se aplicar o princípio da anterioridade. No aspecto da precisão lingüística e, portanto, da aplicação, princípios desta última estirpe, na qual se enquadra a não-cumulatividade, mais se aproximam de normas jurídicas em sentido estrito que de princípios concebidos como preceitos exclusivamente introdutores de valores primordiais à ordem jurídica. Isso, contudo, não significa que são destituídos de valor; pelo contrário; pois as próprias regras são dotadas de conteúdo axiológico. Sempre que uma dada conduta é modulada como obrigatória, a lei terá a ela atribuído um determinado valor. De igual sorte, toda vez que uma ação é prescrita como proibida, um desvalor (um valor negativo, portanto; e não a ausência de valor) terá sido estatuído. Em suma, todo enunciado prescritivo porta, em maior ou menor grau, alguma bagagem valorativa, mesmo negativa; e a não-cumulatividade não pode ser concebida como exceção a este axioma.

Vale, ainda, destacar não haver disposições constitucionais que se reportem à cumulatividade como algo a ser perseguido pelo legislador. É sempre o contrário: ou a Constituição determina que o tributo deve ser não-cumulativo – como o IPI, o ICMS e os impostos residuais – e, neste caso, não tolera regras infraconstitucionais em sentido oposto, ou estabelece um programa ao legislador para que busque tornar o tributo não-cumulativo – como as contribuições para financiamento da seguridade social que devam incidir sobre o faturamento, receita e importações – e, assim, apesar de tolerar regras inferiores dissonantes, não autoriza retrocessos.

Apesar de a Constituição não ter elegido a não-cumulatividade à categoria de preceito informador de todo o Sistema Tributário Nacional (como fez em relação à legalidade estrita, ao não-confisco, à anterioridade, dentre outros, aos quais, a despeito de alguns guardarem certas exceções, não podemos negar o caráter de ditames gerais), a erigiu valiosa. São quatro os dispositivos constitucionais, apesar de específicos, que a prestigiam e nenhum que a desmerece. Não há dúvidas, portanto, de que a não-cumulatividade configura-se como um princípio, como um ditame de polaridade axiológica positiva.

Uma vez estipulada a não-cumulatividade como juridicamente valiosa, deve ser indagado qual exatamente é o valor prestigiado pelo constituinte ao prescrever que determinados tributos devem ser estruturados segundo esse preceito.

Os enunciados prescritivos são sempre dotados de carga axiológica; isso não significa que eles próprios devam ser confundidos com os valores que lhes são ínsitos. À exceção dos ditames expressamente introdutores de valor – como o preceito da moralidade –, todos os demais, incluída a maioria dos princípios, não podem ser concebidos como a própria expressão do valor. A anterioridade, por exemplo, tem a finalidade de atender aos valores da "segurança jurídica", da "não-surpresa" ou da "previsibilidade das relações jurídicas", mas não pode ser tomada como sinônimo deles, uma vez que poderiam, em tese, ser atendidos por outros preceitos. A não-cumulatividade, de igual sorte, não é um valor em si mesma.

Para determinarmos o valor que informa um preceito jurídico devemos responder uma indagação; indagação esta que deve ser inaugurada por um "por que" e não por um simples "qual". Perguntar diretamente "qual é o valor?" não nos permite encontrar a resposta; é necessário primeiramente inquirir "por que o enunciado foi editado?"; o "qual", só se for empregado em "qual razão levou à edição?" ou "qual a finalidade ou o objetivo do preceito?"; pois os valores apresentam cunho teleológico.

São várias as respostas apresentadas pela doutrina. Uma das mais consagradas afirma que a não-cumulatividade reduz o ônus tributário sobre os bens e, portanto, seus preços em benefício do consumidor final. Esse argumento, contudo, não se sustenta após uma análise mais acurada.

Para cada tributo não-cumulativo pode ser estabelecido um tributo cumulativo com o mesmo ônus sobre a produção; basta alterar a alíquota. Foi o que ocorreu na modificação do regime de tributação do PIS e da COFINS. Para não haver redução do valor arrecadado pela União com essas contribuições, as mesmas leis que revogaram o regime cumulativo e implantaram o não-cumulativo aumentaram as alíquotas; na média, o ônus sobre o preço dos produtos permaneceu o mesmo. Na verdade, há quem afirme que teria havido até incremento em razão do aumento das alíquotas ter suplantado o efeito de desoneração decorrente da mudança de regime.

Ora, se o intuito constitucional fosse o de reduzir o ônus de determinados tributos sobre o preço final de produtos, não teria elegido um preceito (a não-cumulatividade), que pudesse ser facilmente contornado por meio de um simples aumento de alíquota.

A não-cumulatividade também deve ser analisada (aliás, como todos os demais preceitos constitucionais) em face dos dois grandes blocos ideológicos, já anteriormente apontados, que foram prestigiados pela Carta Suprema: o capitalista-liberal e o intervencionista-social. Cada ditame constitucional foi edificado à luz de um desses dois modelos. A maioria dos princípios gerais do direito tributário (a legalidade, a anterioridade, a irretroatividade, o não-confisco, etc.), por exemplo, alinham-se como direitos de primeira geração, como preceitos que impedem ou limitam a atuação do Estado em favor da liberdade; por outro lado, a progressividade no tempo do IPTU e a fixação de alíquotas do ITR com o fito de desestimular a manutenção de propriedades improdutivas e a própria tributação diferenciada e favorecida das microempresas e empresas de pequeno porte são inatas ao paradigma social-interventor e determinam a atuação do Estado sobre o domínio privado.

A não-cumulatividade, ao lado da maioria dos princípios constitucionais tributários, ostenta índole liberal. Por seu intermédio, a Constituição imprime a *neutralidade* da tributação; valor proclamado pelo liberalismo clássico – doutrina que repudiava a interferência da tributação sobre as atividades econômicas. O ideário liberal pregava, não sendo possível a supressão total, o estabelecimento de tributos que não conduzissem os agentes econômicos a comportamentos diversos daqueles que assumiriam no caso de não-tributação. Como o livre mercado era concebido como o mecanismo mais eficaz para a alocação de recursos produtivos, qualquer tributo que distorcesse suas leis causais era visto como algo a ser evitado. Tributo bom, diriam alguns, seria tributo nenhum; como esse ideal não é possível, diriam outros, tributo tolerável seria tributo neutro.

Em razão do seu compromisso liberal, a neutralidade da tributação é valor perseguido pela Constituição por meio de variegados dispositivos, como a proibição da concessão de benefícios fiscais a empresas públicas e sociedades de economia mista não extensivos ao setor privado (art. 173, § 2º), porém é na não-cumulatividade que esse valor assume maior intensidade, especialmente quando estipulada por meio da compensação de créditos, como no IPI e no ICMS.

Mas como explicar que o IPI, imposto que também deve atender ao critério da seletividade, deve ser neutro em razão da não-cumulatividade? Apesar de a seletividade não ser constitucionalmente obrigatória para o ICMS (esse critério é estabelecido apenas como faculdade para o legislador estadual e distrital), a indagação também tem validade para este imposto.

A resposta está nos tipos de liberdade. Mais uma vez nos deparamos com a dicotomia processo-produto. A Constituição se compromete com o Liberalismo em relação ao processo de produção, mas não no tocante aos bens produzidos. A neutralidade é garantida em relação a "como produzir" e não a "o que produzir"; neste último aspecto, nosso Estatuto Supremo se fia no modelo interventor-social.

Apesar de o capitalismo ser o modelo econômico mais eficiente na adoção do modo de produção, seguramente não é o mais adequado para a definição do que e quanto deve ser produzido. O mercado deve ser livre quanto ao processo (manejo das unidades produtivas na cadeia de produção, seu tamanho e número de elos intermediários, sua distribuição vertical e horizontal, a escala produtiva, ser intensiva em trabalho ou em capital e assim por diante), mas não quanto ao produto em si.

Na Teoria Econômica, é sobremaneira conhecida a lei dos rendimentos decrescentes. Em razão dessa lei, numa sociedade que só produz feijão e decide também fabricar canhões, ao deslocar insumos da produção de um bem para a do outro (terra, mão-de-obra, matéria-prima, etc.), a fabricação do primeiro canhão, em pouco reduzirá a de feijão; a produção do segundo canhão, porém, comprometerá um pouco mais a de feijão e, assim, sucessivamente; até chegar um ponto em que, para a produção da unidade seguinte desse aparato bélico, muitas e muitas sacas de feijão deixarão de ser colhidas. Haveria, assim, um ponto ótimo – intermediário entre a produção só de canhões e só de feijões – no qual seria obtido o rendimento ideal dos meios de produção para produzir o máximo de ambos os bens. Mas como comparar feijões com canhões? Produzir dez canhões e mil sacas de feijão é melhor que produzir apenas mil e quinhentas sacas de feijão?

Só há um modo de realizar tal comparação: reduzi-los a um fator comum, isto é, moeda. Só podemos comparar bens tão diferentes se lhes imputamos um preço.

Mas como os preços são definidos?

Num cenário liberal clássico, mediante o mercado, vale dizer, por meio das forças de oferta e demanda. Mas o mercado é formado apenas por aqueles que detém renda. Quem demanda é quem tem poder econômico, quem pode pagar. Assim, os fatores produtivos são deslocados para a produção daquilo que possui demanda. Todavia, demanda, no modelo liberal, não é sinônimo de necessidade social, mas sim da vontade consumista dos detentores da renda.

Num exemplo atual, ao considerarmos o milho como insumo e o planeta como um único mercado, esse fator tem sido deslocado da produção de alimentos para a de combustível, em razão das forças de oferta e procura. Os americanos, detentores de boa parte da renda mundial e já mais que saciados em termos alimentares, deslocam, simplesmente por meio da demanda, esse fator para a produção de álcool em detrimento daqueles que dependem desse grão para sua sobrevivência, mas não possuem renda para pagar o preço formado pelo novo mercado.

Num país como o Brasil, no qual a concentração da renda é uma das maiores do mundo, deixar as forças de seu próprio mercado interno definir livremente o que e quanto produzir conduziria a aplacar boa parte de sua população de bens essenciais à mínima condição de sobrevivência; por isso, o imposto sobre produtos industrializados deve e o ICMS pode ser seletivo em razão da essencialidade dos produtos.

A não-cumulatividade é preceito permeado pelo valor neutralidade de cunho liberal, mas dirigido apenas ao modo de produção; já a seletividade é ditame de viés nitidamente social-intervencionista que afasta a neutralidade, mas apenas em relação ao que produzir. Esses dois preceitos demonstram bem o minucioso labor enunciativo do constituinte, por meio do qual busca conciliar dois modelos político-econômicos aparentemente antagônicos. Ora prestigia um, ora outro.

Ao vedar o aproveitamento e transferência de créditos para os beneficiados pelo Simples Nacional, não teria o legislador complementar maculado algum desses compromissos constitucionais, mais especificamente a não-cumulatividade e, portanto, a neutralidade do IPI e do ICMS?

## *5. Favor fiscal não é caridade*

Impressiona, numa primeira visada, o argumento de que favores fiscais, legalmente concedidos, podem ser condicionados e limitados. A regra geral seria a da tributação e exceções a tal ditame estariam integralmente no campo de discricionariedade do Poder Legislativo. Assim, por exemplo, se o legislador pode conceder isenção de IPI para a fabricação de veículos a álcool e excepciona a regra que estabelece tributação sobre automóveis em geral, poderia também não conceder, bem como limitar o favor àqueles até uma dada potência ou condicionar o seu gozo ao cumprimento de variegados encargos, como o de não promover demissão de funcionários por um determinado prazo, adquirir novos bens de capital, exportar parcela de sua produção, etc. Nada obstante, seria realmente tão ampla a discricionariedade legislativa na outorga de favores fiscais?

Decerto a concessão de benefícios pode redundar em violação de diversos ditames constitucionais; a isonomia, principalmente. Em recente decisão, o Supremo Tribunal Federal, por unanimidade de seu pleno, declarou inconstitucional lei estadual que concedia isenção de taxas a membros do Ministério Público. A solução não foi a de estender o favor a todos os demais contribuintes, mas a de suprimi-lo dos agraciados. Nesse aspecto, portanto, a discricionariedade apresenta estreitos contornos. Se o critério discriminador não atende aos ditames constitucionais, o favor concedido merece repúdio pelo controle jurisdicional.

Mas e quanto a favores cujos critérios discriminadores atendem aos preceitos constitucionais, mas cujo gozo é limitado ou condicionado por outros fatores, estes sim inconstitucionais? Poderiam os fatores limitantes ou condicionantes ser considerados inválidos, mas permanecer incólume a regra concessiva do benefício?

Num exemplo, se uma lei municipal concedesse isenção do ISS para uma certa categoria de empresas prestadoras de serviço em razão de critérios a elas peculiares, mas condicionasse o seu gozo à contratação apenas de pessoas brancas, poderia ser declarada inconstitucional somente a condição por apresentar nítido caráter racista e, com isso, ser estendido o benefício a todos aqueles que se enquadrassem na categoria favorecida?

Nesse caso, o STF tem julgado que o resultado implicaria numa extensão do benefício não pretendida pelo legislador. Dessa forma, agiria o Poder Judiciário como legislador positivo, o que lhe seria vedado. A única solução, que atenderia o primado da separação dos poderes, seria também a supressão integral do favor.

É o Simples Nacional uma hipótese similar à anterior, no caso de considerarmos inconstitucional a proibição da compensação de créditos? Em outras palavras, uma vez declarada a inconstitucionalidade do impedimento à apropriação e à transferência de créditos, deveria ser todo o regime invalidado? Com base na premissa estabelecida, a resposta é negativa, pois a supressão da vedação não estende subjetivamente o benefício.

Antes de nos debruçarmos na constitucionalidade da proibição à compensação de créditos propriamente dita, merece atenção mais um tipo de concessão de favores, a princípio, similar ao caso sob investigação.

É cediço que a lei não pode suprimir a garantia individual à universalidade da jurisdição, nem o direito à ampla defesa e ao contraditório no processo judicial e administrativo. No entanto, diversas leis têm concedido os mais variegados favores (desconto de multa, redução da taxa de juros, ampliação das parcelas e do prazo para pagar, etc.), se o próprio particular abrir mão desses direitos constitucionalmente estatuídos; e, no entanto, não verificamos jurisprudência relevante que declare a inconstitucionalidade desses favores. Nesse caso, a aparente violação de preceitos constitucionais não ultrapassaria a esfera de direitos do próprio agraciado, que deles abdica voluntariamente. O indivíduo, e não o Estado, decide se prefere manter-se no regime geral de tributação ou, para se valer de uma exceção favorável, optar por abdicar de uma parcela proporcional de seus próprios direitos. Assim, nem a condição e muito menos o favor seriam inconstitucionais.

Seria o Simples Nacional um regime legalmente estabelecido nos mesmos moldes? Vale dizer, como as microempresas e empresas de pequeno porte não são obrigadas a se submeter ao regime; a lei concessiva poderia impor condições e limitações, como não aproveitarem nem transmitirem créditos?

Cremos que não.

O aproveitamento de créditos é meio constitucionalmente estabelecido para garantir a não-cumulatividade do IPI e do ICMS, a qual não deve ser concebida como um direito dirigido à empresa individualmente considerada, mas sim como um ditame que visa garantir um modelo de produção, calcado na liberdade de iniciativa, em prol de toda a coletividade. A não-cumulatividade garante a neutralidade da tributação quanto ao modo de organização produtiva; com isso, incrementa a produtividade e promove o desenvolvimento nacional em favor de todos. Não nos aparenta, pois, compatível com a Constituição vigente ter o legislador a faculdade – e, portanto, ampla discricionariedade – para conceder benefícios em contrapartida de mitigações de preceitos dirigidos em favor da sociedade como um todo.

Merece destaque, ainda, que a concessão de benefícios está, geralmente, modulada pelo functor "permitido". Freqüentemente, o legislador tem apenas a faculdade de conceder benefício, ou seja, não está obrigado a fazê-lo.

Por mais razoável que possam ser isenções para a produção de automóveis a álcool – o que fundamenta a constitucionalidade de tal medida, caso implantada –, o legislador não está obrigado a outorgar o favor. Mais: após a concessão, pode revogá-lo.

Não é o caso do Simples Nacional. Há um dever constitucional dirigido ao legislador para implantar um regime tributário favorecido às empresas de menor porte. Apesar desse dever não ter sido estatuído por regra constitucional de eficácia plena, mas sim programática, seus efeitos não são equivalentes à atribuição de uma mera faculdade legiferante. As normas programáticas, na lição de José Afonso da Silva, apresentam força vinculante em relação a uma série de situações. Não conformam diretamente a conduta humana; para isso, é necessária a edição de lei. Assim, apesar da dicção constitucional que determina o estabelecimento de regime diferenciado, na ausência de lei, as empresas de menor porte não poderiam se socorrer do Poder Judiciário para garantir um tratamento tributário mais benéfico em relação ao estabelecido para as empresas em geral. No entanto, além das normas programáticas condicionarem a legislação futura (uma lei que fira o preceito programático deve ser inquinada de inconstitucional), uma vez editada a lei que atenda ao ditame, o legislador não poderá mais retroceder. Uma nova lei que revogue ou reduza os benefícios concedidos no regime do Simples Nacional, será inconstitucional, o que não ocorre na maioria dos casos de revogação de benefícios.

Ora, como acatar ser constitucionalmente legítima uma lei que, de um lado, dá cumprimento a uma determinação constitucional de favorecer as empresas de menor porte, mas, de outro, condiciona o benefício ao não aproveitamento de créditos e, desta forma, macula o preceito constitucional da não-cumulatividade?

O Simples Nacional, como vimos, visa dar cumprimento a normas programáticas, isto é, a regras constitucionais mediante as quais o constituinte não disciplinou diretamente o comportamento social, mas sim estipulou finalidades a serem perseguidas por todos os Poderes Públicos (Legislativo, Executivo e Judiciário). As regras programáticas podem ser classificadas em dois tipos: (i) aquelas prescritoras meramente de fins; e (ii) as mais minuciosas, que também determinam os meios a serem adotados para a consecução teleológica; estas, nas quais se enquadram as regras dirigidas ao estabelecimento do regime favorecido, limitam ainda mais a discricionariedade legislativa.

Benefícios fiscais somente são válidos quando estabelecidos em razão de algum fim constitucional; e, uma vez concedidos, só poderão ser revogados se não compuserem o próprio meio estipulado pela Constituição para atingir o escopo perseguido.

Não é muito freqüente a Constituição determinar o instrumento para a realização teleológica, especialmente quando se trata de favores fiscais. Em geral, são estipulados apenas os fins; os meios ficam ao talante do Poder Legislativo, cuja margem discricionária é sobremaneira ampla para estabelecer, modificar e até revogar os mecanismos empregados para alcance dos intentos constitucionais. É, nesse caso, da competência privativa do Poder Legislativo analisar as condições histórico-culturais e, a partir desta avaliação, manejar os meios adequados que lhe estão disponíveis, inclusive suprimindo-os. Se, por exemplo, um determinado fim foi atingido satisfatoriamente, e não mais se justificar a manutenção do meio legalmente estabelecido, ele poderá ser revogado; e esta avaliação – repetimos – é da competência privativa do Legislativo. Não cabe intromissão de outros poderes.

Em algumas hipóteses, porém, o próprio meio é constitucionalmente fixado – compõe o programa estipulado pelo Texto Supremo –, o que não pode ser ignorado pelos poderes constituídos. Nesses casos, a Constituição estabelece um instrumento perene, uma vez estabelecido, de consecução e manutenção dos propósitos socioeconômicos mais elevados e, assim, não acata retrocessos legais.

A Constituição não meramente permite o estabelecimento de um sistema jurídico mais favorecido às empresas de menor porte; ela determina. Há, em geral, um amplo campo discricionário para o legislador infraconstitucional inovar em relação à concessão de incentivos fiscais, inclusive suprimindo-os. No entanto, tal discricionariedade não é irrestrita e, às vezes, apresenta-se sobremaneira limitada, como em relação ao recém-estabelecido Simples Nacional.

A discricionariedade, seja ela administrativa, legislativa, ou mesmo judicial, é essencialmente teleológica, vale dizer, deve perseguir os fins estatuídos; sob pena de cair o exercício do Poder na arbitrariedade. Evidentemente, o campo de atuação discricionária do Poder Legislativo é sobremaneira mais amplo que o do Executivo, em especial na seara tributária; ainda assim, deve o legislador perseguir as finalidades estatuídas na Carta que lhe atribui competência. Ademais, sob a justificativa de alcançar um determinado fim não pode estatuir regra que fira um outro igualmente relevante, se há outra solução legislativa oportuna que possa atender na mesma intensidade ambos os cânones constitucionais.

A Constituição é sobremaneira minuciosa para justamente conseguir equilibrar ações entre o modelo capitalista-liberal e o intervencionista-social. Tal esforço disciplinador não pode ser desconsiderado pelo legislador infraconstitucional. Não pode o Poder Legislativo estabelecer soluções que atendam a um modelo, mas atentem contra o outro. A tributação simplificada, que apresenta nítidos escopos extrafiscais num sentido intervencionista, não pode mitigar as regras que garantem a manutenção da moldura liberal-capitalista do regime jurídico constitucional-tributário. A não-cumulatividade não pode ser enfraquecida ao se estabelecer a tributação diferenciada, sob o fundamento de que se trata de um regime opcional para o particular.

Os entes públicos freqüentemente atentam contra os ditames maiores da ordem jurídica. Apesar das minuciosas determinações constitucionais, que apontam diretrizes a todas as esferas de poder; não raro, os poderes constituídos as ignoram em total afronta à Constituição.

Um claro exemplo disso foi a recente regulamentação do processo administrativo de restituição de parcelas pagas a maior ou indevidamente do Simples Nacional promovida pelo Comitê Gestor. A Constituição determina o estabelecimento de um sistema favorecido, desce a minúcias para determinar algumas de suas características, dentre as quais, o recolhimento unificado e centralizado e o cadastro único de contribuintes. Em sintonia com esse modelo simplificador, a Lei Complementar n. 123/2006 prescreve também a unificação das obrigações acessórias. A instância administrativa, contudo, ao exercer a competência delegada pela lei complementar para disciplinar o processo de restituição de quantias, determinou que os contribuintes devem requerer a cada um dos entes políticos a respectiva parcela recebida indevidamente. Evidentemente, em muitas situações, essa disciplina não só dificulta, mas inviabiliza economicamente a repetição do indébito. Uma prestadora de serviço, por exemplo, com dez filiais em Municípios diversos, deverá, para reaver integralmente o que pagou a maior, promover um pedido à União e outra dezena, um para cada Município. Flagrantemente, o procedimento adotado viola as diretrizes constitucionais e legais de simplificação.

Há uma tendência dos poderes instituídos a adotarem procedimentos mais cômodos para a Administração Pública em total desarmonia com os escopos constitucionais. A *preguiça executiva* e a *letargia legiferante* são indulgentes com agentes públicos e políticos, em detrimento das minuciosas diretrizes constitucionais que visam à harmonização de relevantes ideais político-ideológicos.

O Legislativo, na sua função legiferante, e o Executivo, na sua regulamentar, devem, ainda que isso exija enorme esforço cognitivo, editar normas mais bem elaboradas de forma a compatibilizar as mais diversas diretrizes constitucionais. O legislador, ao mesmo tempo que estabelece a tributação simplificada, não pode deixar de atender ao critério da não-cumulatividade do IPI; o Poder Executivo, ao receber uma função de regulamentar o processo de restituição, não pode ignorar o preceito informador de todo o sistema favorecido, que é o de simplificar obrigações e procedimentos, em especial, pela sua unificação. As regras – legais e infralegais – não podem atentar contra os ditames teleológicos superiores.

A tarefa de conformar as condutas sociais em atenção a múltiplas finalidades, em harmonia com valores e ideologias aparentemente antagônicos, é sobremaneira difícil e exige enorme esforço lingüístico. Mas é justamente em razão disso que, apesar de minuciosa, a Constituição delegou essa tarefa ao legislador infraconstitucional.

Deve, assim, o legislador, não se deixar levar pelo comodismo, nem por uma visão unipolar. Está obrigado, ao exercer seu papel legiferante, a criar regras que atendam não a um, mas a todos os ditames constitucionalmente estabelecidos dirigidos para aquela específica seara social.

Se tanto esforço teve o constituinte para estabelecer um modelo constitucional dirigente de forma a compatibilizar as mais variadas tendências políticas, não pode o legislador menoscabar esta hercúlea tarefa por meio de leis monocromáticas.

A não-cumulatividade mediante a compensação de créditos não guarda qualquer exceção constitucional – pelo menos para o imposto sobre produtos industrializados (para o ICMS há uma ressalva). Assim, sob que justificativa poderia uma lei complementar, apenas em razão do estabelecimento de um regime favorecido, cuja implantação é obrigatória, proibir o aproveitamento e transferência de créditos?

Possivelmente, por equívoco, não vislumbrou mecanismo legal capaz de implantar o regime favorecido e, ao mesmo tempo, preservar a compensação de créditos.

Evidentemente, aqueles agentes que estão no meio da cadeia de produção e circulação, ficam, na prática, inviabilizados de optar pelo regime. Para poderem concorrer com as demais empresas, necessitam vender seus produtos a preços inferiores, o que se torna bastante difícil, já que no custo do seu produto estará embutido o montante do tributo recolhido nos elos anteriores da cadeia produtiva.

Poder-se-ia contra-argumentar, contudo, que as empresas teriam condições de praticar um preço suficientemente inferior e, com isso, compensar economicamente a não transferência de crédito para o cliente, em razão de se beneficiarem de reduções de custo decorrentes da própria simplificação de obrigações e reduções de outros encargos tributários. Todavia, o escopo constitucional do regime é justamente *favorecer*; é fomentar o implemento de novas pequenas empresas e possibilitar o seu crescimento por meio da redução de encargos, já que elas, em razão de sua diminuta dimensão econômica, operam com custos superiores aos de empresas de maior porte econômico, que, dentre outros tantos ganhos de escala, são capazes de adquirir insumos em grande quantidade e, portanto, por menor preço.

A proibição da compensação de créditos, por acarretar um efeito cumulativo, torna o preço dos bens, elaborados em cadeias produtivas compostas por optantes pelo Simples Nacional, mais onerados pelo IPI e pelo ICMS que aqueles confeccionados em cadeias formadas por agentes não tributados sob o regime simplificado. Macula-se, assim, o preceito constitucional da não-cumulatividade e, conseqüentemente, a neutralidade que deve permear esses impostos.

Curiosamente, através do ato interpretativo (Ato Declaratório Interpretativo RFB n. 15/2007), assim se manifestou a Receita Federal do Brasil em relação ao PIS e à COFINS:

> As pessoas jurídicas sujeitas ao regime de apuração não-cumulativa da contribuição para o PIS/PASEP e da Contribuição para o Financiamento da Seguridade Social (COFINS), observadas as vedações previstas e demais disposições da legislação aplicável, podem descontar créditos calculados em relação às aquisições de bens e serviços de pessoa jurídica optante pelo Regime Especial Unificado de Arrecadação de Tributos e Contribuições devidos pelas Microempresas e Empresas de Pequeno Porte (Simples Nacional), instituído pelo art. 12 da Lei Complementar n. 123, de 14 de dezembro de 2006.

Para essas contribuições, em relação às quais não há dicção constitucional que determine o regime não-cumulativo (o § 12º do art. 195 apenas facultou o seu estabelecimento e não determinou precisamente os seus contornos), foi garantido o aproveitamento de créditos. Já em relação ao IPI e ao ICMS, cujo regime deve – e não apenas pode – ser não-cumulativo, fica proibida toda e qualquer compensação.

A razão dessa interpretação foi a sistemática adotada por lei para garantir a não-cumulatividade do PIS e da COFINS, que é diferente da adotada para o IPI e ICMS. Em relação às contribuições, o legislador implantou a não-cumulatividade num regime similar à tributação sobre o valor agregado. Independentemente do insumo adquirido ou de quem se comprou, o contribuinte tomará como crédito um valor calculado por meio da aplicação de um percentual sobre o preço das suas entradas, equivalente à alíquota aplicada sobre as suas saídas. Assim, não haveria de se falar em "transferência de créditos", mas sim de "apropriação interna".

Nada mais incoerente sob a ótica constitucional. Como podem dois impostos, cuja não-cumulatividade é imposta pela Constituição, ter este preceito extirpado por lei, enquanto nas contribuições é plenamente atendido, apesar de não ser determinado pela Carta Suprema?

Não há dúvidas de que a solução legislativa fere frontalmente várias disposições constitucionais; o Simples Nacional não foi estabelecido pelo legislador com base na sua ampla discricionariedade, mas sim instituído para atender um ditame instrumental expresso. Ademais, a Constituição não autoriza exceções ao primado da não-cumulatividade relativamente ao IPI, e a única ressalva dirigida ao ICMS em nada diz respeito ao regime favorecido para as ME e EPP. Mas, então, qual solução judicial deveria ser adotada para corrigir esse desvio legal? Deveria, simplesmente, ser declarada a inconstitucionalidade, com redução de texto, do dispositivo da lei complementar que veda o aproveitamento e o repasse de créditos?

Se o referido dispositivo fosse legalmente suprimido ou declarado inconstitucional em controle abstrato, sem maiores ressalvas, haveria violação da seletividade (pelo menos em relação ao IPI, já que esse critério não é constitucionalmente obrigatório, mas apenas facultativo, para o ICMS).

Na venda a consumidor final, no caso do ICMS, e a não contribuintes, no caso do IPI, praticamente toda a arrecadação ao longo da cadeia seria devolvida. Tudo o que houvesse sido recolhido nos elos anteriores em valor superior à parcela do ICMS e do IPI seria restituído, e tais impostos onerariam os produtos, não em razão de sua essencialidade, mas sim em função do porte da empresa optante, o que não atende ao preceito constitucional da seletividade.

Os tributos seletivos se caracterizam pela variação da alíquota em função do tipo de produto e, assim, permitem ao Estado modificar as relações de produção – o que e quanto produzir. A seletividade da tributação – ao contrário da não-cumulatividade – é tipicamente um primado intervencionista-social; por seu intermédio são modificadas as esperadas decisões das empresas na liberdade absoluta de mercado. Esse princípio permite ao Poder Público conduzir as forças da oferta e procura e, destarte, levar os agentes econômicos a produzirem mais determinados bens em detrimento de outros e, inversamente, reduzir o preço daqueles e aumentar destes.

Para ficarmos num único exemplo, a seletividade promove a redução dos preços de alimentos, não apenas na razão direta da desoneração dos tributos que sobre eles incidiriam caso a alíquota fosse uniforme, mas também pelo incremento da tributação de outras mercadorias menos essenciais, que com os alimentos concorrem pelos mesmos insumos de produção (mão-de-obra, terra, energia, etc.); há um duplo efeito, portanto.

Esse princípio – assim como a não-cumulatividade – também não guarda ressalvas para o IPI; e, apesar de facultativo para o ICMS, não deve ser mutilado de forma injustificada.

Se fosse permitido o aproveitamento de créditos pelos optantes do Simples Nacional que se localizam no elo final da cadeia de contribuintes (para o ICMS, quem vende a consumidor final; para o IPI, o último industrial), produtos supérfluos teriam uma tributação significativamente menor que outros essenciais, mas produzidos por empresas não agraciadas pelo regime favorecido. Assim, na situação analisada, isto é, na última operação de um ciclo produtivo submetido à incidência do IPI ou do ICMS, a solução legislativa pela vedação respeita a seletividade, e sem macular a não-cumulatividade, pois, apesar do valor total da operação ser adotado como base de cálculo, a vedação ao aproveitamento de créditos é mais que compensada pelo diminuto percentual da alíquota aplicada (no caso do IPI, por exemplo, é de apenas 0,5%).

Já, nos elos intermediários, como vimos, a vedação fere vigorosamente a não-cumulatividade e, de certa forma, viola também a própria seletividade. Afinal, em razão do efeito cumulativo resultante da proibição ao aproveitamento e transmissão de créditos, produtos essenciais poderão ser mais onerados pelo IPI e pelo ICMS que bens supérfluos fabricados em cadeias não-cumulativas. Nesse caso, a pura e simples supressão da vedação resolveria o problema (seriam atendidos plenamente os dois princípios), mas geraria outro. Seguramente, em razão da enorme diferença entre os percentuais do IPI e do ICMS componentes das parcelas do Simples Nacional e as alíquotas do regime geral, a grande maioria dos favorecidos pela tributação simplificada acumularia, após a devida compensação, saldo de créditos, o qual só poderia ser aproveitado por meio do ressarcimento. Seria, assim, imposto à administração fazendária um enorme encargo de devolver valores a, provavelmente, dezenas ou centenas de milhares de pequenos industriais e varejistas. Esse ônus, a que nos referimos, não é o montante a ser ressarcido, mas sim os gastos com a manutenção de recursos humanos e materiais necessários ao desempenho de uma fiscalização capaz de evitar fraudes no deferimento das quantias pleiteadas. Possivelmente, esse custo administrativo rivalizaria com o próprio montante a ser ressarcido.

É decorrência do princípio constitucional da eficiência dirigido à Administração Pública (art. 37), que os gastos para gerir um determinado tributo devem ser sobremaneira pequenos em relação à receita que a exação proporciona. A simplificação tributária para os sujeitos passivos não deve, se possível, implicar um sobrepeso às funções administrativas desempenhadas pelo Poder Público. Em última análise, o aumento da atividade estatal implica, em contrapartida, a necessidade do incremento da arrecadação tributária para custeá-lo; assim, se desnecessário, viola o compromisso constitucional, não só com o modelo de Estado mínimo de cunho liberal, mas também com o de Estado assistencialista de viés social, cujas receitas devem preferencialmente ser empregadas para suprir os menos afortunados dos direitos necessários ao desenvolvimento da personalidade humana.

### *6. Propostas*

É inconstitucional proibir a apropriação e a transferência de créditos relativos ao IPI e ao ICMS para os optantes do regime favorecido, quando realizam operações no meio da cadeia de produção e comércio. Todavia, a mera revogação legislativa ou invalidação judicial da vedação só atenderia os preceitos constitucionais, se outra menos onerosa e, portanto, mais eficiente para o aparato público fosse inviável. Assim, devem ser analisadas as principais alternativas.

Uma delas é permitir aos adquirentes de produtos comercializados pelos optantes da tributação simplificada se apropriarem de um crédito equivalente ao montante dos impostos recolhidos nas etapas anteriores. Essa solução, porém, traz uma nova questão: como determinar esse valor? Se a alíquota fosse uniforme (como no caso do PIS e da COFINS), bastaria aplicá-la sobre o preço das aquisições e assumir o resultado como crédito; como não são, há duas possibilidades a serem verificadas: (i) aplicar a relativa ao bem vendido e (ii) aplicar a alíquota relativa ao próprio insumo adquirido (vale ressaltar que estas alíquotas não são necessariamente as mesmas sequer na simples comercialização de mercadorias em razão das operações de compra e venda ocorrerem em dias diferentes e, portanto, serem passíveis de sofrer a incidência de leis vigentes diversas).

A primeira possibilidade foi rechaçada pelo STF ao julgar a constitucionalidade do reconhecimento de crédito presumido de IPI pelos adquirentes de insumos não-tributados ou tributados a alíquota zero. Segundo o entendimento que prevaleceu, ao tomar a alíquota de outro produto para reconhecer um crédito na aquisição de bem diverso, o Judiciário exerceria o papel de legislador positivo, o que lhe é vedado em razão do Cânone da Separação dos Poderes.

Apesar de não comungarmos totalmente com o preceito de ser vedado ao Judiciário agir como Legislador Positivo (militamos a posição de que a atuação positiva pode ser exercida pelo juiz, desde que em suplementação ao exercício da competência que lhe é própria – a de legislador negativo – a fim de recompor a coerência da ordem jurídica após a supressão de alguma de suas partes), consideramos acertada a decisão por outra razão. Caso fosse decidido o reconhecimento de crédito segundo esse critério, o IPI e o ICMS assumiriam o caráter de tributo sobre o valor agregado, o qual, apesar preservar a não-cumulatividade, macula a seletividade. Para diminuir drasticamente a incidência desses impostos sobre produtos com elevada alíquota, bastaria aos agentes econômicos reorganizar sua produção de forma a reduzir o valor agregado na última etapa.

Já a segunda alternativa (adotar a alíquota do próprio bem adquirido) não fere o preceito adotado pela Corte Excelsa de vedação ao papel de legislador positivo (aliás, em razão disso, o próprio STF já decidiu pelo reconhecimento de crédito presumido no caso de aquisição de insumos isentos), mas continua a macular a seletividade pela mesma razão acima explanada.

Apesar de essa última alternativa ter um potencial menor para ferir a seletividade que a primeira, não podemos desprezá-lo. Dessa sorte, não consideramos constitucional qualquer dos métodos de reconhecimento de créditos. Há, contudo, mais uma possibilidade a ser analisada.

O inciso I, parágrafo único, art. 146, da Constituição Federal, prescreve que o regime único de arrecadação instituído por lei complementar "será opcional para o contribuinte".

Esse dispositivo foi seguramente inserido no patamar mais elevado de nosso sistema jurídico com o fito de estabelecer uma *garantia* contra o estabelecimento de regimes de tributação que, sob a aparência da concessão de favor por meio de uma generalizada simplificação, venham a encobrir formas mais onerosas de tributar ao serem concretamente aplicados; e como garantia, portanto, deve ser interpretado, vale dizer, em prol do contribuinte.

Ademais, a norma programática original, estampada no art. 179 da Constituição Federal, determina aos entes tributantes *incentivar* a micro e pequena empresa por meio da simplificação, redução ou até eliminação de suas obrigações tributárias. Ou seja, há um programa originário para que cada entidade política promova desonerações dos seus respectivos tributos. Evidentemente, não poderia um Estado impor, sob qualquer justificativa (como já ser a empresa beneficiada por um regime de tributos federais), um regime simplificado do ICMS para as ME e EPP, que redundasse em ônus maior para o contribuinte. No entanto, o Simples Nacional apresenta justamente essa característica. Para se favorecer com a redução de tributos federais, as empresas devem freqüentemente se submeter a um regime mais gravoso em relação ao ICMS em razão da vedação à compensação de créditos. Não podemos perder de vista, porém, que o Simples Nacional foi instituído com base na competência legislativa discriminada pela Emenda Constitucional n. 42/2003 justamente com a finalidade de conferir maior eficácia à regra programática do art. 179. Assim, não pode instaurar um regime unificado com características prejudiciais às empresas de pequeno porte em relação ao conjunto dos regimes particulares estabelecidos (ou que deveriam ser estabelecidos) por cada ente político.

Por tudo isso, consideramos também inconstitucional o formado tudo-ou-nada do Simples Nacional. Aos contribuintes deve ser conferida a faculdade, não só de optarem pelo regime, mas também pelos tributos isoladamente considerados (ou, ao menos, por grupos de tributos; federais, estaduais e municipais). Unificação de regime, em face de todo o exposto, não pode ser interpretada como vinculação em prejuízo dos contribuintes.

Assim, em verdade, não mereceria repúdio o dispositivo em si que veda o aproveitamento e a transferência de créditos, caso o regime fosse facultativo por tributo. Evidentemente, nenhuma pessoa optaria por um determinado regime se, no seu caso particular, redundasse num ônus maior. A violação está na comunhão entre a regra proibitiva e a vinculação entre os regimes simplificados dos vários tributos.

Para afastar essa comunhão, basta eliminar um dos seus termos. Todas as alternativas dirigidas estritamente ao primeiro (invalidá-lo e conferir créditos presumidos) ferem pelo menos uma das diversas matrizes constitucionais do Regime Jurídico Tributário.

Dessarte, a solução exige um novo traçado, isto é, a declaração de inconstitucionalidade da vinculação entre os diversos impostos e contribuições inseridos no regime unificado e, com isso, permitir aos contribuintes optarem por tributo.

Como a própria lei complementar define a alíquota do Simples Nacional a partir da soma de alíquotas-parcela relativas a cada um dos tributos abarcados pelo regime (por exemplo, a alíquota de 7,34% sobre receitas da venda de produtos industrializados pelo próprio optante é composta por 0,31% de IRPJ, 0,31% de CSLL, 0,95% de COFINS, 0,23% de PIS, 2,71% de contribuição previdenciária, 2,33% de ICMS e 0,50% de IPI), bastaria determiná-la por meio dos percentuais relativos aos tributos para os quais o sujeito passivo optasse (ainda no mesmo exemplo, um optante por todos os tributos, exceto IPI e ICMS, recolheria o Simples com base na alíquota de 4,51%). Os tributos não submetidos à opção permaneceriam sujeitos às regras do respectivo ente político (o IPI e o ICMS, no exemplo, seriam recolhidos normalmente com base nas alíquotas de cada produto após a devida compensação de créditos). Essa solução, além de atender a plenitude todos os ditames constitucionais, não necessita de adições ao texto legal e, porquanto, de qualquer atuação do Poder Judiciário como Legislador Positivo.[2]

2. Aliás, em razão disso, foi a interpretação adotada pelo próprio Comitê Gestor do Simples Nacional ao regulamentar a tributação de receitas imunes a determinados tributos: "Sobre a parcela das receitas sujeitas a imunidade, serão desconsiderados os percentuais dos tributos sobre os quais recaia a respectiva imunidade, conforme o caso" (art. 14 da Resolução CGSN n. 5/2007).

# O ATUAL REGIME DO IPI SOBRE OS CIGARROS

OSWALDO OTHON DE PONTES SARAIVA FILHO

Procurador da Fazenda Nacional de Categoria Especial. Consultor da União. Professor de Direito Financeiro e de Direito Tributário da Universidade Católica de Brasília-UCB

*1. Introdução. 2. A juridicidade do regime especial do IPI sobre os cigarros. 3. Conclusão.*

## *1. Introdução*

Têm começado a surgir, perante o Judiciário, questões relativas à juridicidade do art. 1º da Lei n. 7.798, de 10 de julho de 1989, e, sobretudo, do art. 153, do Regulamento do IPI – Decreto n. 4.544, de 26 de dezembro de 2002 –, e da própria norma revogada do art. 1º do Decreto n. 3.070, de 27 de maio de 1999, que substituíram a sistemática de alíquota, antes do decreto de 1999, de *ad valorem*, para alíquota específica, passando a incidir certa quantia por unidade(s) de produto – "vintena de cigarros", sob a alegação de suposta ofensa ao art. 5º, inciso II; ao art. 146, III, alínea *a*; ao art. 150, I; e ao art. 153, §§ 1º e 3º, inciso I, da Constituição Federal.*

São as seguintes as argumentações, que vêm sendo utilizadas no sentido de que a alteração do regime de alíquota do IPI sobre os cigarros teria violado a Constituição Federal:

a) por ausência de lei impondo limites e condições ao Poder Executivo para alterar referida alíquota (§ 1º do art. 153, CF/1988);

b) pelo uso de decreto, em vez de lei complementar, para a alteração da base de cálculo do IPI (art. 146, III, *a*, CF/1988);

c) por descuramento ao critério da seletividade (art. 153, § 3º, I, CF/1988);

d) por violação ao princípio da legalidade (art. 5º, II; e art. 150, I, CF/1988), e ao princípio da igualdade tributária (art. 150, II, da CF/1988);

e) por inobservância ao princípio da capacidade contributiva (art. 145, § 1º, da CF/1988).

## *2. A juridicidade do regime especial do IPI sobre os cigarros*

Cumpre notar que o regime de alíquota dos impostos, discriminados na Consti-

* O Partido Humanista da Solidariedade – PHS – ajuizou ação direta de inconstitucionalidade n. 4.061, tendo o autor deste artigo elaborado as informações, prestadas ao STF pelo senhor Presidente da República.

tuição Federal, não está sujeito à disciplina de lei complementar.

De fato, o preceptivo do art. 146, *caput*, inciso III, alínea *a*, da Constituição de 1988, restringe o cabimento de lei complementar apenas quanto à definição dos fatos geradores, bases de cálculo e contribuintes dos impostos no texto constitucional discriminados.

A seu turno, Constituição revogada não exigia lei complementar para definir as bases de cálculo dos impostos, muito menos para estabelecer suas alíquotas.

O Decreto-lei n. 34, de 1966, estabelecia base de cálculo especial para os cigarros como sendo o preço de venda no varejo, tendo entrado em vigor em 1º de janeiro de 1967, precisamente na mesma data da entrada em vigor da Lei n. 5.172, de 1966 – Código Tributário Nacional (art. 218).

Posteriormente, o art. 4º, inciso I, do Decreto-lei n. 1.593/1977, manteve como base de cálculo especial dos cigarros o *preço de venda no varejo*, considerado o valor tributável, incidindo percentual sobre ele, no momento da saída do produto do estabelecimento industrial ou equiparado, tudo em perfeita harmonia com o art. 21, incisos I e V da Constituição Federal de 1967, então em vigor.

De modo que até 1º de junho de 1999, data da entrada em vigor do Decreto n. 3.070/1999, o IPI incidiu sobre o preço de venda no varejo, sendo o valor tributável calculado como um percentual do mesmo. A partir do referido Decreto n. 3.070/1999, aboliu-se pela primeira vez a sistemática de tributação dos cigarros sobre um valor percentual calculado sobre o preço de venda no varejo, adotando-se o regime de bases fixas ou específicas, entretanto tal decreto (art. 1º), como, também, o atual Regulamento do IPI estão amparados na Lei n. 7.798, de 10 de julho de 1989.

Transcreva-se o art. 1º do Decreto n. 3.070/1999:

> Art. 1º. Os cigarros classificados no código 2402.20.00 da TIPI, aprovada pelo Decreto n. 2.092, de 10 de dezembro de 1996, ficam sujeitos ao Imposto sobre Produtos Industrializados-IPI fixado em reais por vintena, conforme Anexo, *de acordo com o disposto no art. 1º da Lei n. 7.798, de 10 de julho de 1989.*

Assim, é o art. 1º da Lei n. 7.798, de 1989, que dá base legal à alíquota especial específica do IPI sobre os cigarros, e, conseqüentemente, confere supedâneo legal ao art. 153 do Decreto n. 4.544, de 2002, e ao art. 1º, do Decreto n. 3.070, de 1999, cumprindo repisar que a Carta Política, de 1988, não exige, como também o Estatuto Político revogado não exigia, lei complementar para definir alíquotas de impostos discriminados nas respectivas Constituições.

Transcrevam-se as normas do art. 1º da Lei n. 7.798, de 10.7.1989, e do art. 153, do Decreto n. 4.544, de 26.12.2002, que regulamenta a tributação, fiscalização, arrecadação e administração do Imposto sobre Produtos Industrializados-IPI:

> *Lei n. 7.798, de 10 de julho de 1989*:
>
> Art. 1º. Os produtos relacionados no Anexo I desta Lei estarão sujeitos, por unidade, ao Imposto sobre Produtos Industrializados-IPI fixado em Bônus do Tesouro Nacional-BTN, conforme as classe constantes do Anexo II.
>
> *Decreto n. 4.544, de 26 de dezembro de 2002*:
>
> Art. 153. Os produtos de fabricação nacional, classificados no código 2402.20.00 da TIPI, ficam sujeitos ao imposto fixado em reais, por vintena, conforme estabelecido na NC (24-1) da TIPI.

Já a base de cálculo geral do IPI, constante no art. 47 do CTN (o preço normal e os acréscimos legais no caso de importação, e o valor da operação de que decorrer a saída da mercadoria), e a base de cálculo especial do IPI dos cigarros (preço de venda no varejo), prevista no Decreto-lei n. 34, de 1966, coexistem de forma harmoniosa, tanto em relação à Constituição pretérita (1967/1969), quanto no que concerne a Constituição Federal de 1988.

De fato, a base de cálculo especial ou específica do IPI dos cigarros, da mesma forma das normas gerais sobre legislação tributária da Lei n. 5.172/1966, inclusive a base de cálculo geral do IPI, ambas foram recepcionadas pela atual Constituição da República com o *status* de lei complementar.

Esta linha exegética tem se assentado no âmbito do Excelso Supremo Tribunal Federal, conforme demonstra, a título ilustrativo, a Ementa do Acórdão abaixo transcrita:

*STF, 2ª Turma – RE 90.471-MG*

Ementa: *Fato gerador do Imposto de Importação em se tratando de mercadoria para consumo e "entrepostada".* Não é desarrazoada a interpretação de que, em tais hipóteses, se aplica o art. 23 do Decreto-lei n. 37/1966, não se podendo afastá-lo sob o fundamento de ser o CTN lei complementar, uma vez que ambos – o CTN e o Decreto-lei n. 37/1966, que lhe é posterior – entraram em vigor anteriormente à Constituição de 1967, sendo, portanto, leis ordinárias que, no tocante as normas gerais de direito tributário (o que sucede com as que definem fato gerador), passaram a considerar-se como leis complementares a partir da vigência daquela Constituição. Aplicação da Súmula 400. Inexistência de dissídio de jurisprudência alegado no recurso. Recurso extraordinário não conhecido (*RTJ* 93-03/1.269).

No que tange às condições e aos limites para que lei ordinária altere as alíquotas específicas do IPI dos cigarros, cumpre mencionar que a Lei n. 8.218/1991 facultou competência ao Ministro de Estado da Fazenda, para modificar tais valores do IPI então vigentes, fixados com base no regime instituído pela Lei n. 7.798/1989, desde que tais alterações fossem feitas até o limite que correspondesse ao que resultaria da aplicação da alíquota *ad valorem* sobre o valor tributável, tendo em vista, sempre, o comportamento do mercado na comercialização desses nefastos produtos.

Transcreva-se da Lei n. 8.218, de 29 de agosto de 1991:

Art. 1º. Os valores do Imposto sobre Produtos Industrializados dos produtos dos Capítulos 21 e 22 da Tabela de Incidência do Imposto sobre Produtos Industrializados-TIPI, de que tratam os arts. 1º, 2º e 3º da Lei n. 7.798, de 10 de julho de 1989, *vigentes nesta data*, fixados em cruzeiros, *poderão* ser alterados pelo Ministro da Economia, Fazenda e Planejamento, tendo em vista o comportamento do mercado na comercialização desses produtos.

Desta forma, além de ter sido uma faculdade atribuída ao Ministro da Fazenda, o comando legal referia-se aos valores de IPI vigentes àquela data. O regime de tributação dos cigarros por alíquota específica, baseado na Lei n. 7.798/1989, e implementado pelo Decreto n. 3.070 somente vigorou a partir de 1999, tendo sido alteradas as alíquotas sempre por meio de Decreto.

Neste ponto, insta, inicialmente, ressaltar que a jurisprudência mansa e pacífica de nossa augusta Corte Constitucional, quanto à interpretação do art. 153, § 1º, da Constituição brasileira, de 1988, é no sentido de que a lei competente para estabelecer as condições e os limites para que o Poder Executivo possa alterar as alíquotas de determinados impostos, dentre eles o IPI, é a lei ordinária; e que o Chefe do Poder Executivo não é a única autoridade autorizada a editar ato normativo modificando tais alíquotas, já que o texto constitucional se refere, de modo amplo, ao "Poder Executivo", e não apenas ao "Presidente da República" ou "Chefe do Poder Executivo". Transcrevam-se, a título exemplificativo, algumas Ementas de Acórdãos do Supremo Tribunal Federal neste diapasão:

*STF, 1ª Turma – RE 225.655-PB*

Ementa: *Tributário. Imposto de Importação. Alíquotas majoradas pela Portaria Ministerial n. 201/1995. Faculdade do art. 153, § 1º, da Constituição Federal.* Inexistência de norma constitucional, ou legal, que estabeleça ser a faculdade do dispositivo constitucional sob enfoque de exercício privativo do Presidente da República. Limites e condições da alteração das alíquotas do Imposto de Importação estabelecidas por meio de lei ordinária, como exigido pelo referido dispositivo constitucional, no caso, pelo art. 3º da Lei n. 3.244/1957. Inteiro descabimento da exigência de motivação do ato pelo qual o Poder Executivo exerce a faculdade em apreço, por óbvio o objetivo de ajustar as alíquotas do imposto aos objetivos da política cambial e do comércio exterior (art. 21 do CTN). Recurso conhecido e provido (*DJ* 28.4.2000, p. 96).

STF, Plenário – RE 225.602-CE

Ementa: *Constitucional. Tributário. Importação: alíquotas: majoração por ato do Executivo. Motivação. Ato. Imposto de Importação: fato gerador. CF, art. 150, III, "a" e art. 153, § 1º*. I – Imposto de importação: alteração das alíquotas, por ato do Executivo, atendidas as condições e os limites estabelecidos em lei: CF, art. 153, § 1º. A lei de condições e de limites é lei ordinária, dado que a lei complementar somente será exigida se a Constituição, expressamente, assim determinar. No ponto, a Constituição excepcionou a regra inscrita no art. 146, II. II – A motivação do decreto que alterou as alíquotas encontra-se no procedimento administrativo de sua formação, mesmo porque os motivos do decreto não vêm nele próprio. III – Fato gerador do imposto de importação: a entrada do produto estrangeiro no território nacional (CTN, art. 19). Compatibilidade do art. 23 do DL n. 37/1966 com o art. 19 do CTN. Súmula 4 do antigo TFR. IV – O que a Constituição exige, no art. 150, III, "a", é que a lei que institua ou que majore tributos seja anterior ao fato gerador. No caso, o decreto que alterou as alíquotas é anterior ao fato gerador do Imposto de Importação. V – RE conhecido e provido (*RTJ* 178-01/428).

*STF, Pleno – RE 224.285-CE*

Ementa: *Recurso extraordinário. Constitucional. Tributário. Imposto de Importação. Majoração de alíquota. Decreto. Ausência de motivação e inadequação da via legislativa. Exigência de lei complementar. Alegações improcedentes*. 1. A lei de condições e limites para a majoração da alíquota do imposto de importação, a que se refere o art. 153, § 1º, da Constituição Federal, é a ordinária, visto que lei complementar somente será exigida quando a Norma Constitucional expressamente assim o determinar. Aplicabilidade da Lei n. 3.244/1957 e suas alterações posteriores. 2. Decreto. Majoração de alíquotas do imposto de importação. Motivação. Exigibilidade. Alegação insubsistente. A motivação do decreto que alterou as alíquotas encontra-se no procedimento administrativo de sua formação. 3. Majoração de alíquota. Inaplicabilidade sobre os bens descritos na guia de importação. Improcedência. A vigência do diploma legal que alterou a alíquota do Imposto de Importação é anterior à ocorrência do fato gerador do Imposto de Importação, que se operou com a entrada da mercadoria no território nacional. Recurso extraordinário conhecido e provido (*DJ* 28.5.1999, p. 26).

Ademais, o art. 153, § 1º, da Constituição, não impõe critério de fixação ou de alteração de alíquota, podendo, perfeitamente, esta modificação ocorrer em percentual, ou com graduação do *quantum* do imposto (alíquota específica) dentro de certos parâmetros, desde que observados, como sucede no caso vertente, as condições e limites estabelecidos em lei ordinária federal.

Enfatize-se que, no caso dos Decretos ns. 3.070/1999 e 4.544/2002, os valores fixados, por eles, situam-se aquém do limite estabelecido pela Lei n. 8.218/1991, limite este constituído pelo que resultaria da aplicação da alíquota a que o produto estiver sujeito na TIPI sobre o valor tributável.

Outrossim, o art. 153 do Decreto n. 4.544/2002 e o art. 1º do Decreto n. 3.070/1999 observam as condições da Lei n. 8.212/1999, quanto ao comportamento do mercado na comercialização desses produtos de uso nada recomendável, sabido que são prejudiciais à saúde.

Insta transcrever a Ementa do Acórdão da 4ª Turma do Egrégio Tribunal Regional Federal da 2ª Região, Relator Desembargador Federal Luiz Antônio Soares, que, por votação unânime e com maestria, explicita a constitucionalidade do art. 1º do Decreto n. 3.070/1999 e, conseqüentemente, do próprio art. 153 do Decreto n. 4.544/2002:

*TRF-2ª R., 4ª Turma – AC 2000.51.01.030686-7*

Ementa: *IPI. Cigarros. Alteração da forma de cálculo pelo Decreto n. 3.070/1999. Constitucionalidade.*

1. Não procede a preliminar de não-conhecimento da apelação do Instituto Brasileiro de Ética Concorrencial, pois para a admissão da apelação deve existir o interesse de recorrer, que se caracteriza pela sucumbência (formal ou material) que, no caso, existiu.

2. O interesse jurídico, requisito necessário para o ingresso como assistente, no caso, não pode ser aferido pelos critérios do processo civil tradicional, de cunho nitidamente individualista, pois o processo trata de questões envolvendo direitos difusos. A titularidade dos direitos relativos à ordem econômica, pelo art. 1º, parágrafo único, da Lei n. 8.884/1994, é da coletividade. Ademais, a finalidade da entidade envolve a defesa dos referidos bens.

3. A sentença entendeu pela inconstitucionalidade do Decreto n. 3.070/1999, por entender que este operou a alteração da alíquota do IPI, na forma do art. 153, § 1º, da Constituição, sem que, contudo, existisse a lei referida no dispositivo constitucional, que estabelecesse os limites e condições de tal exercício.

4. A expressão alíquota pode ser aferida em uma acepção ampla ou estrita. Na estrita, corresponde ao percentual a ser aplicado sobre a base de cálculo, para a obtenção do *quantum* tributável. Na ampla, equivale ao próprio valor do tributo.

5. O termo "alíquota", previsto no § 1º do art. 153 da Constituição, está ali empregado em sentido amplo. Do contrário, teríamos hipóteses – e muitas – nas quais o Poder Executivo estaria tolhido quanto à utilização da faculdade estatuída pelo dispositivo constitucional. E estaria tolhido, inclusive, em situações nas quais a sua atuação é mais exigida, como nos impostos sujeitos ao princípio da seletividade (como o IPI), em que a forma de cálculo com base na alíquota em sentido amplo é mais utilizada.

6. Antes do advento do decreto impugnado, existia, a par de uma base de cálculo geral do IPI, também uma base de cálculo especial, aplicável aos cigarros. Sobre essa base (*preço de venda no varejo*) seria aplicada a alíquota (*percentual*), para a obtenção do valor do imposto. Desse modo, esse seria o limite a ser observado pelo Decreto n. 3.070/1999, quando da alteração da alíquota (em sentido amplo) do IPI. Esta deveria ser fixada, portanto, aquém desse limite.

7. Por outro lado, a condição para o exercício da faculdade prevista no art. 153, § 1º, da Constituição, é aquela prevista na Lei n. 7.798/1989, ou seja, "*o comportamento do mercado na comercialização do produto*".

8. Por conseguinte, existia o cenário necessário para o exercício da faculdade prevista no art. 153, § 1º, da Constituição, que foi validamente utilizada, já que obedeceu o limite da base de cálculo fixada pela legislação anterior, bem como a condição estatuída pela Lei n. 7.798/1989.

Ademais, não se pode olvidar que a questão é grave, pois o IPI representa 46% da carga tributária incidente sobre cigarros. Com o deferimento do pleito, a empresa autora comercializa os produtos abaixo dos custos de produção dos demais fabricantes, em prejuízo da livre concorrência, do erário e daqueles que cumprem com suas obrigações tributárias.

9. A situação da empresa autora merece cuidadoso exame, pois, conforme consta nos autos, a Comissão Parlamentar de Inquérito, instaurada pelo Congresso Nacional para apurar fatos relacionados à pirataria de produtos industrializados e à sonegação fiscal, concluiu que a autora está financiando seu crescimento no mercado com os recursos sonegados do Fisco. Isto não pode ser respaldado pelo Poder Judiciário.

10. Apelações e remessas providas.

Da doutrina, traga-se à colação trechos do magistério de Alberto Xavier, elaborado em 9 de outubro de 2000, que corroboram tudo o que foi dito até aqui e que reforçam a constitucionalidade do art. 1º do Decreto n. 3.070/1999 e do próprio art. 153 do Decreto n. 4.544/2002 (in "Constitucionalidade do regime de tributação do IPI sobre cigarros do Decreto n. 3.070/1999", publicado no livro intitulado *Tributação Específica*, São Paulo, Quartier Latin, 2007, pp. 21-56):

"Em face das considerações precedentes, fácil é concluir que, não sendo a base de cálculo dos tributos matéria reservada à competência exclusiva da lei complementar na sistemática da Constituição de 1967, as disposições do CTN que versam sobre esta matéria tiveram, durante a vigência dessa Constituição, o valor de simples leis ordinárias, livremente revogáveis por leis ordinárias supervenientes (Precedente do STF: ADC n. 1-DF, Rel. Min. Moreira Alves, in *RTJ* n. 156, p. 745).

"Era, pois, legítima, em face da Constituição Federal de 1967, a legislação do IPI sobre cigarros quando estabeleceu uma base de cálculo especial do imposto como sendo um percentual sobre o preço de venda no varejo e não o valor da operação na saída do estabelecimento industrial do fabricante. (...).

"Tanto a base de cálculo do IPI, constante do art. 47 do CTN, quanto à base de cálculo especial, em matéria de cigarros, constante da Lei n. 4.502/1964, adaptada pelo Decreto-lei n. 34/1966, que coexistiam harmonicamente numa relação de especialidade na ordem constitucional anterior, foram recepcionadas pela Constituição de 1988 por serem com esta inteiramente compatíveis.

"A referida recepção é claramente admitida no § 5º do art. 34 do ADCT, segundo o qual 'vigente o novo sistema tributário nacional, fica assegurada a aplicação da legislação anterior, no que não seja incompatível com ele e com a legislação referida nos § 3º e § 4º'.

"Não se diga que o art. 47 do CTN, pelo fato de ter sido alçado na nova Constituição à dignidade de lei complementar, teria revogado a base de cálculo especial do IPI sobre cigarros.

"Em primeiro lugar, porque a própria base de cálculo especial do IPI sobre cigarros, por versar matéria agora reservada à lei complementar, foi recepcionada na Constituição de 1988 também com o mesmo *status* da lei complementar da base de cálculo geral constante do CTN.

"Em segundo lugar, porque o conceito de revogação baseia-se numa relação de incompatibilidade superveniente, que não existe no caso concreto, eis que se está presente uma relação de *especialidade* entre uma norma geral e uma norma especial.

"Em terceiro lugar, porque só se pode falar em revogação quando entre duas fontes de direito existe uma relação de *hierarquia*, e uma relação de hierarquia não existe entre lei complementar e lei ordinária, como atrás se demonstrou. Também relação de hierarquia não existe entre a Lei n. 5.172/1966 (CTN) e a Lei n. 4.502/1964 (tal como adaptada pelo Decreto-lei n. 34/1966), ambas originariamente leis ordinárias guindadas ao *status* de lei complementar pela Constituição de 1988.

"O alcance da submissão da base de cálculo ao princípio da reserva de lei complementar operado pela Constituição de 1988, no que concerne à base de cálculo do IPI, seja geral, seja especial sobre cigarros, resume-se no seguinte: qualquer alteração da base de cálculo existente à data da entrada em vigor da Constituição não pode, de futuro, ser estabelecida, a não ser sob a forma de lei complementar.

"O fato de a Constituição anterior (1967) não exigir determinada forma (lei complementar) para regular certa matéria (base de cálculo), que passou a ser exigida pela Constituição posterior (1988), não transforma em inconstitucional a regulamentação anterior, em razão do princípio *tempus regit actum*, que conduz à inexistência de inconstitucionalidade formal superveniente.

"A regulamentação anterior permanece constitucionalmente legítima, sendo como tal recebida na nova Constituição. Simplesmente, qualquer modificação futura da regulamentação existente deve obedecer às regras da nova ordem constitucional, no que concerne à competência, forma e substância. (...).

"Tenha-se mais uma vez presente que o art. 153, § 1º da Constituição, atribui ao Poder Executivo a faculdade de alterar as alíquotas dos impostos que especifica nas condições e dentro dos limites estabelecidos em lei.

"Ora, tais condições e limites constam do art. 1º, § 1º da Lei n. 8.218, de 29 de agosto de 1991, inicialmente dirigida às bebidas, e hoje também aplicável aos cigarros após a inclusão destes na sistemática da Lei n. 7.798/1989.

"As *condições* consistem na necessária consideração do 'comportamento do mercado na comercialização destes produtos' (art. 1º, *caput*), e o limite é 'o que resultaria da aplicação da alíquota a que o produto estiver sujeito na TIPI sobre o valor tributável' (§ 1º), que no caso específico dos cigarros é um percentual sobre o preço de venda no varejo.

"Foi, pois, a Lei n. 8.218/1991 que, no caso específico dos produtos sujeitos ao regime da Lei n. 7.798/1989, confirmou que, numa sistemática de tributação expressa em termos fixos, a base de cálculo continua a desempenhar a sua função paramétrica de definir os limites máximos dentro do qual a tributação efetiva pode ocorrer. (...).

"O que o Decreto n. 3.070/1999 estabelece é a fixação do quantitativo de um imposto expresso em termos fixos para *aquém dos limites* correspondentes à aplicação das alíquotas existentes à base de cálculo especial do IPI sobre cigarros.

"A base de cálculo especial do IPI sobre cigarros (percentual do preço de venda no varejo) mantém-se ainda hoje idêntica àquela definida pela Lei n. 4.502/1964 (adaptada pelo Decreto-lei n. 34/1966) e que, como atrás detalhadamente se examinou, foi recepcionada tanto na Constituição de 1967 quanto na Constituição de 1988 e não é conflitante com a base de cálculo geral constante do CTN."

Vendo, agora, a questão por um outro ângulo, assim mesmo não tem razão os contestadores do atual regime tributário sobre os cigarros, isto porque, por outra exegese, o art. 146, *caput*, incisos I e III, ao conferir competência à lei complementar para estabelecer normas gerais em matéria de legislação tributária, não veda que os entes da Federação, dentro do seu peculiar interesse, estabelecesse normas específicas relativas a seus tributos por lei ordinária, tanto isto é verdade que a Constituição de 1988, confere, em regra, competência à lei ordinária para a instituição, aumento ou modificação de tributos.

Ademais, o apoio constitucional para o cabimento de normas específicas sobre a incidência do IPI sobre os cigarros decorre, além da competência da lei ordinária federal para instituir e disciplinar o IPI (CF/1988, art. 153, IV), e da competência do Poder Executivo para alterar as alíquotas desse imposto (CF/1988, art. 153, § 1º), do princípio da seletividade do imposto em função da essencialidade dos produtos (CF/1988, art. 153, § 3º, I) e do *múnus* estatal de proteger a saúde e a segurança da população (CF/1988, art. 196).

Em verdade, o campo precípuo reservado à lei complementar se restringe a melhor definir o âmbito de competência de cada ente tributante, de molde a obstar indesejáveis invasões de esferas do poder de tributar.

Nesse diapasão é o magistério de Roque Antonio Carrazza (in *Curso de Direito Constitucional Tributário*, 18ª ed., São Paulo, Malheiros Editores, 2000, p. 794): "deveras, o art. 146 da CF, se interpretado sistematicamente, não dá margem a dúvidas: *a competência para editar normas gerais em matéria de legislação tributária desautoriza a União a descer ao detalhe*, isto é, *a ocupar-se com peculiaridades da tributação de cada pessoa política*. Entender o assunto de outra forma poderia desconjuntar os princípios federativos da autonomia estadual e municipal e da autonomia distrital" (os destaques não constam no original).

Assim, mesmo que conceba que a base de cálculo geral do IPI foi recebida pela Carta Política de 1988 com o *status* de lei complementar, e que, contraditoriamente, o mesmo não teria sucedido com a legislação que fixou, para efeito de exigência do IPI, certo valor tomando como referencial o preço do produto ou da vintena de cigarros no varejo, mesmo assim, a constitucionalidade de tal legislação não seria abalada, considerando o disposto no art. 146, III, da vigente Constituição somente veio a exigir lei complementar em se tratando de norma geral, enquanto que a tributação, tida como fixa, a título de IPI, em função da variação do preço da vintena de cigarros provêem de normas especiais.

Abra-se um parêntese para mencionar que sempre se admitiu, como compatível com a Constituição e com lei complementar de normas gerais, a existência de tributação especial, como a tributação com base em valores fixos, como, por exemplo, é useiro e vezeiro nas taxas, ou a tributação sem levar em consideração os elementos tradicionais da obrigação tributária, mas com supedâneo em fato gerador presumido, com a fixação do valor do tributo com base em critério de estimativa, como sucede com a substituição tributária, com fundamento no art. 150, § 7º, da Carta Política de 1988 (STF, Tribunal Pleno, ADI n. 1.851-AL, *DJ* 22.11.2002, p. 55).

Esta linha de argumentação alternativa no sentido de admitir que lei ordinária da entidade tributante possa, sem afronta à lei complementar de normas gerais em matéria de legislação tributária, estabelecer normas específicas do seu peculiar interesse referente a tributo de sua competência, vem sendo acatada por nossa Corte Constitucional, cabendo transcrever, apenas a título exemplificativo, os seguintes trechos de Ementas de Acórdãos do Excelso Supremo Tribunal Federal:

*STF, 1ª Turma – AI-AgR 279.645-MG*

Ementa: *Agravo regimental. IPVA.* Como salientado no despacho agravado, ambas as Turmas desta Corte (e foram citados vários precedentes) já se manifestaram pela constitucionalidade da disciplina do Imposto sobre Propriedade de Veículos Automotores por lei local. E a questão relativa à inobservância do art. 146 da Carta Magna, no tocante à exigência de Lei Complementar, foi largamente examinada e rejeitada. Agravo a que se nega provimento (*DJ* 2.3.2001, p. 4).

*STF, Tribunal Pleno – ADI-MC 2.405-RS*

Ementa: *Ação direta de inconstitucionalidade: medida cautelar: L. Estadual (RS) 11.475, de 28 de abril de 2000, que introduz alterações em Leis Estaduais (6.537/1973 e 9.298/1991) que regulam o procedimento fiscal administrativo do Estado e a cobrança judicial de créditos inscritos em dívida ativa da Fazenda Pública estadual, bem como prevê a dação em pagamento como modalidade de extinção de crédito tributário.* I – *Extinção de crédito tributário criação de nova modalidade (dação em pagamento) por lei estadual: possibilidade do Estado-membro estabelecer regras específicas de quitação de seus próprios créditos tributários.* Alteração do entendimento firmado na ADI-MC 1.917-DF, 18.12.1998, Marco Aurélio, *DJ* 19.9.2003: *conseqüente ausência de plausibilidade da alegação de ofensa ao art. 146, III, "b", da Constituição Federal, que reserva à lei complementar o estabelecimento de normas gerais reguladoras dos modos de extinção e suspensão da exigibilidade de crédito tributário.* II – Extinção do crédito tributário: moratória e transação: implausibilidade da alegação de ofensa dos arts. 150, § 6º e 155, § 2º, XII, "g", da CF, por não se tratar de favores fiscais (...) (*DJ* 17.2.2006, p. 54).

Também, a Suprema Corte já teve oportunidade de considerar constitucional regime especial de tributação, por exemplo, no caso da cobrança do ICM pelo sistema de estimativa do movimento econômico do contribuinte, autorizado por lei estadual (cf. STF, Tribunal Pleno, RE 73.506-GB, RE 71.239, Representação 897-RJ).

E, nesta outra ótica, cabe trazer à colação o entendimento do Professor Ives Gandra da Silva Martins a respeito da interpretação do preceptivo constitucional do art. 146, e da constitucionalidade do Decreto n. 3.070/1999 e dos atos normativos conseqüentes (in "A função da lei complementar tributária – Legalidade do Decreto n. 3.070/1999 e da IN-SRF 060/1999 – Possibilidade de adoção de imposto fixo no direito tributário brasileiro", *RDDT* 65/149 a 156):

"(...) a 'definição' a que faz menção o constituinte, não é a assunção de poderes próprios da competência impositiva da cada entidade federativa, no que concerne às cinco espécies tributárias, mas apenas o delineamento de seus limites em relação às demais competências, daí porque os próprios conflitos devem ser dirimidos pela lei complementar.

"No tocante à acaso interna da competência delimitada, isto é, à definição de técnica de arrecadação, a lei complementar não será jamais exaustiva, podendo admitir técnicas alternativas, desde que exclusivamente no campo de atuação do ente federativo, pois, para tais efeitos, a lei complementar não é necessária, como se demonstrou quanto às contribuições sociais, IPVA (...).

"O primeiro ponto, portanto, a deixar claro, na interpretação do art. 146, é que a definição, a que faz menção o constituinte, é a definição delimitadora e explicadora do tributo, para efeitos de observar as fronteiras em relação a outros tributos e fatos geradores, mas não no sentido de outorgarse, o legislador complementar, o poder de, dentro da área de atuação de cada ente tributante, estabelecer a definição que compete à própria legislação ordinária. (...).

"Da mesma forma, o art. 47 do CTN – promulgado anteriormente à Constituição de 1967 – sinaliza orientação a ser seguida pelas entidades federativas, *sem excluir a possibilidade de regimes especiais*, desde que preservando o efeito delimitador do tributo determinado pela lei complementar e que decorre da imposição constitucional" (destaquei).

"Assim é que a própria Lei n. 7.798/1989, *cuja inconstitucionalidade não foi argüida*, admitiu, para determinados tributos, a tributação por classes, objetivando garantir o Erário e dificultar a sonegação, não sendo, o Decreto n. 3.070/1999 e os Atos Normativos conseqüentes, senão extensão, outorgada pela lei, do âmbito de adoção de técnicas especiais de tributação.

"Um terceiro aspecto merece consideração. É o que diz respeito aos tributos fixos. (...).

"Nitidamente, é uma técnica de tributação que pertine ao poder tributante. Não cabe à lei complementar impedir sua adoção por quem, tendo o poder de tributar, pode exercê-lo nos campos delimitados pela lei tributária. Claramente, pode a lei complementar definir quais os limites externos do tributo, em face dos demais tributos existentes, mas não pode, à evidência, invadir área própria da atuação *interna corporis* do poder tributante, no exercício de sua competência de legislar, ordinariamente.

"O art. 47 do CTN refere-se a uma técnica de tributação e não à definição dos limites tributários, servindo como elemento referencial para o poder impositivo, mas jamais eliminando técnicas especiais que, sem extravasarem o campo de atuação do poder delimitado pela lei complementar, perfilam de forma simplificada os elementos compositores da base de tributação. (...)

"Diversos autores admitem o tributo fixo – que não é vedado nem pela Constituição, nem pela lei complementar – visto que sempre decorre de um regime especial de tributação. E, se expressamente, a lei complementar vedasse tal utilização, seria inconstitucional, na medida em que o art. 146, inciso III, estabelece que se defina o imposto e seu perfil (base de cálculo, alíquota), enquanto elementos diferenciadores de outros tributos. Assim, a lei complementar é constitucional, mas jamais, na interferência de atuação interna do poder tributante no que concerne ao próprio tributo delimitado na Constituição. (...)

"Representa, em verdade, uma técnica de tributação que integra a base de cálculo e alíquota, em um valor incidente sobre a coisa e definida por volume da operação.

"Por fim, é de se lembrar que a Lei 7.798, de 1989, que prevê tributação por classes, continua até hoje sem que tenha sido declarada sua inconstitucionalidade, sendo exteriorizadora de técnica de tributação igual à utilizada no Decreto n. 3.070/1999 e em Atos da Receita Federal. O alargamento autorizado no diploma legislativo não é diferente da delegação por lei complementar, considerada constitucional pelo STF – LC n. 65/1991 (RE n. 140.186, Pleno, 28.6.2000, *DJ* 28.2.2003), Por fim do poder de definir produtos semielaborados ao legislador ordinário, nada obstante a letra da Constituição.

"Por qualquer que seja o ângulo que se examine a questão, percebe-se que as regras definidas pela Lei n. 7.798/1989, Decreto n. 3.070/1999 e Atos Administrativos da Receita estão absolutamente conformadas no sistema tributário nacional e não o ferem, pois, representam o exercício da competência do legislador ordinário. A lei complementar, por outro lado, apenas pode, segundo orientação da Suprema Corte, por força da Constituição, delimitar o campo de atuação de um imposto em relação aos demais, nos seus aspectos diferenciados."

Quanto ao princípio da seletividade do IPI, impende ressaltar que a Constituição Federal, de 1988, no seu art. 153, § 3º, inciso I, da mesma forma como previa a Constituição da República, de 1967 (art. 21, § 3º), impõe que o imposto sobre produtos industrializados seja seletivo, em função da essencialidade do produto.

Significa a *seletividade* do IPI que a legislação tributária deve dar tratamento fiscal discriminatório entre os produtos industrializados, levando, obrigatoriamente, em consideração a maior ou menor essencialidade desses produtos, de modo que os mais essenciais devem merecer um tratamento fiscal mais benéfico ou menos oneroso, ao passo que os produtos supérfluos, ou os desaconselhados para o consumo devem sofrer a incidência, gradativamente, mais gravosa ou mais pesada do imposto, por meio de incidência de alíquota mais elevada.

Aliás, impende enfatizar que, pelos malefícios que causa, nenhum outro produto é tão tributado como o cigarro. Estima-se que a carga tributária sobre o consumo de tal produto, em relação aos tributos indiretos, onde se incluem o IPI, o ICMS e as contribuições PIS/COFINS, seja da ordem de 75%.

Esta elevada tributação é plenamente justificada pela teoria econômica, em virtude dos danos à saúde provocados pelo consumo do cigarro, além da perda da produtividade do usuário e de sua própria vida, e do incremento dos gastos com saúde pública e das despesas previdenciárias.

Segundo estudos da Organização Mundial da Saúde 50% dos usuários de cigarro sofrerão moléstias decorrentes do uso do tabaco, especialmente, o câncer de pulmão, enfermidade dolorosa e de tratamento dispendioso.

Considerando que o IPI representa, hodiernamente, em média, 40% a 50% da carga tributária dos tributos sobre o consumo incidentes sobre os cigarros, esta situação corrobora a necessidade da observância do princípio constitucional da seletividade da tributação do IPI, de modo que o afastamento do atual regime especial de incidência do IPI sobre os cigarros, mais adequado e eficiente, até mesmo para a fiscalização tributária, causaria um sério abalo à indispensável vivência deste princípio.

Como bem explica Alberto Xavier, no já citado artigo intitulado "Constitucionalidade do regime de tributação do IPI sobre cigarros", p. 43, "pode um produto de preço muito elevado (como um medicamento) ser taxado a zero pelo seu grau de essencialidade para a saúde, como pode um produto extremamente barato (como uma aguardente) ter uma tributação muito elevada por razões simétricas".

Essas colocações já recomendam que, em relação ao IPI, os princípios da igualdade tributária e da capacidade contributiva, em confronto com a característica específica do IPI e do ICMS da *seletividade*, devem ser examinados com muita parcimônia, sendo esta uma das hipóteses de ressalvas vislumbrada no § 1º, do art. 145, da Lei Suprema, que reza que *sempre que possível, os impostos terão caráter pessoal e serão graduados segunda a capacidade econômica do contribuinte*, de modo que fica claro que nem sempre os impostos deveriam observar tais princípios.

É por essa razão que, no IPI, deve prevalecer o princípio da seletividade em relação aos princípios da igualdade e da capacidade contributiva, posto não ser fundamento constitucional da tributação do IPI sobre os cigarros o preço do produto em si, mas o aspecto extrafiscal concernente à completa falta de essencialidade dos cigarros, facilmente compreendida diante da nocividade para a saúde dos incautos consumidores desses produtos.

O uso da tributação extrafiscal do IPI sobre os cigarros atende ao art. 196 do Estatuto Político, de 1988, que determina que o Estado brasileiro tem o poder/dever de proteger a saúde e a segurança da população.

Assim, o relevante escopo de alíquota específica elevada do IPI sobre os cigarros é proteger a saúde do consumidor, desestimulando o consumo desse produto altamente nocivo à saúde.

Não se pode olvidar, todavia, que a industrialização de cigarros é uma atividade apenas tolerada pelo Estado brasileiro, e que os recursos obtidos com a tributação, nos termos da legislação vigente, são também indispensáveis para que o Estado tenha condições financeiras para enfrentar os pesados gastos com o tratamento da saúde dos consumidores, com aposentadorias precoces e pensões.

Assim, é por esse pressuposto constitucional, princípio da seletividade, que a adoção de parâmetros de tributação específica, distinto do preço de consumo, pode se pautar na eleição da base de cálculo e alíquotas levando em consideração a quantidade do produto, no caso – vintena de cigarros –, ou características como o comprimento – mais ou menos de 87 mm –, e a embalagem – maço ou *box*.

Bem como, na tributação do IPI sobre cigarros, pode ser levado em consideração, como ocorreu no caso, a maior probabilidade de gravidade de lesão à saúde, em face do maior consumo de determinado tipo de cigarros ou por força dos insumos ainda mais danosos utilizados em alguns cigarros, sobretudo, os mais baratos, que, muitas vezes, sinalizam a pirataria e a sonegação fiscal.

Quanto mais baratos os cigarros, mais eles são consumidos, e mais danos eles trazem, daí a necessidade de uma tributação mais gravosa a essa classe de cigarros, justamente, para buscar desencorajar o consumo.

Colime-se que o critério de tributação diferenciada foi utilizado a produtos de classes distintas e não essenciais, mas desaconselháveis ao uso por graves danos que causam à saúde.

As objetivas razões acima explicitadas demonstram a observância, no caso vertente, do princípio da seletividade, sem que tenha ocorrido lesão aos princípios da capacidade contributiva e da isonomia.

Com bem anotou o Parecer da Coordenação da Representação Judicial da

Procuradoria-Geral da Fazenda Nacional n. 714/2008, a acoimada legislação do IPI sobre os cigarros leva em consideração *diversos fatores, principalmente sociais*, tendo em vista *que o elevado consumo de tabaco atinge altos níveis de custo social, destacando-se a saúde pública e a previdência social*.

Traga-se à colação, nesse diapasão, trechos da alentado Parecer:

> *São inúmeros os casos de tratamento de doenças decorrentes do malefício do tabaco, como o câncer de pulmão, enfisema pulmonar, hipertensão arterial, derrames e problemas cardíacos. Não é diferente quanto aos benefícios previdenciários, custeados pela previdência social, em razão de aposentadorias precoces ou auxílios-doença. Alia-se ao fato de que o consumo de cigarro diminui a produtividade laboral e, conseqüentemente, a riqueza de um país. Por isso é que, materialmente, justifica-se uma tributação mais elevada que os demais produtos, posto não ser interessante ao Estado o progresso no consumo do tabaco, considerando que o custo social é geometricamente maior que a arrecadação de IPI sobre tais produtos.* (...)
>
> Vê-se que a parte reclama que dentro de uma mesma categoria, com preços de venda diversos, ocorre a tributação menor dos produtos com maior valor agregado e que, por conseqüência lógica, há maior tributação dos produtos com menor valor agregado, supostamente ferindo o princípio da capacidade contributiva e o princípio da seletividade. Citou o seguinte exemplo: "*Para exemplificar, o cigarro Hollywood Blue tem preço de venda no varejo de R$ 2,00 (dois reais) o maço de vinte unidades. Outro cigarro, também da classe I, é vendido por R$ 1,50 (um real e cinqüenta centavos) o maço. Ambos, contudo, pagam o mesmo valor de R$ 0,619 (sessenta e um centavos e nove milésimos de real) pelo maço. Isso significa, proporcionalmente, que o cigarro Hollywood paga percentual menor do que o cigarro de menor valor de venda*" (p. 15).
>
> A premissa cai por terra quando se encara a tributação do IPI sobre cigarros segundo o princípio da seletividade e não da capacidade contributiva, conforme restou demonstrado e nos termos exigidos pela Constituição.
>
> O barateamento de cigarros, pela utilização cada vez maior de produtos de menor qualidade, aumenta o consumo do produto, principalmente pelas classes sociais menos favorecidas que, inclusive, direciona grande parte de sua renda à compra de cigarros. É por isso que a tributação do IPI, por meio da extrafiscalidade, vinculada ao princípio da seletividade, tem o escopo de adotar políticas benéficas à sociedade, no sentido de garantir melhor qualidade de vida. (...)
>
> Nesse sentido é que se insere o princípio constitucional da seletividade, como inibidor, em certa medida, e por meio de uma política fiscal, do consumo desenfreado pelas classes sociais mais baixas de produtos derivados do tabaco, como o cigarro, resguardando, ao menos indiretamente, o dispêndio do salário dos trabalhadores com a aquisição de produtos vitais e indispensáveis, como a alimentação.
>
> É bem por isso que, adequar simplesmente o setor especial de consumo de tabaco ao princípio da capacidade contributiva das empresas produtoras de cigarros, reflete a falsa visão de que se confere isonomia tributária, quando nesse contexto, o que se percebe é o enriquecimento das indústrias em detrimento do cidadão-consumidor.

Ainda quanto às questões relacionadas à extrafiscalidade do IPI sobre cigarros e a seletividade desse imposto, cabe aduzir com a transcrição de trechos da Nota da Coordenação-Geral de Fiscalização da Receita Federal do Brasil n. 085/2008:

> 3. Nesse ponto alega-se que a "inconstitucionalidade (...) reside nas diferenças significativas de IPI sobre os cigarros, conforme seu preço final de venda" e que "dentro da mesma categoria os preços de venda são diversos, a ensejar menor tributação nos produtos de maior

valor agregado. Em corolário, há maior tributação dos produtos de menor valor agregado". Com isso, aduz que o cigarro de maior valor de venda paga, proporcionalmente, menos IPI do que o cigarro de menor valor de venda. Compara, ainda, com o modelo anterior para defender que na tributação *ad valorem* de 41,25% sobre o preço final os fabricantes pagariam o mesmo valor proporcional.

4. Por fim, traça comparativo entre a alíquota de IPI vigente até 31.12.2003 com o aumento a partir de 1.1.2004 para afirmar que os cigarros da Classe I, "os mais populares, que são normalmente produzidos pelas empresas de menor porte", sofreram aumento desproporcional, evidenciando ofensa à essencialidade do produto, que não tem diferença de uma para outra marca de cigarro.

5. Inicialmente cumpre esclarecer que a tributação no setor de cigarros realmente não deve interferir na ***competição entre contribuintes***, *como não o faz*, mas por outro lado, também não pode ser utilizada como instrumento de fomento ao desenvolvimento das indústrias, sejam grandes ou pequenas pois, embora a atividade de produção seja apenas tolerada pelo Estado, não deve ser incentivada, no que se refere ao aspecto tributário, sob pena de desvirtuamento dos seus valores.

6. A tributação através de alíquotas específicas é técnica de tributação que tem como principal vantagem a facilidade do controle pela Administração Tributária e o estímulo à redução de consumo a partir do incremento de preço pelos fabricantes na busca de margens de lucro maiores. Na tributação exclusivamente *ad valorem*, parece-nos que o desestímulo ao consumo não guarda uma relação diretamente proporcional com a alíquota fixada, pois a redução do preço do produto provocará uma redução proporcional no tributo pago.

7. Considerando-se que a opção por tributar alguns produtos através de parâmetros não baseados no preço de venda (ou seja, tributa-se a unidade, como por exemplo: kilograma, quantidade de mercadoria vendida, volume etc.) é constitucional, para qualquer produto tributado dessa forma, quanto maior o preço de venda menor será, proporcionalmente, o montante de tributo pago. Essa redução proporcional do pagamento de tributos, a partir da elevação dos preços dos produtos pelo fabricante, implica violação às garantias constitucionais? Parece-nos que não. Em verdade, trata-se de opção do produtor em comercializar suas mercadorias em preços mais elevados, o que no caso do cigarro, mais do que desejável, deve ser estimulado pelo governo.

8. Essa possibilidade – de influenciar o comportamento do consumidor em função da possibilidade de aumento de preços e conseqüente redução de consumo – além de amparada constitucionalmente, encontra guarida na Convenção-Quadro sobre Controle do Uso do Tabaco, adotada pelos países membros da Organização Mundial de Saúde em 21 de maio de 2003 e assinada pelo Brasil em 16 de junho de 2003, com vigência no território nacional a partir de 1º de fevereiro de 2006 (Decreto n. 5.658, de 2 de janeiro de 2006).

9. A referida Convenção, no art. 6, estabelece que:

"Parte III: *Medidas Relativas à Redução da Demanda de Tabaco*

"Artigo 6. Medidas relacionadas a preços e impostos para reduzir a demanda de tabaco

"1. *As Partes reconhecem que medidas relacionadas a preços e impostos são meios eficazes e importantes para que diversos segmentos da população, em particular os jovens, reduzam o consumo de tabaco.*

"2. Sem prejuízo do direito soberano das Partes em decidir e estabelecer suas respectivas políticas tributárias, cada Parte levará em conta seus objetivos nacionais de saúde no que se refere ao controle do tabaco e adotará ou manterá, quando aplicável, medidas como as que seguem:

"a) *aplicar aos produtos do tabaco políticas tributárias e, quando aplicável, políticas de preços para contribuir com a consecução dos objetivos de saúde ten-*

*dentes a reduzir o consumo do tabaco;*" (destaque nosso).

10. Nos termos da Convenção-Quadro a política tributária deve ser instrumento que favoreça a redução do consumo. Se o modelo tributário adotado tem provocado uma elevação dos preços, em parcela das marcas de cigarro, parece-nos que, pelo menos em parte, tem atingido o seu objetivo. Assim, se as empresas aumentam a sua margem de lucro (considerando apenas o impacto do IPI) a partir da elevação dos preços, parece-nos que isso não provoca nenhuma espécie de ilegalidade ou desproporcionalidade. Aos demais fabricantes, sempre existirá a possibilidade de que aumentem o preço dos seus produtos, reestruturem a sua produção e, conseqüentemente, venham a usufruir de lucros maiores.

11. Assim, a alteração da tributação da alíquota *ad valorem* para a específica não implica violação da proporcionalidade de preços, ao contrário, serve, embora anterior à Convenção-Quadro, como instrumento para estimular o aumento de preços e fortalecer o controle tributário. Controle tributário este que esta Secretaria tem, incansavelmente, buscado aprimorar, nos limites da legalidade, obviamente.

12. Exemplo disso é a fase final de implantação do Sistema de Controle e Rastreamento da Produção de Cigarros – Scorpios. O Sistema, instituído pela Instrução Normativa RFB n. 769, de 21 de agosto de 2007, com amparo na Lei n. 11.488, de 15 de junho de 2007, permite o acompanhamento remoto, eficaz e contemporâneo, da produção de cigarros, além de possibilitar o rastreamento de cada carteira de cigarro produzida no país, facilitando com isso a atuação no combate ao contrabando e comércio de cigarros falsificados.

13. Aliado à obrigatoriedade, pelos fabricantes de cigarro, de utilização da Nota Fiscal Eletrônica – NF – e a partir deste mês de abril, possibilitará que esta Secretaria acompanhe a estimativa de débito de IPI e monitore *pari passu* a produção de cigarros.

14. A alegação de que as marcas de cigarro mais baratas são produzidas normalmente pelas empresas menores merece reparos.

15. Inicialmente cumpre esclarecer que todas as empresas de cigarro, sejam grandes ou pequenas, produzem cigarros da Classe I. Considerando-se o ano de 2006, os cigarros da Classe I representaram cerca de 63% da produção das maiores empresas do segmento.

16. Por outro lado não há nenhum óbice legal para que as pequenas empresas do segmento produzam cigarros enquadrados em outras classes fiscais e, com isso, sujeitando-se a alíquotas maiores de IPI, vendam seus produtos a preços maiores e, assim, obtenham maiores lucros. O que não se pode aceitar como argumento é que, sendo a atividade de produção de cigarro apenas tolerada pelo Estado, a política tributária seja utilizada como instrumento de incentivo aos seus fabricantes, sejam grandes ou pequenos. Não se afirma aqui que a alíquota *ad valorem* seja instrumento que favoreça aos pequenos produtores, apenas que a alíquota específica não tem o condão de fazer o papel inverso, pois a margem de lucro que os fabricantes obtêm em seus produtos (considerando-se apenas o impacto do IPI e mantendo-se constantes os demais fatores que interferem na produção) deve-se ao preço que praticam ou à linha de produtos que optam por produzir.

17. Frise-se: a nosso entender, *a proporcionalidade existente entre o IPI-Fumo pago e o preço praticado por cada fabricante, decorre da liberdade dos produtores para fixar preço aos seus produtos em qualquer valor que seja, com isso aumentando a sua margem de lucro, ou do direcionamento de sua produção para cigarros de diferentes classes fiscais* e não do fato de que a tributação ocorre através de alíquotas específicas.

18. Por fim, a comparação entre as alíquotas vigentes a partir de 1º de janeiro de 2004 e as vigentes a partir de 11 de junho de 2007 (Tabela 1), indica que o aumento do IPI nas Classes I (32%) foi

superior ao das Classes III e IV (28%). Parece-nos que tal fato ocorreu por uma razão evidente: onde se concentra a maior produção de cigarros e, conseqüentemente, o maior consumo? Entre os cigarros situados na Classe I, que representaram em 2007 cerca de 65% do total produzido. Não deveria o Governo atuar buscando, gradativamente, estimular o aumento de preços nestas marcas de cigarro? Não poderia fazer uso da política tributária com tal finalidade, nos termos da Convenção-Quadro? A nosso entender, o Estado Brasileiro tem, além do direito, o dever de atuar visando, dentro da legalidade e dos instrumentos que dispõe, criar condições para que o preço do cigarro seja elevado.

19. O PHS alega, em síntese que: a) a representatividade do IPI é maior para as indústrias incluídas nas menores faixas de faturamento; b) "a tributação do IPI com alíquota específica não implica um custo de igual proporção para as indústrias de cigarros, causando, assim uma distorção nos custos dessas indústrias e, conseqüentemente, impactando a situação concorrencial no mercado"; c) "o IPI alíquota específica (...) acarretou diminuição de arrecadação tributária e profunda desigualdade e desproporção entre os contribuintes de IPI, que passaram a recolher o imposto na proporção inversa de seu faturamento, em evidente favorecimento das empresas de maior porte" e que "de outra face, no *ad valorem,* o percentual idêntico equilibra a relação entre os contribuintes do IPI, além de aumentar a arrecadação para os cofres públicos".

20. A comparação entre dois objetos distintos apontará, inevitavelmente, as suas diferenças, embora possam existir pontos de semelhança entre eles. Os críticos desejam comparar percentual do tributo pago em relação ao faturamento, utilizando a alíquota específica para calcular o tributo pago. Sempre que a tributação for por alíquota específica, a variação de preço de cada produtor importará alteração na proporção do tributo pago em relação ao seu faturamento ou ao preço.

21. Não é possível comparar o faturamento das empresas em relação ao total de IPI pago por alíquota específica. Conforme se observou, a fixação de preços e os produtos que cada fabricante produz é ato adstrito exclusivamente ao seu campo de atuação. Poderá optar por vender cigarros a R$ 10,00, inclusive aqueles da Classe I, e com isso pagar proporcionalmente menos IPI. Por outro lado, também pode optar por vender cigarros exclusivamente da Classe IV-R e, com isso, pagar R$ 1,131 por cada vintena vendida. A livre concorrência e a capacidade gerencial de cada empresa é que determinará a sua permanência no mercado, bem como as margens de lucro que obterá.

22. Imaginemos a situação hipotética de que se opte por igualar o valor do IPI para as diversas Classes Fiscais. O que ocorrerá se os produtos forem vendidos a preços diferentes? Também existirá proporções diferentes entre os montantes pagos. Isso implica negar validade à tributação específica? Parece-nos que não, pois há a possibilidade de que o preço seja alterado livremente por cada contribuinte para ajustar as margens de lucro, considerando os demais fatores que interferem na sua fixação.

23. Não se trata de onerar empresas que possuem menor faturamento. O fato é que algumas empresas, ditas "pequenas", praticam preços no mercado algumas vezes inferiores à estimativa de preço mínimo necessário ao pagamento dos tributos. Assim, conseguem manter-se e praticar suas atividades, pautada na sonegação.

24. Existem no país, atualmente, 13 empresas autorizadas a fabricar cigarros sendo que, em 2006, as duas maiores do setor responderam por 99,7% do total da arrecadação do IPI-Fumo (cerca de R$ 2,4 bilhões naquele ano) e foram responsáveis por 84,3% de todos os cigarros produzidos no País. Por outro lado, as demais empresas responderam por 15,7% da produção de cigarros naquele ano e apenas 0,3% da arrecadação do IPI-Fumo no mesmo período.

25. O que se observa, ao longo dos anos, é que, a despeito do suposto pre-

juízo concorrencial, que as pequenas empresas pequenas sofreriam com a tributação por alíquota específica, sua participação no mercado vem crescendo historicamente. Entretanto não se observa, na mesma proporção o crescimento do recolhimento dos tributos, ao contrário, são evidenciadas práticas, cada vez mais aprimoradas, para se evadir do cumprimento de suas obrigações. *Declarar a inconstitucionalidade da tributação específica pode facilitar ainda mais a adoção de medidas ilícitas, frise-se, visando o não pagamento dos tributos* (sublinhei).

26. Entre essas práticas, está a busca de meios para inviabilizar a verificação da regularidade fiscal pela Secretaria da Receita Federal do Brasil ao pleitear a concessão do Registro Especial, através do controle acionário por pessoas físicas ou jurídicas estrangeiras, residentes ou domiciliadas no exterior, em especial no Uruguai. Este mecanismo possibilita, ainda, em tese, que:

a) seja feita a lavagem de dinheiro remetido ao exterior, o qual retorna ao País sob a forma de investimentos nas empresas fabricantes de cigarros, impedindo a identificação dos verdadeiros proprietários, tanto das empresas como do próprio dinheiro; e

b) em caso de exigência de ofício dos tributos devidos, a empresa, com o passar dos anos, seja simplesmente abandonada, inviabilizando a cobrança do crédito tributário por parte da Fazenda Nacional.

27. Destaca-se ainda que os débitos constituídos por esta Secretaria em relação aos fabricantes de cigarro somam aproximadamente R$ 6,9 bilhões. Ressalte-se que todas as empresas do segmento, quando existentes indícios de sonegação fiscal e interesse fiscal, foram fiscalizadas sem qualquer distinção em relação ao seu tamanho, pautando-se esta Secretaria pela adoção dos critérios da impessoalidade, legalidade e eficiência da sua atuação.

28. *A declaração de inconstitucionalidade do referido preceito implicará retrocesso ao avanço social conquistado no que se refere aos instrumentos de controle atualmente em implementação pela RFB visando o controle da atividade de produção de cigarros.* Esses instrumentos foram concebidos pautando-se na legalidade e constitucionalidade da tributação das alíquotas específicas, fato pouco contestado até o momento, em especial pela via da Ação Direta de Inconstitucionalidade (os destaques não constam no original).

29. Assim, *quando o Estado consegue, usufruindo do avanço tecnológico, implementar ferramentas que permitirão um controle "pari passu" da produção de cigarros, bem como o rastreamento de cada vintena produzida, cuja efetividade somente poderá ser plena considerando-se a tributação por alíquota específica, eventual declaração de inconstitucionalidade acerca da legalidade desse modelo de tributação, implicará, inevitavelmente, prejuízos ao Estado, aos controles já desenvolvidos, aos gastos já realizados e, na medida em que tornará o controle mais difícil, poderá favorecer o desenvolvimento de práticas, pelos contribuintes que sonegam o pagamento do IPI, visando evadir-se do pagamento correto dos tributos* (os destaques não constam no original).

### *3. Conclusão*

Diante de todo o exposto, restou demonstrado, por qualquer que seja o ângulo que se examine a questão, que o atual regime do IPI sobre cigarros, estabelecido pela Lei n. 7.798/1989, pelo art. 153 do Regulamento do IPI – Decreto n. 4.544/2002 (RIPI), observa a Constituição, diante das seguintes razões:

1ª) que o regime de alíquotas dos impostos não está sujeito à lei complementar;

2ª) que tanto a base de cálculo específica do IPI sobre cigarros – preço de venda no varejo – prevista no Decreto-lei n. 34/1966, como a base de cálculo geral deste imposto – o valor da operação de que decorrer a saída de produtos) foram recebidas pela Constituição Federal, de 1988, com *status* de lei complementar, conforme, aliás, precedente do STF (RE 90.471);

3ª) que, também, segundo precedentes do STF, ao interpretar o disposto do § 1º do art. 153 da CF/1988, é a lei ordinária o tipo legislativo competente para estabelecer a autoridade competente e demais condições e limites, para que o Poder Executivo altere as alíquotas do IPI por ato administrativo normativo;

4ª) que os Decretos ns. 3.070/1999 e 4.544/2002 observaram todas essas condições legais e fixaram valores aquém do limite estabelecido pela Lei n. 8.218/1991;

5ª) alternativamente, defendeu-se que a competência para editar normas gerais em matéria tributária não autoriza à lei complementar nacional a descer a detalhes, isto é, ocupar-se peculiaridades da tributação de cada pessoa política, e que a campo precípuo desta lei se restringe a melhor definir o âmbito de competência de cada ente tributante, de modo a obstar indesejáveis invasões de esferas do poder de tributar (STF, AI-AgR 279.645; ADI-MC 2.405);

6ª) nesta linha, avivou-se que o STF sempre admitiu, como compatível com a Constituição e com lei complementar de normas gerais, a existência de regimes especiais de tributação, como a tributação com base em valores fixos (ADI 1.851, RE 73.506, RE 71.239, Representação 897);

7ª) que foram observados os princípios da seletividade em função da essencialidade do produto da igualdade e da capacidade contributiva;

8ª) que a atividade de industrialização de cigarros é apenas tolerado no País;

9ª) que o uso da tributação extrafiscal do IPI sobre cigarros atende, também, ao disposto no art. 196 da CF/1988, que determina que o Estado tem o poder/dever de proteger a saúde e a segurança da população;

10ª) que, na tributação sobre cigarros, pode ser levado em consideração a maior probabilidade de gravidade de lesão à saúde, em face do maior consumo de determinado tipo de cigarros (sobretudo, os mais baratos), que sinalizam uso de insumos ainda mais nocivos, a pirataria e a sonegação fiscal.

Acredita-se, por fim, que o atual regime do IPI sobre cigarros tem contribuído para a fiscalização mais eficiente deste imposto sobre estes produtos, com o atendimento à característica de seletividade do IPI, e, certamente, tem sua relevância na pretendida redução de evasão fiscal no setor.

# APONTAMENTOS SOBRE A RELAÇÃO DO DIREITO TRIBUTÁRIO COM O DIREITO CIVIL

VANESSA RAHAL CANADO

Mestranda em Direito Tributário pela PUC/SP. Professora nos Curso de Teoria Analítica do Direito e Tributação Empresarial do GV*Law*. Advogada em São Paulo

*Introdução. 1. A separação do Direito em ramos do conhecimento e os atos de interpretação: 1.1 Os "ramos" do Direito; 1.2 Interpretação no Direito: legislação tributária "versus" legislação civil. 2. A interpretação das legislações tributária e civil e a função dos arts. 109 e 110 do Código Tributário Nacional: 2.1 Situações (i) e (iii): inexistência de definição da palavra contida no enunciado a ser interpretado e existência da definição somente no direito tributário; 2.2 Situações (ii) e (iv): existência de definição somente no direito civil e existência de definições diversas no direito civil e no direito tributário e os arts. 109 e 110 do CTN. 3. A presença da relação do direito tributário com o Código Civil nos temas da norma geral antielisiva e da responsabilidade tributária: 3.1 Norma geral antielisiva, desconsideração dos negócios jurídicos e o Código Civil; 3.2 A responsabilidade dos administradores pelos débitos tributários da pessoa jurídica. Conclusão. Bibliografia.*

## *Introdução*

Este artigo pretende apresentar, genericamente, a relação que existe entre o direito civil e o direito tributário e, de forma mais específica, expor alguns temas dentro dos quais o debate em torno dessa relação parece ganhar corpo.

Neste sentido, a primeira questão relevante a ser tratada se refere à unicidade do direito contraposta aos cortes dogmáticos feitos pelos cientistas jurídicos, quando pretendem tratar de matérias específicas (Direito Civil, Direito Tributário, Direito Penal etc.).

A segunda questão que, no campo das relações da legislação tributária com outras legislações não pode passar despercebida, é a interpretação e a delimitação das funções dos arts. 109 e 110, inseridos na parte de interpretação e integração da legislação tributária do Código Tributário Nacional.

Passadas essas duas abordagens genéricas, será possível caminharmos para o equacionamento de dois problemas aqui eleitos, nos quais estão presentes relações entre o direito tributário e o direito civil: (i) a norma geral antielisiva e o art. 167, do Código Civil e (ii) a responsabilidade tributária prevista no art. 135, III, do Código Tributário Nacional e o Código Civil de 2002.

### *1. A separação do Direito em ramos do conhecimento e os atos de interpretação*

#### *1.1 Os "ramos" do Direito*

São nas cadeiras da faculdade que se refletem os cortes normativos do direito: o Código Civil é estudado na cadeira de Direito Civil, o Código Tributário Nacional é estudado na cadeira de Direito Tributário, a Constituição é estudada na cadeira de Direito Constitucional etc., com raras exceções. No entanto, não é difícil percebermos, ao longo das aulas e/ou dos estudos, que conceitos aprendidos em uma das matérias influem em outros conceitos apreendidos em outras matérias. Exemplos são sempre úteis para clarificar idéias abstratas: é no estudo do direito constitucional que vamos aprender os conceitos de (i) autonomia política dos entes federativos, para depois aplicá-la ao problema tributário da lista de serviços do imposto sobre serviços (ISS), editada pela União; (ii) das competências privativas, comuns e concorrentes, para depois aplicá-las à questão do papel das normas gerais do direito tributário e assim por diante. É também na cadeira de Direito Civil que vamos aprender os conceitos de (i) bens imóveis, para depois resgatá-lo no estudo do IPTU; (ii) obrigações de dar e obrigações de fazer, para depois utilizá-los na determinação da competência municipal para instituição do ISS etc.[1]

Neste sentido, é possível percebermos que os ramos do direito estão separados apenas para fins de melhor sistematização da matéria, objeto de estudo. É para fins didáticos que o direito positivo é cindido, o que não lhe retira o caráter unitário de normatividade. Paulo de Barros Carvalho, adotando linhas analíticas de investigação, trabalha essa questão da "falsa" autonomia dos ramos do direito. Segundo o referido autor, na interpretação dos enunciados que compõem todo o direito posto, não é necessário, para a construção dos comandos do legislador, nos ater somente a determinados diplomas legais. Ao contrário, a separação do direito se dá somente para fins de estudo, num corte metodológico feito pelos cientistas do direito, com a finalidade de descrever o objeto que lhe interessa.[2]

#### *1.2 Interpretação no Direito: legislação tributária "versus" legislação civil*

Quando nos deparamos com os textos do direito positivo não conseguimos *extrair* dele nenhum comando. A linguagem, suporte físico do direito, não nos fornece imediatamente o que buscamos. É preciso que, num ato de percepção visual, entremos em contato com esses enunciados, atribuindo sentido às palavras que visualizamos para, ao final, construirmos o significado da mensagem normativa.[3] Utilizando um dos exemplos acima citados: quando entramos em contato com a legislação municipal, e lemos que um dos fatos geradores do IPTU é "ser proprietário de bem imóvel" (1ª fase), imediatamente teremos de buscar o sentido das palavras que com-

1. Para Eduardo Domingos Bottallo "(...) está praticamente superada a polêmica em torno da unicidade da Ciência do Direito. Hoje reconhece-se, sem maiores resistências, o sentido puramente propedêutico sob cujo enfoque pode-se falar em Direito Civil, Direito Penal, Direito Tributário e assim por diante" ("Alguns reflexos do Código Civil no Direito Tributário", in Betina Treiger Grupenmacher, *Direito Tributário e o Novo Código Civil*, pp. 174-175).

2. Nas palavras do autor: "É missão penosa aquela de tracejar os limites da área que interessa ao estudo do Direito Tributário, ainda que a proposta seja fazê-lo para efeitos meramente didáticos. E o motivo desse embaraço está na necessidade de reconhecermos o caráter absoluto da unidade do sistema jurídico. (...) O direito tributário está visceralmente ligado a todo o universo das regras jurídicas em vigor, não podendo dispensar, nas suas construções, qualquer delas, por mais distante que possa parecer" (*Curso de Direito Tributário*, 16ª ed., pp. 13 e 15).

3. Paulo de Barros Carvalho, ob. cit., pp. 8-10.

põe essa expressão (2ª fase), construindo, assim, o comando normativo que devemos seguir (dado o fato de ser proprietário, em 1º de janeiro de cada ano no Município de São Paulo, deve ser feito o pagamento do IPTU com alíquotas e bases de cálculo "x" – 3ª fase).[4]

É na busca do sentido das palavras (2ª fase) para construção das normas que regulam a conduta de pagar tributos que precisamos, muitas vezes, recorrer a diversos diplomas legais, diferentes da legislação propriamente tributária (leis que instituem o tributo), como no exemplo citado: a partir da busca do sentido das palavras "proprietário" e "bem imóvel", no direito civil, poderemos construir a norma de conduta que obriga o pagamento do IPTU, por quem realiza o fato gerador.

A pesquisa da definição de certas palavras em legislações diversas da tributária,[5] em especial no direito privado regulado pelo Código Civil,[6] tem certas limitações, disciplinadas no Código Tributário Nacional, Livro Segundo "Normas Gerais de Direito Tributário", Título I "Legislação Tributária", Capítulo IV "Interpretação e Integração da Legislação Tributária", arts. 109 e 110, que serão objeto de estudo no item que segue.

## *2. A interpretação das legislações tributária e civil e a função dos arts. 109 e 110 do Código Tributário Nacional*

Dissemos, no item anterior, que as relações que existem entre as diversas legislações específicas está presente no processo de interpretação, mais especificamente, em sua segunda fase (busca do sentido das palavras que orientam a construção da norma jurídica de conduta, prevista normativamente).

Nessa fase apresentam-se quatro situações possíveis, considerando-se a presença ou ausência de definição dos termos no direito positivo:[7] (i) inexistência de definição da(s) palavra(s) contida(s) na regra a ser interpretada; (ii) existência da definição somente no direito civil; (iii) existência da definição somente no direito tributário, e (iv) existência de definições diversas na legislação civil e tributária,[8] como ilustra a tabela abaixo:

4. Para maior detalhamento das fases do processo de interpretação v.: Paulo de Barros Carvalho, *Direito Tributário: Fundamentos Jurídicos da Incidência*, 4ª ed., cap. I e *Curso de Direito Tributário*, cap. IV, itens 8 a 11.

5. Entendemos por legislação tributária todos os enunciados prescritivos que digam respeito, direta ou indiretamente, à instituição, arrecadação e fiscalização de tributos, cf. Paulo de Barros Carvalho, *Curso de Direito Tributário*, p. 15.

6. Segundo Washington de Barros Monteiro, "direito privado (...) é o conjunto de preceitos reguladores das relações dos indivíduos entre si (...). Subdivide-se em direito civil e direito comercial, disciplinando este a atividade das pessoas comerciantes e aquele, a dos particulares em geral" (*Curso de Direito Civil*, 1º v., p. 10). Para os fins deste trabalho, utilizaremos o termo "direito privado" em sentido mais estrito, denotando apenas a legislação civil. O termo "legislação civil" por sua vez, será utilizado para indicar as normas do Código Civil e demais leis esparsas (não codificadas) que disciplinam relações privadas.

7. O número de casos possíveis para as relações entre critérios combinatórios será sempre 2n, onde "n" indicará o número de variáveis a serem combinadas e "2" representará a dualidade dos valores de cada variável ("sim" ou "verdadeiro" e "não" ou "falso"). Neste caso temos duas variáveis: "definição no direito tributário" e "definição no direito civil", portanto, quatro serão as hipóteses de combinação entre elas. Cf. Ricardo Guibourg e outros, *Lógica, Proposición e Norma*, 1ª ed., 6ª reimp., p. 49.

8. Segundo a filosofia, conceito é "todo processo que torne possível a descrição, a classificação e a previsão dos objetos cognoscíveis", cf. Nicola Abbagnano, *Dicionário de Filosofia*, 4ª ed., 2ª tir., São Paulo, Martins Fontes, 2003, p. 164. *Conceito* é o conteúdo de um ato de intelecção (cf. Paulo de Barros Carvalho, "A lógica e seu objeto – Generalização e formalização – As estruturas lógicas – Relações lógicas e relações fácticas – A chamada lógica formal e a metodologia", apostila de Filosofia do Direito I (Lógica Jurídica), São Paulo, PUC, cap. III). Em outras palavras, é a idéia que formamos em nossa mente quando entramos em contato com determinado objeto (real, ideal ou cultural). *Definição* é o produto daquele conceito, é um enunciado,

| Casos possíveis | Definição no direito civil | Definição no direito tributário |
|---|---|---|
| (i) | - | - |
| (ii) | + | - |
| (iii) | - | + |
| (iv) | + | + |

Analisemos uma a uma, nos itens abaixo.

### *2.1 Situações (i) e (iii): inexistência de definição da palavra contida no enunciado a ser interpretado e existência da definição somente no direito tributário*

O primeiro caso não traz grandes problemas: não há definição conotativa (critérios de uso palavra, como ocorre com o termo "tributo", no art. 3º do CTN) ou denotativa (nos mostram o conjunto de objetos que pertencem à determinada classe, como ocorre, novamente, com o termo "tributo", no art. 145, da Constituição) do termo, em nenhuma legislação.

Nesta situação acreditamos que o sentido deva ser construído a partir da utilização que as pessoas em geral fazem do termo. Em outras palavras, deve-se buscar o sentido comum, vulgar da palavra, utilizando-se, por exemplo, os dicionários.

O terceiro caso também não nos parece oferecer problemas. Nesta situação, temos o direito positivo (o direito tributário, especifica e isoladamente), expressando o sentido que quer dar às palavras que utiliza, na maioria dos casos, afastando o sentido comum que ela tenha. É o direito criando suas próprias realidades.[9] Nas palavras de Eurico Marcos Diniz de Santi, "Segundo John Hospers, durante muito tempo acreditou-se que havia uma relação natural entre as palavras e aquilo que elas representavam. Confundia-se a palavra com a coisa, a palavra 'gato' com a criatura gato (...). No universo da linguagem simbólica, a relação entre *significante* e *significado* é convencional. E, dado que as palavras são convencionais, não se pode afirmar que uma palavra é correta ou incorreta quando representa uma coisa. (...) As coisas não mudam de nome; nós que mudamos o nome de nomear as coisas. (...) A possibilidade de inventar nome para as coisas chama-se liberdade de estipulação".[10] Enquadrando a idéia do autor à situação que analisamos, concluímos que, neste caso, o direito positivo se utiliza dessa "liberdade de estipulação" para indicar aos intérpretes o significado do termo utilizado, mudando, eventualmente, a forma de nomear aquele pedaço da realidade.

exteriorizado em linguagem mediante ato de enunciação ("A existência de um enunciado pressupõe a execução de um ato que coloca a língua em funcionamento. Ao ato mesmo de produção de enunciados chama-se *enunciação*", Tárek Moysés Moussallem, "Fontes do direito tributário", in *Curso de Especialização em Direito Tributário*, Rio de Janeiro, Forense, 2005, p. 107). Em outras palavras, é a aparição, no mundo real, do conceito idealizado na mente do sujeito cognoscente. A definição compõe-se de duas partes: o *definiendum* (palavra que se quer definir) e o *definiens* (enunciação do significado), cf. Ricardo A. Guibourg e outros, *Introducción al Conocimiento Científico*, 3ª ed., p 54. Dependendo da forma como encontramos o *definiens*, podemos distinguir dois tipos de definições: *denotativas* e *conotativas*. As *definições denotativas* nos mostram o conjunto de objetos que pertencem à determinada classe. As *definições conotativas* nos dão critérios de uso de determinada palavra de classe (Eurico Marcos Diniz de Santi, "As classificações no Sistema Tributário Brasileiro", in *Justiça Tributária – 1º Congresso Internacional de Direito Tributário*, p. 129).

9. Eurico Marcos Diniz de Santi, *Decadência e Prescrição no Direito Tributário*, 2ª ed., pp. 55-56.

10. "As classificações no Sistema Tributário Brasileiro", in *Justiça Tributária – 1º Congresso Internacional de Direito Tributário*, pp. 126-127.

### 2.2 *Situações (ii) e (iv): existência de definição somente no direito civil e existência de definições diversas no direito civil e no direito tributário e os arts. 109 e 110 do CTN*

Os segundo e quarto casos são os mais complicados e envolvem a aplicação dos arts. 109 e 110, do Código Tributário Nacional. No segundo caso, temos uma palavra definida no direito civil e que é utilizada pela legislação tributária e, no quarto caso, duas definições, cada qual em sua legislação, diversas entre si.

#### 2.2.1 *Interpretação dos arts. 109 e 110 do CTN*

Os arts. 109 e 110, do Código Tributário Nacional, não raro, aparecem de forma crucial no equacionamento das discussões sobre as relações do direito tributário com o direito civil. Dispõem:

> Art. 109. Os princípios gerais de direito privado utilizam-se para pesquisa da definição, do conteúdo e do alcance de seus institutos, conceitos e formas, mas não para definição dos respectivos efeitos tributários.
>
> Art. 110. A lei tributária não pode alterar a definição, o conteúdo e o alcance de institutos, conceitos e formas de direito privado, utilizados, expressa ou implicitamente, pela Constituição Federal, pelas Constituições dos Estados, ou pelas Leis Orgânicas do Distrito Federal ou dos Municípios, para definir ou limitar competências tributárias.

O *art. 109* é interpretado por muitos autores, sistematicamente com o art. 110, no sentido de que as definições previstas no direito privado, em especial no Código Civil, não necessariamente serão as mesmas para efeitos tributários, desde que isso não reflita na delimitação das competências de cada ente federativo (autonomia do direito tributário). Isto quer dizer que, caso o direito tributário traga uma nova definição de bem imóvel, por exemplo, diferente daquela prevista no Código Civil, para efeitos tributários, ela é que deverá ser aplicada, com a ressalva já feita, prevista no art. 110.[11]

No entanto, não nos parece que o art. 109 se refira tão amplamente à possibilidade de alteração dos *conceitos* de direito privado, independente de sua interpretação sistemática com o art. 110. Ele fala apenas da restrição da aplicação dos *princípios gerais* de direito privado aos seus institutos, não influenciando os efeitos tributários que deles decorrerem. Dentro do Código Civil encontramos dois exemplos de *princípios gerais de direito privado*, no art. 422, por exemplo: "Os contratantes são obrigados a guardar, assim na conclusão do contrato, como em sua execução, os princípios da probidade e boa-fé".

Desta forma, entendemos que o art. 109 prescreve que os princípios gerais de direito privado só serão utilizados na interpretação (pesquisa de definição, conteúdo e alcance) das condutas reguladas pelo direito civil, sendo que, para efeitos tributários, não necessariamente precisarão ser seguidos. Isto quer dizer que o princípio da boa-fé, previsto no art. 422, por exemplo, pode desencadear efeitos no processo de construção das normas jurídicas que regulam as condutas entre particulares (contrato de compra e venda, por exemplo), mas

11. Cf. Ruy Barbosa Nogueira, *Curso de Direito Tributário*, 4ª ed., São Paulo, Saraiva, 1995, p. 104; Luciano Amaro, *Direito Tributário Brasileiro*, São Paulo, Saraiva, 1998, p. 219; Paulo de Barros Carvalho, *Curso de Direito Tributário*, pp. 104-105; Ricardo Mariz de Oliveira, "Reflexos do novo Código Civil no Direito Tributário", in Eduardo de Carvalho Borges (coord.), *Impacto Tributário do Novo Código Civil*, pp. 180-181; Eduardo Domingos Bottallo, ob. cit., p. 177 e Condorcet Rezende, "A competência tributária e o novo Código Civil", in Eduardo de Carvalho Borges (coord.), *Impacto Tributário do Novo Código Civil*, cit., pp. 19-20. Nas palavras deste último: "para fins tributários, nada impede que o imposto de renda trate os comerciantes de firma individual como se fossem pessoas jurídicas (...). De igual modo, pessoas físicas que praticam um certo número de operações imobiliárias num determinado período também são tributadas como se fossem pessoas jurídicas".

não terá influência sobre os efeitos tributários que essas condutas desencadearem (incidência do ITBI e/ou ICMS).

Parece-nos, então, que o art. 109 não seja de grande utilidade,[12] já que, na verdade, a proteção às alterações e prescrições das definições do direito privado, para efeitos tributários, está no art. 110.[13]

O *art. 110*, ao contrário, parece sim impedir a alteração das definições existentes no direito privado, para efeitos tributários, quando isso implique em mudanças na delimitação das competências tributárias, seja causando conflitos de competência entre os entes federativos, seja ampliando o espectro de incidência tributária.[14]

Aqui, temos duas situações distintas, já que as competências tributárias estão repartidas exclusivamente na Constituição:[15] (i) termos de direito privado, utilizados pela Constituição e (ii) termos de direito privado, não utilizados pela Constituição. Interessa-nos, particularmente, a primeira situação.

Para eleger a competência tributária dos entes federativos no que tange aos impostos, a Constituição utilizou diversas palavras, utilizadas e, muitas vezes, definidas pelo direito privado, tais como: (i) propriedade (arts. 153, VI, 155, III, e 156, I); (ii) doação e transmissão de bens *causa mortis* (art. 155, II); (iii) transmissão de bens imóveis por atos onerosos (art. 156, II); (iv) serviços (art. 156, III) etc.

Como bem ressaltou Ricardo Mariz de Oliveira, "no âmbito do direito tributário haverá repercussões da nova lei (*Código Civil de 2002*), não somente em virtude da unicidade orgânica do ordenamento jurídico, mas também porque o Código Civil regula os fatos e atos ou negócios jurídicos que as pessoas praticam nas suas vidas diárias, os quais são considerados pelas leis tributárias na captação de signos de riqueza passíveis de tributação, e ainda porque o Sistema Tributário Nacional constante da Constituição de 1988 tem peculiaridades diretamente vinculadas à lei civil (...). Na verdade, trata-se aqui de constatar que, não só o Código Civil, mas todas as leis do direito privado têm direta influência sobre as leis do direito tributário e sobre as relações jurídicas que dele decorrem, porque a grande maioria dos fatos e atos que são tomados como hipóteses de incidência descritas nas normas tributárias é composta por atos já regulados pelo direito privado. É por isso que se costuma dizer que o di-

12. Para Ricardo Lobo Torres, "o art. 109 do CTN, sobre ser ambíguo e contraditório, é também retrógrado, ao tentar hierarquizar aprioristicamente os métodos de interpretação, as fontes do Direito Tributário e os conceitos jurídicos, ao revés de lhes reconhecer a equivalência e a interação e de lhes proclamar o pluralismo. É uma demasia que poderia ser extirpada do Direito brasileiro". Mais à frente, ressalva: "A doutrina se esforçou para casar os arts. 109 e 110. A própria Comissão Especial do CTN declarava que o dispositivo que se transformaria no art. 109 era 'uma conseqüência da autonomia do Direito Tributário em relação ao Direito Privado', mas ressalvava que tinha 'o seu limite natural na referencia ao direito privado na Constituição para definir a competência tributária' (...)" (*Normas de Interpretação e Integração do Direito Tributário*, 3ª ed., rev. e atual., p. 190).

13. Segundo Condorcet Rezende, "(...) pelo art. 109 os fiscos federal, estadual e municipal têm liberdade de utilizar para seus próprios fins os conceitos e formas do direito privado, dando-lhes as características que bem entendam e as conseqüências fiscais respectivas, há todavia uma limitação nessa liberdade que está no art. 110, é quando esses conceitos tenham sido utilizados pela Constituição para estabelecer competência tributária" (ob. cit., p. 22). Alcides Jorge Costa, no mesmo sentido, afirma: "(...) se, por um lado, a lei tributária pode alterar conceitos de direito privado para os seus próprios fins, é também absolutamente inegável que ela não pode fazer isso se resultar prejuízo para a distribuição constitucional de competências" (ob. cit., p. 30).

14. Cf. Condorcet Rezende, "O art. 110 do código praticamente foi o resultado da luta que Gilberto travou no seio da comissão maior da Fundação Getúlio Vargas, no sentido de estabelecer que as formas e os conceitos de direito privado não podiam ser alterados para fins fiscais quando tivessem sido utilizados pela Constituição para definir competências tributárias" (ob. cit., p. 21).

15. Em virtude de a Constituição de 1988 ter trazido toda a repartição das competências tributárias, as demais referências do art. 110, com relação às Constituições dos Estados e as Leis Orgânicas dos Municípios, fica prejudicada.

reito tributário é 'direito de sobreposição' (...). Este fenômeno pode ser observado desde a discriminação constitucional de rendas tributárias, pela qual a Constituição Federal outorga competências tributárias à União, aos Estados, ao Distrito Federal e aos Municípios ora referindo-se a categorias jurídicas, ora a situações meramente econômicas. (...) vários desses fatos geradores (...) são discriminados na Magna Carta por suas categorizações jurídicas fornecidas pelo direito privado".[16] Alcides Jorge Costa, por sua vez, afirma que, "obviamente, a presença do direito privado é indispensável, porque o direito privado regula toda a vida econômica e o direito tributário não vai necessariamente reelaborar todos os conceitos. Então, se quero me referir a um determinado fenômeno econômico, fica muito mais simples falar em sua forma jurídica, dizer que quero tributar as vendas ou quero tributar as consignações e por aí afora, daí já se entende o que é".[17]

Aqui a questão que se coloca é se a Constituição, na data de sua promulgação, ao utilizar termos já definidos pelo direito privado, incorporou ou não esses conceitos. Caso a resposta seja positiva, a segunda questão a ser enfrentada é: na incorporação dos conceitos a Constituição "petrificou-os", não permitindo que, em interpretação posterior o sentido seja modificado, ou se os conceitos constitucionais ganham novo significado conforme a evolução da legislação infraconstitucional. Este o tema será objeto de estudo no item seguinte.

Por fim, quando o art. 110 fala em institutos, conceitos e formas de direito privado, utilizados *implicitamente* pela Constituição, entendemos que se referiu às palavras que não estão definidas conotativamente ou denotativamente. No entanto, não é porque não trazem critérios de uso de determinada palavra (conotação) ou não apontam quais os elementos que se incluem em seu conceito (denotação), que os institutos, conceitos e formas não tenham sentido: ele deve ser construído por meio de pesquisas da definição desta palavra em outros diplomas legais (legislação comercial, decretos, decretos-lei, normas contábeis etc.[18]), ou mesmo através de pesquisas etimológicas ou nos dicionários.[19]

### 2.2.2 *Situações (ii) "existência de definição somente no direito civil" e (iv) "existência de definições diversas no direito civil e no direito tributário", a interpretação dos arts. 109 e 110 e a posição dos tribunais superiores*

Após darmos interpretação e delimitarmos as funções dos arts. 109 e 110, é possível, agora, equacionarmos as situa-

16. Ob. cit., pp. 176-178.
17. Ob. cit., p. 23.

18. Essa pesquisa legal de definições é utilizada pelo STF como, por exemplo, no Recurso Extraordinário n. 150.764, que julgou a constitucionalidade da contribuição ao FINSOCIAL.

19. Retomando a idéia da situação (iii), temos que, quando o direito positivo não define as palavras que utiliza, isso significa que adota o sentido comum ou o sentido já construído em outras legislações, pois, caso contrário, teria estipulado o conceito a ser construído. Com bem se expressou o Ministro Eros Grau no julgamento do Recurso Extraordinário n. 357.950, "a cada conceito corresponde um *termo*. Este – o termo – é o signo lingüístico do conceito. Assim, o conceito, expressado no seu termo, é coisa (signo) que representa outra coisa (seu objeto). *Faturamento* é o termo do conceito (= noção, em rigor) de *faturamento*. Aqui, corremos o risco de cair numa cilada. (...) não há nenhuma relação necessária entre as *palavras* (de um lado) e os *objetos, circunstâncias, fatos ou acontecimentos* (de outro) em relação aos quais as palavras cumprem múltiplas funções. As palavras – diz Hospers – são como rótulos que colocamos nas coisas, para que possamos falar sobre elas: 'Qualquer rótulo é conveniente na medida em que nos ponhamos de acordo com ele e o usemos de maneira conseqüente. A garrafa conterá exatamente a mesma substância, ainda que coloquemos nela um rótulo distinto (...)'. Podemos, como Hospers, apor rótulos convencionais sobre determinadas garrafas ou fazê-lo de modo arbitrário. Optando pela segunda alternativa, da sua adoção não resultará nenhuma alteração no conteúdo do continente arbitrariamente rotulado. Apenas, se o nosso propósito não for o de instalar, no mínimo, a confusão, cumpre-nos deixar bem esclarecido aos seus potenciais usuários quais conteúdos encontrarão em cada uma delas. Assim

ções (ii) e (iv) dando, inclusive, a posição do STF e do STJ sobre a questão.

Vimos que, na verdade, é o art. 110 que tem importância decisiva na relação entre o direito civil e o direito tributário, mais especificamente, na relação do direito civil com a repartição constitucional das competências tributárias.

Ambos os casos terão relevância, para fins de análise do art. 110 do CTN, apenas quando o termo de direito privado estiver sendo utilizado, pela Constituição, para outorgar competência tributária a algum ente federativo. Vejamos as situações em separado.

2.2.2.1 Utilização constitucional de termos definidos pelo direito civil

A primeira questão que se coloca é: quando a Constituição utiliza palavras definidas no direito privado, ela se refere, na classificação de Humberto Ávila, aos "termos" ou aos "conceitos", ou seja, a referência é "terminológica" ou "conceitual"?[20]

Estamos com o autor no sentido de que a Constituição, quando utiliza palavras definidas somente no direito civil, está incorporando o conceito já existente[21] e, à luz de todas as premissas que firmamos acerca da interpretação do art. 110, do Código Tributário Nacional, entendemos, ainda, que os incorporou definitivamente, para efeitos de delimitação da competência tributária, não importando o que a legislação infraconstitucional traga posteriormente.[22]

Em outras palavras, queremos dizer que o sentido dos termos constitucionais, para efeitos de delimitação da competência tributária, será o mesmo daquele previsto na legislação de direito privado (quando este for o caso) quando da época de sua promulgação. *Especificamente em relação ao direito civil, isso implica afirmar que as definições previstas no Código Civil de 1916 prevalecem sobre eventuais modificações trazidas pelo Código Civil de 2002.*[23]

Dois motivos especiais sustentam essa posição: o primeiro considera que o Constituinte, supostamente, sabia da definição daquele termo no direito privado à época da elaboração da Constituição de 1988 e, por esse motivo é que incorporou apenas o termo, não dando a ele definição específica no texto constitucional: a partir dessa constatação é que desenhou a repartição das competências tributárias, visando proteger a Federação brasileira. O segundo motivo reflete também a proteção da delimitação das competências tributárias, seja para evitar ampliação do espectro de incidência tributária, seja para evitar conflitos de competência, já que, ao admitirmos

com as palavras. Se não as tomarmos com a significação usual, cumpre nos informar aos nossos ouvintes ou leitores os sentidos que lhes atribuímos".

20. Nas palavras do autor: "Quando o legislador tributário utiliza a expressão 'salário', por exemplo, ele está incorporando o conceito prévio de salário constante da legislação especial ou simplesmente fazendo referência ao salário (...)?" ("Eficácia do novo Código Civil na legislação tributária", in Betina Treiger Grupenmacher, *Direito Tributário e o Novo Código Civil*, cit., pp. 64-65).

21. Idem, p. 65.

22. Em sentido oposto: Alcides Jorge Costa, ob. cit., pp. 31-33: "(...) a alteração de conceitos do direito civil deve ser obedecida pelo direito tributário, evidentemente. Ainda que isso tenha alguma implicação na competência, como eu referi agora o caso das pertenças, por outro lado, é claro que para o bom funcionamento da Federação, a lei tributária, que pode alterar conceitos de direito privado, não pode, no entanto, fazê-lo desde que essa alteração tenha reflexo na distribuição das competências constitucionais"; e Condorcet Rezende, ob. cit., pp. 41-42: "A primeira questão trata de se os dispositivos constitucionais que estabelecem competências tributárias incorporam em seus textos os conceitos de direito privado vigentes na data da publicação da Constituição de 1988. (...). Eu acho que ele fez referência aos conceitos de direito privado, mas não os incorporou, fala em imóveis como entendido no direito privado. Eu não entendo que tenha havido incorporação e sedimentação (...)". No mesmo sentido, Ricardo Mariz de Oliveira, ob. cit., p. 185 e Marcelo Prado, "A competência tributária e o novo Código Civil", in Eduardo de Carvalho Borges (coord.), *Impacto Tributário do Novo Código Civil*, cit., p. 38.

23. Para exemplos dessas modificações, trazidas pelo Código Civil de 2002, v.: Eduardo de Carvalho Borges (coord.), *Impacto Tributário do Novo Código Civil*, cit., caps. 2 e 5.

que os conceitos constitucionais fossem modificados a partir da mudança das definições na legislação infraconstitucional, estaríamos permitindo uma mudança da Constituição via poder legislativo ordinário/complementar.

O Supremo Tribunal Federal, no julgamento dos Recursos Extraordinários ns. 116.121-3-SP e 172.058-1-SC, apreciou a situação (ii), não permitindo a modificação, em termos de interpretação (não existindo "definição" propriamente dita, diversa, no direito tributário), dos conceitos definidos direito privado, quando isto implique em ampliação da competência tributária.

O Recurso Extraordinário n. 116.121 tratava de caso em que a empresa Ideal Transportes e Guindastes Ltda. abrira litígio contra o Município de Santos para se ver livre da cobrança do ISSQN sobre os contratos de locação de maquinário que celebrava com terceiros. O julgamento vinha sendo precedido de entendimento pacífico da Corte Suprema em sentido contrário aos interesses do contribuinte e, entre distribuição, sucessivos pedidos de vista e publicação da decisão, o caso levou cerca de 13 anos para chegar a termo. Como resultado, foi reconhecida, em sessão plenária e por maioria de votos (6 x 5) a inconstitucionalidade da expressão "locação de bens móveis", constante do item 79 da Lista de Serviços a que se refere o Decreto-lei n. 406/1968, na redação dada pela Lei Complementar n. 56/1987, bem como a inconstitucionalidade da mesma expressão, contida na Lei Municipal de Santos, nos seguintes termos: "A terminologia constitucional do Imposto sobre Serviços revela o objeto da tributação. Conflita com a Lei Maior dispositivo que imponha o tributo considerado contrato de locação de bem móvel. Em Direito, os institutos, as expressões e os vocábulos têm sentido próprio, descabendo confundir a locação de serviços com a de móveis, prática diversas regidas pelo Código Civil, cujas definições são de observância inafastável – art. 110 do Código Tributário Nacional". A argumentação para provimento do foi fundamentada, em síntese, no apontamento da confusão feita pelo legislador complementar entre arrendamento de coisa (*locatio conductio rei*) e prestação de serviço (*locatio conductio operarum*), sendo esta diferença consagrada no direito privado, de modo que só se poderia tributar a título de serviço as "obrigações de fazer" e não as "obrigações de dar", ofendendo, inclusive, o previsto no art. 110 do Código Tributário Nacional, embora a questão prejudicial seja ofensa constitucional.

O Recurso Extraordinário n. 166.772, apesar de apreciar a questão à luz da Constituição e não da legislação infralegal (CTN), mais uma vez reiterou entendimento que não é possível que o direito tributário altere os conceitos de direito privado para efeitos de ampliar a competência tributária. O Recurso Extraordinário julgou inconstitucional o art. 3º, I, da Lei n. 7.787/1989, na parte em que mandava tributar, pela contribuição previdenciária devida ao INSS, a remuneração paga aos administradores e trabalhadores autônomos, já que a Constituição permitia apenas a tributação, àquela época, sobre as *folhas de salários*. Segundo o Supremo Tribunal Federal, não seria possível, por ausência de permissão constitucional, tributar essa remuneração que, segundo a legislação trabalhista, não poderia se enquadrar como "salário".

#### 2.2.2.2 Utilização constitucional de termos definidos pelo direito civil e pelo direito tributário

Partamos para a quarta situação da tabela de casos possíveis: existem duas definições para os termos utilizados pela Constituição: uma, no direito civil; outra, no direito tributário.

Nesta hipótese, entendemos que deve prevalecer a definição prevista na legislação tributária, se já existia quando da promulgação da Constituição de 1988. Pressupõe-se que, quando da delimitação e repartição das competências tributárias, o legislador constituinte tinha conhecimento das definições previstas na legislação tributária, especialmente na legislação que instituía os tributos e no Código Tributário Nacional e, dada a existência e especificidade destas no ordenamento jurídico, se quisesse dar definição diferenciada teria o feito expressamente.

Ocorrendo a sobreposição normativa na ordem (a) "lei civil → texto Constitucional → lei tributária", prevalece a definição de direito privado, mesmo que hajam duas definições; ocorrendo na ordem (b) "lei civil → lei tributária → texto Constitucional" ou (c) "lei tributária → lei civil → texto Constitucional", prevalece a definição da lei tributária, independente da cronologia com relação à lei civil, por tratar-se de *lex especialis*.

Um exemplo de caso que se enquadra nesta situação foi apreciado no julgamento dos Recursos Extraordinários ns. 346.084-6-PR, 358.273-9-RS, 390.840-5-MG e 357.950-9-RS, que tratavam da ampliação da base de cálculo da COFINS pelo art. 3º, § 1º, da Lei n. 9.178/1998. O Supremo Tribunal Federal havia definido que o conceito de faturamento era o previamente estabelecido no direito privado, mais especificamente no art. 22, do Decreto-lei n. 2.397/1987, qual seja "receita bruta das vendas de mercadorias e de mercadorias e serviços", quando do julgamento da constitucionalidade da contribuição ao FINSOCIAL (RE 150.764). A Lei n. 9.178/1998 disse que faturamento corresponderia à receita bruta, esta entendida, no entanto, como a *totalidade das receitas auferidas pela pessoa jurídica, sendo irrelevante o tipo de atividade por ela exercida e a classificação contábil adotada*. O Supremo Tribunal Federal, por maioria de votos (acórdão ainda não publicado) decidiu que a Constituição possui um conceito constitucional implícito de faturamento, qual seja, aquele definido no direito privado quando da época de sua promulgação e, portanto, a legislação tributária não poderia trazer outro, diverso, para ampliar sua competência tributária.

O Superior Tribunal de Justiça, por sua vez, em inúmeros precedentes citados nas ementas e nos votos do AgRg no Recurso Especial n. 825.886-RJ e do AgRg no Agravo de Instrumento n. 746.135-SP, decidiu, acerca do mesmo assunto da ampliação da base de cálculo do PIS/COFINS, apreciada pelo Supremo Tribunal Federal, mas à luz do art. 110, do Código Tributário Nacional, que "a Lei n. 9.718/1998, ao ampliar a base de cálculo do PIS e da COFINS (...), assim como ao criar novo conceito para o termo 'faturamento', para fins de incidência da COFINS, com o objetivo de abranger todas as receitas auferidas pela pessoa jurídica, invadiu a esfera da definição do direito privado, violando frontalmente o art. 110 do CTN".

## *3. A presença da relação do direito tributário com o Código Civil nos temas da norma geral antielisiva e da responsabilidade tributária*

### *3.1 Norma geral antielisiva, desconsideração dos negócios jurídicos e o Código Civil*

Neste tópico pretendemos tratar da relação entre o art. 116, parágrafo único do Código Tributário Nacional com o art. 167, do atual Código Civil. Dispõem:

> *Código Tributário Nacional*
>
> Art. 116. (...).
>
> Parágrafo único. A autoridade administrativa poderá desconsiderar atos ou negócios jurídicos praticados com a finalidade de dissimular a ocorrência do fato gerador do tributo ou a natureza dos elementos constitutivos da obrigação tributária, observados os procedimentos a serem estabelecidos em lei ordinária.
>
> *Código Civil de 2002*
>
> Art. 167. É nulo o negócio jurídico simulado, mas subsistirá o que se dissimulou, se válido for na substância e na forma.

§ 1º. Haverá simulação nos negócios jurídicos quando:

I – aparentarem conferir ou transmitir direitos a pessoas diversas daquelas às quais realmente se conferem, ou transmitem;

II – contiverem declaração, confissão, condição ou cláusula não verdadeira;

III – os instrumentos particulares forem antedatados, ou pós-datados.

§ 2º. Ressalvam-se os direitos de terceiros de boa-fé em face dos contraentes do negócio jurídico simulado.

### 3.1.1 *Interpretação do art. 116, parágrafo único, do CTN*

O art. 116, parágrafo único, do Código Tributário Nacional é comumente chamado de *norma-geral antielisiva*. O predicado "antielisiva" parte do conceito de "elisão fiscal". Segundo Gustavo da Silva Amaral, *elisão* é "efeito de ato jurídico lícito, o qual consiste em uma carga fiscal menor em relação a um paradigma de comparação". Quer dizer: a ação elisiva exige dois pressupostos: (i) conduta lícita (contrapondo-se a elisão à evasão fiscal, que decorre de ato ilícito) e (ii) efeitos tributários menores ou inexistentes, em relação a outro fato jurídico que seria, necessariamente, antecedente de regras de incidência tributárias.[24]

O predicado "norma geral", por sua vez, segundo mesmo autor, se refere não à generalidade de pessoas a que é referida (embora essa seja uma característica dessa regra), mas ao número de situações que ela abarca, em contraposição às normas específicas antielisivas, como é o caso do art. 16, da Lei n. 9.311/1996 (obrigação do resgate das aplicações financeiras e da liquidação das operações de mútuo por meio de lançamento em conta corrente, sujeito à incidência da CPMF).[25]

24. *Elisão Fiscal e Norma Geral Antielisiva*, pp. 57-70.

25. Idem, p. 81.

### 3.1.2 *Relações entre o art. 116, parágrafo único, do CTN e o art. 167 do Código Civil*

O parágrafo único do art. 116 prescreve possibilidade de desconsideração de *atos ou negócios jurídicos*, que visem *dissimular* a ocorrência do fato jurídico tributário ou a constituição da obrigação tributária.[26]

No art. 167 do Código Civil de 2002 encontramos hipóteses de negócios jurídicos "simulados". O termo "dissimulação" não encontra nenhuma definição no direito positivo. A questão que se põe é: *simulação* e *dissimulação* têm conceitos diferentes? Qual o alcance das definições previstas no Código Civil para efeitos de interpretação do Código Tributário Nacional?

A doutrina do direito civil opera com a distinção entre *simulação absoluta* e *simulação relativa*.[27] Nas definições conotativas destes termos, encontramos a palavra "dissimulação", conforme se vê da obra de José Beleza dos Santos: na *simulação absoluta* não se *dissimula* nenhuma realidade e na *simulação relativa* se *dissimula* realidade oculta.[28] Washington de Barros Monteiro afirma, no mesmo sentido, que "cumpre não confundir simulação com dissimulação. Distinguiu-as Ferrara nos seguintes termos: na simulação, faz-se aparecer o que não existe, na dissimulação oculta-se o que é; (...) Mas, em ambas, o agente quer o engano; (...). Se a simulação é um fantasma, a dissimulação é uma máscara".[29]

26. Aqui cabe a ressalva de que, se os atos praticados dissimuladamente são atos ilícitos, a denominação de norma geral antielisiva ao art. 116, parágrafo único, está incorreta. Para assim ser qualificada, teria de prever formas de desconstituição de atos lícitos, conforme a premissa do conceito de elisão, adotada acima. Cf.: Gustavo da Silva Amaral, ob. cit., p. 105.

27. Washington de Barros Monteiro, ob. cit., p. 215.

28. *A Simulação em Direito Civil*, *apud* Gustavo da Silva Amaral, ob. cit., p. 99.

29. Ob. cit., pp. 215-216.

A dissimulação, para o direito civil seria, portanto, simulação *relativa*. São, conceitos diferentes, embora, a definição de "simulação" englobe atos de "dissimulação".

Ricardo Mariz de Oliveira leciona que "simula-se para fingir algo que não existe (realidade inexistente) e dissimula-se para fingir que não existe (realidade aparentemente inexistente) algo que existe efetivamente (realidade existente). (...) dissimulação é uma espécie de simulação, porque, pela simulação de uma situação, dissimula-se outra".[30]

Concluímos, neste primeiro item que procuramos explicitar a relação do direito civil com o direito tributário, que o Código Civil, neste particular, colabora para a construção de sentido da norma geral antielisiva, mantendo a idéia de que no direito tributário, a interpretação a ser dada é a mesma feita pelos civilistas e mantidas pelo atual art. 167, qual seja, a de que se trata de *simulação relativa*.[31]

### *3.2 A responsabilidade dos administradores pelos débitos tributários da pessoa jurídica*

#### 3.2.1 *A responsabilidade no CTN*

O Código Tributário Nacional prescreve que o sujeito passivo da obrigação tributária diz-se "contribuinte, quando tenha relação pessoal e direta com a situação que constitua o respectivo fato gerador" e "responsável, quando, sem revestir a condição de contribuinte, sua obrigação decorra de disposição expressa por lei" (art. 121, parágrafo único).

Portanto, poderá ser responsável pelo crédito tributário aquele que não tenha relação pessoal e direta com o fato jurídico tributário (situação que enseja a obrigação de pagar o tributo) e esteja assim expressamente previsto na legislação.

Segundo Rubens Gomes de Souza, autor do projeto do Código Tributário Nacional, a sujeição passiva tributária poderia se dar de forma direta ou indireta. A responsabilidade tributária, que nos interessa neste tópico, era espécie da sujeição passiva indireta, na modalidade "transferência". Essa classificação dos sujeitos passivos em direto e indireto, segundo Paulo de Barros Carvalho, tem raízes econômicas, ou seja, analisa os tipos de vantagens que cada um aufere da relação factual que participam. Mas isso não tem importância para o direito: para o mundo jurídico importa quem figura, de acordo com a lei, no pólo passivo da obrigação tributária, independente das vantagens que aufira em relação ao fato jurídico tributário.[32]

#### 3.2.2 *A responsabilidade do CTN e o Código Civil*

Há divergências no plano doutrinário com relação à espécie de veículo normativo apto a dispor sobre o tema da responsabilidade tributária: lei ordinária ou complementar, de acordo com a interpretação dada ao art. 146, III, *b*, da Constituição.[33]

O Código Tributário Nacional trata da matéria no Capítulo V "Responsabilidade Tributária", do Título II "Obrigação Tribu-

30. Ob. cit., p. 198.

31. Gustavo da Silva Amaral afirma: "A expressão 'dissimular o fato gerador' não nos deixa dúvidas a respeito de seu sentido. Significa mascarar, ocultar, mediante simulação relativa, a realização do fato jurídico tributário por parte do contribuinte. Um ato tal constitui ilícito, e continuará sendo. A regra sequer ampliou o campo dos atos ilícitos, portanto, não se lhe aplica o termo *antielisiva*" (ob. cit., p. 104).

Ricardo Mariz de Oliveira também é enfático ao dizer: "(...) esse dispositivo da nova lei civil presta-se a ratificar que a norma do parágrafo único do art. 116 do CTN somente trata de simulação relativa (...)" (ob. cit., p. 198).

32. *Curso de Direito Tributário*, pp. 300-302.

33. "Art. 146. Cabe à lei complementar: (...). III – estabelecer normas gerais em matéria de legislação tributária, especialmente sobre: (...); b) obrigação, lançamento, crédito, prescrição e decadência tributários; (...)."

tária", de modo que então a questão estaria resolvida: o tema seria de competência de lei complementar, independente, inclusive, da ressalva que é feita no art. 128, com relação a outras hipóteses de responsabilidade não previstas no Código.[34] A nosso ver, já que a matéria deve ser tratada por lei complementar, a ressalva do art. 128, relativa a outras espécies de responsabilidade tributária que não as previstas naquele no Código, só pode se referir a eventuais prescrições trazidas por outra lei, mas, lei complementar.[35]

Com relação a este assunto, parece-nos então que não há relações tributárias que possam sofrer efeitos das disposições do Código Civil, lei ordinária.

No entanto, quando entramos nas hipóteses de responsabilidade tributária, previstas no Código Tributário, a situação não é a mesma.

O art. 128 do Código Tributário Nacional prescreve: "Sem prejuízo do disposto neste capítulo, a lei pode atribuir de modo expresso a responsabilidade pelo crédito tributário a terceira pessoa, vinculada ao fato gerador da respectiva obrigação, excluindo a responsabilidade do contribuinte ou atribuindo-a a este em caráter supletivo do cumprimento total ou parcial da referida obrigação". Interpretando-o juntamente com o art. 121, vemos que o responsável tributário será o sujeito passivo da obrigação tributária quando tenha relação *indireta* com a ocorrência do fato gerador:[36] embora vinculado ao fato gerador, sua relação não poderá ser pessoal e direta, já que essa situação o caracterizaria como contribuinte.[37] Vejamos uma das hipóteses previstas no Código Tributário Nacional, qual seja, a contida no art. 135, III.

### 3.2.3 *A responsabilidade do art. 135, III, do CTN e o Código Civil*

A responsabilidade específica de que queremos tratar, e que está relacionada com o Código Civil, está contida Seção III, "Responsabilidade de Terceiros", art. 135, III, do Código Tributário Nacional:[38]

34. No mesmo sentido, mas com raciocínio diferenciado, Humberto Ávila leciona: "(...) questões de responsabilidade dizem respeito a normas gerais de Direito Tributário, porque envolvem estabilidade e segurança para os entes federal, estadual e municipal. (...) Dessa forma, só por este aspecto formal, já se deve afastar a utilização das normas de responsabilidade civil aplicando essas regras às normas tributárias" (ob. cit., p. 78).

35. Ives Gandra da Silva Martins afirma que, durante sua participação no processo constituinte, propôs colocar nas hipóteses do art. 146, III, um advérbio, para não deixar que o rol previsto fosse taxativo. Isso resultou na expressão "especialmente", contido na atual redação da Constituição. Por esse motivo é que o autor entende que a responsabilidade tributária, mesmo não estando expressa no art. 146, III, por estar contida no conjunto de princípios e normas gerais de direito tributário, deve ser tratada por Lei Complementar e não sofre, desta forma, influência do Código Civil. Cf. "A responsabilidade tributária e o novo Código Civil", in Eduardo de Carvalho Borges (coord.), *Impacto Tributário do Novo Código Civil*, cit., pp. 60-61.

36. Em interpretação diversa, Renato Lopes Becho afirma que, na verdade, o CTN traz três espécies de sujeitos passivos: o contribuinte, que realiza o fato imponível (art. 121, parágrafo único, I), o responsável, que não está de nenhuma forma vinculado à ocorrência do fato gerador (art. 121, parágrafo único, II) e o substituto tributário, que não é contribuinte, mas tem relação pessoal e direta, vinculada à ocorrência do fato imponível (art. 128), embora a lei se refira, novamente, à categoria dos "responsáveis". Segundo o autor, essa é a interpretação possível para não conflitarem entre si os arts. 121, parágrafo único, II, e 128, que prevêem, respectivamente, que o responsável não tem relação pessoal e direta com o fato gerador e que o responsável tem que estar vinculado ao fato imponível. Cf. "A responsabilidade tributária e o novo Código Civil", in Eduardo de Carvalho Borges (coord.), *Impacto Tributário do Novo Código Civil*, cit., pp. 46-49. Já Ives Gandra da Silva Martins acredita que tenha sido intenção de Rubens Gomes de Souza criar duas espécies de sujeitos passivos: o contribuinte e o substituto do contribuinte, de modo que todo responsável, necessariamente, é substituto tributário, já que substitui o contribuinte na relação jurídico-tributária (ob. cit., pp. 66-67).

37. Paulo de Barros Carvalho, *Curso de Direito Tributário*, pp. 300-302.

38. Excluiremos de nossa análise o art. 134, III, por entendermos, como Sacha Calmon Navarro Coêlho e André Mendes Moreira que as pessoas re-

> São pessoalmente responsáveis pelos créditos correspondentes a obrigações tributárias resultantes de atos praticados com excesso de poderes ou infração de lei, contrato social ou estatutos:
>
> (...).
>
> III – os diretores, gerentes ou representantes de pessoas jurídicas de direito privado.

Esse artigo quer dizer que, caso os administradores (estes entendidos como os diretores, gerentes ou representantes das pessoas jurídicas, citados no inciso III)[39] celebrem negócios jurídicos com excesso de poderes, infração de lei, contrato social ou estatuto, os efeitos tributários que desses negócios advierem (obrigação tributária que nasce da ocorrência do negócio jurídico, fato jurídico tributário) serão de responsabilidade única e exclusiva do negociador, excluída, neste caso, a responsabilidade da pessoa jurídica, em nome da qual foi realizado o negócio.[40]

Em outras palavras, o que o art. 135, III, quer dizer é que, embora quem realize o fato jurídico tributário (contrato de compra e venda de imóveis, por exemplo, sujeito à incidência do ITBI) seja a pessoa jurídica, no caso de não pagamento do tributo, a responsabilidade pela obrigação tributária decorrente daquele fato será do administrador que agiu infringindo as regras de sua administração.[41]

feridas neste artigo "não são os profissionais contratados para conduzir os negócios de uma sociedade, mas sim pessoas que, por um fato da vida, tornam-se responsáveis pela manutenção e guarda de um bem pertencente a outrem. São pessoas cuja conduta vem regulada no Código Civil (como os gestores de negócios, *v.g.*), não se confundindo com os administradores de empresas" ("Reflexos do novo Código Civil no Direito Tributário", in Betina Treiger Grupenmacher, *Direito Tributário e o Novo Código Civil*, cit., p. 209).

39. Segundo Maria Rita Ferragut, o sócio "não possui, pela simples qualidade de ser sócio, poder de gerencia. Para tanto deverá, além de sócio, ser administrador" (*Responsabilidade Tributária e o Código Civil de 2002*, p. 6).

Igualmente com a autora, "adotaremos, no decorrer de todo o trabalho, o vocábulo *administrador* para designar o sócio ou o acionista que detém poder de gerência, bem como o executivo contratado para essa função" (ob. cit., p. 7).

40. Também favoráveis à responsabilidade pessoal e não solidária ou subsidiária com a pessoa jurídica: Humberto Ávila, ob. cit., p. 79; José Eduardo Soares de Melo, "A desconsideração da personalidade jurídica no Código Civil e reflexo no Direito Tributário", in Betina Treiger Grupenmacher, *Direito Tributário e o Novo Código Civil*, cit., p. 160; Eduardo Domingos Bottallo, ob. cit., p. 191; Renato Lopes Becho, ob. cit., p. 52; e Ives Gandra da Silva Martins, ob. cit., p. 67. Nas palavras deste último: "(...) no art. 135 a responsabilidade é pessoal. Sei que essa posição é minoritária, porque tenho visto as Cortes entenderem haver responsabilidade solidária naquilo que só poderia ser responsabilidade pessoal. Admitindo que, ao contrário de algumas pessoas que assume cargos importantes e nem ler sabem, o Gilberto entendia, falava diversas línguas, o Rubens Gomes de Souza também, quando usaram o vocábulo 'pessoal' e não a puseram no art. 134, parece-me que havia duas características fundamentais nos arts. 134 e 135. O 134 cuida de casos sem dolo, sem fraude e sem má-fé, casos de culpa. E o 135 cuida de casos de dolo. Se todas as pessoas elencadas no art. 134, praticarem atos mencionados no art. 135, estarão praticando-os de forma dolosa, por isso a responsabilidade é pessoal, porque aí há duas vítimas, o Fisco e aqueles que neles confiaram. O art. 134 não, é por culpa. Nesse particular, eu estou inteiramente de acordo com a posição de que a expressão lá está é 'pessoal'. O art. 134 fala em solidário. Se 'pessoal' e 'solidário' não são sinônimos, admitindo que os legisladores saibam o que tinham escrito e que eram as palavras adequadas, efetivamente o 'pessoal' é 'pessoal' e o 'solidário' é 'solidário', e se deve seguir o que dizem os dicionários e aplicar seu conteúdo".

41. No processo de cobrança do crédito tributário, a pessoa jurídica, contribuinte, é sempre a devedora estando ou não incluídos também os administradores. No processo de execução judicial da dívida, é também comum o requerimento, pelo Fisco, da inclusão dos sócios e administradores no pólo passivo da ação, como responsáveis, também, pelo crédito, se for o caso.

Essa discrepância entre a interpretação do Código Tributário Nacional (responsabilidade solidária no art. 134 e pessoal no art. 135) e a "prática" do processo administrativo ou de execução fiscal (responsabilidade sempre solidária e/ou subsidiária) foi bem percebida por Paulo César Conrado: "E me reportando às palavras dos palestrantes sobre os arts. 134 e 135, fixada ficou a idéia no sentido da solidariedade, no caso do art. 134, e da pessoalidade, no caso do art. 135. Gostaria apenas de obter a confirmação e algum comentário dos senhores nes-

Mizabel Derzi tem afirmações bastante claras neste sentido: "(...) o art. 135 transfere o débito, nascido em nome do contribuinte, exclusivamente para o responsável, que o substitui (...). A única justificativa para a liberação do contribuinte, que não integra o pólo passivo, nas hipóteses do art. 135, está no fato de que os créditos ali mencionados correspondem a obrigações resultantes de atos praticados com excesso de poderes ou infração de lei, contrato social ou estatuto. O ilícito é assim prévio ou concomitante ao surgimento da obrigação (mas exterior à norma tributária) e não posterior, como seria o caso do não pagamento do tributo. A lei que se infringe é a *lei comercial* ou *civil*, não a lei tributária, agindo o terceiro contra os interesses do contribuinte. Daí se explica que, no pólo passivo, se mantenha apenas a figura do responsável, não mais a do contribuinte, que viu, em seu nome, surgir dívida não autorizada, que pela lei, quer pelo contrato social ou estatuto".[42]

Nesta interpretação do art. 135, III, é que conseguimos perceber a forte importância do Código Civil. Isso porque, conforme a redação do artigo citado, os administradores serão responsáveis quando infringirem, entre outros, a lei. E que lei seria essa? Parece-nos que inevitavelmente, dentre outras eventualmente aplicáveis, o Código Civil de 2002, que rege o direito de empresa e do empresário.[43]

Portanto, é no Código Civil que iremos encontrar a quais obrigações estão sujeitos os administradores e, conseqüentemente, por quais motivos (descumprimentos dessas obrigações) poderão ser responsabilizados pessoalmente pelo crédito tributário do Fisco.

Segundo Maria Rita Ferragut, os deveres dos administradores estão previstos nos arts. 1.011 (execução das decisões dos sócios com o cuidado e a diligência que seriam empregados se o negócio fosse do próprio administrador; tendo esta obrigação o condão de garantir que o administrador atuará com cautela na condução de suas atividades e nas contratações realiza-

se sentido. Me parece que essas são afirmações típicas do direito tributário, material. Processualmente, no entanto, existem conceitos e aqui falaria especialmente na condição de juiz de execução fiscal, existem repercussões do ponto de vista processual que deveriam ser retomadas, requalificações dessa responsabilidade. Aí peço a opinião dos senhores, já que me parece que na hipótese do art. 134, mesmo se afirmando responsabilidade solidária, do ponto de vista processual haveria uma subsidiariedade nesse específico foco temático. Em relação ao aspecto processual, isso significaria em última análise que uma eventual execução fiscal teria que ser proposta primeiro contra a pessoa jurídica e posteriormente, verificado o fato descrito no art. 134, aí sim direcionar-se os atos executivos para a pessoa do sócio. Isso me parece que remodelaria o predicado. Solidariedade há sim, mas é uma solidariedade diferente daquela que nós exploraríamos na teoria geral do direito, aquela segundo a qual o credor estaria habilitado desde o início a cobrar de ambos os devedores" (cf. "A responsabilidade tributária e o novo Código Civil", in Eduardo de Carvalho Borges (coord.), *Impacto Tributário do Novo Código Civil*, ob. cit., pp. 78-79). Para Renato Lopes Becho, essa solidariedade do art. 134 é impossível de ser aplicada, já que as situações lá elencadas são hipóteses de representação. O art. 135, sim, trata de responsabilidade exclusiva pessoal (ob. cit., pp. 79-81).

Em nossa opinião, a discrepância existe em razão da necessidade e possibilidade de apuração da responsabilidade, via de regra (quando não há instauração de processo administrativo) somente na fase do executivo judicial, observadas as interpretações dadas pelo STJ no EREsp n. 374.139, no EREsp n. 702.232 e no REsp n. 829.303, no sentido de que a responsabilidade é subsidiária (o patrimônio dos administradores é complementar ao da pessoa jurídica, para pagamento do débito) e a inclusão dos administradores no pólo passivo da obrigação tributária depende de prova (de infração do art. 135, III), produzida pelo Fisco, quando não foram incluídos previamente na certidão de dívida ativa, e pelo contribuinte (de não infração ao art. 135, III), quando ambos (pessoa jurídica e administrador) estão sendo executados.

42. Aliomar Baleeiro, *Direito Tributário Brasileiro*, 11ª ed. atual. por Mizabel Derzi, p. 756, *apud* Sacha Calmon Navarro Coêlho e outro, "Reflexos do novo Código Civil no Direito Tributário", in Betina Treiger Grupenmacher, *Direito Tributário e o Novo Código Civil*, cit., p. 211.

43. No mesmo sentido, Renato Lopes Becho, ob. cit., p. 53.

das em nome da sociedade); 1.020, 1.021 e 1.078, I (prestação de contas e informações aos sócios sempre que solicitado e, anualmente, em reunião especialmente convocada para esse fim, apresentação das demonstrações financeiras (balanço patrimonial e resultado econômico), e outros documentos que, de acordo com o contrato social, requeiram aprovação dos sócios); 1.072 (convocação da reunião de sócios para que eles possam deliberar sobre assuntos de interesse relevante para a sociedade, principalmente sobre as seguintes matérias: modificação do contrato social (capital social, entrada e saída de sócios, remuneração dos administradores, cessão de quotas, destinação de lucros e reservas etc.), incorporação, fusão, dissolução ou interrupção do estado de liquidação, aprovação de contas, nomeação, destituição de administradores, análise e julgamento das contas do liquidante); 1.017 (não aplicação, sem o consentimento por escrito dos sócios, de créditos e bens da sociedade em proveito próprio ou de terceiros, mas única e exclusivamente em proveito da sociedade); 1.013, § 1º (submissão aos sócios de eventuais divergências existentes entre os membros da administração, que tenham por objeto operação a ser realizada pela sociedade, cabendo aos sócios, por maioria de votos, decidir o rumo a ser adotado); 1.015, primeira parte (representação e prática de todos os atos pertinentes à gestão da sociedade, se o contrato social não previr os limites de suas atribuições); e 1.013, § 2º (atuação de acordo com a maioria, bem como em estrita observância ao objeto social da sociedade).[44] Ao nosso ver, todas as condutas obrigatórias do administrador que, se descumpridas, ensejarem a constituição fato jurídico tributário, as obrigações que dele decorrerem serão de sua responsabilidade pessoal, segundo interpretação nossa dada ao art. 135, III, do Código Tributário Nacional.

Para Renato Lopes Becho, são os seguintes artigos do Código Civil nos quais podemos encontrar alguns exemplos de obrigações dos administradores que, caso sejam descumpridas e delas decorram efeitos tributários (sejam fatos geradores de obrigações tributárias), darão ensejo à responsabilização pessoal: (i) Parte Geral: arts. 47 a 50 (Livro I: Das Pessoas, Título II: Das Pessoas Jurídicas, Capítulo I: Disposições Gerais) e (ii) Parte Especial: arts. 1.010 a 1.027: (Livro II: Do Direito de Empresa, Título II: Da Sociedade, Subtítulo II: Da Sociedade Personificada, Capítulo I: Da Sociedade Simples, Seção III: Da Administração e Seção IV: Das Relações com Terceiros).[45]

Para José Augusto Delgado, no Código Civil de 2002 há 50 dispositivos que tratam, das responsabilidades e atribuições do administrador.[46]

A doutrina tem entendido que a responsabilidade pessoal, prevista no art. 135, III, só pode ser aplicada caso tenha havido dolo ou culpa dos administradores na prática do ato ilícito que ensejou a obrigação tributária.[47]

44. *Responsabilidade Tributária e o Código Civil de 2002*, pp. 8-9.

45. Para o autor, o art. 47, por exemplo, traz a preponderância da responsabilidade da pessoa jurídica, que reponde com seu patrimônio, por eventuais efeitos decorrentes dos atos praticados pelos seus administradores, autorizadamente em nome delas.

No art. 1.012, segundo ele, é interessante notar que o Código Civil traz uma responsabilidade do próprio administrador, como pessoa física, que fica obrigado a registrar seu instrumento de mandato juntamente aos atos de constituição e alteração da sociedade sob pena de, no campo tributário, responder pessoal e solidariamente por eventuais lesões ao Fisco (ob. cit., pp. 54 e 56).

46. "Aspectos relativos às responsabilidades do administrador no novo Código Civil", in Betina Treiger Grupenmacher, *Direito Tributário e o Novo Código Civil*, cit., pp. 292-326.

47. Ives Gandra da Silva Martins, ob. cit., p. 68; Renato Lopes Becho, ob. cit., p. 83. Para mais informações sobre o assunto v. Maria Rita Ferragut, *Responsabilidade Tributária e o Código Civil de 2002*, ob. cit., pp. 102-110 e 118-134.

O STJ tem admitido essa interpretação, como se depreende do julgamento dos Recursos Especiais n. 829.086 e n. 833.245, quando a dissolução da sociedade se der de forma irregular (sem a devida "baixa" nos órgãos competentes, por exemplo), tendo os administradores que quebrar a presunção de que agiram dessa forma.

### 3.2.4 *A responsabilidade do art. 135, III, do CTN e o art. 50 do Código Civil*

Neste item duas questões se colocam: (a) O art. 50, do Código Civil, poderia ser utilizado pelo Fisco para embasar responsabilização pessoal dos administradores? (b) Existe alguma relação entre o art. 50 e a responsabilização pessoal do art. 135, III?

O art. 50 traz hipóteses de desconsideração da personalidade jurídica, ou seja, casos em que é possível recorrer ao patrimônio dos sócios e/ou administradores para pagamentos de débitos contraídos em nome da empresa.

Essas hipóteses, somente concretizáveis em juízo, são (i) desvio de finalidade e (ii) confusão patrimonial, consideradas como abuso da personalidade jurídica e, por isso, ensejadoras da desconsideração. Eduardo Domingos Bottallo afirma que os fundamentos do art. 135, III, do Código Tributário e do art. 50, do Código Civil, são os mesmos. Para o autor, o art. 50 trouxe os exatos critérios em que seria permitida a desconsideração da personalidade jurídica para dar causa à responsabilidade pessoal.[48]

A partir das premissas que firmamos sobre (a) os veículos normativos aptos a disciplinar a matéria de responsabilidade tributária e (b) a interpretação do art. 135, III, entendemos que: (a) o art. 50 jamais poderia ser considerado hipótese de responsabilidade tributária, passível de ser aplicada sem amparo das normas gerais do Código Tributário Nacional; e (b) a responsabilização pessoal não se trata de caso em que há a desconsideração da personalidade jurídica, mas sim, responsabilização dos administradores pelos créditos tributários constituídos em razão da prática de atos ilícitos.

Portanto, a nosso ver, só seria possível conciliar a interpretação do art. 50 com o art. 135, III, se admitíssemos (o que não é o caso), que o art. 50 contém norma de conduta *a contrario sensu*, dirigida aos administradores e, portanto, passível de ser considerado ilícito (passível de ser infringida pelos destinatários) para os fins do art. 135, III.

Neste sentido, entendemos que não há relação possível entre o direito civil e o direito tributário, especialmente entre o art. 50 e a responsabilização pessoal do art. 135, III.

## *Conclusão*

Diante de tudo, concluímos que:

(a) o direito é uno e cindível apenas para fins didáticos, o que implica na interpenetração de seus conceitos e suas definições quando da interpretação das legislações específicas;

(b) as relações entre o direito tributário e o direito civil se fazem presentes quando da interpretação de enunciados legislativos. Isto quer dizer que, quando construímos o sentido das palavras utilizadas pela legislação tributária, muitas vezes é necessário recorrer a termos definidos pelo direito civil, situação em que fica clara a relação entre seus enunciados;

(c) nesta fase interpretativa, quatro situações são possíveis: (i) inexistência de definição do termo no direito privado e no direito tributário; (ii) existência de definição somente no direito civil; (iii) existência de definição somente no direito tributário; e (iv) existência de definições diversas na legislação civil e tributária;

48. Ob. cit., p. 193.

(d) na situação (i), entendemos o sentido das palavras deva ser construído a partir de seu uso comum, com a utilização dos dicionários, por exemplo;

(e) na situação (ii), entendemos que o direito tributário não pode alterar as definições do direito privado, existentes à época da promulgação da Constituição de 1988, quando as palavras definidas estiverem sendo utilizadas (pela Constituição) para delimitação das competências tributárias, segundo o art. 110, do Código Tributário Nacional;

(f) na situação (iii), entendemos que o direito positivo, neste caso o próprio direito tributário, com ausência de definição no direito civil, cria suas próprias realidades, abandonando o sentido vulgar do termo e dando a definição que, para seus fins, é a que deve ser adotada;

(g) na situação (iv), entendemos deve prevalecer a definição tributária, se esta já existia à época da promulgação da Constituição de 1988;

(h) quando tratamos da relação do art. 167, do Código Civil com o art. 116, parágrafo único, do Código Tributário Nacional, conseguimos comprovar que, é na fase de construção de sentido das palavras do enunciado legislativo a ser interpretado (2ª fase do processo interpretativo) que as relações entre as legislações específicas ganham corpo. O art. 167, trazendo prescrições acerca da *simulação* e da *dissimulação* que, na interpretação dos civilistas, são formas de *simulação absoluta* e *simulação relativa*, contribui para a construção de sentido da mensagem normativa prevista no art. 116, parágrafo único, ainda que o artigo esteja tecnicamente ineficaz (pendente de regulamentação para ser aplicado);

(i) no tema da responsabilidade tributária dos administradores, encontramos relação possível com o direito civil, presente no art. 135, III, do Código Tributário Nacional. O artigo prescreve que, uma das formas de responsabilização pessoal dos administradores é a prática de atos ilícitos, contrário à *lei*, que ensejem obrigações tributárias. É na remissão à *infração à lei*, como hipótese de responsabilização pessoal, que a relação entre o art. 135, III, e o direito civil, se faz presente. É no direito civil que iremos encontrar os deveres dos administradores, deveres estes que, caso descumpridos e ensejadores de fatos jurídicos tributários, são causas de responsabilização pelas obrigações tributárias decorrentes, segundo o art. 135, III, do Código Tributário Nacional.

## *Bibliografia*

AMARAL, Gustavo da Silva. *Elisão Fiscal e Norma Geral Antielisiva*. Porto Alegre, IOB-Thomson, 2004.

BORGES, Eduardo de Carvalho (coord.). *Impacto Tributário do Novo Código Civil*. São Paulo, IPT/Quartier Latin, 2004.

CARVALHO, Paulo de Barros. *Curso de Direito Tributário*. 16ª ed., São Paulo, Saraiva, 2004.

______. *Direito Tributário: Fundamentos Jurídicos da Incidência*. 4ª ed., São Paulo, Saraiva, 2006.

FERRAGUT, Maria Rita. *Responsabilidade Tributária e o Novo Código Civil*. São Paulo, Noeses, 2005.

GUIBOURG, Ricardo e outros. *Lógica, Proposición e Norma*. 1ª ed., 6ª reimp., Buenos Aires, Editorial Astrea, 2002.

GRUPENMACHER, Betina Treiger. *Direito Tributário e o Novo Código Civil*. São Paulo, Quartier Latin, 2004.

MONTEIRO, Washington de Barros. *Curso de Direito Civil*. 1º v., São Paulo, Saraiva, 1997.

SANTI, Eurico Marcos Diniz de. "As classificações no Sistema Tributário Brasileiro", in *Justiça Tributária – 1º Congresso*

*Internacional de Direito Tributário*. São Paulo, Max Limonad, 1998.

______ (coord.). *Curso de Especialização em Direito Tributário*. Rio de Janeiro, Forense, 2005.

TORRES, Ricardo Lobo. *Normas de Interpretação e Integração da Legislação Tributária*. 3ª ed., revista e atual., Rio de Janeiro/São Paulo, Renovar, 2000.

# O IMPOSTO DE RENDA E A INDENIZAÇÃO POR DANOS MORAIS

JOSEH ANTONIO DE OLIVEIRA TÁVORA

Graduado pela Universidade Federal de Pernambuco. Especialista em Direito Tributário pelo IBET. Advogado em Recife. Assessor Jurídico Municipal

*1. Introdução. 2. Do conceito de "renda e proventos de qualquer natureza": 2.1 Da competência da União Federal para a instituição do imposto sobre a renda ou proventos de qualquer natureza – art. 153, III, da Constituição Federal de 1988; 2.2 Do conceito de "renda"; 2.3 Do conceito de "patrimônio". 3. Do dano moral e sua indenização: 3.1 Do dano e suas classificações; 3.2 Dano moral "vs." dano patrimonial; 3.3 Da noção de indenização. 4. Da não-incidência do imposto de renda sobre indenizações por dano moral: 4.1 Da fenomenologia da incidência tributária; 4.2 Da regra-matriz de incidência do imposto de renda; 4.3 Da não-incidência do IR sobre a indenização por danos morais – Não configuração de "renda". 5. Das discussões jurisprudenciais acerca do tema: 5.1 Do posicionamento defendido pela Fazenda Nacional; 5.2 Da jurisprudência. 6. Conclusão. Referências.*

## *1. Introdução*

Com esteio nos recentes desdobramentos jurisprudenciais, mormente no seio do Superior Tribunal de Justiça, visa o presente trabalho revisitar tema altamente controvertido: *a relação entre a indenização por dano moral e o imposto de renda*. Objeto de variada gama de abordagens doutrinárias, por parte de qualificados autores, além de gerar a existência de decisões conflitantes no âmbito do Poder Judiciário, o *punctum dolens* do presente artigo tem repercussões práticas de extrema relevância.

Com vistas a construir uma exposição pautada por coerência lógica, e sólido estabelecimento de premissas, o desenvolvimento do tema será dividido em capítulos, para melhor sistematização dos posicionamentos trazidos. Teremos, assim, quatro grandes tópicos de argumentação, que hão de se entrecruzar recorrentemente, através de remissões constantes.

Há de se abordar, em um primeiro momento, o *conceito de renda e proventos de qualquer natureza*. Para tanto, necessária a análise do grau de especificidade alcançado pela Constituição Federal de 1988 ao outorgar à União Federal, através de seu art. 153, III, a competência para instituição da exação em apreço. Além disso, é mister cotejar o arcabouço constitucional com a legislação complementar de regência, contida especificamente no art. 43 da Lei n. 5.172, de 25 de outubro de 1966, o Código Tributário Nacional. O estudo da Regra-Matriz de Incidência Tributária (RMIT) do

Imposto de Renda (IR) será procedido neste momento, de modo perfunctório.

Tais providências têm por finalidade, através de atividade interpretativa das normas jurídicas, o colhimento de substrato suficiente a ensejar a construção de um conceito de "renda". O cumprimento da finalidade buscada pelo capítulo inicial passa, necessariamente, pela correlação da noção de "renda" com a de "patrimônio", desdobrando este último em seus âmbitos material e imaterial.

A segunda parte da exposição, por sua vez, visa uma abordagem sistemática das noções de *indenização e de dano*, com suas repercussões próprias no que tange aos danos materiais e morais, além de análise comparativa entre tais modalidades. A associação entre os tipos é de fundamental importância para a construção de uma conclusão coerente com as premissas estabelecidas.

Após a consolidação das bases postas nos dois primeiros capítulos, o trabalho adentrará uma fase de formação de conclusões, através do cotejo analítico entre os conceitos encontrados de *renda e proventos de qualquer natureza* e *indenização por danos morais*. Buscar-se-á, assim, verificar se o percebimento de tal modalidade indenizatória se amolda ao critério material do antecedente da RMIT do Imposto de Renda, para fins de subsunção do fato à norma. Desta feita, neste terceiro ato se situa o núcleo do presente trabalho.

Após a finalização da exposição teórica, há de expor as recentes modificações nos posicionamentos dos tribunais pátrios acerca da questão, com ênfase ao Superior Tribunal de Justiça, analisando criticamente as conclusões do Poder Judiciário e confrontando-as com as premissas encontradas.

Por ser a legislação tributária relativa ao imposto de renda muito diversificada, partindo da Constituição Federal, passando por leis complementares e ordinárias e chegando às dispersas normas complementares, há de se transcrever, através das notas de rodapé, os dispositivos legais citados no corpo da exposição, com fins de facilitar a compreensão do leitor. Afinal, as presentes linhas visam apenas proporcionar uma leitura célere e explicativa acerca de tema de significativa relevância para eventuais interessados em questões atuais relacionadas ao Direito Tributário.

## *2. Do conceito de "renda e proventos de qualquer natureza"*

### *2.1 Da competência da União Federal para a instituição do imposto sobre a renda ou proventos de qualquer natureza – art. 153,III, da CF/1988*

Antes de adentrar qualquer discussão mais específica acerca do tema abordado pelo presente trabalho, é de crucial importância que sejam abordadas, *en passant*, algumas premissas tocantes à questão da competência tributária para a instituição do Imposto de Renda (IR) por parte da União Federal.

A atual Carta Magna, em seu art. 153, III,[1] outorgou à União Federal a competência para a instituição do IR. Sobre o tema, afirma o Professor Paulo de Barros Carvalho que:

"Competência legislativa é a aptidão de que são dotadas as pessoas políticas para expedir regras jurídicas, inovando o ordenamento positivo. Opera-se pela observância de uma série de atos, cujo conjunto caracteriza o procedimento legislativo. (...).

"A competência tributária, em síntese, é uma das parcelas entre as competências legiferantes de que são portadoras as pessoas políticas, consubstanciada na possibilidade de legislar para a produção de normas jurídicas sobre tributos."[2]

1. "Art. 153. Compete à União instituir impostos sobre: (...) III – renda e proventos de qualquer natureza; (...)."

2. Paulo de Barros Carvalho, *Curso de Direito Tributário*, 17ª ed., pp. 217-218.

Assim sendo, verifica-se que a Constituição Federal não instituiu qualquer tipo de tributo; apenas outorgou competência às pessoas políticas de direito interno para que o fizessem, através de suas próprias leis que previssem as regras-matrizes de incidência de cada um dos tributos.

Entretanto, não há total liberdade dos entes políticos para a instituição de tais tributos, vez que o próprio ordenamento jurídico impõe aos legisladores complementar e ordinário, além da observância e respeito aos princípios gerais, a restrição às balizas de ordem lógica impostas pelo texto constitucional para cada espécie tributária. A partir deste ponto, por questão de delimitação, há de se fazer menção apenas aos impostos, mormente àquele inserto no objeto do presente artigo.

Da simples análise do art. 153, III, da CF, surgem questionamentos fundamentais, prévios inclusive à própria possibilidade de instituição do imposto: o que é renda? O que são proventos de qualquer natureza? As respostas a tais indagações adquirem, assim, elevada importância, diante da intrínseca relação que hão de manter com os critérios material e quantitativo, situados respectivamente no antecedente e conseqüente da Regra-Matriz de Incidência Tributária (RMIT) do IR.

Segundo a Teoria da Regra-Matriz de Incidência Tributária, nos trazida pelo Mestre Paulo de Barros Carvalho, a norma jurídica que impõe a obrigação tributária é constituída por cinco critérios, distribuídos entre o seu antecedente e seu conseqüente, sendo estes ligados por um conectivo deôntico modalizado.

No antecedente da RMIT, estão localizados o critério material, que será abordado a seguir, o critério temporal e o critério espacial; no conseqüente da norma, por sua vez, estão o critério quantitativo, que também será analisado oportunamente, e o critério pessoal.

A análise em abstrato da RMIT é objeto de numerosas e extensas teses, diante da riqueza inerente ao tema. Todavia, o corte metodológico previsto para o presente trabalho impede maiores digressões, o mesmo impondo a necessidade de restringir a análise aos critérios diretamente afetados pela noção de "renda e proventos de qualquer natureza".

O *critério material* da RMIT é formado pela conjugação de um verbo e o seu complemento, que dão a estrutura do núcleo da sua hipótese.[3] Desta feita, assumindo que no caso do IR o verbo utilizado é *auferir*, a definição de renda está intimamente relacionada à definição do complemento, determinando-se quais tipos de ingressos terão a aptidão de constituir os fatos jurídicos descritos no antecedente da norma.

Por sua vez, a relação de tal definição com o *critério quantitativo*, contido no conseqüente da RMIT, é ainda mais forte. Formado pela aplicação de uma *alíquota* sobre uma *base de cálculo*, tem o mesmo a função de quantificar o crédito a ser constituído em face do contribuinte ou responsável. A conceituação de renda, portanto, há de repercutir fortemente na configuração da base de cálculo, oportunizando a limitação desta, quanto ao IR, apenas às parcelas efetivamente inclusas no conceito encontrado.

Portanto, diante de tais colocações, constata-se que a definição de "renda e proventos de qualquer natureza" se apresenta como ponto nevrálgico do arcabouço global do imposto previsto no art. 153, III, da CF. Assim sendo, passemos à construção do conceito de "renda", ampliando sua noção e nela incluindo, para fins de facilitação da exposição, os "proventos de qualquer natureza".

### *2.2 Do conceito de "renda"*

O conceito de "renda" constitui objeto de intensas controvérsias tanto no seio da doutrina tributarista, quanto no âmbito

3. Paulo de Barros Carvalho, ob. cit., p. 259.

das discussões judiciais, na esfera prática, diante da importância da qual se reveste.

Há quem afirme que tal conceito se encontra assente na própria Constituição Federal, sendo possível sua construção através da interpretação sistêmica de vários dispositivos do texto constitucional, em conjunto com os princípios tributários. Outros, por sua vez, afirmam que cabe ao legislador definir o conceito em voga, tendo ampla liberdade para tanto. É a chamada "corrente legalista".

Com o perdão de ambas as correntes, nenhuma se sustenta por si só.

É certo que o texto constitucional traz indicativos que auxiliam na construção de uma moldura delimitadora da noção que vislumbrou para o termo "renda". Entretanto, não se pode afirmar ser possível a construção de um conceito tomando por base, apenas, os enunciados prescritivos contidos no corpo constitucional. Qualquer iniciativa neste sentido faria uso, invariavelmente, de elementos de integração não contidos no corpo da Constituição.

Por sua vez, é no mínimo irresponsável defender que o legislador não encontra amarras na atividade de definição do conceito de renda. Ora, apesar de romântica a idéia de que o legislador apenas visa a satisfação dos interesses sociais, através da instituição de tributos, a prática demonstra que os desígnios legislativos não podem ser, sempre, enquadrados como nobres. É recorrente a fulminação de exações tidas por inconstitucionais pelos tribunais pátrios, apesar de terem sido instituídas através de regular processo legislativo.

Cada vez mais, o interesse público primário, da sociedade como um todo, é relegado ao esquecimento; por outro lado, fortalece-se a passos largos o interesse público secundário, restrito às pessoas jurídicas de direito público, que visam orçamentos mais volumosos sem qualquer interesse em beneficiar diretamente os cidadãos. Com vistas a frear este ímpeto arrecadatório, existem as limitações constitucionais ao poder de tributar, com seus princípios inerentes, que não podem ser esquecidos pelo legislador quando da construção dos conceitos em matéria tributária.

Em relação à questão acima abordada, o Professor Hugo de Brito Machado já fez interessante digressão:[4]

"Como o sistema jurídico é organizado com base em princípios, entre os quais o princípio hierárquico, e como a Constituição ocupa a posição mais elevada no sistema jurídico, todos os conceitos jurídicos utilizados em suas normas passam a vincular o legislador ordinário.

"(...).

"É evidente, portanto, que não se pode admitir essa liberdade do legislador para a formulação, ou a reformulação de conceitos albergados em normas da Constituição. Tal liberdade implicaria absoluta supressão da supremacia constitucional."

Diante do exposto, apesar de não existir um conceito constitucional de renda, é possível a confrontação das formulações do legislador ordinário com as normas jurídicas contidas no texto fundamental, com vistas a verificar a existência de fundamento de validade às prescrições da ordem infraconstitucional.

A Lei n. 5.172, de 25 de outubro de 1966, Código Tributário Nacional (CTN), estabeleceu normas gerais acerca do IR, com fulcro no art. 146, III, da CF. O art. 43 da referida lei,[5] recebida pela atual ordem

4. Hugo de Brito Machado, *Comentários ao Código Tributário Nacional*, vol. I, p. 425.

5. "Art. 43. O imposto, de competência da União, sobre a renda e proventos de qualquer natureza tem como fato gerador a aquisição da disponibilidade econômica ou jurídica: I – de renda, assim entendido o produto do capital, do trabalho, ou de ambos; II – de proventos de qualquer natureza, assim entendidos os acréscimos patrimoniais não compreendidos no inciso anterior. § 1º. A incidência do imposto independe da denominação da receita ou do rendimento, da localização, condição jurídica ou nacionalidade da fonte, da origem e da forma de percepção. § 2º. Na hipótese de receita ou de rendimentos oriundos do exterior, a lei estabelecerá as condições e o momento em que se dará sua disponi-

constitucional com *status* de lei complementar, traz em seu âmago as definições de renda e proventos de qualquer natureza.

Interpretação conjunta dos incisos do art. 43 do CTN revela que o legislador complementar, coerentemente, atrelou a noção de renda à de *acréscimo patrimonial*, restringindo a incidência do IR às parcelas efetivamente acrescidas ao patrimônio do contribuinte dentro de um intervalo de tempo de apuração. O inciso I define renda como o produto do capital, trabalho ou ambos; o inciso II, por sua vez, faz menção aos *acréscimos patrimoniais não compreendidos no inciso anterior*, o que expandiu o âmbito de incidência do imposto.

Consoante interessante doutrina acerca do tema,[6] "ocorre que os conceitos, no âmbito tributário, de renda e proventos de qualquer natureza trazidos pela Constituição e pelo CTN encontram alicerces na contraposição entre os mesmos". Tal cotejo, entende-se, deve respeitar a supremacia constitucional, respeitando-se o escalonamento de normas[7] e a verticalidade hierárquica.

Diante do intuito de restringir o objeto de análise do presente artigo, não se há de entrar em pormenores acerca dos critérios defendidos pela doutrina para a definição do *quantum* exato de renda acrescida. Diversas são as discussões, mostrando-se mais relevantes as concernentes às *deduções* previstas em lei para fins de apuração; muitos as julgam insuficientes. Há também críticas ao regime de *tributação exclusiva*, em que é desconsiderado o panorama geral de gastos do contribuinte, considerando-se base de cálculo do IR apenas a parcela auferida num momento específico. Enfim, não é possível abordar tantas controvérsias em um espaço que, por sua própria natureza, busca examinar temas específicos.

Assim sendo, o que se busca no presente artigo é definir *se a indenização por danos morais constituiu ou não acréscimo patrimonial*, com fins de verificar se sua percepção se subsume ao critério material da RMIT do IR. E tal objetivo passa, necessariamente, pelo estudo da acepção juridicamente adotada pela Carta Magna quanto ao *patrimônio*.

### *2.3 Do conceito de "patrimônio"*

> "A idéia de patrimônio está intimamente ligada à de pessoa, de modo que chegam a considerá-lo como o 'prolongamento da personalidade'."
>
> (Raoul de la Grasserie)[8]

O excerto acima, extraído da obra do sempre necessário De Plácido e Silva, sintetiza a noção de patrimônio adotada pela ordem constitucional vigente. É certo que o termo sofre de mal corriqueiro: a ambigüidade por polissemia. Várias são as acepções possíveis da palavra, devendo o intérprete adotar aquela que mais se ajuste à noção buscada pelo ordenamento jurídico vigente.

O patrimônio não abrange apenas os bens jurídicos materiais, mas também aqueles contidos no plano imaterial, porém revestidos de proteção outorgada pelo ordenamento jurídico. Assim, é composto pela conjugação do patrimônio material e o *patrimônio imaterial, ou moral*. Este entendimento é minoritário, pois a doutrina tende a considerar o patrimônio, apenas, como o conjunto de bens materiais, aos quais se pode conferir valor econômico exato.

Como se há de demonstrar, oportunamente, em capítulo próprio, a jurisprudência tendia a restringir a noção de patrimônio, ao menos para efeitos tributários,

bilidade, para fins de incidência do imposto referido neste artigo."

6. Ives Gandra da Silva Martins e Marcelo Magalhães Peixoto (coords.), *Imposto sobre a Renda e Proventos de qualquer Natureza: Questões Pontuais do Curso da APET*, p. 31.

7. Pedro Lenza, *Direito Constitucional Esquematizado*, 12ª ed., p. 19.

8. De Plácido e Silva, *Vocabulário Jurídico*, 4º vol., p. 330.

à noção de dinheiro, ou de valor pecuniário. A existência do patrimônio imaterial ou moral, apesar de reconhecida pelos julgadores,[9] não era levada em consideração para fins de aferição de acréscimos e decréscimos que fossem relevantes para o Direito Tributário. Desta feita, apenas as oscilações existentes no patrimônio material teriam, assim, aptidão para gerar efeitos na seara tributária.

Com todo o respeito aos defensores de tal pensamento, o mesmo se mostra equivocado.

A Constituição Federal, em seu art. 5º, X,[10] assegura expressamente aos cidadãos o direito a indenização por danos *morais ou materiais* decorrentes da violação de bens jurídicos imateriais, conhecidos como Direitos da Personalidade.[11] Há, portanto, nítida situação de equivalência entre as referidas esferas, para fins de determinação do patrimônio protegido pela ordem constitucional.

Por exemplo, atingido o direito à honra de um indivíduo, existirá uma nítida diminuição de seu patrimônio imaterial. Antes pleno, agora não mais remanescerá no mesmo patamar, diante da violação empreendida por um terceiro. Por sua natureza jurídica, torna-se impossível a condenação do "violador" a uma prestação que restaure a situação aos seus contornos originais.

Vale, neste ponto, a título de ilustração, citar trecho do voto proferido pelo Ministro Barros Monteiro no julgamento do REsp n. 8.768-SP, em que aborda com clareza a questão: "O indivíduo é titular de direitos integrantes de sua personalidade, o bom conceito que desfruta na sociedade, os sentimentos que exornam a sua consciência, os valores afetivos, merecedores todos de igual proteção da ordem jurídica (...). Há um conjunto de bens ligados ao espírito, aos sentimentos, à inteligência, que também complementam o patrimônio de uma personalidade".

Estando o Brasil inserido numa sociedade globalizada pautada pelo capitalismo, alçou a Constituição Federal a pecúnia como bem genérico capaz de repor ou, na impossibilidade de isto acontecer, atenuar os efeitos da violação de direitos. Diante de tais colocações, torna-se necessário partir para a segunda fase do presente trabalho, na qual serão abordadas as noções de *indenização e dano*.

### *3. Do dano moral e sua indenização*

#### *3.1 Do dano e suas classificações*

A noção de dano é objeto de estudos por diversos doutrinadores, o que gerou a existência de várias e belas definições. Em decorrência das limitações de ordem física e científica, limitamo-nos a citar neste ponto duas passagens. Primeiramente, há a contribuição de José Augusto Delgado,[12] segundo o qual: "O que há de ser estabilizado é o fato de que dano tem forte vinculação com o estado de perda, de destruição, de prejuízo, de diminuição de utilidade, capacidade ou função, de provocação de ofensa, de determinação de deterioração, de possível inutilização, de estrago, de provocação de defeito. É, conseqüentemente, um ataque ou agressão a bem juridicamente protegido".

O civilista Antonio Chaves,[13] comentando Minozzi, expôs que: "Com Minozzi, acolhendo este último conceito, define dano 'a diminuição ou subtração de um

9. RE 170.768-SP, rel. Ministro Ilmar Galvão, *DJ* 13.8.1999; REsp 695.499-RJ, rel. para acórdão Ministro Teori Albino Zavascki, *DJ* 23.11.2006.

10. "Art. 5º. (...); X – são invioláveis a intimidade, a vida privada, a honra e a imagem das pessoas, assegurado o direito a indenização pelo dano material ou moral decorrente de sua violação."

11. Silvio Romero Beltrão, *Direitos da Personalidade: de acordo com o Novo Código Civil*, 2005.

12. José Augusto Delgado, in Hugo de Brito Machado (coord.), *Regime Tributário das Indenizações*, p. 152.

13. Antonio Chaves, *Tratado de Direito Civil: Responsabilidade Civil*, p. 574.

bem jurídico', evidentemente, qualquer bem reconhecido e protegido pela lei e, portanto, não somente os haveres, o patrimônio, mas a honra, a saúde, a vida, bens aos quais o direito dos povos civilizados concede tal proteção".

O dano pode ser de várias espécies, dentro de inúmeras classificações. Tem-se o acidental, o aquiliano, o dano certo, o dano cessante, o *circa rem*, o compensatório, o concomitante ou suplementar, o contratual, o criminal, o culposo, o doloso, o efetivo, aquele em coisa tombada, o eventual e, por fim, *o dano moral*. Diante dos objetivos do presente trabalho, apenas no último as atenções serão concentradas, com eventuais comparações necessárias ao dano patrimonial.

### *3.2 Dano moral "vs." dano patrimonial*

A classificação acima, que define o presente subcapítulo, pode causar a falsa impressão de que o dano moral não está ligado à figura do patrimônio do cidadão, restando a esfera moral totalmente dissociada da esfera patrimonial. Todavia, diante das premissas fixadas até o presente ponto, é possível afirmar que o patrimônio pode ser compreendido em dois sentidos: o material (*strictu sensu*) e o imaterial. Conjugados, ambos constituem o patrimônio em sentido amplo.

Ambas as espécies de dano, portanto, são capazes de gerar redução que implique, diante do espectro normativo vigente, a obrigação de aquele por ele responsável ressarcir o prejuízo causado, através do pagamento da respectiva indenização.

Entretanto, diante das finalidades buscadas pelo presente trabalho, é importante que se faça uma diferenciação mais aprofundada entre o dano patrimonial em sentido estrito e o dano moral, de modo a fortalecer as bases argumentativas no qual se funda.

O dano patrimonial em sentido estrito é aquele que implica, diretamente, em relação a uma pessoa determinada, numa diminuição da universalidade de bens jurídicos materiais com valor econômico definido ou, ao menos, definível com grau de exatidão, através da aplicação de métodos financeiros específicos.

Pode ser dividido em duas modalidades: o *dano emergente* e os *lucros cessantes*.

O primeiro é aquele que se observa instantaneamente, sendo conseqüência direta da conduta danosa do ofensor. É a perda pecuniária imposta ao titular do patrimônio, gerando um decréscimo em seu patrimônio material, que restará defasado.

Os lucros cessantes, por sua vez, se verificam quando o dano subtrai de sua vítima a oportunidade de ganhos, através da supressão de fonte gerativa de riquezas. Assim, os bens materiais deixarão de ser auferidos em decorrência da conduta do ofensor.

Como exemplo que congrega ambas as modalidades, é possível citar a ocorrência de um acidente de trânsito, no qual um motorista alcoolizado, por sua completa culpa, colide com o automóvel de um transportador de mercadorias, ocasionando a perda total do veículo, que não tem seguro.

Assim sendo, na hipótese acima o vendedor, além de perder o valor integral de seu bem móvel (*dano emergente*), ainda deixará de efetuar entregas ao longo do período em que não for ressarcido, deixando de auferir lucros com sua atividade profissional (*lucros cessantes*).

O dano patrimonial, portanto, carrega como característica-mor a sua conversibilidade em valor pecuniário, possibilitando a sua reparação total através da indenização, que pode ser calculada de modo a suprir integralmente o que se perdeu ou deixou de ganhar.

Já no caso do dano moral, não existe essa possibilidade de mensuração. Ora, a agressão ao espírito, à inteligência e à honra gera prejuízos que não podem ser repostos *in natura*, restituindo a situação ao *status quo ante*. O julgador não tem acesso a mecanismos que possibilitem a determinação de um montante que repare completamente um dano à honra, por exemplo. Assim sendo, as perdas ocasionadas no patrimônio imaterial nunca são totalmente restabelecidas; cabe, apenas, uma *compensação* pelos danos sofridos.

As colocações anteriores, contudo, não têm o condão de descaracterizar a ligação entre o dano moral e o patrimônio de um indivíduo. Apesar de ser impossível a reparação total dos danos morais, não se chega à conclusão de que o mesmo continuará totalmente vilipendiado. O valor recebido a título de indenização terá o condão de atenuar os efeitos do dano, em tentativa prevista pelo ordenamento constitucional de restituir o ofendido a um estado de normalidade.

O acréscimo observado no patrimônio material, assim, deverá ser "compensado" com o decréscimo que atinge sua esfera imaterial, e o resultado *nunca há de gerar um "plus" em prol do contribuinte*.

Finalizando este ponto, cabe fazer menção, mais uma vez, ao ilustre Professor José Augusto Delgado, Ministro aposentado do STJ, que escreveu com brilhantismo sobre o tema: "O dano patrimonial não se confunde com o dano moral. Aquele visa recompor o patrimônio material atingido pela ação danosa do agente; esse é uma retribuição em dinheiro pela dor sofrida, pela angústia provocada, pela honra atingida, pela tristeza instalada no ser humano, tudo em decorrência de uma ação ilícita do agente provocador do ato. O dano patrimonial, na fase de execução, é apurado por via de elementos concretos: o dano moral tem seu *quantum* fixado por dados subjetivos que atribuem um valor compensatório pela ação indevida do agente. Entendo, contudo, que ambos não se constituem em renda, em lucro, em aumento patrimonial. Tanto o patrimonial, como o moral, quando indenizados, recompõem prejuízos sofridos pela vítima".[14]

Sintetizada pelo ilustre autor, portanto, a idéia central defendida pelo presente trabalho: tanto o dano patrimonial, quanto o moral, recompõem prejuízos sofridos. Não há diferenciação entre ambos no que tange à caracterização de acréscimo patrimonial, para fins de incidência do IR. Em qualquer dos casos, não há subsunção do fato à norma impositiva do tributo em apreço.

### *3.3 Da noção de indenização*

Em essência, indenizar significa tornar o prejudicado, mais uma vez, indene. Independentemente da espécie de dano sofrido, o ordenamento jurídico, com base em previsão expressa da Constituição Federal de 1988, determina que o ofensor seja condenado ao pagamento de prestação pecuniária, com vistas a reparar ou, de qualquer forma, compensar um prejuízo sofrido.

A relação da indenização com o dano, portanto, é de natureza única. Não varia de acordo com a modalidade do desfalque suportado. Sempre terá a finalidade de restituir o ofendido ao *status quo ante*, ou ao menos à posição que mais se aproxime daquela condição anterior.

Destarte, distinguir os efeitos tributários suportados pelo valor recebido a título de indenização, com base no tipo de dano que a gerou, seja patrimonial ou moral, é ferir o estado de equivalência essencial que existe entre qualquer tipo de prejuízo e sua reparação, pois esta, em hipótese alguma, não constitui acréscimo patrimonial para quem suportou agressões ou feridas ocasionadas por terceiros.

Assentadas, portanto, as premissas necessárias à compreensão do quadro geral relativo ao tema, passa-se, sem maiores delongas, à análise da questão nodal do presente trabalho.

14. José Augusto Delgado, ob. cit., p. 157.

## 4. *Da não-incidência do imposto de renda sobre indenizações por dano moral*

Vistos os conceitos adotados de "renda e proventos de qualquer natureza", de "dano" e "indenização", no presente capítulo há de se proceder a uma interpretação lógico-sistêmica, utilizando por base a Teoria da Regra-Matriz de Incidência Tributária, especificamente do Imposto de Renda, com fins de demonstrar que *inexiste a incidência desta exação* sobre as indenizações recebidas a título de reparação por danos morais.

### *4.1 Da fenomenologia da incidência tributária*

Ocorre a incidência de uma norma jurídica a um fato observado no plano fenomênico quando as características deste acontecimento, observadas no campo prático, se amoldam com perfeição aos elementos hipoteticamente descritos no antecedente daquela norma. O *simples evento*, assim, torna-se *fato* quando vertido em linguagem. E, para configurar *fato jurídico*, deve ter sido eleito pelo ordenamento como apto a gerar efeitos na seara jurídica, através de sua descrição no antecedente de uma norma jurídica, linguagem competente para tanto. Afirma Eurico Marcos Diniz de Santi:[15] "o ato de aplicação para entrar no direito há que se revestir de linguagem. Quer dizer, para ultrapassar o portal que separa o mundo do ser e o mundo do dever-ser, é preciso transubstanciar o ato de aplicação na linguagem do direito".

Portanto, para que ocorra a incidência, é necessária a linguagem. A mera observação fenomênica de um evento não é suficiente para que a norma incida de modo automático e infalível, motivo pelo qual se discorda, no ponto específico, da doutrina de Pontes de Miranda,[16] bem como do Mestre pernambucano Souto Maior Borges.[17]

Por efeitos, entenda-se a prescrição de uma *relação jurídica*, na qual um sujeito fica obrigado a uma prestação diante de outro, que, por sua vez, torna-se titular de um direito subjetivo em face do primeiro.

Em apertadíssima síntese, eis a fenomenologia da incidência das normas jurídicas em geral. Trazendo a discussão ao âmbito do Direito Tributário, iremos tratar das normas tributárias, podendo as mesmas ser compreendidas em sentido amplo ou estrito.

Em seu sentido amplo, as normas tributárias são aquelas definidas no seio do ramo do Direito Tributário, podendo impor deveres instrumentais (obrigações acessórias, na linguagem do CTN), definindo conceitos ou, até mesmo, prescrevendo a obrigação de pagar *tributo*.

Neste último caso, contudo, deparamo-nos com as normas tributárias em sentido estrito, conhecidas também como as regras-matrizes de incidência tributária, respectiva a cada tributo, de cada ente federativo dotado de competência para instituí-los.

Oportuna, portanto, mais uma vez, a menção ao criador da Teoria da Regra-Matriz de Incidência, Professor Paulo de Barros Carvalho,[18] com vistas a bem esclarecer o *iter* percorrido por sua aplicação: "O objeto sobre o qual converge o nosso interesse é a fenomenologia da incidência da norma tributária em sentido estreito ou regra-matriz de incidência tributária. Nesse caso, diremos que houve a subsunção, quando o fato (fato jurídico tributário constituído pela linguagem prescrita

15. Eurico Marcos Diniz de Santi, *Curso de Especialização em Direito Tributário: Estudos Analíticos em Homenagem a Paulo de Barros Carvalho*, p. 27.

16. Francisco Cavalcanti Pontes de Miranda, *Tratado de Direito Privado*, t. I, 2ª ed., 2000.

17. José Souto Maior Borges, *Obrigação Tributária (Uma Introdução Metodológica)*, 2ª ed., 1999.

18. Paulo de Barros Carvalho, ob. cit., p. 250.

pelo direito positivo) guardar absoluta identidade com o desenho normativo da hipótese (hipótese tributária). Ao ganhar concretude o fato, instala-se, automática e infalivelmente, como diz Alfredo Augusto Becker, o laço abstrato pelo qual o sujeito ativo torna-se titular do direito subjetivo público de exigir a prestação, ao passo que o sujeito passivo ficará na contingência de cumpri-la".

*4.2 Da regra-matriz de incidência do imposto de renda*

Anteriormente, foi feita rápida menção à RMIT do IR. Neste ponto, cabem considerações mais aprofundadas, essenciais à fundamentação da conclusão do trabalho.

A estrutura da RMIT, como já foi dito, assemelha-se à de toda e qualquer norma jurídica, sendo a mesma constituída por um antecedente (hipótese, suposto, antessuposto, pressuposto, prótase ou descritor)[19] e um conseqüente, interligados por um conectivo deôntico (*dever-ser*). Desta feita, por conseqüência lógica, temos que: *acontecendo o fato descrito no antecedente, deve-ser o efeito prescrito no conseqüente.* E tal efeito, no caso específico das RMIT, é o surgimento de uma relação jurídica tributária, entendida como aquela em que o contribuinte ou responsável se obriga, em face do Estado (em sentido amplo), a pagar prestação pecuniária a título de *tributo*, obedecida a definição do art. 3º do CTN.[20]

A RMIT é composta por cinco critérios, divididos entre seu antecedente e conseqüente. No primeiro, encontram-se os critérios *material*, *temporal* e *espacial*. No segundo, os critérios *pessoal* e *quantitativo*.

O *critério material* é caracterizado pela conjugação de um verbo e seu complemento. É o núcleo essencial da hipótese, sua parte mais importante. No caso do imposto de renda, temos como tal critério a expressão "auferir (verbo) + renda (complemento)". Desta simples construção já emerge a importância da definição do conceito de "renda" para fins de determinação da incidência do imposto.

O *critério temporal*, por sua vez, define o momento temporal em que a incidência se dará. As discussões acerca de tal critério são numerosas, especialmente no que tange ao imposto de renda. Assim, não será o mesmo objeto da presente análise, limitando-se a exposição, neste ponto, a indicá-lo, no caso do IR, como o último átimo de segundo do dia 31 de dezembro do exercício de referência.

No *critério espacial*, define-se o âmbito de incidência da norma, ou seja, onde a mesma há de produzir efeitos. Sendo o imposto de renda um tributo federal, sua RMIT terá aplicação em todo o território nacional e, inclusive, em algumas hipóteses, a rendas auferidas no exterior.

Já no seio do conseqüente da RMIT, temos o *critério pessoal*, que indica os sujeitos ativo e passivo da relação jurídica que há de surgir. No caso do IR, há o contribuinte ou responsável, como sujeito passivo, e a União Federal, como sujeito ativo.

Por fim, há o *critério quantitativo*, que no caso da RMIT é formado pela aplicação de uma alíquota sobre uma base de cálculo, tendo esta última importância primordial para fins de verificação da constitucionalidade da exação, mormente quando cotejada com o fato descrito na hipótese. A doutrina[21] lhe reconhece, inclusive, algumas funções, quais sejam as de *medir as*

19. Paulo de Barros Carvalho, *Direito Tributário: Fundamentos Jurídicos da Incidência*, 4ª ed., p. 118.

20. "Art. 3º. Tributo é toda prestação pecuniária compulsória, em moeda ou cujo valor nela se possa exprimir, que não constitua sanção de ato ilícito, instituída em lei e cobrada mediante atividade administrativa plenamente vinculada."

21. Paulo de Barros Carvalho, ob. cit., pp. 332-334.

*proporções reais do fato, compor a específica determinação da dívida* e *confirmar, infirmar ou afirmar o verdadeiro critério material da hipótese tributária.*

Diante de tais colocações, é possível construir a RMIT do IR, sem considerar as modalidades específicas de incidência do imposto (tributação exclusiva na fonte, p.ex.), nem tampouco a sua incidência no exterior. Assim sendo, temos que:

> *Antecedente:*
>
> Dado o fato de se auferir renda (critério material – verbo e seu complemento), em 31 de dezembro do ano de referência (critério temporal), no território nacional (critério espacial);
>
> *Deve-ser (conectivo deôntico)*
>
> *Conseqüente:*
>
> Obrigação de o contribuinte ou responsável pagar à União Federal (sujeitos passivo e ativo – critério pessoal) a quantia decorrente da aplicação de um percentual sobre a renda auferida (critério quantitativo, alíquota sobre base de cálculo).

Verifica-se, portanto, que a indenização por danos morais assume dois pontos de tangência hipotéticos com a RMIT do IR, associando-se supostamente ao complemento do verbo, ou seja, com o termo "renda" no critério material do antecedente e, por decorrência, com a base de cálculo, no critério quantitativo de seu conseqüente.

Entretanto, em análise das premissas invocadas, chega-se à conclusão de que a referida indenização por danos morais não constitui renda para efeitos de incidência da exação, não podendo figurar em sua base de cálculo. Senão, vejamos.

### *4.3 Da não-incidência do IR sobre a indenização por danos morais – Não configuração de "renda"*

O conceito de renda, como já foi dito, atrela-se fundamentalmente à noção de acréscimo patrimonial. Não havendo este, não haverá renda, ao menos para fins de incidência do IR.

Assim sendo, a potencialidade de percussão da RMIT do IR sobre o fato de se receber valores a título de indenização por danos morais se restringe à resposta a um simples questionamento: o *quantum* recebido constitui acréscimo patrimonial?

Diante de todo o exposto, é forçoso reconhecer que *não.*

Ora, o patrimônio, em sentido amplo, estende-se por sobre as esferas da materialidade e imaterialidade, sendo cada uma delas o reduto de bens jurídicos que recebem proteção constitucional. Por questões óbvias, é tangente apenas o patrimônio material, o que não retira do patrimônio moral nenhum naco de importância.

O dano moral, assim sendo, atinge diretamente um dos bens jurídicos que se encontram na esfera do patrimônio imaterial, gerando neste um imensurável prejuízo. Há, indubitavelmente, um desfalque, que coloca o ofendido em uma situação de perda em relação ao seu *status quo ante.*

Diferentemente do que ocorre no patrimônio material, no qual os prejuízos são quantificáveis, através da aplicação de métodos financeiros específicos que calculam o valor dos bens jurídicos ali encontrados, quando há um dano ao patrimônio moral, cabe ao julgador, por critérios de eqüidade, indicar um montante em pecúnia que terá o condão de amenizar, compensar ou confortar aquele que sofreu a carga negativa.

O fato de não ser possível identificar a equivalência econômica exata não retira, portanto, a própria essencialidade da indenização: restituir ao estado de indene, restaurando, dentro das possibilidades, a situação observada antes da ocorrência do fato. Tal implicação lógica, portanto, é *idêntica para todas as modalidades de dano.* Há presunção lógica de que a indenização por danos morais jamais há de gerar enriquecimento ilícito; ou restituirá o dano em sua integralidade, ou apenas compensará. Nunca há de superar a medida, uma vez transitada em julgado a decisão que a impõe.

O liame que divide os patrimônios material e imaterial, assim, não pode ser considerado totalmente impermeável, de modo a alçar o plano material ao patamar de única base referencial possível para fins de verificação da ocorrência de acréscimos ou decréscimos. Interpretação neste sentido desprestigia a proteção constitucionalmente outorgada aos bens jurídicos imateriais e aos Direitos da Personalidade e, indiretamente, a própria noção de patrimônio imaterial.

Assim sendo, a percepção de indenização por danos morais não configura acréscimo patrimonial, fugindo à incidência da RMIT do IR, por inexistir renda. O recebimento de tal quantia indenizatória, apesar de ser fato no plano fenomênico, não constitui *fato jurídico tributário*, pois não se subsume à hipótese descrita no antecedente da RMIT do IR.

Não há, assim, identidade entre o complemento do verbo, situado no critério material do referido antecedente, e a indenização por danos morais.

Da mesma forma, o valor recebido a tal título não poderá integrar a base de cálculo do imposto, uma vez que tal inclusão feriria o íntimo nexo existente entre os critérios material e quantitativo da RMIT.

Diante de todas as colocações, chegase à conclusão, portanto, de que *a percepção de indenização por danos morais* não constitui fato abrangido como tributável pela competência outorgada à União Federal para instituição do imposto sobre a renda e proventos de qualquer natureza, nos moldes do art. 153, III, da Carta Magna.

Trata-se, enfim, de hipótese de não-incidência da norma jurídica tributária, entendimento este compartilhado por Sacha Calmon Navarro Coelho,[22] Roque Antonio Carrazza,[23] José Augusto Delgado,[24] Luis Eduardo Schoueri[25] e José Gomes Jardim Neto.[26]

Não há, pura e simplesmente, incidência, não se tratando de hipótese de isenção, como tenta argumentar a Fazenda Nacional nos debates empreendidos no âmbito do Poder Judiciário, como se há de demonstrar no derradeiro capítulo deste trabalho.

## 5. *Das discussões jurisprudenciais acerca do tema*

### *5.1 Do posicionamento defendido pela Fazenda Nacional*

Por motivos óbvios, a Fazenda Nacional não compartilha do entendimento esposado no presente trabalho. Em suas afirmações, adota como premissa, acima de qualquer dúvida, que a indenização por danos morais *constitui acréscimo patrimonial*, e que eventual não pagamento do imposto de renda seria cabível apenas em sede de *isenção* outorgada por *lei específica*. Quanto a esta última afirmativa, a doutrina é pacífica.[27]

Conclui, assim, que diante da inexistência de norma jurídica isencional, não seria possível dispensar o contribuinte do pagamento do imposto, diante do Princípio da Legalidade Estrita, e dos arts. 97, VI,[28] e 111, II,[29] do CTN.

A crítica que se faz a tal entendimento reside no fato de que o mesmo simplesmente adota como premissa que o recebimento

22. Sacha Calmon Navarro Coelho, *Curso de Direito Tributário Brasileiro*, 6ª ed., pp. 448-452.

23. Roque Antonio Carrazza, "IR – Indenização", *RDT* 52/90.

24. José Augusto Delgado, in Hugo de Brito Machado (coord.), ob. cit., p. 171.

25. Luís Eduardo Schoueri, in Hugo de Brito Machado (coord.), ob. cit., p. 237.

26. José Gomes Jardim Neto, in Hugo de Brito Machado (coord.), ob. cit., p. 237.

27. Marcelo Alexandrino e Vicente Paulo, *Direito Tributário na Constituição e no STF: Teoria e Jurisprudência*, 11ª ed., p. 147.

28. "Art. 97. Somente a lei pode estabelecer: (...); VI – as hipóteses de exclusão, suspensão e extinção de créditos tributários, ou de dispensa ou redução de penalidades."

29. "Art. 111. Interpreta-se literalmente a legislação tributária que disponha sobre: (...); II – outorga de isenção."

de indenização por dano moral constitui acréscimo patrimonial, concentrando esforços no enfoque técnico da vedação de concessão de isenção sem previsão legal.

A conclusão fazendária é imune a críticas, pois, de fato, é primordial a vedação ao Poder Judiciário da possibilidade de outorgar isenções mediante interpretação judicial, o que feriria o princípio da Tripartição de Poderes. Entretanto, o desfecho adotado, por estar completamente fundado em uma falsa premissa, mostra-se falho.

Vale ressaltar, por justiça, que a posição pró-incidência, no entanto, foi perfilhada por ilustríssimos doutrinadores, dentre os quais se pode citar Leandro Paulsen,[30] Hugo de Brito Machado[31] e Mary Elbe Queiroz.[32] Além disso, significante parcela da jurisprudência também defendia a incidência do imposto de renda sobre a indenização por dano moral.

### *5.2 Da jurisprudência*

Assim como ocorre na doutrina, a jurisprudência também é sede de controvérsias acerca da possibilidade de incidência do imposto de renda sobre as indenizações por danos morais. Por questão de relevância, há de se restringir a análise apenas ao âmbito dos Tribunais Superiores.

O Supremo Tribunal Federal, apesar de já ter afirmado que "saber se indenização é, ou não, renda para o efeito do art. 153, III, da Constituição, é questão constitucional",[33] não adentrou especificamente a questão da indenização por danos morais, sempre esbarrando sua análise em óbices processuais à instauração da instância de tal Corte Constitucional, mormente na ocorrência de inconstitucionalidade meramente reflexa, conforme precedentes.

30. Leandro Paulsen, *Direito Tributário – Constituição e Código Tributário à Luz da Doutrina e da Jurisprudência*, 5ª ed., p. 655.

31. Hugo de Brito Machado, ob. cit., p. 109.

32. Mary Elbe Queiroz, in Hugo de Brito Machado (coord.), ob. cit., p. 271.

33. RE 188.684-SP, rel. Ministro Moreira Alves, *DJ* 7.6.2002.

Por sua vez, no Superior Tribunal de Justiça, a questão já foi enfrentada em diversas ocasiões, tendo gerado entendimentos conflitantes no seio da 1ª e 2ª Turmas, responsáveis pelo julgamento das causas que envolvam matérias de direito público, compondo a 1ª Seção de tal Tribunal Superior.

No âmbito da 1ª Turma, por muito tempo prevaleceu o entendimento pró-incidência, tendo como maior defensor o Ministro Teori Albino Zavascki. Posicionando-se de modo contrário à incidência, surgiu o Ministro Luiz Fux.

Na sessão de julgamentos de 28.8.2007, inclusive, ao se deparar com o REsp 748.868-SP,[34] a 1ª Turma entendeu,

34. "*Tributário. Imposto de renda. Reparação por danos morais. Natureza. Regime tributário das indenizações. Distinção entre indenização por danos ao patrimônio material e ao patrimônio imaterial. Precedentes.*

"1. O imposto sobre renda e proventos de qualquer natureza tem como fato gerador, nos termos do art. 43 do CTN, os 'acréscimos patrimoniais', assim entendidos os acréscimos ao patrimônio material do contribuinte.

"2. Indenização é a prestação destinada a reparar ou recompensar o dano causado a um bem jurídico. Os bens jurídicos lesados podem ser (a) de natureza patrimonial (= integrantes do patrimônio material) ou (b) de natureza não-patrimonial (= integrantes do patrimônio imaterial ou moral), e, em qualquer das hipóteses, quando não recompostos in *natura*, obrigam o causador do dano a uma prestação substitutiva em dinheiro.

"3. O pagamento de indenização pode ou não acarretar acréscimo patrimonial, dependendo da natureza do bem jurídico a que se refere. Quando se indeniza dano efetivamente verificado no patrimônio material (= dano emergente), o pagamento em dinheiro simplesmente reconstitui a perda patrimonial ocorrida em virtude da lesão, e, portanto, não acarreta qualquer aumento no patrimônio. Todavia, ocorre acréscimo patrimonial quando a indenização (a) ultrapassar o valor do dano material verificado (= dano emergente), ou (b) se destinar a compensar o ganho que deixou de ser auferido (= lucro cessante), ou (c) se referir a dano causado a bem do patrimônio imaterial (= dano que não importou redução do patrimônio material).

"4. A indenização que acarreta acréscimo patrimonial configura fato gerador do imposto de renda e, como tal, ficará sujeita a tributação, a não ser que o crédito tributário esteja excluído por isenção por maioria, que deveria incidir o imposto de renda sobre indenizações por dano moral. O primeiro dos Ministros citados foi autor do voto condutor, enquanto seu opositor, no que tange a esta tese, teve voto vencido.

Outros precedentes, tais como o REsp 402.035-RN[35] e 410.347-SC,[36] por sua vez foram contrários à incidência do IR na hipótese.

Entretanto, em recentíssimo julgado, a 1ª Seção, em julgamento do Recurso Especial n. 963.387-RS, afetado a seu Plenário, negou provimento ao pleito da Fazenda Nacional, unificando o entendimento das Turmas que o compõem *no sentido de que* ***não incide*** *o Imposto de Renda sobre a percepção de indenização por danos morais*.

Até a presente data, conforme consulta ao sítio eletrônico do Tribunal, o acórdão, da relatoria do Ministro Hermann Benjamin, da 2ª Turma, não foi ainda lavrado. Porém, a existência de tal julgamento, por si só, constitui indicativo da direção que a jurisprudência pátria há de seguir, em feliz desfecho não só para os contribuintes, mas para a própria Justiça na tributação, respeitando a coerência e os princípios constitucionais postos.

## *6. Conclusão*

Ao tratar da relação entre o imposto de renda e a indenização por dano moral, o presente trabalho objetivou o enfoque de

legal, como é o caso das hipóteses dos incisos XVI, XVII, XIX, XX e XXIII do art. 39 do Regulamento do Imposto de Renda e Proventos de qualquer Natureza, aprovado pelo Decreto 3.000, de 31.3.1999. Precedentes.

"5. 'Se o objeto da indenização é o elemento moral, porque a ação danosa atingiu precisamente o patrimônio moral, não há dúvida de que o recebimento de indenização implica evidente crescimento do patrimônio econômico e, assim, enseja a incidência dos tributos que tenham como fato gerador esse acréscimo patrimonial' (Hugo de Brito Machado, *Regime Tributário das Indenizações* (coord.), obra coletiva, p. 109). Em idêntico sentido, na obra citada: Gisele Lemke, p. 83; Hugo de Brito Machado Segundo e Paulo de Tarso Vieira Ramos, p. 124; Fábio Junqueira de Carvalho e Maria Inês Murgel, p. 74. E ainda: Leandro Paulsen, *Direito Tributário – Constituição e Código Tributário à Luz da Doutrina e da Jurisprudência*, 5ª ed., p. 655.

"6. Configurando fato gerador do imposto de renda e não estando abrangido por norma isentiva (salvo quando decorrente de acidente do trabalho, o que não é o caso), o pagamento a título de dano moral fica sujeito à incidência do tributo.

"7. Recurso especial provido" (REsp 748.868-RS, 1ª T., rel. Ministro Luiz Fux, rel. p/ acórdão Ministro Teori Albino Zavascki, j. 28.8.2007, *DJ* 18.2.2008 p. 24).

35. "*Recurso especial. Responsabilidade civil. Ação de reparação por dano moral. Sentença condenatória transitada em julgado. Retenção de imposto de renda na fonte pela entidade pagadora. Impossibilidade. Parcela cuja natureza é indenizatória. Não-incidência do tributo. Recurso improvido.*

"A incidência de tributação deve obediência estrita ao princípio constitucional da legalidade (art. 150, inciso I). O Código Tributário Nacional, com a autoridade de lei complementar que o caracteriza, recepcionado pela atual Carta Magna (art. 34, § 5º, dos Atos das Disposições Constitucionais Transitórias), define o conceito de renda e o de proventos de qualquer natureza (art. 43, incisos I e II).

"Não há como equiparar indenizações com renda, esta entendida como o fruto oriundo do capital e/ou do trabalho, tampouco com proventos, estes tidos como os demais acréscimos patrimoniais, uma vez que a indenização torna o patrimônio lesado indene, mas não maior do que era antes da ofensa ao direito. Não verificada a hipótese de incidência do imposto de renda previsto no art. 43 do CTN.

"Reconhecida a alegada não-incidência do tributo em debate sobre as verbas da reparação de danos morais, por sua natureza indenizatória, não há falar em rendimento tributável, o que afasta a aplicação do art. 718 do RIR/1999 na espécie em comento.

"Recurso especial ao qual se nega provimento" (REsp 402.035-RN, 2ª T., rel. Ministro Franciulli Netto, j. 9.3.2004, *DJ* 17.5.2004 p. 171).

36. "*Tributário – Indenização por dano moral – Incidência do imposto de renda – Impossibilidade – Caráter indenizatório da verba recebida.*

"1. As verbas indenizatórias que apenas recompõem o patrimônio do indenizado, físico ou moral, tornam infensas à incidência do imposto de renda. Aplicação do brocardo *ubi eadem ratio ibi eadem dispositio*.

"2. Precedentes.

"3. Recurso improvido" (REsp 410.347-SC, 1ª T., rel. Ministro Luiz Fux, j. 7.11.2002, *DJ* 17.2.2003 p. 227).

questão pontual, mas de relevante aplicabilidade prática no cotidiano, diante das numerosas demandas indenizatórias iniciadas diariamente no âmbito do Poder Judiciário. Tal nicho, como não poderia deixar de ser, desperta o interesse tanto das autoridades fazendárias, que visam a majoração da arrecadação, como dos contribuintes, que se insurgem contra a ânsia arrecadatória estatal ao vislumbrarem excesso na atividade de tributação.

Ao outorgar à União Federal competência para instituir o imposto sobre a renda e proventos de qualquer natureza, através de seu art. 153, III, a Constituição Federal não conferiu a tal ente federativo carta branca para criar uma exação que incidisse sobre todo e qualquer tipo de ingresso no patrimônio do contribuinte. Apesar de não trazer um conceito propriamente dito de renda, a Carta Magna estabeleceu balizas interpretativas que não poderiam ser transbordadas pelo legislador complementar quando da definição de "renda", tarefa que lhe caberia, segundo o art. 146, III, do Diploma Constitucional.

O CTN, em seu art. 43, atrela a noção de renda à de *acréscimo patrimonial*, correlação esta que se insere na moldura constitucionalmente posta. Entretanto, por ser vaga a definição, interpretações conflitantes surgem para hipóteses idênticas. É o caso, dentre outros, da incidência do imposto de renda sobre as indenizações por danos morais.

O patrimônio pode ser compreendido em dois sentidos, um amplo e um estrito. No sentido amplo, abrange os planos material e imaterial, ambos compostos por bens jurídicos protegidos pelo ordenamento. No sentido estrito, por sua vez, estão compreendidos apenas os bens jurídicos materiais, com valor determinado ou determinável.

Os danos materiais e morais são aqueles suportados, respectivamente, pelo patrimônio material e imaterial. Todo e qualquer tipo de dano gera um prejuízo para aquele que o sofre. O dano material pode ser normalmente classificado em *dano emergente* e *lucro cessante*. No primeiro caso, há um desfalque no patrimônio material já constituído; no segundo, subtrai-se a capacidade de auferir renda, diante da supressão dos meios para tanto, por determinado período.

Os danos morais, por sua vez, também geram um desfalque no patrimônio do ofendido; uma perda ou prejuízo no que tange aos seus bens imateriais. Estes bens receberam, igualmente, a proteção da ordem constitucional, como se pode ver, por exemplo, no art. 5º, X, da CF/1988. Dentre tais bens, pode se citar a honra, imagem, inteligência, sentimento.

A diferença fundamental entre as indenizações por danos materiais e morais reside, justamente, na possibilidade de quantificação de seu montante.

Enquanto no caso dos danos materiais o julgador tem condições de identificar o valor exato do prejuízo, através de métodos financeiros específicos, nos danos morais não há como realizar tal cálculo. Assim sendo, os danos materiais podem ser totalmente reparados, enquanto os danos morais só podem ser amenizados. Afinal, a sensação de perda suportada pela esfera íntima do ofendido não é passível de reparação completa em pecúnia.

A indenização por danos morais, portanto, não pode gerar enriquecimento do seu beneficiário. De acordo com a presunção gerada pela sentença que determina o seu pagamento, o *quantum* indenizatório, no máximo, poderá reparar igualmente e, na maioria das vezes, apenas atenua o sentimento de perda. Em nenhum caso, assim, haverá um *plus* em favor do ofendido.

Diante de tais considerações, resta claro que não há acréscimo patrimonial no caso de percepção de indenização por danos morais. Esta constatação, por sua vez, subtrai deste evento a aptidão para se tornar fato jurídico tributário, vez que não está descrito no antecedente da Regra-Matriz de Incidência Tributária (RMIT) do imposto de renda.

Esta norma jurídica tributária tem como critério material, núcleo de sua hipótese, o fato de se "auferir renda" e, não sendo a indenização considerada renda, não há a necessária subsunção do fato à norma. Como decorrência lógica, a indenização não pode integrar a base de cálculo do tributo, situada no critério quantitativo do conseqüente normativo.

Em termos específicos, diz-se, portanto, que *não há incidência do imposto de renda sobre as indenizações por danos morais*, justamente porque o seu recebimento não preenche a descrição criteriosa existente no antecedente da norma jurídica do IR. Esta conclusão é a que mais se amolda aos princípios jurídicos tributários previstos pelo ordenamento, mormente no que tange à Justiça da Tributação, vez que considerar cabível a incidência seria subtrair a própria finalidade constitucional da indenização pela violação aos bens jurídicos morais.

No campo prático, verifica-se que a Fazenda Nacional, em suas alegações, considera o recebimento da indenização por danos morais, de modo indiscutível, *acréscimo patrimonial*. Não adentra este mérito de modo adequado, partindo logo para sua linha-mestra de argumentação, ao sustentar que não poderia ser dispensado o pagamento do IR, vez que inexistiria lei específica outorgando isenção em tais casos.

Apesar de a parte final do raciocínio estar correta, o fato de o mesmo se fundar em falsa premissa subtrai do entendimento fazendário qualquer tipo de procedência.

Por fim, a jurisprudência dos tribunais superiores sempre foi controversa, existindo posicionamentos tanto no sentido favorável à incidência, quanto contra sua ocorrência. O Pretório Excelso nunca analisou a questão de modo aprofundado, por considerar que existiria ofensa apenas reflexa à CF nos casos que lhe foram levados.

O Superior Tribunal de Justiça, por sua vez, abordou em diversas ocasiões o tema, mantendo opiniões divergentes entre seus ministros. Todavia, recentemente, em meados do mês de outubro de 2008, a sua 1ª Seção, composta pela 1ª e 2ª Turmas, responsáveis pelo julgamento das matérias de Direito Público, unificou entendimento no sentido de que *não há incidência*, alinhando-se com desfecho defendido por este trabalho.

Na relação entre o imposto de renda e a indenização por danos morais, portanto, conclui-se que não há incidência da exação, diante da finalidade compensatória objetivada pela obrigação de indenizar.

### *Referências*


ALEXANDRINO, Marcelo, e PAULO, Vicente. *Direito Tributário na Constituição e no STF: Teoria e Jurisprudência*. 11ª ed., Rio de Janeiro, Impetus, 2006.

BELTRÃO, Silvio Romero. *Direitos da Personalidade: de acordo com o Novo Código Civil*. São Paulo, Atlas, 2005.

BORGES, José Souto Maior. *Obrigação Tributária (Uma Introdução Metodológica)*. 2ª ed., São Paulo, Malheiros Editores, 1999.

CARRAZZA, Roque Antonio. "IR – Indenização", *RDT* 52/90.

CARVALHO, Paulo de Barros. *Curso de Direito Tributário*. 17ª ed., São Paulo, Saraiva, 2005.

______. *Direito Tributário: Fundamentos Jurídicos da Incidência*. 4ª ed. rev., São Paulo, Saraiva, 2006.

CHAVES, Antonio. *Tratado de Direito Civil: Responsabilidade Civil*. São Paulo, Ed. RT, 1985.

COELHO, Sacha Calmon Navarro. *Curso de Direito Tributário Brasileiro*. 6ª ed., Rio de Janeiro, Forense, 2003.

LENZA, Pedro. *Direito Constitucional Esquematizado*. 12ª ed., rev., atual. e ampl. São Paulo, Saraiva, 2008.

MACHADO, Hugo de Brito (coord.). *Regime Tributário das Indenizações*. São Paulo/ Dialética, Fortaleza/Instituto Cearense de Estudos Tributários – ICET, 2000.

______. *Comentários ao Código Tributário Nacional*. vol. I, São Paulo, Atlas, 2003.

MARTINS, Ives Gandra da Silva, e PEIXOTO, Marcelo Magalhães (coords.). *Imposto sobre a Renda e Proventos de qualquer Natureza: Questões Pontuais do Curso da APET.* São Paulo, MP Ed., 2006.

MIRANDA, Francisco Cavalcanti Pontes de. *Tratado de Direito Privado.* t. I (atual. por Vilson Rodrigues Alves). 2ª ed., Campinas, Bookseller, 2000.

PAULSEN, Leandro. *Direito Tributário – Constituição e Código Tributário à Luz da Doutrina e da Jurisprudência.* 5ª ed., Porto Alegre, Livraria do Advogado, 2003.

SANTI, Eurico Marcos Diniz de. *Curso de Especialização em Direito Tributário: Estudos Analíticos em Homenagem a Paulo de Barros Carvalho.* Rio de Janeiro, Forense, 2006.

SILVA, De Plácido e. *Vocabulário Jurídico.* 4º vol. Rio de Janeiro, Forense, 1993.

# ICMS-IMPORTAÇÃO – DA SUJEIÇÃO ATIVA NO ICMS-IMPORTAÇÃO – APLICAÇÃO DA MOLDURA INTERPRETATIVA DE KELSEN

ARGOS CAMPOS RIBEIRO SIMÕES

Agente Fiscal de Rendas. Juiz do Tribunal de Impostos e Taxas de São Paulo.
Assistente Fiscal da Escola Fazendária da Secretaria da Fazenda de São Paulo-FAZESP.
Coordenador e Professor do Curso de Especialização em Direito Tributário Material e Processual da FAZESP. Professor do Curso de Especialização da GV*Law* (Setor Tributário-Comercial/ICMS).
Coordenador e Professor do Curso de Especialização em Direito Tributário Material e Processual e do Curso de Extensão em Prática Tributária do ICMS das Faculdades Integradas Antonio Eufrásio de Toledo/Presidente Prudente. Professor Palestrante do IBET, do COGEAE/PUC, da FAAP/SP, da EPD/SP e da APET/SP. Especialista em Direito Tributário (IBET/IBDT e FAZESP).
Mestrando em Direito Tributário (PUC/SP)

*I – Introdução. II – Do direito positivo – Premissas necessárias. III – Do método interpretativo e da visão de Kelsen. IV – A regra-matriz de incidência tributária do ICMS-importação. V – Caso prático: sujeição ativa do ICMS-importação. VI – Conclusão. Bibliografia.*

## *I – Introdução*

Atual e de extrema relevância a discussão sobre alguns aspectos jurídicos e não jurídicos de situações de importação envolvendo o ICMS.

A sujeição ativa no ICMS-importação, em face do prescrito por nosso ordenamento desde 1988, apresenta problemas de definição em face da equivocidade (acreditamos não intencional) do termo *destinatário* na norma constitucional relativa a este tributo.

Inúmeros Autos de Infração têm sido lavrados nos diversos Estados da Federação no sentido de considerar como ilícito fiscal o recolhimento do ICMS-importação a um ente estatal que não seja o Estado onde resta situado o estabelecimento *destinatário físico* do bem importado.

Os fiscos estaduais, em sua grande maioria, desconsideram a evolução histórica da legislação complementar nacional (responsável pela definição do sujeito ativo do tributo) e consideram que o ICMS-importação, mesmo antes da vigência da *LC 87/1996*, deveria sempre ser cobrado pelo Estado onde estava situado o estabelecimento *destinatário físico* do bem importado.

Não é o que tem decidido o STF e também não é o que pensamos.

Iniciamos o estudo fincando premissas de como *enxergamos* o direito, pois, sem a definição exata dos termos: direito, validade, vigência, eficácia, aplicação e incidência, toda nossa argumentação restaria estéril.

Com este suporte teórico abordamos, em seguida, a questão da interpretação jurídica e de seus métodos, aprofundando-a segundo a ótica de Kelsen quando de sua apresentação da moldura de possibilidades normativas descrita em sua *Teoria Pura do Direito*.

Necessária, também, uma apresentação sucinta, mas com pretensão de exatidão, do que seria a chamada Regra-Matriz de Incidência Tributária conforme lições de Paulo de Barros Carvalho.[1]

A seguir, esboçamos uma idéia do que nos parece ser a Regra-Matriz de Incidência Tributária do ICMS-importação e aí partimos para o caso prático de definição de sujeição ativa para esta modalidade de tributo estadual.

Assim, neste ensaio, a definição da sujeição ativa no ICMS-importação ficará restrita à busca da mais precisa significação jurídica dos termos insertos na *CF/1988*, na *LC 87/1996*, no *Convênio ICM 66/1988* e na *legislação estadual correlata*.

Pretendemos, assim, contribuir para um aprofundamento mais crítico sobre este tema atual, cujas conseqüências tomam proporções financeiras e tributárias graves e de amplitude nacional.

## *II – Do direito positivo – Premissas necessárias*

Partilhando dos ensinamentos de Paulo de Barros Carvalho,[2] operamos no Direito Positivo, entendendo-o como sistema, cujo repertório estruturado é constituído por normas jurídicas válidas (existentes) em determinado território.

Para que a discussão tenha algum sentido jurídico, destacamos conceitos fundamentais à compreensão desse nosso direito sob a ótica normativa.

Em nossa forma de trabalhar o direito, a validade de uma norma confunde-se com sua existência, entendendo o elemento norma jurídica como estrutura formal bimembre inserida no sistema jurídico por agente e procedimento previstos no ordenamento, sendo atributiva de efeito prescritivo (permitido, obrigatório ou proibido) à descrição de uma porção da realidade possível do *mundo-do-ser* eleita como relevante pelo agente competente à enunciação legislativa.

Nas lições de Paulo de Barros Carvalho *norma jurídica* é norma *válida*, constituindo a validade uma relação formal de pertinência da norma ao sistema.

Destaca o ilustre professor que: "(...) as normas jurídicas, proposições prescritivas que são, têm sua *valência própria*. Delas não se pode dizer que sejam verdadeiras ou falsas, valores imanentes às proposições descritivas da Ciência do Direito, *mas as normas jurídicas serão sempre válidas ou inválidas*, com referência a um determinado sistema 'S'. (...) A *validade* não é, portanto, atributo que qualifica a norma jurídica, tendo *status* de relação: é o *vínculo* que se estabelece entre a proposição normativa e o sistema do direito posto, de tal sorte que ao dizermos que *u'a norma 'N' é válida, estaremos expressando que ela pertence ao sistema 'S'*".[3]

Assim, o direito é *construção intelectual* vertida em *linguagem* que só reconhece os fatos sociais se internalizados no sistema jurídico via códigos reconhecíveis pelo próprio direito através da *linguagem* que ele mesmo criou. Este direito não tem

1. Paulo de Barros Carvalho, *Curso de Direito Tributário*, 18ª ed., caps. IX e X.

2. Idem, p. 2.

3. Paulo de Barros Carvalho, *Direito Tributário, Linguagem e Método*, 1ª ed., pp. 403-404.

órgãos do sentido; ele não reconhece nem toca a realidade.

Neste sentido Tárek Moussallem destaca que: "(...) (1) sem linguagem não há realidade social (nem natural); (2) sem linguagem não há direito (objeto) e (3) sem linguagem não há conhecimento; logo, sem linguagem não há Ciência do Direito".[4]

Sobre o direito e a linguagem afirma, ainda, o mestre capixaba: "O direito pertence à classe dos fatos culturais e, como tal, encontra-se necessariamente plasmado em uma linguagem: a linguagem em sua função prescritiva, objetivada em um *corpus* identificável na variedade dos textos normativos (...)".[5]

Apesar das discordâncias entre os autores citados sobre o real papel da linguagem no direito: se direito é linguagem ou se apenas a utiliza (Tárek ressalta que toma a linguagem como índice-temático e não como fim-temático)[6] temos que há concordância entre os mestres quando tratam da intangibilidade entre o mundo-do-ser e o mundo do dever-ser.

Neste sentido afirma Tárek Moussallem: "(...) a linguagem prescritiva (dever-ser) é irredutível à linguagem descritiva (ser). As funções da linguagem são inconfundíveis e, por isso, incomunicáveis entre si: são jogos lingüísticos diferentes, cada qual com suas próprias regras".[7]

O mundo-do-ser (o evento) não é percebido pelo direito. Neste sentido Eurico de Santi destaca que: "A realidade é algo que não existe para o direito, que constrói sua verdade sobre os tatos para efeito de realizar seu processo de auto-reprodução (...)".[8]

É um sistema auto-referente que equipara a existência de uma norma à sua validade. Uma norma é jurídica se for válida; e, se é válida, então *existe*. Se não é válida, então não existe e não é norma jurídica.

Esta visão reflete diretamente na fundamentação das decisões no direito. Os fatos somente serão *fatos jurídicos* (fatos juridicizados pelo direito) *se forem expressões denotativas dos moldes conotativos insertos nas hipóteses* previstas no segmento descritivo de norma abstrata; senão, serão meros fatos sem efeito jurídico algum.

Assim, as seguintes normas decisórias: (i) "Tendo em vista o exacerbado valor da multa, se o contribuinte resolver pagar, necessariamente, fechará as portas, então deve-ser o cancelamento do Auto de Infração" ou (ii) "o Auto de Infração deverá ser mantido em face de que o prejuízo financeiro ao Erário será enorme com seu cancelamento", podem até descrever *eventos* verdadeiros e possíveis no *mundo-do-ser*, mas, por tais eventos não terem sido eleitos pelo legislador competente como hipóteses normativas suficientes a quaisquer efeitos jurídicos, então, apesar de admitirmos a sua possível veracidade, não integram normas válidas; não possuem juridicidade.

Não sendo fatos jurídicos; serão meros fatos insuficientes a integrarem a motivação descritiva de uma norma decisória, seja para cancelar, seja para manter um Auto de Infração.

Este é o nosso Direito, em que as normas não incidem automaticamente com a mera ocorrência de um evento no mundo real, mas aguardam a figura do agente competente a fazer a norma incidir sobre o fato (sobre a descrição do evento), tornando-o fato jurídico. Aqui, *incidência só ocorre com a aplicação* do Direito, com a criação normativa como linguagem posta.

Com precisão destaca Paulo de Barros que: "Em rigor, não é o texto normativo que incide sobre o fato social, tornando-o jurídico. É o ser humano que, buscando fundamento de validade em norma geral e abstrata, constrói a norma jurídica individual e concreta, na sua bimembridade constitu-

4. Tárek Moysés Moussallem, *Fontes do Direito Tributário*, p. 22.
5. Idem, p. 20.
6. Idem, p. 22.
7. Idem, p. 21.
8. Eurico Marcos Diniz de Santi, *Decadência e Prescrição no Direito Tributário*, p. 44.

tiva, empregando, para tanto, a linguagem que o sistema estabelece como adequada, vale dizer, a linguagem competente".[9]

Basta a norma ser vigente e teremos fato jurídico, efeito da *subsunção* da linguagem do fato à linguagem da norma (ou do fato à norma, já que ambos só são reconhecíveis através da linguagem).

Com o fato jurídico (elemento denotativo) teremos o *efeito jurídico* previsto, de forma hipotética, na norma geral e abstrata que lhe serve de modelo conotativo.

Se inexistirem obstáculos ao percurso da positivação do direito, teremos que a norma geral e abstrata a ser incidida/aplicada possui *eficácia técnica*.

Sobre o conceito de eficácia técnica destaca Paulo de Barros: "Sob a rubrica de eficácia técnica vemos a *condição que a regra de direito ostenta*, no sentido de descrever acontecimentos que, uma vez ocorridos no plano do real-social, *tenham o condão de irradiar* efeitos jurídicos, *já removidos os obstáculos* que impediam tal propagação".[10]

Se, de forma pragmática, os destinatários do dever-ser normativo cumprirem o ali previsto, teremos a *eficácia social*. Como afirma Paulo de Barros, "A eficácia social ou efetividade (...) diz com a produção das conseqüências desejadas pelo elaborador das normas, verificando-se toda vez que a conduta prefixada for cumprida pelo destinatário (...)".[11]

Validade, vigência, incidência, aplicação, eventos, fatos, fatos jurídicos, eficácia jurídica, eficácia técnica e eficácia social são conceitos jurídicos fundamentais à compreensão do Direito que ora operamos. Sem restarem fincadas tais imprescindíveis premissas, estaríamos a navegar com imprecisão nas rotas jurídicas, pois nossos discursos seriam inócuos.

9. Paulo de Barros Carvalho, *Direito Tributário, Linguagem e Método*, 1ª ed., pp. 151-152.

10. Idem, p. 413.

11. Paulo de Barros Carvalho, *Direito Tributário, Linguagem e Método*, 1ª ed., p. 414.

### *III – Do método interpretativo e da visão de Kelsen*

Outra premissa a ser posta de crucial relevância é a questão da interpretação.

Mas, o que é interpretar?

Para Kelsen, "Quando o Direito é aplicado por um órgão jurídico, este necessita de fixar o sentido das normas que vai aplicar, tem de interpretar estas normas. A interpretação é, portanto, uma *operação mental* que acompanha o processo da aplicação do Direito no seu progredir de um escalão superior para um escalão inferior (...)".[12]

Assim, como operação mental reveste-se não de uma descrição, mas sim, de uma construção.

Entendemos a interpretação, portanto, como a construção de uma significação, decidindo por *um aspecto semântico contextual (dentre os possíveis)* baseado em um determinado suporte físico, origem do processo hermenêutico.

Ensina Kelsen que "(...) A relação entre um escalão superior e um escalão inferior da ordem jurídica, como a relação entre Constituição e lei, ou lei e sentença judicial, é uma relação de determinação ou vinculação; a norma do escalão superior regula – como já se mostrou – o ato através do qual é produzida a norma do escalão inferior, ou o ato de execução, quando já deste apenas se trata (...)".[13]

Aqui Kelsen reforça a idéia de que o repertório normativo do sistema jurídico encontra-se estruturado numa ordem hierárquica piramidal onde, tanto conteúdo como fundamento de validade de quaisquer normas restam positivados em norma de superior hierarquia, finalizando com a pressuposição (portanto, não positivada) da chamada norma fundamental.

Prossegue Kelsen destacando que: "(...) Esta determinação nunca é, porém,

12. Hans Kelsen, *Teoria Pura do Direito*, p. 387.

13. Idem, p. 388.

completa. A norma do escalão superior não pode vincular em todas as direções (sob todos os aspectos) o ato através do qual é aplicada. Tem sempre de ficar uma margem, ora maior ora menor, de livre apreciação, de tal forma que a norma do escalão superior tem sempre, em relação ao ato de produção normativa ou de execução que a aplica, *o caráter de um quadro ou moldura a preencher* por este ato. Mesmo uma ordem o mais pormenorizada possível tem de deixar àquele que a cumpre ou executa uma pluralidade de determinações a fazer (...)"[14] (g.n.).

Neste sentido, arrremata Kelsen destacando que "(...) a *interpretação de uma lei não deve conduzir a uma única solução* como sendo a única correta, mas possivelmente *a várias soluções* que – na medida em que apenas sejam aferidas pela lei a aplicar – *têm igual valor*, se bem apenas uma delas se torne Direito positivo no ato do órgão aplicador do Direito (...) não significa que ela é a norma individual, mas apenas *que é uma das normas individuais* que podem ser produzidas dentro da moldura da norma geral".[15]

Este é o ponto que exploraremos na solução do caso a discutir mais adiante.

As possibilidades interpretativas de Kelsen nos faz crer que *não se chega*, num processo interpretativo, *à construção de uma única norma*, porém, à construção de tantas normas quantos forem os sentidos semânticos possíveis atribuíveis aos termos *preenchedores* das variáveis da estrutura formal normativa *(se X, então dever-ser Y)*.

Kelsen ainda discute sobre a *intencionalidade* da indeterminação semântica causadora das possibilidades construídas na moldura interpretativa.

Preleciona Kelsen que "(...) Daí resulta que todo o ato jurídico em que o Direito é aplicado, quer seja um ato de criação jurídica quer seja um ato de pura execução, é em parte, determinado pelo Direito e, em parte, indeterminado (...) *a indeterminação pode mesmo ser intencional*, quer dizer, estar na intenção do órgão que estabeleceu a norma a aplicar (...)"[16] (g.n.).

Mais adiante afirma que "(...) Simplesmente, a indeterminação do ato jurídico pode também ser a *conseqüência não intencional* da própria constituição da norma jurídica que deve ser aplicada pelo ato em questão. Aqui temos em primeira linha a pluralidade de significações de uma palavra ou de uma seqüência de palavras em que a norma se exprime; o sentido verbal da norma não é unívoco, o órgão que tem de aplicar a norma encontra-se perante várias significações possíveis (...)"[17] (g.n.).

Assim, para Kelsen, a indeterminação semântica pode fazer parte da regra do jogo jurídico como fruto da intencionalidade ou não do legislador responsável pela inserção da estrutura formal enunciada nos textos legais.

"Não há texto sem contexto";[18] assim Paulo de Barros emite sua opinião sobre a impossibilidade de obter-se um conteúdo mínimo semântico abstraindo-se do envoltório normativo circunstancial.

De forma mais precisa destaca que: "(...) é a interpretação que faz surgir o sentido, inserido na profundidade do contexto, mas sempre impulsionada pelas fórmulas literais do direito documentalmente objetivado (...) não há texto sem contexto ou, de outro modo, não há plano de expressão sem plano de conteúdo e vice-versa".[19]

Tal sentido dá-se pelo amálgama dos aspectos axiológicos e circunstanciais construídos pelo intérprete no seu contato com o texto a interpretar, através da percepção

14. Idem, p. 388.
15. Idem, p. 390.
16. Idem, p. 389.
17. Idem, p. 389.
18. Paulo de Barros Carvalho, *Curso de Direito Tributário*, 18ª ed., 2007, p. 129.
19. Paulo de Barros Carvalho, *Direito Tributário: Fundamentos Jurídicos da Incidência*, 4ª ed., p. 73.

lingüística convencional do contexto em que tal interpretação ocorre.

Não prescinde o sentido na interpretação da "(...) atinência às diretrizes fundamentais de organização de frases (...)",[20] nos dizeres de Paulo de Barros; ou seja, os aspectos morfológicos e sintáticos gramaticais do texto a interpretar aliados à sua descoberta semântica imprimem um sentido necessário à interpretação.

Nesta linha, enxergamos uma correlação entre sentido interpretativo e valor.

O valor está no sujeito cognoscente que, em face de escolhas suportadas em aspectos axiológicos particulares, baseadas na sua compreensão do mundo e aliada, ainda, às suas peculiares intenções, busca um dos sentidos possíveis no texto (objeto) a se interpretar.

O sentido pretendido é fruto dos valores politicamente e ideologicamente escolhidos pelo interpretante.

Assim, o sentido é algo que se encontra vinculado, como dito acima, à forma de compreensão do mundo pelo intérprete; portanto, vinculado aos seus referenciais.

O dado, como fato fornecido, se levado em consideração na busca de um sentido, acaba sendo internalizado pelo intérprete, incorporando seu referencial.

Tais referenciais consistem na forma de compreender o mundo; na sua forma de interação com o ambiente.

Porém, tal sentido não é explícito; é rumo dado ao percurso interpretativo que somente é descoberto não enquanto processo, mas somente, quando é produto.

O sentido é descoberto através do resultado da trajetória interpretativa. Expressa é a transformação textual do resultado da interpretação; o sentido ali se encontra sempre implícito.

Interpretar literalmente, segundo Paulo de Barros,[21] seria focalizar a "presença morfológica das unidades empregadas pelo emissor, as partículas de conexão e a maneira como se tecem as combinações sintáticas (...)".

Seria reduzir ao mínimo as considerações semânticas do texto físico; como se fosse possível prescindir, na obtenção de um sentido interpretativo, o aspecto semântico de um texto de seu aspecto sintático.

A interpretação literal é uma redução possível do conteúdo significativo reduzindo suas possibilidades na moldura de Kelsen.

O método por excelência seria o sistemático, pois perpassaria, na sua trajetória interpretativa, por todos os planos (sintático, semântico e pragmático), retirando a máxima utilização dos métodos clássicos de interpretação.

Assim, o dirigismo hermenêutico não está no texto; mas na ideologia do sujeito cognoscente que estabelece o método de aproximação do objeto. O dirigismo é estabelecido pelo sistema de referência do intérprete.

Neste sentido, um mesmo texto pode apresentar diferentes possibilidades (um enunciado, várias proposições).

*Portanto, não há interpretações certas ou erradas*. Há interpretações válidas ou não válidas dentro das soluções normativas possíveis estabelecidas dentro de uma moldura normativa, em que, como resultado de diversos métodos interpretativos, temos diversos produtos-normas possíveis. Todas possíveis... todas válidas.

Este o aspecto objetivo da interpretação. Seu aspecto subjetivo restará presente na escolha, em face do *referencial do intérprete* (seus valores, sua visão de mundo), de uma dessas possibilidades normativas insertas na moldura.

Juridicamente quem deve dizê-lo é o intérprete competente escolhido pelo próprio direito.

Outro conceito jurídico necessário aos estudos de casos que propomos mais

20. Idem, p. 67.
21. Idem, p. 68.

adiante é o de *Regra-Matriz de Incidência Tributária* em conjunto à análise de seus critérios.

Normas de estrutura constitucionais – normas de competência e normas de incompetência (imunidades) – facultam (ou obrigam) a instituição de tributos aos entes políticos (União, Estados, DF e Municípios).

Os entes federados, por sua vez, no exercício de sua competência constitucional, instituem os tributos. O que isso significa? Para nós, a *criação de regra-matriz de incidência tributária* (norma de conduta) ao lado de diversas outras regras – de comportamento e de estrutura – que constituem, através de um emaranhado de normas inter-relacionadas, um subsistema jurídico específico do tributo criado, cuja finalidade é operacionalizar o controle e a arrecadação da exação pretendida.

Fixemo-nos na *regra-matriz de incidência tributária*. Que tipo de norma é esta? É *norma de conduta geral e abstrata* voltada à pretensão de *comportamentos futuros*, com estrutura formal-normativa que *associa à descrição de possível e hipotética realização de um determinado evento lícito* (hipótese normativa) *uma possível relação jurídica* (tese normativa), pela qual determinada pessoa (sujeito passivo) teria o dever jurídico de recolher certa quantia em dinheiro a título de tributo ao Estado, sujeito ativo com direito subjetivo a tal prestação.

É norma *geral* (dirigida a todos os administrados subjugados a determinada competência impositiva) e *abstrata* (referente a acontecimentos futuros, ainda não ocorridos, mas de possível ocorrência).

Quais os componentes desta regra-matriz? Quais seus critérios relevantes?

Segundo os ensinamentos de Paulo de Barros,[22] toda norma jurídica possui um *antecedente* (descritor de um evento possível relevante para o ordenamento) e um *conseqüente* (prescritor de efeitos em face da realização da hipótese normativa) conectados logicamente por uma constante necessária representada por um *dever-ser* não modalizado.

Seu ***antecedente normativo*** é composto de:

*a*) ***Critério material***: define uma *ação* ou uma *qualificação* de possível realização por um ente, de *personalidade jurídica dispensável* (na linha de pensamento do professor Paulo de Barros Carvalho[23]), expressos através de um verbo (de ação ou de estado) e de seu complemento. Traduz a *essência conotativa da linguagem do evento relevante* que, uma vez, denotativamente descrito (conforme sua suposta historicidade fornecida pelas provas), constituir-se-á em integrante do chamado fato jurídico tributário.

Reforçamos que o ente capaz de realizar a hipótese normativa (possuidor de capacidade tributária para realizar o fato jurídico) *não precisa ter personalidade jurídica* (como as sociedades de fato, as unidades econômicas ou profissionais e os agregados familiares).

*b*) ***Critério espacial***: local em que a descrição da realização do evento tributário previsto no critério material resta bastante à percussão da incidência normativa da regra-matriz; local em que a *realização dos eventos*, devidamente relatados, *não serão meros fatos; mas, fatos jurídicos*.

*c*) ***Critério temporal***: é o *exato instante* eleito pelo legislador da norma-matriz, cujo relato em linguagem competente da possível realização do evento previsto no critério material será suficiente ao nascimento da obrigação tributária.

Seu ***conseqüente normativo*** é composto de:

*a*) ***Sujeito Ativo***: ente com *capacidade tributária ativa*. Será o titular do direito subjetivo pretendente à prestação pecuniá-

22. Paulo de Barros Carvalho, *Direito Tributário: Fundamentos Jurídicos da Incidência*, 4ª ed.

23. Paulo de Barros Carvalho, *Curso de Direito Tributário*, 18ª ed., p. 320.

ria. Tal ente pode ser o competente constitucionalmente para a instituição do tributo (ente político) ou aquele que, através de delegação, possui apenas capacidade tributária suficiente para figurar no pólo ativo do liame obrigacional.

*b*) ***Sujeito Passivo***: ente dotado de *personalidade jurídica obrigatória* (pessoa física ou jurídica), titular do dever jurídico de cumprir a prestação pecuniária pretendida pelo correlato sujeito ativo.

*c*) ***Base de Cálculo***: é a expressão quantitativa do critério material do antecedente da norma.

A base de cálculo tem por finalidades: (i) *mensurar* manifestações exteriores do fato jurídico capazes de serem quantificadas, tais como: valor da operação, valor de mercado, valor venal etc.; (ii) *demarcar* os contornos da dívida tributária; (iii) *propiciar* verdadeiro procedimento de confrontação em face do critério material, a fim de *confirmá-lo* (eleito padrão de medida coerente com a essência do fato jurídico), *infirmá-lo* (incoerência da escolha do padrão de medida, em face do núcleo dimensionável do fato jurídico) ou *afirmá-lo* (quando há dúvidas sobre a formulação da lei, devendo o critério material revestir-se da natureza da ação ou da qualificação tipificadas que estão sendo mensuradas), conforme Paulo de Barros Carvalho.[24]

*d*) ***Alíquota***: alia-se à base de cálculo para compor a grandeza numérica do fato jurídico do critério material do antecedente normativo. Através de sua utilização (fixa ou proporcional) pretendem-se a igualdade tributária e o controle para se evitar a prática confiscatória, assim como, possibilitam-se intenções tributárias extrafiscais (alíquota zero).

No plano da norma, alíquota é mero indicador da parcela a ser tomada da base de cálculo. No plano dos fatos, no da aplicação da norma, a alíquota é fato que aliado à base de cálculo (já calculada) produz como resultado o objeto da prestação pecuniária, ou seja, o valor do débito tributário.

Esta a Regra-Matriz de Incidência Tributária; como norma geral e abstrata, na linha do mestre Paulo de Barros Carvalho.[25]

A partir de sua instituição, quando descrita a realização de um evento possível, cujo perfil denotativo resta incluso no conceito factual previsto na hipótese normativa da regra-matriz de incidência tributária, teremos a viabilidade da incidência de tal regra-matriz; *mas apenas a viabilidade*, pois o ordenamento sozinho não reconhece o acontecimento previsto em sua hipótese se este não estiver "traduzido" em linguagem competente por agente público (ou particular) também competente, como vimos acima.

A declaração do evento de possível ocorrência (sua juridicização) é feita através de sua formalização. Tal prática dá-se pelo lançamento (quando realizado por autoridade competente) ou através do chamado autolançamento (quando realizado pelo próprio particular, conforme previsão legal).

Portanto, parte do evento (inserto no mundo real; mundo do ser) é entendido pelo Direito como fato jurídico tributário quando, *através de sua formalização* (cujos elementos são: agente competente ou particular previsto em lei, motivo do ato, procedimento legal e publicidade), tal acontecimento é traduzido em linguagem reconhecível pelo ordenamento jurídico tributário.

Com o *fato jurídico* (enunciado constitutivo partindo de um suposto evento) dá-se a *relação jurídico-tributária (obrigação tributária)*, cujos pólos estão ocupados concretamente pelos respectivos sujeitos e cujo *objeto (tributo) do objeto (prestação pecuniária) da obrigação tributária* admite valor determinado.

24. Idem, p. 344.

25. Idem, caps. IX e X.

Portanto, com a aplicação/incidência da regra-matriz de incidência tributária à descrição de determinado acontecimento (juridicização do fato), temos o surgimento de *uma norma individual e concreta* estruturalmente idêntica à norma-matriz de incidência tributária geral e abstrata instituída pelo ente tributante competente.

A nosso ver, esta norma individual e concreta surgida pela aplicação/incidência da regra-matriz à determinada descrição de um evento (agora fato jurídico) é uma *redução denotativa da amplitude conotativa desta regra-matriz.*

Temos, com isso, *duas normas*: uma (i) *regra-matriz de incidência tributária geral e abstrata* voltada para o futuro e *aguardando ser novamente aplicada*, quando da "notícia" da realização de sua hipótese tributária e uma (ii) *norma individual e concreta* surgida com a formalização do evento – cujo perfil jurídico conotativo supõe-se estar previsto no antecedente normativo da regra-matriz de incidência.

Dando-se a aplicação de tal regra-matriz, resta criada *uma norma individual* (dirigida a um sujeito passivo determinado) e *concreta* (referente a um *acontecimento supostamente ocorrido*; as provas que os indiquem) de mesma estrutura da regra-matriz, contendo, porém, em seu bojo, um *fato jurídico* em seu antecedente e uma *obrigação tributária* em seu conseqüente.

Este o processo de positivação como aludimos acima, culminando com a norma individual e concreta, de vocação genuinamente comportamental e pretendente a atuar diretamente sobre a conduta de determinada pessoa.

Observamos, contudo, que, segundo a moldura normativa proposta por Kelsen, como vimos acima, tanto a construção da Regra-Matriz de Incidência Tributária, como a sua própria aplicação criativa de norma individual e concreta podem não ser únicas.

Tantas serão as normas quantas forem as significações possíveis atribuíveis ao conjunto lingüístico por elas veiculado.

É o que verificaremos no nosso estudo de caso.

### *IV – A regra-matriz de incidência tributária do ICMS-importação*

Uma possível Regra-matriz do ICMS-importação seria a construída abaixo. Fazemos referência à *Lei Ordinária Paulista 6.374/1989* em face de que a instituição do tributo é de competência do ente estatal.

Tal construção, por ser atual, tem fundamento de validade na *Lei Complementar 87/1996* e na *Constituição Federal de 1988.*

## ICMS-IMPORTAÇÃO

| CRITÉRIOS | SITUAÇÃO | LEI 6.374/1989 |
|---|---|---|
| MATERIAL | Realizar a entrada de mercadorias ou bem (já logicamente) importados do exterior por pessoa física ou jurídica, qualquer que seja a sua finalidade (cf. *art. 155, § 2º, IX, "a", da CF/1988 e art. 2º, § 1º, I, da LC 87/1996*).<br>*Obs. 1*: Pessoa física, mesmo não contribuinte ou mesmo sem habitualidade, realiza o *fato jurídico tributário* na importação.<br>*Obs. 2*: Aplica-se, também, em relação a bem destinado a consumo ou a ativo permanente do importador. | Art. 1º, V e parágrafo único |

| CRITÉRIOS | SITUAÇÃO | LEI 6.374/1989 |
|---|---|---|
| **TEMPORAL** (momento da ocorrência do evento tributável) | 1) No momento do *desembaraço* de mercadorias bens importados do exterior (cf. *art. 146, III, "a", da CF/1988 e art. 12, IX, da LC 87/1996*).<br>2) Se *a entrega da mercadoria for antes do desembaraço*, então o fato jurídico tributário dar-se-á *no momento da entrega* (contribuinte deve comprovar o pagamento do ICMS – guia de recolhimentos especiais) (cf. *art. 146, III, "a", da CF/1988 e art. 12, § 3º, da LC 87/1996*).<br>3) No momento da *aquisição em licitação* (*arremate em leilão*) promovida pelo *Poder Público*, de mercadorias ou bens *importados* do exterior *e apreendidos ou abandonados* (cf. *art. 146, III, "a", da CF/1988 e art. 12, XI, da LC 87/1996*). | Art. 2º, IV, V e seu § 6º |
| **ESPACIAL** | Na *repartição aduaneira* onde ocorrer a nacionalização do bem com o desembaraço.<br>Na *repartição aduaneira* onde ocorrer o leilão dos bens apreendidos. | |
| **SUJEITO ATIVO** | Art. 155, § 2º, IX, "a", da CF/1988 – Estado onde se localiza o domicílio (pessoa física) ou o estabelecimento *destinatário* da mercadoria (pessoa jurídica).<br>Art. 155, § 2º, XII, "d", da CF/1988 – Cabe à *lei complementar* ... *fixar*, para efeito de sua *cobrança* e definição do estabelecimento responsável, o *local das operações relativas à circulação de mercadorias* e das prestações de serviços.<br>Art. 11, I, da LC 87/1996 – O *local da operação ou da prestação*, para os efeitos da *cobrança do imposto* e definição do estabelecimento responsável, tratando-se de *mercadoria ou bem*:<br>*d*) *importado do exterior*, o do *estabelecimento* onde ocorrer a *entrada física*;<br>*e*) *importado do exterior*, o do *domicílio do adquirente*, quando *não estabelecido*;<br>*f*) *aquele onde seja realizada a licitação*, no caso de *arrematação* de mercadoria ou bem *importados do exterior e apreendidos ou abandonados*; | |
| **SUJEITO PASSIVO** | Fundamento de validade: *art. 155, § 2º, XII, "a", da CF/1988 e art. 4º, parágrafo único, I e III, da LC 87/1996*<br>1) *Importador* de bem ou mercadoria do exterior, qualquer que seja a sua finalidade.<br>2) *Adquirente*, em licitação, de mercadoria ou bem importados do exterior apreendidos ou abandonados. | Art. 7º, parágrafo único, itens 1 e 3 |
| **BASE DE CÁLCULO** | Fundamento de validade constitucional: *art. 155, § 2º, XII, "i", da CF/1988*<br>1) *Conforme art. 13, V, alíneas "a" a "e", da LC 87/1996*, no caso de mercadorias ou bens importados do exterior, a base de cálculo será a soma das seguintes parcelas:<br>Valor no documento de importação + outros impostos (II, IPI, IOF) + taxas + contribuições e despesas aduaneiras.<br>*Obs. 1*: Conversão pela taxa de câmbio do II.<br>*Obs. 2*: Valor declarado será substituído pelo valor estipulado pela autoridade aduaneira para o cálculo do II.<br>*Obs. 3*: II não devido – taxa de câmbio (para cálculo do II) do dia do início do despacho aduaneiro.<br>*Obs. 4*: Despesas aduaneiras: efetivamente pagas à repartição aduaneira (multas, classificação fiscal, diferença de peso). | Art. 24, IV e V |

| CRITÉRIOS | SITUAÇÃO | LEI 6.374/1989 |
|---|---|---|
| BASE DE CÁLCULO | 2) *Conforme art. 13, VII, da LC 87/1996*, no caso de aquisição em licitação pública de mercadorias ou bens importados do exterior e *apreendidos ou abandonados*, a base de cálculo será a soma das seguintes parcelas:<br>Valor da arrematação + IPI + II + despesas cobradas ou debitadas do arrematante (adquirente). | Art. 24, IV e V |
| ALÍQUOTA | Fundamento de validade: *art. 155, § 2º, III a VII, da CF/1988*<br>*Vide item VIII – Alíquotas – Observações complementares.*<br>Como esta regra-matriz é referente a operações que têm início no exterior, aplica-se a alíquota interna, em face de disciplina específica aplicada à peculiar mercadoria envolvida no Estado do *destinatário* da mercadoria. | Art. 34 |

Dentre as várias questões debatidas no Tribunal de Impostos e Taxas de São Paulo envolvendo a regra-matriz do ICMS-importação, ora destacamos o seguinte caso prático:

***V – Caso prático: sujeição ativa do ICMS-importação***

*Importador* localizado em *Vitória – ES desembaraça* mercadoria na repartição aduaneira de *Uruguaiana/RS*, sendo que a mercadoria *segue fisicamente e diretamente* para estabelecimento paulista localizado no *CENTRO DO MUNDO (OSASCO)...* minha cidade natal!!

O bem nunca transitou pelo Estado onde está localizado o estabelecimento do importador.

A pergunta é: para qual Estado deve ir o valor cobrado a título de ICMS-importação? *ES, RS ou SP?*

Desconsiderando a resposta óbvia e sentimental, mas não jurídica, de que o montante do tributo deveria ir para o Estado onde se encontra o *CENTRO DO MUNDO*, busquemos a resposta no ordenamento, já que nossas premissas foram a de tratar o direito como sistema normativo, exclusivamente. Se é norma é direito, se não é norma não é direito.

Assim, verificamos que com relação ao ICMS importação a *CF/1988* estabelece que (*art. 155, § 2º, "a"*): "O ICMS incidirá também: sobre a *entrada de bem ou mercadoria importados do exterior* por pessoa *física ou jurídica*, ainda que *não seja contribuinte* habitual do imposto, qualquer que seja a sua finalidade, assim como sobre o serviço prestado no exterior, *cabendo o imposto ao Estado onde estiver situado* o domicílio ou o *estabelecimento do* ***destinatário*** *da mercadoria, bem ou serviço*".

Observamos que o Texto Maior, com relação ao sujeito ativo do ICMS-importação, prescreve que o sujeito ativo será o ente político estatal (Estado/DF) onde estiver situado o estabelecimento do destinatário da mercadoria importada.

Ao construirmos a Regra-Matriz do ICMS-importação verificamos que tal construção deve ser feita pelo agente competente (legislador estadual) que, em face do texto constitucional, buscará a significação do termo *destinatário* inserto na CF/1988.

Se a construção for *destinatário físico*, teremos como *sujeito ativo o Estado de São Paulo*; se for o estabelecimento não físico, mas *onde se localiza o importador*, teremos como *sujeito ativo o Estado do Espírito Santo*.

Ainda mais uma possibilidade. Se o destinatário for o Estado onde ocorrera o *desembaraço*, teremos o *Estado do Rio Grande do Sul* como sujeito ativo.

O legislador, ao buscar no ordenamento a significação do termo constitucional ***destinatário***, atende ao prescrito no *art. 155, § 2º, XII, "d", da CF/1988* que *in verbis*:

> Cabe à *lei complementar* (...) *fixar*, para efeito de sua *cobrança* e definição do estabelecimento responsável, o *local das operações relativas à circulação de mercadorias* e das prestações de serviços.

Assim, a lei complementar ao fixar o local das operações de circulação de mercadorias para efeitos de cobrança, atrela a sujeição ativa do tributo ao local pela norma complementar fixado.

Para os eventos contemplados pelo ICMS-importação anteriores a *1.11.1996 (data da entrada em vigor da LC 87/1996)*, temos que o *Convênio Confaz ICM 66/1988* fora recepcionado pelo ordenamento constitucional como dispositivo complementar apto a tratar do ICMS, conforme *art. 34 § 8º do ADCT da CF/1988*.

### • *Eventos do ICMS-importação na vigência da LC 87/1996*

Para os ***eventos posteriores*** a *1.11.1996*, a *LC 87/1996* é o veículo normativo competente para fixar o sujeito ativo. E o faz.

Verificando o prescrito pela LC 87/1996, temos que (art. 11, I):

> O *local da operação ou da prestação*, para os efeitos da *cobrança do imposto* e definição do estabelecimento responsável, tratando-se de *mercadoria ou bem*:
>
> (...).
>
> *d*) *importado do exterior*, o do *estabelecimento* onde ocorrer a *entrada física*;

Assim, a *LC 87/1996* elegeu como *sujeito ativo* o Estado onde estiver localizado o estabelecimento *destinatário físico* da mercadoria importada.

*O próprio Estado de São Paulo, com fundamento na LC 87/1996* assim prescreve a matéria (Lei Ordinária Paulista 6.374/1989):

> Art. 23. O *local da operação ou da prestação*, para os efeitos da *cobrança do imposto* e definição do responsável é, tratando-se de *mercadoria ou bem*:
>
> (...).
>
> *f*) *o da situação* do *estabelecimento* onde ocorra a *entrada física* da mercadoria ou bem importados do exterior e desembaraçados;

Com isso, normativamente, o sujeito ativo do ICMS-importação no nosso caso prático seria o Estado de São Paulo, já que as mercadorias teriam ido direta e fisicamente para esse Estado.

Teríamos, assim, como local do desembaraço o Rio Grande do Sul; como sujeito passivo o importador capixaba e como sujeito ativo São Paulo.

E assim têm sido julgados os casos, em quase sua totalidade, no Tribunal de Impostos e Taxas de São Paulo e na grande maioria das cortes administrativas estaduais.

Porém, destacamos que o *Supremo Tribunal Federal* tem se posicionado de forma diversa. A Corte Maior atribui a sujeição ativa ao Estado onde se localiza o importador (no caso, o Estado do Espírito Santo).

Justifica seu entendimento destacando que o ***destinatário***, como previsto na *CF/1988* deva ser sempre o jurídico e não o físico. E que o destinatário jurídico seria o estabelecimento do importador. Destacamos duas decisões monocráticas do STF neste sentido:

> ACO 1.076 MC/MS – Mato Grosso do Sul. Medida cautelar na ação cível originária, Rel. Min. Ricardo Lewandowski, j. 16.10.2007, *DJ* 26.10.2007, pp. 102, e *RDDT* 149/197-202, 2007.
>
> ACO 854 tutela antecipada/MS – Mato Grosso do Sul. Tutela antecipada na ação cível originária, Rel. Min. Celso de Mello, j. 15.5.2006, *DJ* 19.5.2006, p. 45, e *RDDT* 132/197-206, 2006.

Procurando o ferramental kelseniano da moldura normativa, indagamos se seria cabível juridicamente a interpretação feita pelo STF, excluindo da qualificação de jurídico o destinatário físico do ICMS-importação.

Pelo nosso conceito de direito como sistema normativo a resposta é negativa.

Com todo respeito, discordamos do posicionamento do STF, pois nossas premissas permitem-nos concluir que jurídico é, exclusivamente, o que está na norma; portanto, se o ordenamento estabeleceu o critério físico como índice a localizar o sujeito ativo do ICMS-importação, então o critério físico, por ser normativo, é jurídico. *Físico é Jurídico.*

O Supremo, *data maxima venia*, foi buscar a *sua norma* fora das possibilidades normativas da moldura de Kelsen. Por isso a nossa discordância.

### • *Eventos do ICMS-importação na vigência do Convênio ICM 66/1988*

A situação é diversa para os eventos do *ICMS-importação anteriores à vigência da LC 87/1996*, quando da vigência, ainda, do diploma materialmente complementar veiculado pelo *Convênio 66/1988*.

A *CF/1988 vigente* à época do *Convênio 66/1988* prescrevia que:

*Art. 155, § 2º, IX, "a"*: o ICMS também incide "sobre a entrada de mercadoria importada do exterior, ainda quando se tratar de bem destinado a consumo ou ativo fixo do estabelecimento, assim como o serviço prestado no exterior, cabendo o imposto ao Estado onde estiver situado o estabelecimento ***destinatário*** da mercadoria ou do serviço".

Vemos que a significação do termo ***destinatário*** padecia já da mesma característica de equivocidade retratada.

A busca da exata significação jurídica do termo fixador do local indicativo do sujeito ativo do ICMS-importação, por prescrição constitucional deve ser feita no diploma complementar do *Convenio 66/1988.*

*Art. 155, § 2º, XII, "d", da CF/1988*: "Cabe à *lei complementar* (...) *fixar*, para efeito de sua *cobrança* e definição do estabelecimento responsável, o *local das operações relativas à circulação de mercadorias* e das prestações de serviços".

Ocorre que o *Convênio 66/1988* assim prescrevia a matéria.

> *Art. 27.* O local da operação ou da prestação, para os efeitos de *cobrança* do imposto e definição do estabelecimento responsável, é:
>
> I – tratando-se de mercadoria:
>
> *d*) o do *estabelecimento destinatário* ou, na falta deste, o do domicílio do adquirente, quando importada do exterior, ainda que se trate de bens destinados a consumo ou a ativo fixo do estabelecimento; (g.n.)

A própria *Lei Ordinária Paulista 6.374/1989* também seguiu, sem inovações, o prescrito nos diplomas fundantes.

> *Art. 23 da Lei Ordinária Paulista 6.374/1989*:
>
> O local da operação ou da prestação, para os efeitos de *cobrança* do imposto e definição do estabelecimento responsável, é:
>
> I – tratando-se de mercadoria:
>
> *d*) o do *estabelecimento destinatário* ou, na falta deste, do domicílio do adquirente, quando importada do exterior, ainda que se trate de bem destinado a consumo ou a ativo fixo do estabelecimento;

Assim, o legislador estadual, intérprete da Constituição Federal, do *Convênio 66/1988* e enunciador da RMIT do ICMS-importação, deixou também equívoca a significação do termo ***destinatário***, pois definira seu sujeito ativo em face do local de um *estabelecimento* ***destinatário*** *somente*. Enunciado este que admite duas proposições possíveis: (i) destinatário físico e (ii) destinatário não-físico.

O problema persiste quando, na continuação do processo de positivação, o contribuinte resolve pagar o ICMS-importação de um bem por ele importado.

O pagamento, como efeito social que é, não prescinde de anterior formalização a ser feita pelo contribuinte, ocasião em que este faz incidir, através do processo de aplicação, a hipótese normativa do RMIT do ICMS-importação sobre o fato descrito.

Neste processo de positivação duas normas individuais e concretas podem ser criadas pelo contribuinte: (i) uma, colocando como *sujeito ativo* o Estado onde se situa o estabelecimento *destinatário físico* da mercadoria (no nosso caso, o *Estado de São Paulo*) e (ii) outra, definindo como *sujeito ativo* o Estado do estabelecimento do *destinatário não físico, porém jurídico* (no nosso caso, o *Estado do Espírito Santo*).

A moldura normativa de Kelsen, nesta situação, alberga as *duas possibilidades normativas*; *ambas válidas, portanto*.

Se o contribuinte, nesta situação, efetuar o pagamento do ICMS-importação, através guia de recolhimento especial em favor do Estado do Espírito Santo, *não terá cometido ilícito algum*, pois construíra uma norma jurídica (portanto válida) possível de ser construída.

E a mesma licitude ocorrerá, caso a escolha do contribuinte recaia sobre o Estado de São Paulo. *Ele buscara a resposta no interior da moldura* (diverso do STF que efetua a *coleta* de dados fora da moldura).

Argumentos tais como: *o tributo deve ir para onde circulou a riqueza*, a justificar a escolha do critério físico para a definição do sujeito ativo não convencem.

O fato da circulação da riqueza não é jurídico. Assim, não adquire quaisquer efeitos jurídicos a indicar a sujeição ativa analisada.

O argumento de *prejuízo financeiro ao Estado destinatário físico* pelo recolhimento do ICMS-importação em favor do *Estado destinatário não físico* também não convence.

A significação do termo *prejuízo* padece dos mesmos vícios de vagueza e ambigüidade característicos de qualquer termo, devendo ser buscada a precisão de sua conceituação em face do contexto jurídico em que se insere.

Porém, como a existência ou não de ***prejuízo financeiro*** *não fora considerado evento relevante pelo legislador para quaisquer efeitos jurídicos*, a sua descrição pode ser fato, porém, não será fato jurídico.

Assim, coerente às nossas premissas, *tanto a circulação ou não de riqueza, como a existência ou não de prejuízo financeiro são irrelevantes* à manutenção ou ao cancelamento de eventual Auto de Infração lavrado em face do não pagamento por Guia de Recolhimentos Especiais do ICMS-importação a um dos dois Estados considerados.

Mesmo se pensássemos em outro tipo de prejuízo (à fiscalização ou à arrecadação), sua ausência não serviria de motivo jurídico à justificativa da prática irregular cometida pelo importador.

Poderia, também, o contribuinte precaver-se em eventual impasse nessa questão e efetuar uma *consignação em pagamento do montante obrigacional relativo ao ICMS-importação* (se possível), deixando que os Estados envolvidos resolvam a questão entre eles.

Esta, para nós, a melhor aplicação da moldura de Kelsen como destacada acima.

## *VI – Conclusão*

Longe de explanarmos uma unanimidade de pensamentos, todas as questões suscitadas, assim como as parciais conclusões, precariamente destacadas, são frutos de discussões práticas no nosso dia-a-dia no Tribunal de Impostos e Taxas do Estado de São Paulo.

Entendendo o Direito como sistema normativo auto-referente e preso à linguagem que ele mesmo convencionou, permaneço mais tranqüilo ao buscar as respostas aos questionamentos iniciais no próprio ordenamento.

Assim, a discussão sobre como determinar o sujeito ativo no ICMS-importação baseada na teoria de Kelsen da moldura normativa e da regra-matriz de incidência tributária atreladas a requisitos normativos de aplicabilidade adquirem a objetividade desejada por aqueles que buscam segurança nas suas conclusões.

Da mesma forma, as conclusões sobre a indevida autuação dos contribuintes penalizados por fazerem, *dentro da moldura*, a sua escolha normativa, refletem o pensamento de que uma escolha diversa e possível daquela efetuada pelo fisco por si só não representa ilícito algum.

A busca da visão interpretativa sistemática e a aceitação de que o direito cria sua própria realidade, não guardando quaisquer necessidades de similitude com o mundo do ser, torna confortável as conclusões a que chegamos: (i) a de que *após a LC 87/1996 o destinatário físico* (e também jurídico por ser normativo) determina o sujeito ativo do ICMS-importação e (ii) a de que *antes da LC 87/1996, na vigência do Convênio 66/1988*, tanto a escolha do *destinatário físico como o não físico* seriam escolhas lícitas por restarem dentro da moldura de possibilidades normativas de Kelsen.

É certo que o ordenamento não pode ficar *engessado* por normas inadequadas. Sabemos que a mutação normativa (capacidade de amoldamento das normas às peculiares situações do real-social) é necessária e desejável à solução do dinâmico e imprevisível mundo real dos conflitos sociais.

Porém, mutação dentro das ***regras do jogo jurídico*** e não fora delas. Atuar *ao largo* do ordenamento sob o fundamento da economia processual, da celeridade ou do informalismo, do não prejuísmo é atuar casuisticamente, com visão restrita das conseqüências de tal atitude; é agir provocando a desigualdade e a insegurança jurídicas essenciais à aplicação da justiça.

Por isso nossa preocupação em buscar fundamento de validade no ordenamento competente e apoio em abalizada doutrina às nossas razões acima esboçadas.

## *Bibliografia*


CARVALHO, Paulo de Barros. *Curso de Direito Tributário.* 18ª ed., São Paulo, Saraiva, 2007.

______. *Direito Tributário: Fundamentos Jurídicos da Incidência.* 4ª ed., São Paulo, Saraiva, 2006.

______. *Direito Tributário, Linguagem e Método.* 1ª ed., São Paulo, Noeses, 2008.

KELSEN, Hans. *Teoria Pura do Direito.* São Paulo, Martins Fontes, 2000.

MOUSSALLEM, Tárek Moysés. *Fontes do Direito Tributário.* São Paulo, Noeses, 2006.

SANTI, Eurico Marcos Diniz de. *Decadência e Prescrição no Direito Tributário.* São Paulo, PUC/SP, Max Limonad, 2000.

# O IPTU PROGRESSIVO NO TEMPO COMO AGENTE INDUTOR DA MUDANÇA DE COMPORTAMENTO DOS AGENTES ECONÔMICOS[1]

MARLI TERESINHA DEON SETTE[2]

Assessora Jurídica do Tribunal de Justiça do Estado de Mato Grosso. Mestre em Gestão Econômica do Meio Ambiente pela Universidade de Brasília-UnB. Formada em Ciências Exatas pela Universidade Regional Integrada de Erexim e em Direito pela Universidade de Cuiabá. Conselheira do Conselho Estadual do Meio Ambiente-CONSEMA. Professora de Direito Ambiental da Universidade de Cuiabá-UNIC Barão, do Afirmativo/Cuiabá e do Centro de Formação de Oficiais de Várzea Grande e de Licitações, Contratos Administrativos e Legislação Urbanística no Curso de Pós-Graduação *Lato Sensu* – Especialização em Gestão Urbana e Desenvolvimento Municipal – UnB

JORGE MADEIRA NOGUEIRA

Professor Titular do Departamento de Economia da Universidade de Brasília. Doutor em Economia pela Universidade de Londres, com Pós-Doutorado em Economia dos Recursos Naturais pela Universidade de Cornell/EUA

*1. Introdução. 2. Relação das cidades e do urbanismo com a questão ambiental e com a função social: 2.1 Princípios norteadores das questões ambientais, relacionados a função social da propriedade, participação popular e colaboração dos particulares nas políticas públicas; 2.2 Cidade e urbanismo: motivos para tratamento especial ao ordenamento urbano; 2.3 Competência urbanística. 3. Estatuto da Cidade: 3.1 Disposições constitucionais inerentes ao ordenamento urbano; 3.2 Considerações gerais e inovações postas pelo Estatuto da Cidade; 3.3 IPTU progressivo no tempo: particularidades e análise crítica. 4. Considerações finais. Referências bibliográficas.*

## *1. Introdução*

A preocupação com as questões relacionadas ao uso dos recursos naturais remonta às discussões entre clássicos da Economia como Malthus (*An Essay on the*

1. Este artigo tem como base as notas de aula ministradas pela autora no Curso de Pós-Graduação *Lato Sensu* – Especialização em Gestão Urbana e Desenvolvimento Municipal, na UnB, Brasília, 2006.

2. Sobre o assunto publicamos, entre outros, os seguintes trabalhos: 1) Marli T. Deon Sette, *Considerações Sobre Vinculação de Receitas e Eficácia de Tributos na Gestão Ambiental*; 2) Marli T. Deon Sette e Jorge M. Nogueira, "Aplicabilidade da tributação ambiental", *Revista Jurídica da Justiça Federal em Mato Grosso-JUDICE* 14/27-32; e 3) Marli T. Deon Sette e Jorge M. Nogueira, "Direito tributário, meio ambiente e economia. Uma integração necessária", *Revista Jurídica UNIVAG Centro Universitário* 3/83-114.

*Principle of Population*) e David Ricardo (*On the Principles of Political Economy and Taxation*) em que se formava uma corrente em torno daquela problemática (Ribas, 2005). No Brasil, dois grandes precursores da necessidade de cuidados com a questão ambiental foram Mueller (2002, 274 pp.) e Jesus (1997, 509 pp.) sendo que este último incentivou a divulgação de trabalhos como o de Miguel Canepa, in Jesus (1997, pp. 413-438). No entanto, em nosso país, apenas nas últimas décadas é que se têm obtido avanços significativos em relação à tutela ambiental.

Um marco importante foi a instituição, em 30.10.1973, da Secretaria Especial do Meio Ambiente-SEMA, no âmbito do então Ministério do Interior, com o declarado objetivo de orientar uma política de conservação do meio ambiente e o uso racional dos recursos naturais. Ainda assim, até 1981, ano de início da vigência da Lei n. 6.938 – Lei da Política Nacional do Meio Ambiente –, os textos normativos eram esparsos e não muito atentos aos problemas já existentes. Outro marco relevante foi a edição da Lei n. 7.347/1985, que disciplinou a Ação Civil Pública como instrumento processual específico, tirando aquela conotação de defesa individual de iniciativa das pessoas que eram lesadas por questões ambientais e passando a dar legitimidade para demandas coletivas propostas por organizações específicas e pelo Ministério Público.

Em 1988, a Carta da República Federativa do Brasil, percebendo a preocupação global, coloca o Meio Ambiente como valor essencial da ordem social, dedicando-lhe capítulo próprio, constitucionalizando a vida ambiental, o direito fundamental de continuidade da vida humana na terra com dignidade a todas as gerações. Em seu Capítulo VI do Título VIII, dirigido à Ordem Social, a Constituição defende o meio ambiente ecologicamente equilibrado como direito de todos, dando-lhe a natureza de uso comum do povo, direito difuso, e essencial à sadia qualidade de vida, exigindo assim a responsabilidade de todos, cidadãos e Poder Público, permanentemente defendendo-o e preservando-o. Essa tutela constitucional faz mudar o pensamento do legislador que começa a atribuir ao conjunto Estado e Cidadãos faculdades, restrições e obrigações em relação aos cuidados com os bens e serviços ambientais, principalmente quando institui a Lei n. 9.605/1996,[3] e passa a fazer uso de instrumentos que delegam aos agentes poder de decisão, associado ao fato de terem que arcar com os custos das suas decisões – os chamados *instrumentos econômicos*.

A difusão do uso dos instrumentos econômicos tem sido lenta no Brasil. No entanto, essa lentidão parece ser natural, mormente porque, historicamente, os países também têm evoluído lentamente no uso de instrumentos de política de controle de uso dos recursos ambientais e da poluição. No início a ênfase é nos instrumentos de comando e controle – que fixam padrões rígidos. Em seguida são introduzidos os instrumentos econômicos – mais flexíveis, que permitem uma maior racionalização das decisões. Uma fase mais recente na gestão do meio ambiente é o comportamento pró-ativo – iniciativa própria e voluntária do agente. Neste processo evolutivo, não se descartam os instrumentos previamente utilizados, apenas se acrescentam mais instrumentos adequados ao grau de sensibilidade dos agentes econômicos.[4]

O Brasil não parece ser exceção à regra. Na realidade, aqui o avanço no uso do instrumento econômico tem ocorrido nos últimos dez anos, tendo como marco inicial a Lei n. 9.433/1997.[5] Mais recentemente, a instituição do Estatuto da Cidade – Lei

3. Lei da Natureza (ou Lei de Crimes Ambientais) que trata da tutela administrativa e dos crimes ambientais.

4. Sobre essa evolução no uso dos instrumentos v. J. M. Nogueira, *Instrumentos Econômicos de Gestão Ambiental: Persuasão*, Curso de Mestrado em Gestão Econômica do Meio Ambiente, notas de aula, Brasília, UnB, 2002.

5. Lei da Política Nacional de Recursos Hídricos, que instituiu a cobrança pelo uso da água.

n. 10.257/2001 – propicia, a nosso sentir, um salto no uso do raciocínio econômico como maneira de incentivar à mudança de comportamento dos agentes econômicos, principalmente quando trata do IPTU progressivo no tempo.

Nas próximas seções vamos abordar os fundamentos do uso de cada uma das formas de controle de bens e serviços ambientais instituídos pelo Estatuto da Cidade, bem como enfatizar a questão da função social da propriedade nele inserida. Em seguida, abordaremos aspectos gerais, diretrizes e instrumentos inerentes ao Estatuto da Cidade, e, ao final, enfocaremos nosso trabalho no uso do instrumento econômico denominado IPTU progressivo no tempo, tecendo comentários que entendemos fundamentais para que o referido instrumento obtenha sucesso no seu objetivo explicitado no Estatuto.

## *2. Relação das cidades e do urbanismo com a questão ambiental e com a função social*

### *2.1 Princípios norteadores das questões ambientais, relacionados a função social da propriedade, participação popular e colaboração dos particulares nas políticas públicas*[6]

Os princípios norteadores da política de meio ambiente são delineados a partir de tratados internacionais, possuem fundamentos genéricos e envolvem políticas mundiais. São exemplos desses princípios, o do poluidor-pagador, do usuário-pagador, da precaução, entre outros. Por sua vez, os princípios específicos, são adaptados às peculiaridades culturais, sociais e econômicas de cada país. No caso do Brasil, alguns princípios *específicos* estão dispostos na Lei n. 6.938/1981 e na Constituição Federal. Não há como esgotar a citação dos princípios relacionados ao meio ambiente, por isso, abordaremos aqueles que, com mais intensidade, denotam o direito do Poder Público intervir nas decisões privadas. Referidos princípios relacionam-se diretamente com a função social da propriedade, a obrigação de participação popular e a colaboração dos particulares, bem como a "imiscuidade do ambiente" em todas as atividades relacionadas com os seres humanos.

(a) *Princípio do ambiente ecologicamente equilibrado como direito fundamental da pessoa humana*: a par dos direitos e deveres individuais e coletivos listados no art. 5º da Constituição, acrescentou o legislador constituinte, no *caput* do art. 225, um novo direito fundamental da pessoa humana, direcionado ao desfrute de adequadas condições de vida em um ambiente saudável ou, na dicção da lei, "ecologicamente equilibrado" (Milaré, 2006, p. 158).

(b) *Princípio da natureza pública da proteção ambiental*: o caráter jurídico do meio ambiente ecologicamente equilibrado é de um bem de uso comum do povo – bem difuso. Assim, a realização individual desse direito fundamental está intrinsecamente ligada à sua realização social (Derani, 1997, p. 256).

(c) *Princípio democrático*: o princípio democrático assegura ao cidadão a possibilidade de participar das políticas públicas ambientais. Essa participação poderá dar-se em três esferas: legislativa, administrativa e processual (Antunes, 1999, p. 26).

(d) *Princípio do Poluidor-Pagador (PPP) e do Usuário-Pagador (PUP)*: o PPP e o PUP são os princípios norteadores da tributação ambiental. Ambos têm na sua essência a aplicação da tributação aos bens e serviços ambientais, em cujas definições remanesce a idéia de que os agentes responsáveis pelas externalidades devem internalizar os custos sociais de suas atividades econômicas (Benjamin, 1993, p. 229, in Deon Sette, 2006, pp. 17-19). Por meio

6. Esta seção é construída tendo como pano de fundo a bibliografia citada na monografia de conclusão de Curso de Amaral (2007, pp. 11-23) onde o leitor interessado poderá buscar mais informações sobre o assunto.

da aplicação do PPP visa-se a eliminar falhas de mercado, assegurando que os preços dos produtos reflitam também os custos ambientais. Já o PUP trata da cobrança pelo uso dos recursos naturais. Em ambos remanesce a idéia de garantir medidas que assegurem a sadia qualidade de vida.

(e) *Princípio da prevenção*:[7] o princípio da prevenção é basilar no direito ambiental, concernindo a prioridade que deve ser dada às medidas que evitem o nascimento de atentados ao ambiente, de modo a reduzir ou eliminar as causas de ações suscetíveis de alterar a sua qualidade (Milaré, 2006, p. 166). Mesmo que pareça óbvio, sempre é bom frisar que a reparação e a repressão ambientais representam atividades menos valiosas do que a prevenção. Isto porque os objetivos do Direito Ambiental são fundamentalmente preventivos (Mateo, 1991, p. 93). Desde a Conferência de Estocolmo, em 1972, o princípio da prevenção tem sido objeto de profundo apreço, içado à categoria de mega princípio do Direito Ambiental, adotando-o como sustentáculo do ramo ambiental do direito, consubstanciando-se como seu objetivo fundamental (Fiorillo, 2006, p. 39).

(f) *Princípio da ubiqüidade*: as questões ambientais devem ser consideradas em todas as atividades, obras, formulações de políticas e leis, etc. O sentido do termo ubiqüidade é de existir concomitantemente em todos os lugares, pessoas, coisas; no que tange ao meio ambiente, tem-se o escopo em se considerar as questões ambientais intrínsecas a todas as atividades desenvolvidas na sociedade. Para Deon Sette (2006)[8] ubiqüidade lembra o termo "onipresente", pois as questões ambientais devem ser examinadas em todas as atividades e políticas públicas.

(g) *Princípio da responsabilidade social*: este princípio deve ser observado pelas instituições financeiras. Trata-se de concessão de financiamento de projetos que deve respeitar o princípio da responsabilidade social consubstanciado no atendimento de critérios mínimos para a concessão de crédito. Com a sua aplicação, os bancos passam a exercer um papel importante nos financiamentos de projetos de risco alto e médio, participando de maneira efetiva na elaboração dos projetos como verdadeiros co-autores e com vistas ao social (Amaral, 2007, pp. 20-21). Isso propicia legitimidade, por exemplo, à imposição dada pelo Estatuto da Cidade que garante que o título, obtido na concessão de uso especial, nele previsto,[9] tanto por via administrativa, quanto judicial, constituirá título de aceitação obrigatória em garantia de contratos de financiamentos habitacionais.

(h) *Princípio da função sócio-ambiental da propriedade*: concebida como direito fundamental, a propriedade não é, contudo, aquele direito que possa erigir-se na suprema condição de ilimitado e inatingível. Daí o acerto do legislador em proclamar, de maneira veemente, que o uso da propriedade está condicionado ao bem-estar social (CF, art. 5º, XXII e XXIII). Isto significa que a propriedade não mais ostenta aquela concepção individualista do Código Civil de 1916, direcionado a uma sociedade rural e agrária, com a maior parte da população vivendo no campo. Hoje, com o predomínio de uma sociedade urbana aberta aos imperativos da socialização

7. Para Fiorillo (2006, p. 40), a efetiva prevenção do dano deve-se também ao papel exercido pelo Estado na punição correta do poluidor, pois, desta forma ela passa a ser um estimulante negativo contra a prática de agressões ao ambiente. Não se deve perder de vista ainda que incentivos fiscais conferidos às atividades que atuem em parceria com o meio ambiente, bem como maiores benefícios às que utilizem tecnologias limpas também são instrumentos a serem explorados na efetivação do princípio da prevenção.

8. Esta afirmação é feita em notas de aulas ministradas pela autora na Universidade de Cuiabá-UNIC, em 2006, e se encontra divulgado no site *www.marli.ladesom.com*.

9. Medida Provisória 2.220/2001 que substituiu os arts. 15 a 20 do Estatuto da Cidade.

do progresso, "afirma-se cada vez mais forte o seu sentido social, tornando-se, assim, não instrumento de ambição e desunião dos homens, mas fator de progresso, de desenvolvimento e de bem-estar de todos" (Maluf, 1997, p. 4). Em conformidade com isso, a nova Lei Civil Brasileira acabou por contemplar a função ambiental como elemento marcante do direito de propriedade, ao prescrever que tal direito "deve ser exercitado em consonância com as suas finalidades econômicas e sociais e de modo que sejam preservados, de conformidade com o estabelecido em lei especial, a flora, a fauna, as belezas naturais, o equilíbrio ecológico e o patrimônio histórico e artístico, bem como evitada a poluição do ar e das águas" (Lei n. 10.406/2002, art. 1.228, § 1º). Desta forma, o uso da propriedade pode e deve ser judicialmente controlado, impondo-se-lhe as restrições que forem necessárias para a salvaguarda dos bens maiores da coletividade, de modo a conjurar, por comandos prontos e eficientes do Poder Judiciário, qualquer ameaça ou lesão à qualidade de vida. Baseado neste princípio, há sustentação, por exemplo, da possibilidade de imposição ao proprietário de terreno urbano da obrigação de parcelar, utilizar ou edificar compulsoriamente com vistas à obtenção de bem-estar social, que se configura em forma de desempenho da função social, mormente porque, como se afere em Smanio (2004, p. 100) este princípio dá fundamento à exigência de que a propriedade urbana seja formada e condicionada pelo direito urbanístico a fim de cumprir sua função social de propiciar moradia, condições adequadas de trabalho e de circulação humana.

(i) *Princípio do desenvolvimento sustentável*: procura este princípio conciliar a proteção do meio ambiente com o desenvolvimento socioeconômico-ambiental para a melhoria da qualidade de vida do homem. É a utilização racional dos recursos naturais, renováveis e não-renováveis (Sirvinskas, 2005, p. 35). O conteúdo deste princípio é a manutenção das bases vitais da produção e reprodução do homem e de suas atividades, garantindo igualmente uma relação satisfatória entre os homens, e destes com o meio ambiente, para que as futuras gerações também tenham oportunidade de desfrutar os mesmos recursos que temos hoje à nossa disposição (Fiorillo, 2006, p. 27).

Como se evidencia da base de princípios mencionada, dentro do objetivo estatal de melhora do ambiente deve participar ativamente tanto o Poder Público quanto o particular. São princípios dos quais devem valer-se tanto o aplicador da legislação, especialmente na formação de políticas públicas, como o legislador, na elaboração de textos destinados a uma proteção mais eficiente dos recursos naturais (Derani, 1997, pp. 158 e 164).

### *2.2 Cidade e urbanismo: motivos para tratamento especial ao ordenamento urbano*[10]

Segundo Fiorillo (2006, p. 20), o meio ambiente classifica-se em meio ambiente natural, cultural, artificial e do trabalho. A cidade se insere como meio ambiente artificial, tendo em vista que o aspecto artificial do meio ambiente é aquele "constituído pelo espaço urbano construído, consubstanciado no conjunto de edificações (espaço urbano fechado) e dos equipamentos públicos (ruas, praças, áreas verdes,

10. As primeiras reflexões sobre os planos de cidades datam do renascimento. A cidade medieval tinha como característica ruas estreitas e tortuosas, poucas praças públicas, construções densas apertadas ao longo das ruas, pequenos terrenos perpendiculares às ruas, tudo para garantir segurança. O interesse dos grandes traçados é redescoberto na França na época clássica valorizando mais a criação paisagística. No século XIX, o progresso do comércio e da indústria valoriza as grandes alamedas e ruas principais retilíneas com árvores alinhadas, originárias dos séculos XVII e XVIII. Tendências recentes revelam a preocupação com problemas de tráfego com redes de vias expressas, vias arteriais, vias secundárias e vias terciárias. Em relação à distribuição do solo a tendência é de uma diversidade crescente dos usos (Lacaze, 1993, pp. 28-35).

espaços livres em geral: espaço urbano aberto)" (Silva, 2000, in Marques, 2005, p. 52). Daí ressurge que todo o espaço urbano é tratado como meio ambiente artificial, já que se trata de um ambiente construído pelo homem, que, gradativamente ocupa os espaços naturais, transformando-os em espaços urbanos artificiais.

O meio ambiente urbano, ou artificial, é representado pelas cidades, entendidas como aglomerações humanas dotadas de edificações e infra-estrutura consistente em áreas de lazer, serviços públicos, saneamento, etc. (Marques, 2005, p. 52). Para Benevolo (1997, in Fiorillo, 2005, p. 17), a cidade se forma quando as indústrias e os serviços já não são executados pelas pessoas que cultivam a terra, mas por outras que não têm esta obrigação, e que são mantidas pelas primeiras com o excedente do produto total.

A sociedade brasileira passou por intensa e rápida urbanização, constituindo-se, sem dúvida alguma, em um dos principais fenômenos socioeconômicos e geográficos observados no país no século XX. O motivo deste fenômeno deve-se ao fato de que em 1960 a população urbana representava 44,7% da população brasileira total, contra 55,3% de população rural. Dez anos depois essa relação já se invertera, com percentuais quase idênticos: 55,9% de população urbana e 44,1% de população rural.[11] No ano 2000, 81,2% da população brasileira vivia em cidades (Fiorillo, 2006, p. 256).

A urbanização vertiginosa, coincidindo com o fim de um período de acelerada expansão da economia, criou no espaço urbano um novo e dramático significado: mais do que evocar progresso ou desenvolvimento, as cidades passam a retratar – e reproduzir – de forma paradigmática as injustiças e desigualdades da sociedade brasileira. As injustiças e desigualdades se apresentam no território das cidades sob várias morfologias, todas elas bastante conhecidas: (a) nas imensas diferenças entre as áreas centrais e as periféricas das regiões metropolitanas; (b) na ocupação precária de áreas de mangue em contraposição à alta qualidade dos bairros da orla nas cidades de estuário; (c) na eterna linha divisória entre o morro e o asfalto; (d) nos edifícios projetados, planos urbanísticos, serviços públicos, ruas, parques, etc., de um lado e estabelecimentos irregulares, sem projetos, sem título, sem serviços básicos pré-instalados, etc., do outro lado; e, (e) em muitas outras variantes dessa cisão, presentes em cidades de diferentes tamanhos, diferentes perfis econômicos e regiões diversas (Senado Federal, 2005, p. 26). Hodiernamente, os estabelecimentos irregulares (marginais), crescem com muito maior velocidade do que os regulares, e abriga parcela significativa da população.

A realidade do Brasil é, assim, marcada pela necessidade de acomodar mais de 170 milhões de seres humanos, sendo que diversas capitais estaduais contam com mais de 1 milhão de pessoas (Fiorillo, 2006, p. 264). O crescimento da urbanização e a concentração das populações em grandes centros urbanos levam a conflitos com o meio ambiente. Nessas concentrações urbanas, algumas necessidades são iminentes e essenciais, por isso, se faz necessária a implantação de políticas de desenvolvimento urbano visando o pleno desenvolvimento das funções sociais e econômicas das cidades e a garantia do bem-estar de seus habitantes.

Em um cenário como esse, não é mais aceitável a idéia originária do direito

11. Dados obtidos em: Heloisa Ceccato Mendes, Gerson de Marco, Juliana Pontes M. Andrade, Saulo Aires Souza e Rodrigo F. Macedo, *Reflexões sobre Impactos das Inundações e Propostas de Políticas Públicas Mitigadoras*, pesquisa realizada em 28.9.2007, na seção de artigos/relatórios em *www.shs.eesc.usp.br/laboratorios/hidraulica/* e, em Roberval Felippe Pereira de Lima, Obéde Pereira de Lima e Roberto de Oliveira, *Gestão Territorial e Ambiental e a Qualidade de Vida nos Municípios Brasileiros*, COBRAC 2006 (Congresso Brasileiro de Cadastro Técnico Multifinalitário, Florianópolis, UFSC, 15-19.10.2006), pesquisa realizada em 28.9.2007 (*www.geodesia.ufsc.br/Geodesia-online/arquivo/cobrac_2006/235.pdf*).

público e privado de que as cidades programadas são reservadas para a minoria e, ao mesmo tempo, impostas como modelo inalcançável à maioria (Fiorillo, 2005, p. 25). Para ditar o regramento com a concepção moderna, as bases constitucionais são ditadas de forma mediata pelo art. 225 da CF/1988 e, de forma imediata pelos arts. 182[12] e 183[13] da Carta Magna de 1988. O regramento atual vê as cidades não só em função de seu território, mas também em face de: (a) sua estrutura econômica (produtos e serviços que criam destinados a satisfazer as necessidades de consumo interno e externo); (b) relações de consumo; e (c) relações sociais que fundamentam juridicamente o piso vital mínimo. É nesse contexto jurídico constitucional do que significa uma cidade, com o conceito de ordem urbanística associado à ordem econômica e social, que nasce o Estatuto da Cidade (EC) – Lei n. 10.257/2001.

### *2.3 Competência urbanística*[14]

O art. 3º do EC dispõe sobre a competência dos entes federados para tratar dos assuntos ligados às questões urbanísticas, considerando que a Constituição Federal de 1988 tornou exigência a formação de um sistema de normas de direito urbanístico, que deve ser composto por: (a) normas constitucionais referentes à política urbana; (b) lei federal de desenvolvimento urbano; (c) conjunto de normas sobre a política urbana estabelecidas nas Constituições dos Estados; (d) lei estadual de política urbana e a legislação estadual urbanística; e (e) conjunto de normas municipais referentes à política urbana estabelecidas nas Leis Orgânicas dos Municípios, no Plano Diretor e na legislação municipal urbanística.

Para tanto, na esfera federal, compete à União (competência exclusiva[15]) instituir diretrizes para o desenvolvimento urbano, inclusive habitação, saneamento básico, transporte urbano, bem como elaborar e executar planos nacionais e regionais de ordenação do território e de desenvolvimento econômico e social (art. 21, IX e XX, da CF). Também compete à União, no âmbito da competência concorrente,[16] estabelecer as normas gerais de direito urbanístico por meio da lei federal de desenvolvimento urbano (art. 24, inciso I). Essa lei deve conter as diretrizes de desenvolvimento urbano, os objetivos da política urbana nacional, a regulamentação dos arts. 182 e 183 da Constituição e instituir os instrumentos urbanísticos e o sistema de gestão desta política.

Assim, para disciplinar o adequado parcelamento urbano, a União criou o Estatuto da Cidade, Lei n. 10.257/2001 e a Lei n. 6.766/1979 (parcelamento do solo urbano). No entanto, a competência da União limita-se a instituir normas gerais, não podendo imiscuir-se em peculiaridades, de modo a violar a autonomia dos Estados e Municípios.

Aos Estados, na instituição de normas direta ou indiretamente relacionadas ao direito urbanístico, compete, entre outros, criar, incorporar, fundir e desmembrar Municípios, após consulta às populações, por

12. CF/1988, art. 182: "A política de desenvolvimento urbano, executada pelo Poder Público municipal, conforme diretrizes gerais fixadas em lei, tem por objetivo ordenar o pleno desenvolvimento das funções sociais da cidade e garantir o bem-estar de seus habitantes".

13. CF/1988, art. 183: "Aquele que possuir como sua área urbana de até duzentos e cinqüenta metros quadrados, por cinco anos, ininterruptamente e sem oposição, utilizando-a para sua moradia ou de sua família, adquirir-lhe-á o domínio, desde que não seja proprietário de outro imóvel urbano ou rural".

14. Esta seção é embasada nas as notas de aula ministradas pela autora no Curso de Pós-Graduação *Lato Sensu* – Especialização em Gestão Urbana e Desenvolvimento Municipal, na UnB, Brasília, 2006.

15. Aquela reservada a uma entidade – ente federado – com exclusão das demais – indelegável.

16. Possibilidade de a União, Estados, Municípios e Distrito Federal disporem sobre o mesmo assunto ou matéria, sendo que a União legisla sobre normas gerais.

plebiscito e realização de estudo de viabilidade (art. 18, § 4º, CF), Também lhe compete, concorrente e supletivamente, editar lei estadual de política urbana na ausência de lei federal e aplicar essas políticas de forma integrada com seus Municípios. Ademais, compete aos Estados instituir regiões metropolitanas, aglomerações urbanas e microrregiões para integrar a organização, o planejamento e a execução de funções públicas de interesse comum (25, § 3º, CF), além de instituir um sistema de política urbana metropolitana com organismos e instrumentos próprios, cuja política deve ser destinada em especial para as áreas metropolitanas.

Com relação aos Municípios, a Constituição atribui-lhe competência privativa para legislar sobre assuntos de interesse local, suplementar a legislação federal e a estadual no que couber, e promover adequado ordenamento territorial, mediante planejamento e controle do uso, parcelamento e ocupação do solo urbano, de acordo com o art. 30, incisos I, II, e VIII. O Município, com base no art. 182 e no princípio da preponderância do interesse, é o principal ente federativo responsável em promover a política urbana de modo a: (a) ordenar o pleno desenvolvimento das funções sociais da cidade; (b) garantir o bem-estar de seus habitantes; e, (c) garantir que a propriedade urbana cumpra sua função social, de acordo com os critérios e instrumentos estabelecidos no Plano Diretor, definido constitucionalmente como o instrumento básico da política urbana. Para tanto, uma das suas primeiras missões é delimitar, por meio do Plano Diretor, zonas em seu território definindo as atividades e particularidades de cada zona com vistas a aplicação dos instrumentos previstos tanto na Constituição Federal, quanto no Estatuto da Cidade.

É oportuno frisar que os Estados e os Municípios jamais poderão legislar de modo a oferecer menor proteção à pessoa humana e ao meio ambiente artificial – direito urbanístico – do que a União, na medida em que compete a esta fixar as diretrizes gerais.

## *3. Estatuto da Cidade*[17]

### *3.1 Disposições constitucionais inerentes ao ordenamento urbano*

A Constituição Federal dispõe, em seu Preâmbulo, que a Assembléia Nacional Constituinte visa a instituir um Estado Democrático, destinado a assegurar o exercício dos direitos sociais e individuais, a liberdade, a segurança, o bem-estar, o desenvolvimento, a igualdade e a justiça como valores supremos de uma sociedade fraterna, pluralista e sem preconceitos, fundada na harmonia social e comprometida, na ordem interna e internacional, com a solução pacífica das controvérsias. Em seus arts. 1º, 2º e 6º trata, entre outros, de princípios como dignidade da pessoa humana e cidadania tendo como objetivos fundamentais construir uma sociedade livre, justa e solidária; erradicar a pobreza e a marginalização, reduzir as desigualdades sociais e regionais e promover o bem de todos, além de dispor sobre bens que considera vitais para as pessoas, tais como a educação, a saúde, o trabalho, a moradia, o lazer, a segurança, etc.

Referidas disposições têm ligação direta com a necessidade de que os cidadãos possam ter um ambiente saudável para viver. Assim, é mister que se tenha um ambiente urbano saudável. Nesse sentido, a CF/1988, em seus arts. 182 e 183 inovou em relação ao tratamento dado à tutela do ambiente urbano, com vistas a: garantir a função social da propriedade e garantir o bem-estar dos habitantes. Para garantir a efetividade do disposto no *caput* do art. 182, os parágrafos do referido artigo co-

17. Toda este itens e suas seção são embasada nas notas de aula ministradas pela autora no Curso de Pós-Graduação *Lato Sensu* – Especialização em Gestão Urbana e Desenvolvimento Municipal, na UnB, Brasília, 2006.

locam como obrigatória para cidades com mais de 20.000 habitantes a existência de um plano diretor, sendo este o instrumento básico da política de desenvolvimento e de expansão urbana a garantir a ordenação da cidade com vistas ao bem-estar social.

A CF/1988, também garante ao Poder Público o direito à desapropriação de imóveis urbanos que não são adequados às exigências legais; além do uso de vários instrumentos, mediante Lei específica, aptos a incentivar a adequação do uso do solo urbano, tais como impostos, parcelamento, edificação compulsória, etc. Por sua vez, o art. 183/CF prevê o usucapião especial urbano, que se traduz na possibilidade de alguém adquirir o domínio de propriedade de área urbana de até 250 m², quando preenchidos alguns requisitos, quais sejam: (a) posse sem oposição; (b) utilização para sua moradia ou de sua família; e (c) não ser proprietário de outro imóvel urbano ou rural.

Destarte, para Regulamentar os arts. 182 e 183 da CF e estabelecer diretrizes gerais da política urbana é que foi criado o Estatuto da Cidade – Lei n. 10.257/2001.

### *3.2 Considerações gerais e inovações postas pelo Estatuto da Cidade*

O Estatuto da Cidade surge como um interventor limitador da propriedade privada, legitimado pelo disposto nos arts. 1º, incisos II e III,[18] 3º, incisos III e IV,[19] 5º, inciso XXIII,[20] 6º,[21] e 182[22] da Carta Magna, além do art. 1.228, § 1º,[23] do Código Civil, entre outros, que afiançam que a propriedade deve desempenhar a sua função social para que as cidades garantam a todos os brasileiros e estrangeiros o bem-estar social e a dignidade da pessoa humana, além de garantir o chamado piso vital mínimo mencionado na seção 3.1. A idéia é, a partir dos instrumentos nele legalizados, modificar a concepção preexistente de "adaptar o homem ao território e a cidade" passando a "condicionar o território e a cidade à dignidade da pessoa humana" (Fiorillo, 2005, p. 75).

O Estatuto da Cidade abre possibilidades para o desenvolvimento de uma política urbana com a aplicação de instrumentos de reforma urbana voltados a promover a inclusão social e territorial nas cidades brasileiras, considerando os aspectos urbanos, sociais e políticos de nossas cidades (Saule Junior, 2001). As normas ditadas pelo Estatuto são de ordem pública, de maneira que o magistrado deve apreciar de ofício

18. "Art. 1º. A República Federativa do Brasil, formada pela união indissolúvel dos Estados e Municípios e do Distrito Federal, constitui-se em Estado Democrático de Direito e tem como fundamentos: (...) II – a cidadania: III – a dignidade da pessoa humana; (...)."

19. "Art. 3º. Constituem objetivos fundamentais da República Federativa do Brasil: (...) III – erradicar a pobreza e a marginalização e reduzir as desigualdades sociais e regionais; (...) IV – promover o bem de todos, sem preconceitos de origem, raça, sexo, cor, idade e quaisquer outras formas de discriminação."

20. "Art. 5º. Todos são iguais perante a lei, sem distinção de qualquer natureza, garantindo-se aos brasileiros e aos estrangeiros residentes no País a inviolabilidade do direito à vida, à liberdade, à igualdade, à segurança e à propriedade, nos termos seguintes: (...) XXIII – a propriedade atenderá a sua função social; (...)."

21. "Art. 6º. São direitos sociais a educação, a saúde, o trabalho, a moradia, o lazer, a segurança, a previdência social, a proteção à maternidade e à infância, a assistência aos desamparados, na forma desta Constituição."

22. "Art. 182. A política de desenvolvimento urbano, executada pelo Poder Público municipal, conforme diretrizes gerais fixadas em lei, tem por objetivo ordenar o pleno desenvolvimento das funções sociais da cidade e garantir o bem-estar de seus habitantes."

23. "Art. 1.228. O proprietário tem a faculdade de usar, gozar e dispor da coisa, e o direito de reavê-la do poder de quem quer que injustamente a possua ou detenha. § 1º. O direito de propriedade deve ser exercido em consonância com as suas finalidades econômicas e sociais e de modo que sejam preservados, de conformidade com o estabelecido em lei especial, a flora, a fauna, as belezas naturais, o equilíbrio ecológico e o patrimônio histórico e artístico, bem como evitada a poluição do ar e das águas."

qualquer questão relativa às relações jurídicas disciplinadas pela Lei. Também não ocorre a preclusão, e as questões que dela surgem podem ser decididas a qualquer tempo (Fiorillo, 2005, p. 36).

No Estatuto, o plano diretor[24] é tratado como tema central, ao contrário das leis anteriores, em que ele era assunto periférico, regulado apenas na sua interface com outros temas. Seguindo o modelo já adotado pela Constituição no § 4º do art. 182,[25] o Estatuto condiciona a aplicação de qualquer instrumento urbanístico à existência prévia do plano diretor e de lei municipal específica. O Estatuto da Cidade dispõe que a propriedade urbana cumpre sua função social quando atende às exigências fundamentais de ordenação da cidade expressas no plano diretor, assegurando o atendimento das necessidades dos cidadãos quanto à qualidade de vida, à justiça social e ao desenvolvimento das atividades econômicas.

Para tanto, o Estatuto define quais são as ferramentas que o Poder Público, especialmente o Município, deve utilizar para enfrentar os problemas de desigualdade social e territorial nas cidades, traçando diretrizes e instrumentos a serem norteadores e instrumentalizadores da política urbana. Entre as diretrizes fixadas pelo art. 2º do Estatuto, vale destacar as que garantem o exercício da democracia direta; as que garantem a todos os cidadãos o direito à cidades sustentáveis (moradia, saneamento, transporte, lazer, serviços públicos, trabalho, segurança, etc.); as que dispõem sobre ordenação e controle do uso do solo de forma a evitar parcelamento do solo, subutilização, uso excessivo, retenção especulativa dos imóveis, deterioração de áreas urbanizadas, etc.; as que dispõem sobre a justa distribuição dos benefícios e dos ônus decorrentes do processo de urbanização e as que tratam da regularização fundiária e urbanização de áreas ocupadas por população de baixa renda (Saule Junior, 2001).

Também cria instrumentos de política urbana, os quais têm por característica obrigar o proprietário a tomar um comportamento positivo de promover uma destinação concreta para a sua propriedade. Referidos instrumentos são mecanismos que têm por meta impedir e inibir o processo de especulação imobiliária nas cidades, conferindo aos imóveis urbanos ociosos uma destinação voltada a beneficiar a coletividade. Por meio deles, o poder público pode interferir na propriedade toda vez que o proprietário não lhe garantir a função social. No art. 4º[26] relaciona um rol de ins-

24. Sobre o assunto o Estatuto da Cidade dispõe que: "Art. 39. A propriedade urbana cumpre sua função social quando atende às exigências fundamentais de ordenação da cidade expressas no plano diretor, assegurando o atendimento das necessidades dos cidadãos quanto à qualidade de vida, à justiça social e ao desenvolvimento das atividades econômicas, respeitadas as diretrizes previstas no art. 2º desta Lei"; e, ainda, "Art. 40. O plano diretor, aprovado por lei municipal, é o instrumento básico da política de desenvolvimento e expansão urbana".

25. Art. 182, § 4º. "É facultado ao Poder Público municipal, mediante lei específica para área incluída no plano diretor, exigir, nos termos da lei federal, do proprietário do solo urbano não edificado, subutilizado ou não utilizado, que promova seu adequado aproveitamento, sob pena, sucessivamente, de: I – parcelamento ou edificação compulsórios; II – imposto sobre a propriedade predial e territorial urbana progressivo no tempo; III – desapropriação com pagamento mediante títulos da dívida pública de emissão previamente aprovada pelo Senado Federal, com prazo de resgate de até dez anos, em parcelas anuais, iguais e sucessivas, assegurados o valor real da indenização e os juros legais".

26. Art. 4º do Estatuto da Cidade: "Para os fins desta Lei, serão utilizados, entre outros instrumentos: I – planos nacionais, regionais e estaduais de ordenação do território e de desenvolvimento econômico e social; II – planejamento das regiões metropolitanas, aglomerações urbanas e microrregiões; III – planejamento municipal, em especial: a) plano diretor; b) disciplina do parcelamento, do uso e da ocupação do solo; c) zoneamento ambiental; d) plano plurianual; e) diretrizes orçamentárias e orçamento anual; f) gestão orçamentária participativa; g) planos, programas e projetos setoriais; h) planos de desenvolvimento econômico e social; IV – institutos tributários e financeiros: a) imposto sobre a propriedade predial e territorial urbana-IPTU; b) contribuição de melhoria; c) incentivos e benefícios fiscais e financeiros; V – institutos jurídicos e po-

trumentos destinados a assegurar a efetividade das diretrizes retro mencionadas e estabelece normas que devem ser observadas para o uso dos referidos instrumentos, os quais separamos didaticamente da seguinte forma: (a) *instrumentos destinados a garantir que a propriedade urbana atenda a sua função social* (Plano Diretor, parcelamento e edificação compulsória de áreas e imóveis urbanos, imposto sobre a propriedade urbana (IPTU) progressivo no tempo, desapropriação para fins de reforma urbana, direito de preempção, outorga onerosa do direito de construir (solo criado)); (b) *instrumentos de regularização fundiária* (usucapião urbano, concessão de direito real de uso, zonas especiais de interesse social); (c) *instrumentos de gestão democrática da cidade* (conselhos de política urbana, conferências da cidade, orçamento participativo, audiências públicas, iniciativa popular de projetos de lei e referendo popular e plebiscito (mencionados no art. 1º da CF/1988)); e, (d) *instrumentos que visam a garantir a integridade dos atributos ambientais* (planejamento: plano diretor, parcelamento e uso do solo, zoneamento ambiental, tombamento de imóveis ou de mobiliário urbano, instituição de Unidades de Conservação; Estudo Prévio de Impacto Ambiental-EIA e Estudo Prévio de Impacto de Vizinhança-EIV).

Dentre os instrumentos supramencionados, o Estatuto da Cidade inovou ao introduzir no ordenamento jurídico urbano o IPTU progressivo no tempo (art. 7º inframencionado), bem como reintroduzir o Direito de Superfície (arts. 21 a 24).[27] Ainda que todos os instrumentos relacionados mereçam mérito, neste trabalho iremos aprofundar a análise apenas sobre o instrumento tributário previsto no art. 7º do Estatuto da Cidade, qual seja, o Imposto sobre a Propriedade Predial e Territorial Urbana (IPTU) progressivo no tempo.

### *3.3 IPTU progressivo no tempo: particularidades e análise crítica*

O Imposto Predial Territorial Urbano-IPTU progressivo no tempo possui como função primordial incluir o valor das externalidades geradas na produção e consumo de recursos ambientais nas decisões de uso desses bens, de forma a tornar os *trade-offs*[28] entre crescimento econômico e pró-ambiental o menos custoso possível tanto para os usuários quanto para a sociedade.[29] O IPTU progressivo também desenvolve outra função tão importante quanto a primeira, que é a de compelir os possuidores de terrenos urbanos a dar-lhes destinação adequada para que desempenhem a função social, conforme acima exposto.

Nos termos do Estatuto da Cidade, o Poder Público poderá, em área definida no Plano Diretor, determinar o parcelamen-

líticos: a) desapropriação; b) servidão administrativa; c) limitações administrativas; d) tombamento de imóveis ou de mobiliário urbano; e) instituição de unidades de conservação; f) instituição de zonas especiais de interesse social; g) concessão de direito real de uso; h) concessão de uso especial para fins de moradia; i) parcelamento, edificação ou utilização compulsórios; j) usucapião especial de imóvel urbano; l) direito de superfície; m) direito de preempção; n) outorga onerosa do direito de construir e de alteração de uso; o) transferência do direito de construir; p) operações urbanas consorciadas; q) regularização fundiária; r) assistência técnica e jurídica gratuita para as comunidades e grupos sociais menos favorecidos; s) referendo popular e plebiscito; VI – Estudo Prévio de Impacto Ambiental (EIA) e Estudo Prévio de Impacto de Vizinhança (EIV)".

27. "Art. 21. O proprietário urbano poderá conceder a outrem o direito de superfície do seu terreno, por tempo determinado ou indeterminado, mediante escritura pública registrada no cartório de registro de imóveis. (...). Art. 24. Extinto o direito de superfície, o proprietário recuperará o pleno domínio do terreno, bem como das acessões e benfeitorias introduzidas no imóvel, independentemente de indenização, se as partes não houverem estipulado o contrário no respectivo contrato (...)."

28. Em economia, *trade-off* representa uma situação em que há conflito de escolha. Ele se caracteriza em uma ação econômica que visa à resolução de um problema mas que pode acarretar outro, obrigando a uma escolha.

29. Para mais informações sobre o assunto ver Deon Sette, 2006.

to, edificação ou utilização compulsória da propriedade urbana (arts. 5º[30] e 6º[31] do EC). Em caso de descumprimento das condições e dos prazos previstos para efetivar o que tenha sido determinado, o art. 7º[32] do Estatuto, institui o *tributo ambiental*, criado com a finalidade de ser destinado à viabilização real das funções sociais das cidades. O IPTU progressivo no tempo poderá ser aplicado como medida coercitiva à observância das regras urbanísticas, bastando para sua incidência, por exemplo, o mau uso do imóvel. Não se entenda aqui coerção como sanção. Na verdade o IPTU progressivo, como tributo ambiental que é, tem objetivo claro no sentido de incentivar a mudança de comportamento dos agentes econômicos, mas a estes cabe a decisão de pagar o tributo ou adaptar-se às regras urbanísticas. Se fosse sanção não daria essa flexibilidade, e, sim, viria em forma de proibição sujeita à multa ou outra pena.

A alíquota progressiva poderá ser aplicada pelo prazo de cinco anos consecutivos, sendo que o valor a ser aplicado a cada ano será fixado em Lei Municipal específica, não podendo exceder a duas vezes o valor do ano anterior. A alíquota máxima que poderá ser aplicada é de 15% do valor do lançamento fiscal do imóvel, até que o proprietário cumpra com a obrigação.

A progressividade do imposto predial territorial urbano pode ser Fiscal e Extrafiscal (Saule Junior, 2001). Fiscal: relaciona-se aos arts. 145, § 1º; 150, II, e 156, § 1º, da Constituição Federal de 1988, em que sua aplicação é independente da ocorrência dos pressupostos estabelecidos no art. 182, § 4º, no caso, seria aquela parcela fixa que todos os proprietários de imóveis pagam de IPTU e que se destina ao "caixa único" para a administração fazer frente às obrigações governamentais; e, Extrafiscal: relaciona-se ao IPTU progressivo no tempo, como coerção, o qual incide quando o proprietário do imóvel urbano não cumpre o prazo da obrigação de parcelar ou edificar nos termos do plano urbanístico local. Este relaciona-se com o art. 182, § 4º. A finalidade do poder público municipal na utilização do IPTU progressivo no tempo não é a arrecadação fiscal, mas sim a de induzir o proprietário do imóvel urbano a cumprir com a obrigação estabelecida no plano urbanístico local, de parcelar ou edificar, ou seja, de utilizar a propriedade urbana de forma a atender sua função social – mudar o comportamento do agente econômico. Neste caso, a parte da progressividade visa a melhorar a destinação da propriedade de forma a proporcionar bem-estar e incentivar o atendimento aos direitos metaindividuais.

No caso de a obrigação de parcelar, edificar ou utilizar não ser atendida em cinco anos, o Município manterá a cobrança pela alíquota máxima, até que se cumpra a referida obrigação, ficando garantida, alternativamente, a prerrogativa de desapropriar o imóvel para fins de reforma urbana (art. 8º[33] do EC) .

Destaque-se que é proibida a concessão de isenções ou de anistia relativas à tributação progressiva para os proprietários

30. "Art. 5º. Lei municipal específica para área incluída no plano diretor poderá determinar o parcelamento, a edificação ou a utilização compulsórios do solo urbano não edificado, subutilizado ou não utilizado, devendo fixar as condições e os prazos para implementação da referida obrigação."

31. "Art. 6º. A transmissão do imóvel, por ato *inter vivos* ou *causa mortis*, posterior à data da notificação, transfere as obrigações de parcelamento, edificação ou utilização previstas no art. 5º desta Lei, sem interrupção de quaisquer prazos."

32. "Art. 7º. Em caso de descumprimento das condições e dos prazos previstos na forma do *caput* do art. 5º desta Lei, ou não sendo cumpridas as etapas previstas no § 5º do art. 5º desta Lei, o Município procederá à aplicação do imposto sobre a propriedade predial e territorial urbana (IPTU) progressivo no tempo, mediante a majoração da alíquota pelo prazo de cinco anos consecutivos."

33. "Art. 8º. Decorridos cinco anos de cobrança do IPTU progressivo sem que o proprietário tenha cumprido a obrigação de parcelamento, edificação ou utilização, o Município poderá proceder à desapropriação do imóvel, com pagamento em títulos da dívida pública."

dos imóveis que não estão cumprindo com a obrigação de dar uma destinação social à propriedade urbana.

Apresentadas as disposições legais sobre o IPTU progressivo no tempo, entendemos pertinente expressar nossas considerações, embasados nos trabalhos inerentes a tributação ambiental que já desenvolvemos, mormente Deon Sette (2006, 97 pp.). Entendemos que, para que a tributação criada pelo Estatuto da Cidade obtenha sucesso em seu objetivo, deve pautar-se por algumas premissas, entre as quais assinalamos: (a) primeiramente, receber tratamento de tributo ecológico – extrafiscal – tendo em vista que tem como objetivo fazer a propriedade cumprir com sua função social com vistas a melhorar o bem-estar social; (b) que a delimitação geográfica do perímetro urbano seja feita, necessariamente, com participação popular ampla com vistas a ter maior aceitação das políticas adotadas; (c) assinalar com clareza os motivos de cada micro divisão, considerando carência de áreas edificáveis, escassez de serviços públicos, coeficiente de edificação, existência de áreas ambientais especialmente protegidas – nascentes, córregos, etc.; (d) considerar nas definições e políticas a elasticidade – preço da demanda por áreas edificáveis e por imóveis; (e) assinalar com clareza as áreas possíveis de serem tributadas; (f) esclarecer qual a fórmula do cálculo da parcela fixa do IPTU; (g) apresentar um cálculo da parcela progressiva apta a sensibilizar os agentes econômicos e; (h) vincular os valores arrecadados a título de progressividade a efetivação dos objetivos do próprio Estatuto da Cidade, como por exemplo, o exercício da preempção (arts. 25 a 27 do EC).[34] Essa tendência se observa no próprio Estatuto quando este dispõe em seu art. 32[35] que os valores arrecadados com a outorga onerosa do direito de construir e com a permissão de alteração de uso do solo devem ser utilizados para dar efetividade ao disposto nos incisos I a VIII do art.

34. "Art. 25. O direito de preempção confere ao Poder Público municipal preferência para aquisição de imóvel urbano objeto de alienação onerosa entre particulares. § 1º. Lei municipal, baseada no plano diretor, delimitará as áreas em que incidirá o direito de preempção e fixará prazo de vigência, não superior a cinco anos, renovável a partir de um ano após o decurso do prazo inicial de vigência. § 2º. O direito de preempção fica assegurado durante o prazo de vigência fixado na forma do § 1º, independentemente do número de alienações referentes ao mesmo imóvel.

"Art. 26. O direito de preempção será exercido sempre que o Poder Público necessitar de áreas para: I – regularização fundiária; II – execução de programas e projetos habitacionais de interesse social; III – constituição de reserva fundiária; IV – ordenamento e direcionamento da expansão urbana; V – implantação de equipamentos urbanos e comunitários; VI – criação de espaços públicos de lazer e áreas verdes; VII – criação de unidades de conservação ou proteção de outras áreas de interesse ambiental; VIII – proteção de áreas de interesse histórico, cultural ou paisagístico; IX – (*vetado*). Parágrafo único. A lei municipal prevista no § 1º do art. 25 desta Lei deverá enquadrar cada área em que incidirá o direito de preempção em uma ou mais das finalidades enumeradas por este artigo.

"Art. 27. O proprietário deverá notificar sua intenção de alienar o imóvel, para que o Município, no prazo máximo de trinta dias, manifeste por escrito seu interesse em comprá-lo. § 1º. À notificação mencionada no *caput* será anexada proposta de compra assinada por terceiro interessado na aquisição do imóvel, da qual constarão preço, condições de pagamento e prazo de validade. § 2º. O Município fará publicar, em órgão oficial e em pelo menos um jornal local ou regional de grande circulação, edital de aviso da notificação recebida nos termos do *caput* e da intenção de aquisição do imóvel nas condições da proposta apresentada. § 3º. Transcorrido o prazo mencionado no *caput* sem manifestação, fica o proprietário autorizado a realizar a alienação para terceiros, nas condições da proposta apresentada. § 4º. Concretizada a venda a terceiro, o proprietário fica obrigado a apresentar ao Município, no prazo de trinta dias, cópia do instrumento público de alienação do imóvel. § 5º. A alienação processada em condições diversas da proposta apresentada é nula de pleno direito. § 6º. Ocorrida a hipótese prevista no § 5º o Município poderá adquirir o imóvel pelo valor da base de cálculo do IPTU ou pelo valor indicado na proposta apresentada, se este for inferior àquele."

35. "Art. 31. Os recursos auferidos com a adoção da outorga onerosa do direito de construir e de alteração de uso serão aplicados com as finalidades previstas nos incisos I a IX do art. 26 desta Lei."

26 do mesmo Estatuto, em decorrência do exercício do direito de preempção.

Aliás, para que o tributo seja considerado ecologicamente orientado, é mister que se reconheça na destinação do produto da arrecadação essa orientação (Ferraz, in Torres, 2005, p. 344).[36]

Adotando esta postura, o tributo criado pelo Estatuto teria algumas vantagens, já que a vinculação dá mais transparência, confiabilidade e legitimidade, entre outros (Deon Sette e Nogueira, 2005, p. 110). Isso, somando-se a outras vantagens do instrumento, como a flexibilidade e permanência, o que poderia trazer melhoras significativas às áreas urbanas. Flexibilidade porque esta é própria de um instrumento de mercado e tem a virtude de ser tão ágil quanto qualquer evento econômico, sendo adequada ao tratamento de uma questão econômica, como a especulação imobiliária; e, permanência já que por compor o preço tem a efetividade que a regulamentação e a fiscalização não tem (Ferraz, in Torres, 2005, p. 346).

## 4. *Considerações finais*

García (2004, p. 232) afirmou que "si se quiere mantener el planeta vivo hay que intervenir, fundamentalmente, en los focos contaminadores, esto es, en las ciudades".[37] O Estatuto da Cidade, efetivamente, concretiza tal pensamento pois traz ao ordenamento jurídico instrumentos de intervenção na urbanização das cidades com vistas a melhorar o bem-estar social e compelir os agentes econômicos a fazerem com que a propriedade cumpra sua função social. E mais, o faz com exigência de participação popular seguindo os moldes dos movimentos ecológicos.

Entre os principais objetivos, assinala a prerrogativa do poder público de determinar o parcelamento, edificação ou utilização compulsória da propriedade urbana. Para incentivar os agentes econômicos a darem a destinação assinalada no Plano Diretor cria a possibilidade de instituir, em áreas definidas no referido Plano, o IPTU progressivo no tempo. Trata-se de um incentivo baseado no mercado que afeta as estimativas de custos e benefícios de ações alternativas, influenciando nas decisões e comportamentos dos indivíduos, de tal maneira a conduzi-los a escolhas por alternativas mais ecológicas, com melhoria de bem-estar.

O instrumento traz em seu bojo algumas vantagens: internaliza as externalidades criadas pela especulação imobiliária, é flexível e tem mais permanência do que a regulamentação e fiscalização, além do que, se receber o tratamento recomendado aos tributos ambientais em geral, que é a vinculação das receitas, terá a garantia de mais confiabilidade, transparência e legitimidade, além de poder realizar mais melhorias, efetivando outros instrumentos que o próprio Estatuto dispõe, como, por exemplo, o exercício do direito de preempção.

## *Referências bibliográficas*

ADI n. 22.628/2003. Tribunal de Justiça do Estado de Mato Grosso, j. 28.7.2005.

AMARAL, Evandro Trindade (2007). *Conflito entre o Código Florestal Brasileiro e o Art. 62-A, III, do Código do Meio Ambiente do Mato Grosso*. Monografia de conclusão do Curso de Direito da Universidade de Cuiabá-UNIC, 46 pp.

ANTUNES, Paulo de Bessa (1999). *Direito Ambiental*. 3ª ed. Rio de Janeiro, Lumen Juris.

36. Essa tendência a vincular o produto de tributos ecológicos e com objetivo de melhoria de bem-estar, tem sido assumida pelos tribunais. Como exemplo, temos o acórdão do Órgão Especial do Tribunal de Justiça do Estado de Mato Grosso que no julgamento proferido em 28.7.2005, na ADI 22.628/2003, proposta pelo Ministério Público em face do Município de Várzea Grande em que o Relator assim se manifestou "não se pode, ao examinar a figura tributária, ignorar a questão destinação, nem descartá-la (...)".

37. Se quisermos manter o planeta vivo, devemos intervir nos focos contaminadores, isto é, nas cidades.

BENJAMIN, Antônio Herman V. (1999). "Introdução ao Direito Ambiental Brasileiro", in *Manual Prático da Promotoria de Justiça do Meio Ambiente e Legislação Ambiental*. 2ª ed. São Paulo, IMESP, p. 229.

BENEVOLO, Leonardo (1997). *História da Cidade*. 3ª ed. Rio de Janeiro, Perspectiva.

CANEPA, Eugênio Miguel. *Economia do Meio Ambiente e dos Recursos Naturais. Introdução à Economia*. Org.: Nali de Jesus. São Paulo, Atlas, pp. 413-438.

DEON SETTE, Marli T. (2006). *Considerações sobre Vinculação de Receitas e Eficácia de Tributos na Gestão Ambiental*. Dissertação de Mestrado, Brasília, UnB, fev./2006, 97 pp.

______ (2006). Notas de aula, Curso de Pós-Graduação *Lato Sensu*, especialização em Gestão Urbana e Desenvolvimento Municipal. Brasília, UnB (acessado em 28.9.2007, *http://www.ladesom.com/marli/downloads/unb*).

______, e NOGUEIRA, Jorge M. (2004-2006). "Aplicabilidade da tributação ambiental". *Revista Jurídica da Justiça Federal em Mato Grosso – JUDICE* 14/27-32. Cuiabá, Ed. Universidade Federal de Mato Grosso (UFMT), set./2004-ago./2006.

______ (2005). "Direito tributário, meio ambiente e economia. Uma integração necessária". *Revista Jurídica UNIVAG Centro Universitário* 3/83-114, Várzea Grande, Atalaia, nov. 2005.

DERANI, Cristiane (1997). *Direito Ambiental Econômico*. São Paulo, Max Limonad.

FIORILLO, Celso Antônio Pacheco (2005). *Estatuto da Cidade Comentado*. 2ª ed., rev., atual. e ampl. São Paulo, Ed. RT.

______ (2006). *Curso de Direito Ambiental Brasileiro*. 7ª ed. São Paulo, Saraiva.

GARCÍA, Mercedes Ortiz (2004). "La ciudad solar. Suporte jurídico". *Revista de Direito Ambiental* 33/232, São Paulo, Ed. RT.

JESUS, Nali (1997). *Introdução à Economia*. São Paulo, Atlas, 509 pp.

LACAZE, Jean-Paul (1993). *Os Métodos do Urbanismo*. 2ª ed. São Paulo, Papirus, pp. 28-35.

LIMA, Roberval Felippe Pereira de; LIMA, Obéde Pereira de; OLIVEIRA, Roberto de (2006). *Gestão Territorial e Ambiental e a Qualidade de Vida nos Municípios Brasileiros*. COBRAC-Congresso Brasileiro de Cadastro Técnico Multifinalitário. Florianópolis/UFSC, 15-19.10.2006. Pesquisa realizada em 28.9.2007 (*www.geodesia.ufsc.br/Geodesia-online/arquivo/cobrac_2006/235.pdf*).

MALUF, Carlos Alberto Dabus (1997). *Limitações ao Direito de Propriedade*. São Paulo, Saraiva.

MARQUES, José Roberto (2005). *Meio Ambiente Urbano*. Rio de Janeiro, Forense Universitária.

MATEO, Ramón Martin (1991). *Tratado de Derecho Ambiental*. vol. I. Madri, Trivium.

MENDES, Heloisa Ceccato; MARCO, Gerson de; ANDRADE, Juliana Pontes M.; SOUZA, Saulo Aires; MACEDO, Rodrigo F. (2004). *Reflexões sobre Impactos das Inundações e Propostas de Políticas Públicas Mitigadoras*. São Carlos, ago./2004. Pesquisa realizada em 28.9.2007, na seção de artigos/relatórios em *www.shs.eesc.usp.br/laboratorios/hidraulica/*.

MILARÉ, Edis (2006). *Direito do Ambiente*. 4ª ed., rev., amp. e atual. São Paulo, Ed. RT.

MUELLER, C. (2002). *Apostila de Análise Econômica para Gestão Ambiental: Manual de Economia do Meio Ambiente*. UnB, 274 pp.

RIBAS, Lídia M. L. R. (2005). "Defesa ambiental: utilização de instrumentos tributários", in TÔRRES, Heleno Taveira (org.). *Direito Tributário Ambiental*. São Paulo, Malheiros Editores, p. 677.

SAULE JR., Nelson (2001). "Estatuto da Cidade – Instrumento de reforma urbana", in *Gestão Urbana e de Cidades*. Belo Horizonte, Fundação João Pinheiro/Lincoln Institute of Land Policy (*cd-rom*).

SENADO FEDERAL (2005). *Estatuto da Cidade: Guia para Implementação pelos Municípios e Cidadãos*. 4ª ed. Brasília, Polis,

258 pp. Pesquisa realizada em 6.2.2007, em *www.senado.gov.br/sf/publicacoes/estatuto/estatutodacidade.pdf.*

SILVA, José Afonso (2000). *Direito Ambiental Constitucional*. 3ª ed. São Paulo, Malheiros Editores.

SIRVINSKAS, Luís Paulo (2006). *Manual de Direito Ambiental*. 3ª ed. São Paulo, Saraiva.

SMANIO, Gianpaolo Poggio (2004). *Interesses Difusos e Coletivos*. 6ª ed. São Paulo, Atlas.

**GRÁFICA PAYM**
Tel. (011) 4392-3344
paym@terra.com.br